中國現代史叢書 15

張玉法　主編

近代中國民主政治發展史

張玉法　著

東大圖書公司

國家圖書館出版品預行編目資料

近代中國民主政治發展史／張玉法著.
--初版.--臺北市：東大，民88

面；　　公分

ISBN 957-19-2245-5（精裝）
ISBN 957-19-2246-3（平裝）

1.民主政治-中國-現代（1900-　　　）

573.18　　　　　　　　　　87012354

網際網路位址　http://www.sanmin.com.tw

© 近代中國民主政治發展史

著作人　張玉法
發行人　劉仲文
產著
權作
人財　東大圖書股份有限公司
發行所　東大圖書股份有限公司
　　　　地址／臺北市復興北路三八六號
　　　　電話／二五○○六六○○
　　　　郵撥／○一○七一七五——○號
印刷所　東大圖書股份有限公司
總經銷　三民書局股份有限公司
門市部　復北店／臺北市復興北路三八六號
　　　　重南店／臺北市重慶南路一段六十一號
初版　　中華民國八十八年七月
編號　E 62054
基本定價　捌元陸角
行政院新聞局登記證局版臺業字第○一九七號

有著作權　不准侵害

ISBN 957-19-2246-3（平裝）

主編者序

　　二十世紀在中國歷史上是一個變遷迅速的世紀。在二十世紀將要結束以前，回頭看看二十世紀初年的中國；或從二十世紀初年的中國，看看二十世紀將要結束的中國；不僅歷史學家會不斷檢討這一段的歷史總成績，走過這個時代的人或走不過這個時代的人，無論自己流過多少汗、多少淚、多少血，受過多少飢寒、多少苦難、多少折磨，還是犧牲過什麼、享受過什麼、獲得過什麼，站在二十世紀的盡頭，不能不對這一個世紀作些回顧、作些省思，然後勇敢地走向或走入二十一世紀。這是東大圖書公司出版「中國現代史叢書」，為讀者提供歷史資訊的最大旨趣。

　　二十一世紀是否為中國人的世紀？有人很關心，有人不關心。但在地球村逐漸形成的今日，不管是冷漠還是熱心，不管是不自願還是自願，都得住在這個村，並為這個村的一員。就中國現代史的研究而論，不僅臺海兩岸的歷史學者，多投入研究，或表示關懷，歐美及日本等地的歷史學者，不少亦研究中國現代史。這便是史學界的地球村。

　　中國現代史的起點，臺海兩岸的學者有不同的看法，一般說來，臺灣地區的學者，主張始於辛亥革命時期；大陸地區的學者，早年主張始於五四運動時期，近年又主張始於 1949 年中華人民共和國的成

立。外國學者的看法，不出上述兩種。嚴格說來，臺海兩岸學者對現代史分期的看法，都受到政治的影響。許多學者以鴉片戰爭作為近代史的開端，也是受政治的影響；因為鴉片戰爭被視為反帝反封建起始的年代。

　　為了擺脫政治的糾葛，可以從世界史的觀點來考慮中國歷史分期問題。梁啟超將中國歷史分為中國之中國、亞洲之中國、世界之中國三個時期，如果將中國人在中國境內活動的歷史劃為上古史，將中國人向亞洲其他地區擴張的歷史劃為中古史，將中西接觸以後、中國納入世界體系劃為近代史，則中國近代史應該始於明末清初。明末清初的中國，不僅與歐洲、美洲進行海上貿易，而且歐洲帝國主義的勢力已經進入中國，譬如葡萄牙佔有澳門(1557)、荷蘭(1624)和西班牙(1626)佔有臺灣，俄國進入中國黑龍江流域(1644)。在葡人佔有澳門以後的二、三百年，中西之間有商業、文化、宗教交流，到1830年代以後，因通商、傳教所引起的糾紛日多，由於中國國勢不振，利權、領土不斷喪失，成為帝國主義國家的殖民對象，到1897～1898年的瓜分之禍達於頂點。1899年英美發佈「中國門戶開放政策」以後，中國免於被殖民瓜分的局勢始獲穩定。我們可以將1557～1899年的歷史定為近代史的範圍。1900年，中國在義和團的激情反帝國主義以後，開始進行教育、經濟、政治改革，革命運動亦大獲進展，將歷史帶入現代時期。

　　中國上古史為中國歷史文化的創建期，中古史為中國歷史文化的擴張期，近代史為中國歷史文化的收縮期，現代史為中國歷史文化的更新重建期。本叢書所謂中國現代史，即始於1900年，涵蓋整個二十世紀，如果中國更新重建的大方向不變，亦可能涵蓋二十一世紀及其以後。儘管由於政治的糾葛，「中國」一詞在近數十年的臺灣及海外

各地已經變成糢糊的概念，出現了歷史中國、文化中國、大陸中國、海洋中國等名詞，但中國畢竟是現在世界上歷史悠久、土地廣大、人口眾多的國家，不能因為它時常出現外力入侵、內部分裂，而忽視它的歷史存在。而且自二次世界大戰結束以後，中國躍為世界五強之一，它在世界上的地位愈來愈重要。因此，檢討二十世紀的中國史，在世界史中也饒富意義。

現代史上的中國雖然災難重重，但亦有機會撥雲見日，這是中外史家對研究中國現代史有興趣的原因之一。但不可否認的，由於臺海兩岸長期缺乏學術自由，而臺海兩岸及世界各國有關學者，由於掌握材料的性質和多寡不同，許多現代史的著作，流於各說各話，這是學術上不易克服的困難，有些困難則是學術界的不幸。本叢書希望包羅一些不同國度、不同地區、不同觀點的學術著作，透過互相欣賞、批評，以達到學術交流的效果。收入本叢書的專著，儘管有不同的理論架構或觀點，但必須是實證的、避免主觀褒貶的。

傳統中國史學，有些持道德主義，主觀的褒貶性很強；近代中國史學，有些受作者個人信仰或好惡的影響，流於宣傳或謾罵；凡此都妨害歷史求知的客觀性。本叢書在選取稿件時，當在這方面多作考量。

承東大圖書公司大力支持，使本叢書得以順利出版，非常感謝。

收入本叢書之十五的《近代中國民主政治發展史》，係張玉法先生最新完成的專書。張先生現任中央研究院近代史研究所研究員，山東嶧縣人，1935年生。1959年畢業於國立臺灣師範大學史地系，1964年畢業於國立政治大學新聞研究所，1970年畢業於美國哥倫比亞大學歷史研究所。1964年進入中央研究院近代史研究所做研究工作，歷任助理研究員、副研究員、研究員、副所長、所長，國立臺灣師範大學、國立政治大學、國立臺灣大學、國立成功大學、私立東海大學等大學

歷史研究所兼任教授，1992年當選中央研究院院士。著有《先秦時代的傳播活動及其對文化與政治的影響》、《清季的立憲團體》、《清季的革命團體》、《中國現代化的區域研究(1860–1916)：山東省》、《民國初年的政黨》、《歷史學的新領域》、《辛亥革命史論》、《近代中國工業發展史》、《中國現代史》、《現代中國政治史論》、《中華民國史稿》等專書，發表學術論文近百篇。《近代中國民主政治發展史》一書，係擷集作者個人前此的研究成果而成，始於晚清追求君主立憲，中經民初試行民主共和、中國國民黨在大陸執政時期從訓政到憲政，至於近五十年國民黨在臺灣執政期間的民主發展，以及中共在大陸執政所造成的民主困境。

　　本書的編著，始於1989年天安門事變之後，初稿完成於1996年中華民國民選總統就職之時，年來又稍加增補。作為紀念也好，作為期待也好，民主政治的發展，總是二十世紀中國的大事。請讀者指正。

張玉法

一九九九年六月

於中央研究院

自　序

　　近代中國歷史發展的動力非常清楚：中外關係以民族主義為主軸，貧富關係以社會主義為主軸，上下關係以民主主義為主軸。傳統中國的政治體制是專制政治或貴族政治，有道德的主政者以民為本、視民如傷，常以人民的福祉作為施政的優先考慮；有採集民意的管道，但民意對主政者不具任何強制性。無道德的主政者，視人民如草芥、視人民為奴僕，以人民為發洩慾望的工具。此處所謂主政者，不一定專指國王、皇帝，包括各級官吏和掌權的人。有些國王、皇帝仁厚，但受小人包圍，或約束官員的能力差，仍使德澤不能廣佈；有些地方大吏仁厚，但為胥吏蒙蔽，仍使人民受凌虐。此皆因制度上不是以人民為主，而是以統治者為主；上下皆以人治為中心，缺乏法治上的監督。在這種情形下，人民的權力和福祉得不到應有的保障。

　　十九世紀中葉以後，西方民主制度漸為中國有識之士所習知，西方民主思想亦逐漸傳入中國。向受壓抑的官紳士民，在求變知識份子的宣傳下，油然而生企慕之心。馮桂芬、馬建忠、薛福成、王韜、何啟、胡禮垣、鄭觀應等是早期心儀民主的思想家，孫中

山、康有為、梁啟超、宋教仁等為早期心儀民主的實行家。到民國建立後，民主政治成為政治發展的主流，儘管朝野人士大多缺乏民主素養，國中已很少公開反對民主之人。民初軍人當政時期，雖然對國會議員時以威逼利誘之手段以對付之，仍常藉國會為統治之具。中國國民黨當政後，實行一黨訓政、一黨領政，是以「民主集中」為手段，且在形式上由軍政過渡到訓政、由訓政過渡到憲政。中國共產黨以「新民主主義」號召，實行「人民民主專政」，其專制的程度較國民黨的「民主集中」制有過之而無不及，但皆以「民主」為號。

晚清光宣之際，清廷假引介民主制度以安撫國人求治之心，所建諮議局、資政院、內閣諸制度，皆不過民主之表相，難滿足國人追求民主之願望。民初軍人當政之際，曾兩度選舉國會，政黨於國會內外亦甚活躍，然國會議員、政黨領袖，每為當政者所利用，富貴可淫，威武可屈，國人對民主轉趨失望，有志者紛投入不同的革命道路。一九二〇年代國民黨革命成功，不復以西方民主政治號召，初行訓政，以憲政為建國的最後目標。然憲政實行之日，即以國家危難為由，公布憲法臨時條款，使總統處理危機不受憲法限制；繼以剿共失敗，黨政軍勢力轉移至臺灣之際，公布臺灣地區戒嚴令，使戒嚴法令超越一般法律。中華民國政府在臺灣地區的統治，直到一九八〇年代後期始解除戒嚴，全面改選中央民意代表，進一步於一九九〇年代初期進行省市長民選、總統民選，進入民主的新時代。自一九四九年於大陸地區另建政權的中共，自始假人民民主之名，行專制之實。人民的政治、經濟、社會、和文化活動，均在中共的指導、監控之下，各級民意

機構及政府官員選舉，皆由中共安排、控制。從一九五〇年代開始，爭自由、爭民主的運動此伏彼起，均受到嚴苛的鎮壓，中以一九八九年的六四事件為尤著。進入一九九〇年代，受改革開放和國際的影響，政治的控制減緩，許多異議人士或遠離國境，或被放逐海外，國內的民主力量渙散，民主政治的曙光忽明忽暗。

　　百年來中國民主政治的發展，歷盡艱辛。擁有十二、三億人口的大陸地區，長夜漫漫；擁有二千多萬人口的臺灣地區，雖普遍建立選舉制度，部分政界人士感於民氣可用，罔顧公義與法治，一切皆假民意以行，流於民粹。儘管如此，臺灣地區的人民，享有前所未有的自由，享有前所未有的民主，為中國民主政治的發展帶來希望。

　　追求民主為近代中國歷史的動力之一，許多研究歷史的人，不斷檢視中國民主政治的發展。我對中國民主政治史的研究始於一九六〇年代，最初注意到先秦時期的民本、民意問題，繼而研究晚清的改革與革命以及民初政治。一九七〇年代以後研究中國現代化的歷史發展，對政治民主化特別留意。其間在各大學歷史研究所教書、參加國內外學術會議、參與《中華民國建國史》的編纂工作，每就中國民主政治發展的歷史選取教材、撰寫論文、或編寫章節。值此民主的追求在臺灣地區獲初步成就、在大陸地區方興未艾之際，乃結集前此的研究成果，整理成《近代中國民主政治發展史》一書，作為歷史的記錄。

　　本書編著期間，承趙台興、洪健榮先生代為搜集資料和整理資料；付梓期間，承陶英惠、陳永發先生校閱稿件並更正錯誤，承東大圖書公司編輯部代為編製索引；在此特致謝忱。當代史事，

史實掌握不易，而論敍之中，背景與主題、表象與實質、以及朝
野人士對民主的不同認定，均難以有限的篇幅加以釐清，請讀者
指正。

張玉法

一九九九年六月

於中央研究院

近代中國民主政治發展史

目　次

第一章

導　論

一、前　言

　　儘管民主政治已有幾千年的歷史，學者對「民主」一詞迄無共同認可的界說，一般而言，民主包含人民主權、政治平等、大眾諮商、多數決定、照顧少數等方面。民主政治是多元政治，在民主的社會中，享有權力或影響力者，比在非民主的社會中為普遍。民主政治是否容易發展，與歷史的需求、工業化的程度、都市化的程度、人民的教育程度，和大眾傳播發展的程度，有密切的關係[1]，而政治領導階層的意願更富有決定性的影響。

　　原型的民主政治，可溯源至古希臘，在伯里克里斯(Pericles)執政時期(467–428, B.C.)，雅典的公民可以用抽籤或公推的方式，舉出人來擔任政府職務。不過，當時的公民僅限於純粹的雅典人，為數約三萬一千人；另有戰俘、奴隸、異國人等共約二十八萬四千人，不在公民之列。羅馬共和時期，公民每年選舉兩名執政官和一名保民官，非

---

[1]　Charles F. Chudde and Deane E. Neubauer, eds., *Empirical Democratic Theory* (Chicago, 1965),Chapter 23, 見張明貴譯，〈民主理論的新趨勢〉，《時報雜誌》二三期，民國69年5月11日。

公民亦不能參與❷。此一類型的民主政治，與近代民主政治的理想相去甚遠。近代的民主政治，初時集中在官吏的選舉和選舉權的擴大上。以英國為例，英國在工業革命以前原是貴族當政，議員大部來自地主階層，議員選區也是照農村來劃定。但工業革命發生後，新興起來一批資本家、中產階級，也新興起來一些人口眾多的大城市。城市沒有特別劃定議員選區，不能產生足以代表城市人口的議員，中產階級及資本家的議席分配很少。另一方面，荒蕪的農村卻仍保有許多議席。此種議席分配的不公平，激起了一八三一～一八三二年的改革運動。英國政府在改革派的要求下，制定了一八三二年的改革法案，把荒蕪的村鎮的議員配額取消，另於城市增加議員配額。同時選舉權也擴及有財產和納定量稅的人民，而不一定要有土地才有選舉權。此一改革仍不滿人望，因為只把選民由四十三萬五千人增加到六十五萬六千人，不過佔英國成年男子的九分之一（婦女無選舉權）。 當時英國的工人增多，已形成社會上不可忽視的勢力。工人不斷要求選舉權，到一八六七年，英國再制定改革案，使一百萬城市工人獲得選舉權。此後，由於要求選舉權運動不斷擴大，到一八八四年，選舉權擴及二百萬農人。一九一八年選舉權擴及所有成年男子和部分婦女，一九二八年選舉權擴及所有成年婦女❸。

　　中國古代沒有民選官吏的事，但因受民本思想的影響，對民意非常重視。《國語・桓公問篇》云：

　　黃帝立明臺之議者，上觀於賢也；堯有衢室之問者，下聽於人

------

❷　華宜均，〈從中國傳統文化談民主〉，《綜合月刊》，民國70年12月號，頁44。

❸　海思・穆恩・威廉，《世界通史》（東亞書社譯本），頁686–689。

也；舜有告善之旌，而主不蔽也；禹立諫鼓於朝，而備訊唉；湯有總街之庭，以觀人誹也；武王有靈臺之復，而賢者進也。

《尚書・洪範》云：

> （武）王訪于箕子，箕子乃言曰：……汝則有大疑，謀及乃心，謀及卿士，謀及庶人，謀及卜筮。

而《左傳》襄公十四年所述，「史為書，瞽為師，工誦箴諫，大夫規誨，士傳言，庶人謗，商旅於市，百工獻藝」，皆為民意表現之一途❹。不過，民本政治，是以君主的社稷為本位，不是以人民為主體；所謂仁民愛民，適足證明民為客體，與近代民主政治的性質不相同❺。

由於民本思想與民主思想不同，所以古代中國的民本思想後來沒有發展成民主政治。但這不是說傳統中國文化沒有民主政治的因子，由民本思想而產生的民意政治，仍然是民主政治中重要的一環。而且中國人的平等觀念，以及士紳作為庶民代表的觀念，對發展民主政治也是有利的。所謂平等觀念，如商鞅變法時所確立的君臣百姓一律守法的觀念，所謂「王子犯法與庶民同罪」；如隋唐時期所建立的考試用人制度，透過公平的人才選拔，使政府中的成員來自全國各地，大大增加了政府的代表性。而由考試制度所造成的士紳階層，不僅成為傳達政令的媒介，而且也是民意的代表❻。當清末中國實行諮議局選

❹ 詳見張玉法，《先秦時代的傳播活動及其對文化與政治的影響》，頁102–114。

❺ 《獨秀文存》卷一，頁328–329。

❻ 華宜均，〈從中國傳統文化談民主〉，《綜合月刊》，民國70年12月號。

舉的時候，許多士紳階層的人被選入，成為代議士。這說明傳統中國
的政治和社會，有許多因子是與近代民主政治相接的。

近代中國民主政治的演變，在中國國民黨執政以前，約可分為兩
個時期：①一八九五～一九一一年，為君主憲政追求時期；②一九
一一～一九二八年，為民主憲政追求時期。在此兩大時期中，無論思
想的鼓吹，制度的設計，和實行的效果，都有其特徵。本章分別從上
述三方面檢討一八九五～一九二八年間中國民主政治演變的大勢，作
為本書的引言。

二、思想的鼓吹

民主思想的鼓吹，主要始於一八九五年中日戰爭以後，一八九五
年以前國人對西政的態度，較傾心其政本教化，對議院制度，僅止介
紹而已 ❼。一八九五年以後，迄於一九一一年間，鼓吹民主思想的可
分為兩派：一為改革派，包括：何啟、胡禮垣、嚴復、康有為、梁啟
超等人；一為革命派，包括孫中山、胡漢民、陳天華、宋教仁等人。

改革派所鼓吹的民主，是一種君主憲政的民主，偏重於民權一方
面，並不否定君權。如李盛鐸有謂：「民權者，君權之根基，非有民
權即無君權也。」❽改革派所鼓吹的民主，包括：參政權、自由權、平
等權等方面。關於參政權，康有為主張把二十歲以上、能納十元之稅
的人定為公民，公民得選舉和被選舉為鄉市縣之議員及官吏。梁啟超
除認為人民應有選舉權和被選舉權以外，尚應有議政權、立法權、服
官權。關於自由權，嚴復曾討論到思想自由、言論自由，梁啟超曾討
論到言論著作自由、集會結社自由、居住自由、出版自由、遷移自由、

---

❼　王爾敏，《晚清政治思想史論》，頁220。

❽　《新民叢報》十七號，引見前書，頁237。

信教自由，馬君武曾討論到思想自由、擇業自由、結會自由、行為自由。關於平等權，嚴復主張職業平等、門第平等、種族平等、君臣平等、君民平等、父子平等、夫婦平等、男女平等。另外，梁啟超尚主張生命權、財產權、請願權等⑨。改革派把「興民權」視為一種救國的途徑，梁啟超說：「君權日益尊，民權日益衰，為中國致弱之根源。」⑩何啟與胡禮垣說：「民權在則其國在，民權亡則其國亡。」⑪嚴復更進言民主，認為其本源來自自由和平等，他說：「自由者，各盡其天賦之能事，而自承之功過者也。雖然，彼設等差而以隸相尊者，其自由必不全，故言自由則不可以不明平等。平等而後有自主之權，於以治一群之事者，謂之民主。」⑫

　　改革派對民主思想的鼓吹，因與當時的立憲運動相表裡，看來氣勢甚盛。革命派的首要目的在倒滿，對民主思想發揮較少。孫中山在興中會誓詞中，把「創立合眾政府」定為革命的一個目標，此合眾政府，自然是以美國的民主制度為典範，故香港《中國旬報》有論云：「華盛頓提三尺劍，開萬里疆，乃與世共之，不家天下，創推舉之公法，開未有之奇局。」⑬到同盟會時期，革命派的人繼續鼓吹民主思想，而以共和、民權、民主等詞表之。所謂共和，胡漢民指係與君主專制相反的國體，有貴族政體、民權政體和民權立憲政體三種形態，而中

---

⑨　孫廣德，〈戊戌前後的民權思想〉，《中國近代的維新運動——變法與立憲研討會》，頁15-20。

⑩　上文引《飲冰室文集》之一（臺北：臺灣中華書局，民國49年），頁128。

⑪　上文引《新政真詮》（上海，光緒27年），新政安行，頁22。

⑫　上文引《嚴幾道文鈔》卷一，頁30。

⑬　引見張玉法，〈興中會時期的革命宣傳〉，《臺北市立女子師範專科學校暑期部學報》（民國63年3月）。

國革命的目標是民權立憲政體。中國要實行民權立憲政體的理由，據陳天華的意見，是因為中國的君主是滿人，滿人不去則中國不能復興；另一方面，中國國民有資格行民權，無需有君主。陳天華主張：立憲應從興民權、改民主入手❹。

　　一九一一至一九二八年間對民主思想的鼓吹，主要有兩個時期，一為一九一一～一九一三年間，時為民國創建時期，中國曾試行西方式的民主；一為一九一五～一九二三年間，即五四時期，部分人的興趣由資本主義民主轉向社會主義民主。一九一一～一九一三年間醉心民主政治的人物，以宋教仁和梁啟超為代表。宋教仁為國民黨的實際負責人，一九一〇～一九一一年間主《民立報》筆政時，即對西方的憲法、國會、內閣、政黨等制度有興趣❺，民國建立後，即在這些方面作實際的運動，他曾代國民黨草大政見，對政體主張單一國制（別於聯邦制），　主張責任內閣制，主張省行政長官由民選制以進於委任制，主張省為自治團體（有列舉的立法權），　主張國務總理由眾議院推出❻。梁啟超在清末致力於君憲運動，原反對共和，並認為我國國民無共和國民之資格，但在民國建立後，思想大變，竭力擁護共和，他在一九一二年四月所草的〈中國立國大方針商榷書〉中說：「夫共和是否決不能行於我國，此非可以空言折人口也。……既認為可以行君主立憲之國民，自應認為可以行共和國之國民。……夫今日我國以時勢所播盪，共和之局，則既定矣，雖有俊傑，又安能於共和制之外別得活國之途？」❼梁啟超除贊同共和外，在政治思想上主張「主權在

----

❹　引見張玉法，〈同盟會時代的革命宣傳〉，《國立臺灣師範大學歷史學報》第二期。

❺　《宋漁父》，宋漁父先生遺著，頁47–66。

❻　《宋漁父》，宋漁父先生政見，頁2–5。

國家」， 與國民黨人所主張的「主權在民」異趣。主權在民派重立法權，主張國會總攬一切，使行政機構受其控制；主權在國家派則主張提高行政權，認為大總統既由民選，由其負責遴選閣員，無須國會同意。此外，梁啟超也主張政黨政治和責任內閣❶，這一點與宋教仁的觀點一致。

　　五四時期對民主思想的鼓吹，集中在民主、自由、平等等方面，可以《新青年》和《新潮》兩個雜誌的言論為代表。關於民主，陳獨秀的思想轉變，可以代表當時某些人士由資本主義民主轉向社會主義民主的心路歷程。陳獨秀對袁世凱恢復帝制前後的中國，掛著共和招牌，而政治和社會上充滿專制思想，很不滿意。他不滿意政府舉行文官考試時以「上天下澤，履君子以辨上下，定民志」為題；他不滿意國會議員大聲疾呼，要定孔教為國教；他不滿意學士文人對於頌揚功德、鋪張宮殿田獵的漢賦，和思君明道的韓文杜詩，照舊推崇。他認為這些腐舊思想布滿中國，要帝制不再發生，民主共和可以安穩，比登天還難❶。一九一六年，汪叔潛因陳獨秀有「政黨政治將隨一九一五年為過去之長物，且不適用於今日之中國」等語，致書陳獨秀，申明「政黨政治者，立憲政治之極軌也。……今日惟望國中賢傑之士，以及多數青年，勿再空抱高尚之理想，而群熱心於政治，以期養成一、二健全之政黨，則國事前途，庶幾有豸」。陳獨秀答云：「國民運動與政黨運動，廣狹迴殊。……近世國家，無不建築於多數國民總意之上，各黨策略，非其比也。……憲政實施有二要素：一曰庶政公諸輿論，一曰人民尊重自由，否則雖由優秀政黨掌握政權，號稱政黨政治則可，

❶　引見張朋園，《梁啟超與民國政治》，頁7。

❶　同上，頁10–17。

❶　陳獨秀，〈舊思想與國體問題〉，《新青年》三卷三號，民國6年5月1日。

號稱立憲政治則猶未可，以其與多數國民無交涉也。」❷

　　把民主政治訴於多數國民，而不訴於少數政黨，是陳獨秀早期民主思想的特色（一九一九年以前）。一九一六年二月，他在〈吾人最後之覺悟〉一文中說：

　　　　吾國欲圖世界的生存，必棄數千年相傳之官僚的、專制的個人
　　　　政治，而易以自由的、自治的國民政治也。……立憲政治而不
　　　　出於多數國民之自覺、多數國民之自動，惟日仰望善良政府、
　　　　賢人政治，其卑屈陋劣，與奴隸之希冀主恩、小民之希冀聖君
　　　　賢相施行仁政，無以異也❷。

到一九一九年，當《東方雜誌》仍著文鼓吹資本主義民主時，陳獨秀著文駁云：「所謂民權，所謂自由，莫不以國法上人民之權利為其的解，為之保障。立憲共和，倘不建築於國民權利之上，尚有何價可言？」❷

　　陳獨秀雖然早就不滿意資本主義民主，但真正找到以社會主義民主為代替品，似在一九二〇年以後，這年十一月，他在〈國慶紀念底價值〉一文中說：

　　　　全國底教育、輿論、選舉，都操在少數的資本家手裡，表面上
　　　　是共和政治，實際上是金力政治，所以共和的自由幸福，多數

❷　《新青年》二卷一號（民國5年9月1日），通訊。

❷　《新青年》一卷六號，民國5年2月15日。

❷　陳獨秀，〈再質問東方雜誌記者〉，《新青年》六卷二號，民國8年2月15日。

人是沒有分的。主張實際的多數幸福，只有社會主義的政治。共和政治為少數資本階級所把持，無論那國都是一樣，要用他來造成多數的幸福，簡直是妄想❷❸。

一九一九年五月，美國學者杜威來中國講學，杜威認為民主的原素有四種：①政治的民主主義，就是用憲法保障權限、用代議制表現民意之類。②民權的民主主義，就是注重人民的權利，如言論自由、出版自由、信仰自由、居住自由之類。③社會的民主主義，就是平等主義，如打破不平等的階級、去除不平等的思想、求人格上的平等。④生計的民主主義，就是打破不平等的生計、剷平貧富的階級之類。陳獨秀認為③、④兩項係民主的基礎，應予重視❷❹。不過，③、④兩項與陳獨秀所提倡的社會主義民主並不相同。一九二〇年十二月，陳獨秀著〈民主黨與共產黨〉一文，進一步對資本主義的民主主義進行批判，而對社會主義的民主主義則大加揄揚，他說：

> 民主主義是什麼？乃是資本階級在從前拿他來打倒封建制度底武器，在現在拿他來欺騙世人把持政權的詭計。……若是妄想民主政治才合乎全民意，才真是平等自由，那便大錯而特錯。資本和勞動兩階級未消滅以前，他兩階級底感情利害全然不同，從那裡去找全民意？除非把全國民都化為資本家或都化為勞動者，才真有全民意這件東西存在，不然，無論在何國家裡，都只有階級意、黨派意，絕對沒有全民意❷❺。

❷❸　《新青年》八卷二號，民國9年11月1日。

❷❹　陳獨秀，〈實行民治的基礎〉，《新青年》七卷一號，民國8年12月1日。

❷❺　《新青年》八卷四號，民國9年12月1日。

陳獨秀至此，可以說已走入民主思想的歧路，與當時《東方雜誌》等所繼續宣揚的西方式的民主分道揚鑣。不過，陳獨秀的社會主義民主思想，對當時政府的民主施政，並無影響。有影響的還是西方式的民主。

關於自由，當時鼓吹的有思想自由、言論自由等。關於思想自由，羅家倫於一九一九年十一月八日在寫給張繼的信中提到：

> 中國人自己的思想雖然帶著奴性，而對於他人的思想，卻是很專制的，「拒楊墨，放淫辭」，「人其人，火其書」，正是這種思想的流露。漢武帝定儒家為一尊，近年定孔教為國教，正是這種思想的實現。凡是聖賢的話，都不許他人批評。我們上半年稍微批評了一點孔二先生的學說，幾乎使教育當局也受彈劾。西洋也有蘇格拉底、柏拉圖、亞里士多德、康德、黑格爾，也有人批評他們的學說，何曾聽見這樣的笑話？抱這種思想的民族，還有什麼民治（民主）可言呢❷？

這封信發表在一九一九年十二月出版的《新潮》上。同期《新潮》，發表了羅家倫的〈近代西洋思想自由的進化〉，該文論述了西方爭取思想自由的歷史，並提出思想自由的主張，文中有云：

> 在真正進化的社會裡，人人都應當有自由發展的機會，自然人人都應當有思想的自由。……真正的思想自由，是不但每人自己能作充分的思想，並且要每人能將充分的思想發表出來。……有一種思想而不能公諸人群，豈不是一件社會的損失嗎？

---

❷　《新潮》二卷二號，頁367。

……所以為個人的自由發展起見，不能不有思想自由；為社會的福利起見，更不能不有思想自由。

文中進一步提出爭取思想自由的方法，主張為思想自由而犧牲：

沒有理性不與威權為敵，也沒有威權不要壓制理性，理性自身本來沒有物資的勢力，何以能敵得威權住呢？談到此地，我們主張思想自由的惟一妙諦就是「犧牲」了。世界上別的犧牲故（姑）且不論，但為真理而犧牲，為主張而犧牲，是絕對值得的。……我們不主張思想自由則已，苟主張思想自由，則不能不以堅強的意志，熱烈的情感，作真理的犧牲❷❼。

羅家倫在《新潮》上倡導思想自由的言論，與陳獨秀在《新青年》上倡導思想自由的言論是彼此相應的，當時南北各報對此問題亦有意見發表，起因於陳獨秀、胡適等人因倡文學革命，批判傳統思想，到一九一九年初，傳言北京大學欲加驅逐。上海《中華新報》有論云：

北京大學教授陳獨秀等創文學革命之論，那般老腐敗怕威信失墜，飯碗打破，遂拼命為軌道外的反對，利用他狗屁不值人家一錢的權力，要想用「驅逐」二字嚇人。

上海《時事新報》有論云：

今以出版物之關係，而國立之大學教員被驅逐，則思想自由何

❷❼ 同上，頁231，238，239。

在？學說自由何在？以堂堂一國學術精華所萃之學府，無端遭此侮辱，吾不遑為陳胡諸君惜，吾不禁為吾國學術前途危。

北京《晨報》有論云：

> 思想自由，講學自由，尤屬神聖不可侵犯之事，亦安得以強力遏抑[28]？

到這年十二月，陳獨秀仍假《新青年》，從法律的觀點，論述壓制言論自由之不當。他說：

> 法律是為保守現在的文明，言論自由是為創造將來的文明；現在的文明、現在的法律，也都是從前的言論自由，對於他同時的法律文明批評反抗創造出來的。……奇怪的是舊言論自由造成了現在的法律文明，每不喜歡想創造將來法律文明的新言論自由出現。

又說：

> 法律只應拘束人民的行為，不應拘束人民的言論；因為言論要有踰越現行法律以外的絕對自由，才能夠發見現在文明的弊端、現在法律的缺點。……言論若沒有「違背法律的自由」，那便只能保守現在的文明、現在的法律，決不能夠創造比現在更

---

[28]　引見《獨秀文存》卷一，頁601–602，關於北京大學的謠言（民國8年3月16日）。

好的文明、比現在更好的法律。像這樣保守停滯的國家社會，不但不能自己獨立創造文明，就是跟著別人的文明一同進步，也不容易❷。

陳獨秀的論點，得到何思源的支持，一九二〇年九月，何在《新潮》中著文，對陳獨秀的論點作了進一步的發揮，文云：

> 社會無秩序、無法律，不能存在；無創造、無發明，不能進化。然而所謂秩序者、所謂法律者，都是創造發明的大仇敵。……社會進化，全靠著個人創造，所以當許個人思想絕對的自由。……所謂思想自由、創造自由者，都許以往的人享受，墨子的思想，楊子的思想，是人人贊賞的；王陽明的學說，和達爾文的學說，也是人人贊賞的。但是贊賞的都是後來的人，當時未嘗不指為邪說異端。

又云：

> 群眾的心理都是互相模倣的，以社會的行動為行動，以社會的思想為思想，把思想行為造成了一個。……不祇不自己單獨思想，也不許他人單獨思想，於是漸漸的成了一種的偏見，不能容納相反的學說。……知道的愈少，容納的愈少；容納的愈少，知道的愈少。兩個互為因果，於是社會的心理一日縮小一日，社會的文明也一日退化一日。

---

❷　陳獨秀，〈法律與言論自由〉，《新青年》七卷一號，民國8年12月1日。

何思源最後說：「今日破壞社會的道德、思想、風俗習慣的人，焉知道不成了將來的聖賢英雄呢？」⑳

　　關於平等，《新青年》和《新潮》也有言論。如陳獨秀以平等觀念，反對特別尊孔，他說：「西洋所謂法治國者，其最大精神，乃為法律之前，人人平等，絕無尊卑貴賤之殊。……此主張尊孔與廢孔者，皆應有明瞭之概念。」㉛又如吳景越，因鑒於民國建立以後，有許多不平等的現象，諸如大總統經過的路線要斷絕交通、縣知事晉省縣衙人員及地方士紳要往車站恭送、工友見職員要鞠躬、舊士紳官僚在社會上仍受特別禮遇等，因而發為議論，認為「凡是勞工都是有價值的，凡不是勞工都是無價值的。……無論那一種勞工，都應該受同等的待遇。對著大總統，不必行那下司見上官禮節；對著挑糞桶，不要作那上官叱下司的口氣。因為他們是平等的」㉜。

　　五四前後鼓吹民主思想的人，決不限於《新青年》和《新潮》周圍的一些人。以此二刊物為基點，較右一點的希望改良當時的中央和地方政府，使步入民主憲政之途。如一九二○年七月直皖戰爭結束，直系軍人吳佩孚主張召集國會、制定憲法，希望梁啟超擬一憲草，梁即計劃發起國民制憲運動，主由若干人簽名提出憲法草案，或利用報紙雜誌發表，或集會討論，作成決議。其他國民團體亦可另提草案，無論數案或數十案，最後匯合討論，定為一案，交由國會通過，即為憲法。梁啟超的構想因為受到朋友的反對，沒有成功㉝。又如張東蓀、蔣方震等人，在一九一九至一九二二年間假《改造》雜誌鼓吹聯省自

⑳　何思源，〈個人創造〉，《新潮》二卷五期，民國9年9月。

㉛　陳獨秀，〈憲法與孔教〉，《新青年》二卷三號，民國5年11月1日。

㉜　吳景越，〈平等談〉，《新潮》一卷五號，民國8年5月1日。

㉝　張朋園，《梁啟超與民國政治》，頁236-237。

治運動，確信地方自治為民主基礎，故主張「各省至各縣各市，皆宜自動的制定根本法，而自守之，國家須加承認」❸。聯省自治運動，因受湖南、浙江等省的贊同，一度促成了這些省的地方自治，此處不多論。除梁啟超、張東蓀、蔣方震等人外，一九二二年，蔡元培、陶行知、梁漱溟、李大釗、丁文江、胡適等十六人發表〈我們的政治主張〉，倡導「好政府」，提出憲政的政府、公開的政府、容納個人自由、愛護個性發展等觀念❸，基本上也是依附現政府而改革的。

《新青年》和《新潮》周圍的一些人，像陳獨秀、羅家倫等都是較激烈的民主運動派，他們有的與國民革命運動合流，有的後來從事共產主義運動，基本上都是要推翻現政府，另建立他們理想的民主政府。一九二四年一月，國民黨正式實行聯俄容共，在第一次全國代表大會宣言中，表白了對民主政治的主張：「國民黨之民權主義，於間接民權之外，復行直接民權，即為國民者，不但有選舉權，且兼有創制、複決、罷官諸權也。……近世各國所謂民權制度，往往為資產階級所專有，……若國民黨之民權主義則為一般平民所共有。」❸當時中共雖已主張無產階級專政，但在策略上，是暫與民主人士聯合，故同意國民黨對民主的主張。

三、制度的設計與施行

在民主思想鼓吹的過程中，加上實際的民主運動，中國乃有一連串民主制度的設計與施行。清末對民主政治籌議的方案，最大目標無過於議會。議會的形式，以主張上下兩院制者為多。由於當時中國行

---

❸　同上，頁242。

❸　胡春惠編，《民國憲政運動》，頁550–555。

❸　同上，頁619。

君主制，除革命黨人外，一般主張實行英德式的「君民共主制」， 避開美法式的民主立憲制。至於兩院議員的來源，湯壽潛主張均用官僚：

> 自王公至各衙門堂官，翰林院四品以上者，均隸上議院，而以軍機處主之；堂官以下各員，無問正途、士子、貲郎，及翰林院以下者，均隸下議院，而以都察院主之❸。

陳熾則主張上院用官僚而下院由士紳階層選出：

> 必列薦紳，方能入選，縣選之達於府，府舉之達於省，省保之達於朝。皆仿泰西投匭公舉之法，以舉至多者為準。設院以處之，給俸以養之，有大利弊，會議從違，此下議院之法也。閣部會議，本有舊章，惟語多模稜，事無專責，亦宜特建議院，以免依違，此上議院之法也❸。

不過，兩院制國會的理想，要到民國建立後才實現，終清之世，清廷並未設立兩院制的國會，所設者為一院制的資政院。

　　資政院為中國的第一個國會，設於一九一○年。議員半由民選，半由欽選。民選的議員由各省諮議局選舉產生，每省若干人。原定總額一百人，因新疆未選舉，少二人，共九十八人。進士佔百分之二二‧四，舉人佔三七‧八，貢生及生員佔二九‧六，無功名者佔一○‧二，平均年齡四○‧五歲。欽選議員定額一百人，實選九十七人，來源有四：①各部院衙門官四品至七品，共一六一人，互選產生；②碩學

---

❸　王爾敏，《晚清政治思想史論》，頁242引。

❸　同上，頁243–244引。

議員，由學部推薦三〇人，由皇帝圈選；③宗室王公，議員四十人，全由欽選；④納稅多額議員，由各省布政使在省城主持選舉，由夠資格的人互選產生。欽選議員的背景，進士佔百分之二二‧七，舉人佔三‧一，貢生及生員佔一四‧四，不詳佔五九‧八，平均年齡四一‧六歲❸。

資政院像英、美最初的國會一樣，是諮議機構，其重要職權有：①議決國家預算之權，②議決法律案與公債稅法之權，③自行起草議案、會同軍機處奏請裁可之權，④對施政的質詢權，⑤接受請願權，⑥核議督撫與諮議局衝突，如經三分之二同意，可奏請彈劾。就此幾種職權分析，其功能實超過諮議的性質❹。

清末除有中央諮議機構成立以外，各省並成立有諮議機構。有關地方議會的構想，較早而不甚成熟的意見，是一八九〇年陳虬向山東巡撫張曜的建議：

> 請於省垣外，札飭各州縣，一例刱設議政院，即就所有書院或僧道寺觀締併改設，大榜其座，與民更始。一年四課，每季一考，於書院經古之外，另策以近時利弊，疾苦所在，與興革安撫之方。……拔取前列數名，不時延請入署，慰問勸勉。遇有大事，則剋期集議，輕輿減從，親臨議院，與地方父老周咨訪問，互相駁辯，議定而後行❹。

---

❸ 張玉法，《清季的立憲團體》，頁420–427；邢光祖，〈清末資政院研究〉，頁81–87，200。

❹ 同上，邢光祖文，頁135–192。

❹ 王爾敏，《晚清政治思想史論》，頁251引。

其較符近代之制者，為何啟、胡禮垣的設計，主張由選舉產生縣、府、省各級議員：

> 縣設六十議員，是謂縣議員；府設六十議員，是謂府議員；省設六十議員，是謂省議員。縣議員於秀才中選擇其人，公舉者平民主之，……府議員於舉人中選擇其人，公舉者秀才主之，……省議員於進士中選擇其人，公舉者舉人主之，……公舉之法，凡男子二十歲以上，除喑啞盲聾以及殘疾者外，其人能讀書明理者，則予以公舉之權❷。

清政府所實行者，省、府、州、縣以及城、鎮、鄉皆有諮議機構，皆由選舉產生，惟選舉方法，與何啟、胡禮垣所構想者異。

　　清末省級的諮議機構名諮議局，成立於一九〇九年，由選舉產生。選舉資格：凡屬本省籍男子，年滿二十五歲以上，具有下列資格之一者就有選舉權：① 曾在本省地方辦理學務及其他公益事務滿三年以上，著有成績者。② 曾在本國或外國中學堂及與中學堂同等或中學以上的學堂畢業得有文憑者。③ 有舉貢生員以上的出身者。④ 曾任實缺職官文七品（如知縣）、武五品（如提督）以上未被參革者。⑤ 在本省地方有五千元以上的營業資本或不動產者。不是本省籍的男子，年滿二十五歲，寄居本省滿十年以上，在寄居地有一萬元以上的營業資本或不動產者，亦得有選舉權。被選舉權的年齡比選舉權大五歲。凡屬本省籍或寄居本省滿十年以上的男子，年滿三十歲以上者，得被選為諮議局議員。凡有下列情形之一者，不得有選舉權及被選舉權：① 品行悖謬營私武斷者，② 曾處監禁以上之刑者，③ 營業不正者，

---

❷ 同上，頁253引。

④失財產上之信用被人控實未結清者，⑤吸食鴉片者，⑥有心疾者，⑦身家不清白者，⑧不識文義者。下列之人停止其選舉權：①本省官吏或幕友，②常備軍人及徵調期間之續後備軍人，③巡警官吏，④僧道或其他宗教師，⑤各學堂肄業生。現充小學教員者停止其被選舉權。在上述標準下，各省分別對夠資格的選民加以調查，當時全國人口四億零四百多萬，選民只有一百七十萬人，平均每千人中只有四人獲得此項權利。如四川省人口四千八百萬，選民總數不過十九萬人；黑龍江省人口二百萬人，選民總數不過四千多人❹。

　　一九○九年的諮議局選舉，用複選舉法選出，縣為初選區，府為複選區。全國二十二省區，除新疆未選舉以外，二十一個諮議局共選出議員一、六四三人，此一、六四三人的背景資料不全，若以奉天、山東、陝西、湖北、四川、黑龍江六省的議員為例，百分之九○·九具有進士、舉人、貢生或生員功名；若以二十一省正副議長為例，至少百分之八八·九具有進士、舉人、貢生或生員功名❹。以年齡分，四十至四十五歲者最多，三十五至四十歲者次之，三十至三十五歲者又次之，五十歲以上者很少❹。

　　諮議局為各省採集輿論之地，以指陳通省利病、籌計地方治安為宗旨。其權限除對本省預算、決算、稅法及公債事件享有議決權外，對於人民為輔導自治的機構，對於地方首長為諮議機構。督撫對諮議局有裁奪議案、停會及解散之權。惟當時民權思想高漲，諮議局與督

❹　張玉法，〈民國建立前後的兩次省議會選舉〉，民國66年9月18日《臺灣時報》二版；張朋園，〈民主政治的嘗試〉，《近代中國 —— 知識份子與自強運動》，頁124-127。

❹　同上，張朋園文，頁124，134-137。

❹　張玉法，《清季的立憲團體》，頁389。

撫爭權之事所在多有，江蘇、廣東等省尤烈。江蘇諮議局，因與督撫
爭預算案，曾全體辭職，地方士紳組「預算維持會」以繼其志，至爭
回若干權利後，始行復職。廣東諮議局亦時因行使職權，與督撫發生
衝突，有函致署兩廣總督袁樹勛云：「立憲政體官民同負責任，必人
人有政治上之常識，乃能享受立憲之福利。諮議局者立憲之基礎也，
建言之權在議員，行政之權在官吏。」　此可代表當時一般議員的政治
見解❹。

　　清末除省設諮議局外，省以下亦分兩級辦理地方自治，府州縣的
自治稱上級自治，城鎮鄉的自治稱下級自治。城鎮鄉地方自治章程於
一九〇九年一月發布，凡府廳州縣各官衙所在地稱城，其他市鎮村莊
屯集人口五萬以上者稱鎮，五萬以下者稱鄉。城鎮鄉自治的範圍是學
務、衛生、道路、農工商務、慈善事業、公共事業。凡城、鎮均設議
事會及董事會，凡鄉均設議事會及鄉董。議事會由選民互選產生。城
鎮董事會總董由議事會就選民中選舉二人，報請督撫選任一人。董事
由議事會就選民中選舉，報請知府、知縣或知州任用。鄉董由鄉議事
會就選民中選出，由知府、知州或知縣任用。府廳州縣自治章程於一
九一〇年公布，規定以府之直轄地方及廳州縣為自治區域，設議事會
及參事會，議事會由選民選舉產生，參事員由議事會於議員中互選。
各省辦理城鎮鄉自治及府廳州縣自治的情形，限於資料及篇幅，不能
一一在此檢討，若以山東省為例，在一九一〇～一九一一年間，城鎮
鄉議事會和董事會，以及府州縣議事會和參事會，大體均已設立❹。

　　清末所成立的資政院、諮議局以及所實行的城鎮鄉自治和府廳州
縣自治，都是預備立憲的措舉。一九一一～一九一二年間，清廷在預

---

❹　同上，頁392–393。

❹　張玉法，《中國現代化的區域研究──山東省》，頁441–454。

備立憲聲中覆亡，中華民國建立，中國進入民主憲政的新時代。省以下的地方自治繼續舉辦，諮議局廢，另成立省議會，資政院廢，另成立參眾兩院的國會，由參眾兩院議員選舉大總統，作為國家的元首。省議會及國會已是立法機構兼監察機構，而不再是諮議機構。

　　民國建立之初的民主設計，最重要的是國會的成立。依照一九一二年臨時參議院所制定的國會組織法，中華民國國會由參眾兩院組成，參議院議員由各省之省議會選出，每省十人，全國二十二省共二二〇人，加上蒙古二十七人，青海三人，西藏十人，中央學會八人，華僑六人，共二七四人。眾議院議員按人口比例選出，每八十萬人產生議員一名，共計五九六人。議員選舉資格較清末為寬，凡年滿二十五歲的男子，在選區以內居住二年以上，而具有下列資格者，得為候選人：①年納直接稅二元以上，②有五百元以上之不動產，③小學畢業以上或同等學歷。選民資格與候選人相同，但年滿二十一歲即有投票權。有下列情形之一者不得候選，亦無選民資格：①褫奪公權者，②宣告破產而尚未撤銷者，③精神病者，④吸食鴉片者，⑤不識字者。此外，現役軍人、行政及司法官吏、警察、僧道或傳教士皆無選舉權及被選舉權，小學教師及學生則停止其候選資格。選舉結果，議員的出身背景，約有百分之五一・五的人具有舊功名，百分之四八・五的人完全受新式教育。以年齡而論，兩院議員平均三六・四五歲❹❽。

　　國會之職權，有必須兩院共同行之者，有兩院各得專行之者。其得專行之事項凡七：①建議，②質問，③請求查辦官吏之納賄違法，④答覆政府之諮詢，⑤受理人民之請願，⑥許可議員之逮捕，⑦制定院內之法規。其餘各事項，則須兩院共同行之。即凡法律案、財

❹❽　張朋園，〈從民初國會選舉看政治參與〉，《國立臺灣師範大學歷史學報》第七期，頁365，378。

政案、彈劾案，及其他承諾事件之議定，必以兩院之一致成之，但預算決算，須先經眾議院之議決❹。

省議會之選舉，選舉權與被選舉權資格與眾議院同。選舉之程序，採間接選舉制，分初選複選，均用無記名投票法。初選以縣為選舉區，由選舉人選出初選當選人，其名額為議員之二十倍；複選合若干初選區為選舉區，由初選當選人選出複選當選人，即為議員。省議會之職權凡十二：① 議決本省單行條例，但以不牴觸法律命令為限；② 議決本省預算及決算；③ 議決省稅及使用費規費之徵收，但法律命令有規定者不在此限；④ 議決省債之募集及省庫有負擔之契約；⑤ 議決本省財產及營造物之處分並買入；⑥ 議決本省財產及營造物之管理方法，但法律命令有規定者不在此限；⑦ 答覆省行政長官諮詢事件；⑧ 受理本省人民關於本省行政請願事件；⑨ 建議關於本省行政及其他事件之意見於省行政長官；⑩ 彈劾省行政長官之違法，經由內務總長提交國務會議懲辦之；⑪ 咨請省行政長官查辦本省行政官吏之違法納賄；⑫ 提出對本省行政事項有疑義之質問書於省行政長官，限期答覆❺。

一九一三年成立的國會、省議會以及繼續辦理的地方自治，到一九一四年初為袁世凱取消。袁世凱死後，黎元洪繼為總統，到一九一六年八月，前述民主政治的機構與措施又恢復，然未及一年，又因張勳復辟而停頓。張勳復辟平後，國務總理段祺瑞重選國會，將一九一二年所制定的國會組織法修改，把選舉資格提高。眾議員的選舉，年齡由二十一歲增至二十五歲，財產由五百元增至一千元，學歷仍為小學畢業以上❺。新選的國會，選徐世昌為大總統。此新選的國會，到

❹　謝振民，《中華民國立法史》，頁83。

❺　同上，頁71–72。

一九二〇年因段祺瑞失敗而被解散。不久,一九一三年所選的舊國會
又恢復,徐世昌下臺,黎元洪復位。此再度恢復的舊國會,一九二三
年曾選曹錕為總統,到一九二四年又因曹錕失敗而停閉。此後一直到
一九二八年北京政府結束,未再召開國會。

自民國建立以迄北京政府結束,有國會的時期即有省議會,大部
也有省以下的地方自治,沒有國會的時期也沒有省議會和省以下的地
方自治。大體說來,一九一一～一九一三年間,為民主政治的高潮時
期,此後有停止期,有恢復期,即使恢復,亦從未達一九一一～一九
一三年時的盛況,故不多述。

四、成果的檢討

前面是從思想鼓吹和實際施政上論述近代中國民主政治的演變,
可以說是鳥瞰式的;欲評估這一階段在民主政治上的實際成就,尚須
設定指標,一一檢討。指標的設定,可能因為各人對民主政治的認識
而有所不同。此處所設定的指標,大體是以西方民主國家一般的情形
為準,兼顧及史料的限度。為檢討方便起見,只設定六項: ① 主權在
民,② 選舉權平等,③ 由民選產生各級政府首長,④ 由民選產生各
級立法機構,⑤ 容納反對黨存在,⑥ 人民有集會、結社、言論、出
版等基本自由。

第一個指標主權在民,是指國家主權屬於國民全體而言。歐洲在
近代以前,有君權神授的說法,國家由君主一人統治(The rule of the
one);君主的權力不是來自全體國民的委託,而是來自上帝。中國在
清代及其以前行君主專制,君主的權力不來自全體國民的委託,而是
來自天命。所謂天命,與神授無別,所以君主稱為天子。國家主權不

---

❺ 顧敦鍒,《中國議會史》,頁274。

在全體國民，而在君主一人，而君權來自神授，不來自國民的委託，自不能稱為民主。古代還有一些國家，如古希臘的雅典，於西元前四〇四年敗於斯巴達後，一度由三十個貴族當政；又如羅馬共和時期，政權曾由三個人所組的執政團把持[52]，別人不得參與；這叫少數人統治（The rule of the few, oligarchy，有人譯為寡頭政治），這自然也不能稱為民主。民主是多數人統治 (The rule of the many) 或大多數人統治 (The rule of the majority)。國家主權雖屬國民全體，但主權的行使則以大多數決定的方式行之，故名為大多數統治。布里奚 (James Bryce) 說：「民主政治是全民統治，其統治的意願透過投票來表明，不管是君主國、民主國，有憲法、無憲法，必須承認國家的最後主權在全體人民。」[53] 這便是民主的本意。

第二個指標選舉權平等，是平等權的一種。因為民主政治的主要方式是投票，必須選舉權平等，才能達到國家主權屬於國民全體的目的。如果對選舉權有許多限制，譬如婦女沒有選舉權、不受相當教育的人沒有選舉權、沒有相當財產的人沒有選舉權等，使選民人數很少，只佔國民中的少數，雖有選舉，不能算是健全的民主。合理的選舉權，不管男女、教育程度、財產多少，只要身體精神狀況正常，公權未因犯罪受法律剝奪，達到成年以後，都應該有選舉權。這就是選舉權的平等。一般說來，選民人數能佔到全體國民三分之二者，才能合乎選舉權平等的標準[54]。

---

[52] 凱撒時代的三頭政治，三個執政官為凱撒、龐培、克拉蘇；凱撒養子渥大維時代的三頭政治，渥大維、安東尼、雷比達；見涂序瑄譯，《西洋上古史》，頁109–110。

[53] James Bryce, *Modern Democracies*, pp. iv, 461–462.

[54] 同上。

第三個指標由民選產生各級政府首長，就中國情形而論，各級政府首長應包括國家元首、省級首長、府州縣級首長、和城鎮鄉級首長。

第四個指標由民選產生各級立法機構，包括國會、省議會、府州縣議會、城鎮鄉議會，這些議會應賦予立法和監察二權。

第五個指標容納反對黨存在，一個國家不管是一黨獨大、兩黨並立、還是多黨競峙，執政黨必須容納反對黨存在。但此反對黨，必須循選舉的或和平競爭的途徑發展其政治勢力，不容以武力奪取政權。執政黨不得立法或以行政命令，對反對黨加以迫害或限制。民主政治要在多數統治中尊重少數，並對少數人的反對加以容忍或接納。

第六個指標是人民有集會、結社、言論、出版等基本自由，惟有人民享有這些自由，才能對公共事務充分表達其意見，才能使民主政治有效地運行。

依照上述六個指標，論述近代中國民主政治的實際成就，可以分為八個階段來檢討。（參見頁27～28附表）每一個階段的民主狀況，皆以上述六個指標來衡量。每一個指標以十五分計，共九十分。每個階段中六個指標的積分狀況，便是該階段民主政治的成績。為突顯民主的差距起見，每三分為一級距。

第一階段為一九〇八年（光緒三十四年）以前，當時中國尚實行君主專制，雖自一八九五年以後，有民權運動的興起，但在民主政治上甚少成就。民主的積分只有六分。第二階段從一九〇八至一九一一年為清廷預備立憲的階段，在民主政治上，做了許多初步的工作，民主的積分為三十三分。第三階段從一九一一到一九一三年，由於武昌革命爆發，民國建立，中國試行西方式的民主，頗有成就，但為袁世凱所破壞。民主的積分為六十九分。第四階段從一九一三到一九一六年，袁世凱緊縮民主政治，從事帝制運動，最後在各方反對聲中病死。

民主的積分為二十一分。第五階段從一九一六到一九一七年，袁世凱死後，副總統黎元洪繼為總統，國務總理段祺瑞專權，段黎假國會為鬥爭場所，國會支持黎，督軍支持段，迫解散國會，而演為張勳擁溥儀復辟。民主的積分為五十四分。第六階段從一九一七到一九二〇年，段祺瑞於打平張勳復辟後，不僅繼續任國務總理，且另選國會，另選總統，到一九二〇年為直系所敗。民主的積分為五十四分。第七階段從一九二〇到一九二四年，為直系當政階段，直系恢復舊法統，並藉用舊國會另選總統，至一九二四年為奉系、馮系、段系和國民黨的聯合勢力所敗。民主的積分為五十七分。第八階段從一九二四到一九二八年，因直系失勢，北京政府初由奉系、馮系聯合控制，馮傾向廣州的國民黨，被推為執政的段祺瑞初亦欲與國民黨合作。後因權力爭奪，段為馮所逐，馮為奉所逐，張作霖實行軍事統治，至一九二八年為國民革命軍驅逐。民主的積分為十八分。以積分看六個指標的成就，其順序為：① 主權在民(72)，② 由民選產生各級立法機構(66)，③ 人民有集會、結社、言論、出版等自由(60)，④ 選舉權平等(51)，⑤ 容納反對黨(39)，⑥ 由民選產生各級政府首長(24)。此可看出一種行政權獨高的趨勢。

㊺ 汪煌輝，《中國憲法史》，頁8–9，12–13。

㊻ 陳茹玄，《增訂中國憲法史》附錄頁1。

㊼ 汪煌輝，《中國憲法史》，頁57，59。

㊽ 陳茹玄，《增訂中國憲法史》，頁66。

㊾ 同上，頁83。

㊿ 汪煌輝，《中國憲法史》，頁58。

時期	背景	檢討項目	主權在民	選舉權平等	由民選產生各級政府首長	由民選產生各級立法機構	容納反對黨	人民有集會、結社、言論、出版等自由
1908以前	中國為君主專制國家	狀況	主權在君，君為天命，天命即民心	國民沒有選舉權	沒有民選的各級政府首長	沒有民選的各級立法機構	沒有政黨，反政府者不受法律保護	極受限制
		分數	3	0	0	0	0	3
1908至1911	清廷實行預備立憲，民間從事憲政運動	狀況	一九〇八年頒布憲法大綱，規定憲法由君主制定，君主有統治國家大權，總攬立法、行政、司法。一九一一年宣布十九信條，規定憲法由資政院議決，皇帝之權以憲法規定為限[55]	因受性別、年齡、資產、教育程度等限制，使千分之四的人獲有選舉權	沒有民選的各級政府首長	一九〇九年省選舉諮議局，一九一〇年中央成立資政院，省以下有府州縣和城鎮鄉議事會，但均為諮議機構	憲政實進會為擁護政府的黨派，憲友會及運動開國會的團體為與政府對立的黨派	集會結社律限制集會結社人數，但保障集會、結社、言論、出版等自由較前為佳
		分數	6	6	0	9	6	6
1911至1913	為民國建立的第一、二年，袁世凱為國家元首，國人對民主政治抱熱望	狀況	一九一二年公布的臨時約法規定，中華民國之主權屬於國民全體[56]，但僅屬原則	仍受性別、年齡、資產、教育程度等限制，但資格已放寬，選民約佔全人口的十分之一	僅大總統由國會選舉，部份省省議會曾選都督	中央有民選國會，省有民選省議會，省以下縣、區、城、鎮、鄉皆有民選議事機構	當時兩黨對立，進步黨擁政府，國民黨反政府，另有激進的社會黨、工黨之類，政府大體容忍，後因國民黨選舉勝利，反對黨領袖宋教仁被暗殺	臨時約法規定，人民享有此類自由，且無立法限制的規定，在二次革命前，集會、結社、言論、出版等都相當自由
		分數	12	12	6	15	12	12
1913至1916	為袁世凱專制及運動帝制時期	狀況	一九一四年新約法規定，中華民國之主權本於國民全體並規定大總統為國家元首，總攬統治權[57]	約法會議議員選舉資格：①現任高等官吏，②舉人以上出身，③高等或專門以上學校畢業，④有萬元以上財產[58]	袁世凱續為民選總統，後被國民代表推為皇帝[59]	先後設政治會議、約法會議、參政院，皆為指派的諮議機構；國會、省議會及省以下地方自治皆停	政黨活動停止，禁止反政府的黨公開活動	新約法規定人民於法律範圍內有此類自由，但極受限制[60]
		分數	9	3	3	3	0	3
1916至1917	袁世凱死，黎元洪繼，段祺瑞為國務總理，因段黎爭權，張勳擁溥儀復辟	狀況	一九一二年的約法恢復，承認主權在民的原則	未辦選舉，但選舉資格恢復一九一二年所規定者	由一九一三年的民選副總統黎元洪繼為總統	恢復一九一四年停頓的國會、省議會及地方自治	國會中政黨林立，部份反對段內閣，段曾使軍警恫嚇國會	恢復一九一二年臨時約法中對此類自由的保障，但軍警干涉較多
		分數	12		12	12		9
1917至1920	段祺瑞平定張勳復辟後，大部時間任國務總理，為皖系當政時期	狀況	沿用一九一二年的臨時約法，承認主權在民的原則	修改一九一二年的議員選舉法，將選舉資格提高，但選民仍佔總人口十分之一多	新國會選徐世昌為大總統	中央有民選國會，省有民選省議會，地方自治未恢復	反對段祺瑞的黨派移廣州，與段從事軍事對抗，但北京國會中仍有反對黨	沿用一九一二年的約法，保障此類自由，從五四運動前後的情形看來，政府相當容忍，但也有禁書、禁遊行的事情
		分數	12	9	6	12	3	12
1920至1924	直系打倒皖系而當政，至一九二四年又為奉系、馮系取代，以段祺瑞為執政	狀況	初沿用一九一二年約法，一九二三年制定憲法，均承認中華民國主權屬於國民全體	未辦選舉，仍沿用一九一二年的議員選舉法	一九一七年被解散的舊國會恢復，選曹錕為大總統	一九一七年的舊國會及舊省議會恢復後，地方自治亦籌備恢復	對反對黨用威逼利誘的方法，廣州另有反對的黨派組織的政府	一九二三年的憲法，規定對此類自由非依法律不得限制
		分數	12	9	6	12	6	12
1924至1928	段為執政時較民主，後馮逐段，奉逐馮，北京政治由張作霖軍事統治	狀況	一九一二年的約法和一九二三年的憲法均廢除，但主權在民的觀念已深入人心	未舉辦，亦無法規可循	沒有民選的各級政府首長	國會、省議會和地方自治取消，一九二五年七月曾由各省長官及民間團體派代表組臨時參議院，為諮議機構	段政府時期，容納國民黨活動，張作霖獨裁時期，禁止國民黨、共產黨活動	沒有法律保障人民此類自由，對集會示威、批評政府的言論鎮壓甚嚴
		分數	6	3	0	3	3	3

五、結 論

在中國國民黨執政以前，中國在政治上經歷了二、三十年的西化時期。在此時期當中，政治思想的鼓吹，政治制度的設計，無不以取法西方的民主政治為主流。由於政局的變化快速，使那一時期的民主政治不能有持續性的發展，只有斷斷續續、點點滴滴的成就。大體說來，實行的成敗，與中國國民的程度關係少，與主政者的決心關係大。國人受傳統文化影響，對民主政治的態度本甚保守。政府欲實行民主，則民主成就大；政府不欲實行民主，則民主成就小。從本章的檢討與分析中，可以明顯地看出這種趨勢。一九二八年以後的民主政治發展，其成敗進退除政府的態度外，內亂、外患的嚴重度影響亦大。此種情形，本書各章將有討論，茲不多贅。

第二章

辛亥革命前後的民主政治

　　民國時期的民主政治，建基於辛亥革命時期。辛亥革命時期，民主政治的推動者，主要來自兩個力量：一為以康有為、梁啟超為創始的立憲派，在他們的推動下，清廷在光宣年間進行預備立憲，在中央有資政院的成立，資政院中有政黨活動，內閣制度亦初步建立，而民間的自由民主運動亦同步進行。一為以孫中山為創始的革命派，他們廣泛傳播民主理念，到辛亥革命成功，即建立民主制度。

第一節　晚清君主立憲下的民主政治

一、資政院的由來及其組織

　　資政院正式開院在一九一〇年十月三日，其籌備則始於四年以前。一九〇六年十一月七日，總核官制大臣奕劻等奏進資政院官制草案，主張資政院以政務處改設，設總裁一人，副總裁二人，議員共一百三十人，以欽選、會推及保薦之法定之：一、王公世爵勳裔之已滿三十五歲者，欽選十人；二、京員已滿三十歲者，會推五十四人；三、各省官紳士商已滿三十歲者，由督撫保薦六十六人。應議事件如下：一、

奉旨飭議事項，二、新定法律事項，三、歲出入之預算事項，四、稅法及公債事項，五、人民陳請事項❶。此一草案，未成定議，到了一九〇七年九月二十日，清廷派溥倫、孫家鼐為資政院總裁，復令彼等將資政院詳細院章會同軍機大臣，妥慎擬訂❷。溥倫等據此，於擬訂院章目次之後，首將總綱及選舉二章訂妥上呈❸。其後加以修正，並陸續將職掌、資政院與行政衙門之關繫、資政院與各省諮議局之關繫、資政院與人民之關繫、會議、紀律等章完成，至一九〇九年八月二十三日，由清廷明諭公布❹。選舉一章，原規定宗室及王公世爵不逾十五人，修正後增至四十八人；各部院衙門官由一百人減至三十二人；各省諮議局議員由一六七人（各省諮議局議員總數為一六七人，以總數之十分之一為定額）減為一百人。修正之意，在擁護親貴特權可知❺。

　　資政院章程頒布後，成立資政院的第一步為資政院議員的選舉。選舉方法，依院章規定，分欽選與互選兩種，欽選大體自官而出，包括宗室王公世爵、滿漢世爵、外藩王公世爵、宗室覺羅、各部院衙門官、碩學通儒及納稅多額者。其選舉方法，由宗人府、吏部、民政部等分別查明合格人員，造具名冊，咨送資政院，經各該員互選後，由

❶　「資政院官制草案」五十二條，見《東方雜誌》臨時增刊《憲政初綱》，光緒32年12月出版。

❷　《大清德宗景皇帝實錄》卷五七七，頁11。

❸　資政院等奏擬資政院院章總綱選舉兩章摺，見《東方雜誌》第五年第七期「法令」欄及光緒34年6月15日《政治官報》，頁4-6。

❹　〈頒布資政院章程諭〉，見《宣統政紀》卷十七，頁14-19。

❺　滄父〈議會及政黨〉曾論述此事，惟統計數字略有出入。見《東方雜誌》九卷七號增刊《十年以來中國政治通覽》上編〈通論〉第四篇。

資政院將得票較多者，按照定額，多開數員，奏請欽選❻。如碩學通儒議員，由各省提學使初選若干人❼，再由初選人互選若干人呈請欽選❽。納稅多額議員，由各省布政使初選若干人❾，再由初選人互選若干人呈請欽選❿。互選於各省諮議局行之，由諮議局議員互選若干人，呈請地方督撫，再由督撫遴選若干人，送資政院⓫。至一九一〇

---

❻　《清史稿》〈選舉志〉八。

❼　宣統2年1月28日《時報》三版「地方通訊」：湘省應送資政院碩學通儒議員，前經吳提學使選舉國子監祭酒王先謙、舉人王闓運二員。

❽　宣統2年4月9日《時報》二版「京師近訊」：資政院名單置監國處三日而後發表，其中有可注意者數點：一、碩學通儒中程明超及朱獻文得票甚多，而卒不被欽點者，此實受胡侍御思敬一參之影響。胡摺亦曾參及吳侍讀士鑑，吳方直經筵，受眷特優，故監國未為所動也。

❾　宣統2年2月12日《時報》五版〈江西選定納稅多額議員〉：贛藩劉雨山方伯前因奉文籌辦選舉納稅多額議員，當經札飭首府承辦，初選名冊送由劉方伯核定（按2月8日《時報》五版載有〈江西藩署榜示選舉納稅多額議員名額〉，載列「袁蔚章，豐城，稅額銀二萬八千三百七十五兩六錢；熊元鍊，南昌，稅額銀二萬一千二百二十兩，捐銀一千八百兩；……」）。袁蔚章等二十人於初三日在署投票公舉議員二名，以備送院。當經劉方伯監督投票開票，到者十九人，以舒家鯤、黃自希為當選，朱鯤為候補。

❿　宣統2年4月18日《時報》二版載4月17日上諭：茲據資政院奏請續行欽選議員開單呈覽一摺，所有單開之納稅多額互選決選人著孫以芾、李士鈺、周廷弼、林紹箕、席綬、王佐良、宋振聲、李湛陽、羅乃馨、王鴻圖為議員。

⓫　宣統元年11月3日《時報》五版〈廣東選定資政院議員五人〉條，又11月4日該報五版〈贛省舉定資政院議員〉條，又11月11日該報五版〈贛

年五月，欽選議員選舉完成⓬；同時，各省督撫亦先後將各省選出之議員咨送資政院⓭。資政院議員計一九六人，欽選、民選各佔九十八人，漢人佔百分之七十，平均年齡四十歲（民選議員平均約四〇·五歲，欽選議員平均約四一·六歲）。欽選議員幾均有職任，可以代表官的一方面；民選議員，幾均有功名（進士及舉人級佔百分之六十三），可以代表紳的一方面。實際上民選議員之任官者及欽選議員之得功名者均佔相當大的比例，故資政院為官紳的混合體。

資政院議員選舉既畢，議員先後至北京，即開一研究會，借石橋別業為研究議案之所。與會者不限於議員，凡有職於資政院者，均得參加。每月開會三次，逢五為期，為正式開院以前的練習會議⓮。正式開院定在一九一〇年十月三日，清廷下令九月二十三日為召集之期⓯。

十月三日，資政院行開院禮⓰，到院議員一百五十四人，由總裁溥倫、副總裁沈家本主持開會⓱。十月四日的會議，議員到者一五七

撫派定資政院議員〉條，又11月12日《時報》五版〈贛省諮議局要事〉條，又宣統2年6月25日《時報》五版〈資政院議員錄〉條，又11月16日《時報》五版〈直隸諮議局紀事〉條，又11月9日《時報》五版〈閩督選定資政院議員〉條，皆載明此種程序。

⓬　欽選議員名單，見宣統2年4月1日上諭，載4月2日《時報》二版及黃鴻壽《清史紀事本末》卷七九。

⓭　資政院議員名單暨年齡、籍貫、學經歷，見張玉法《清季的立憲團體》頁420–435。

⓮　參考宣統2年6月10日《時報》二版「北京電報」及《國風報》第一年二十一號頁111至112「中國紀事」欄〈資政院議員練習會之演說詞〉。

⓯　宣統2年4月1日上諭，見宣統2年4月2日《時報》二版。

⓰　宣統2年9月2日《時報》二版「北京專電」。

人❶。其後數日，依據資政院分股辦事細則，選舉專任股員，計預算股：股長劉澤熙，副許鼎霖，股員二十四人。決算股：附於預算股，不設股長，股員二十四人。稅債股：股長李榘，副閔荷生，股員十二人。法典股：股長載潤，副汪榮寶，股員十八人。陳請股：股長趙炳麟，副陳寶琛，股員十二人。懲戒股：股長魁斌，副訥勒赫，股員六人❶。每股分置若干科，科設審查長，如預算股置四科，各科審查長如下：第一科籍忠寅，第二科王璟芳，第三科孟昭常，第四科易宗夔；陳請股置二科，第一科審查長博迪蘇，第二科審查長陳寶琛；稅債股置二科，第一科審查長邵羲，第二科審查長周廷弼❷。資政院的組織，於此逐漸完成。

二、資政院中的新舊之爭

資政院中的黨派，主由議案之爭持而產生。一九一○年的第一會期，有兩件爭議最為激烈的事，其一為新刑律案，其二為彈劾軍機案。

彈劾軍機案起於湖南諮議局與巡撫楊文鼎之爭。楊文鼎舉辦公債，未交諮議局議決，諮議局呈請資政院核辦。資政院將此事據實上奏，朝旨以該撫未交局議，係屬疏漏；公債事既經部議奉旨允准，仍當照

---

❶　見宣統2年8月21日《時報》二版「北京專電」、8月26日《時報》二版〈資政院第一次召集記事〉。

❶　*The Chinese Recorder and the Missionary Journal*, Vol. XLI, No. 11, Nov. 1910, p. 752，但據宣統2年9月8日《時報》二版〈資政院議事錄〉，二日議員到會者為一百五十一人。

❶　宣統2年9月6日《時報》二版「北京專電」及9月10日《時報》二版〈資政院議事錄〉。

❷　宣統2年9月10日《時報》二版「北京專電」。

舊辦理。資政院議員以楊文鼎侵權違法，應加處分，不得僅以疏漏二字了之，因提出質問，要求軍機大臣出席。軍機大臣不至，院議復質問軍機對於內政外交是否完全負責；軍機大臣以此種問題須俟內閣成立，方可解決，現在無從答覆。適雲貴總督指令鹽斤加價，雲南諮議局以未經局議，亦請資政院核辦，院議以為鹽斤加價如為國家行政，應俟中央法令；如為地方行政，應交局議決；具奏請旨。同時，廣西諮議局因高等巡警學堂限制外省籍學生案，與督撫發生異議，亦由資政院核辦請旨。當時樞垣中擬旨大臣蔑視資政院院章，諭旨中竟有「交鹽政處與民政部察核」字樣，隱然視資政院為鹽政處與民政部之下級官廳，全院議員為之譁然，謂其蹂躪院章，違法侵權，決議彈劾軍機，舉起草員六人擬摺。樞垣中人聞此訊，連日密議，預籌對付之法。慶親王奕劻及那桐一派持專制主義，主張用壓制手段；載洵、載澤、毓朗等均不以壓制為然，主張和平了結。載洵謂資政院裁可事件，皇上不以為然，可以否決，不該再交行政官核議。載澤亦謂此事不合院章，不能盡咎議員相鬧。徐世昌則調停其間，未作任何主張。恰在此時，鹽政處與民政部覆奏前來，所言與資政院同，於是得一和解之法，另降諭旨，有關資政院前奏雲南鹽斤加價及廣西學堂招生兩事，均依院議，隱然有收回成命之意。院中議員聞之，紛議並未停止，約有三派意見：第一派主張彈劾的目的既達，可將參案取消；第二派主張取消奏文而不取消議題（軍機不負責任仍可彈劾）；第三派主張改正議題以促成責任內閣。大概第一派屬政府黨，後二派屬民黨 ㉑ 。

　　㉑　《國風報》第一年三十號，頁89-90「中國紀事」欄〈資政院彈劾軍機
　　　　大波瀾〉；《東方雜誌》九卷七號紀念增刊《十年以來中國政治通覽》上
　　　　編〈通論〉第四篇〈議會及政黨〉；孤憤，〈論資政院參劾樞臣之壯舉〉，
　　　　宣統2年10月23日《時報》一版社論。

　　自資政院開院以後，漢籍議員即隱然有政府黨與民黨之分，滿漢王公世爵及蒙古王公世爵，則多持中立態度[22]。及彈劾軍機問題發生，兩派立場更趨明顯。究以民黨勢盛，彈劾案終未取消，即以軍機大臣「責任不明，難資輔弼」一摺上奏，請將軍機大臣必應擔負責任之處，宣示天下；並請迅速組織責任內閣[23]。清廷對此摺頗表震怒，而奕劻等復奏請開去軍機大臣差，朝旨即一面對奕劻等加以慰留，一面對資政院嚴詞斥責：

　　　　朕維設官制祿及黜陟百司之權，為朝廷大權，載在先朝欽定憲
　　　　法大綱，是軍機大臣負責任與不負責任，暨設立責任內閣事宜，
　　　　朝廷自有權衡，非該院總裁等所得擅預，所請著毋庸議[24]！

其後資政院擬繼續彈劾樞臣，因起草員彼此發生異議，至十二月二十六日，由於民黨不再堅持，卒至取消[25]。取消彈劾軍機，並未能挽回樞府的好感[26]，民間則對此大為失望，當資政院閉會時，上海《時報》

----

[22]　《國風報》第一年二十六號，頁97「中國紀事」欄〈資政院議事摘要〉。

[23]　《國風報》第一年三十二號，頁89-92〈資政院奏參軍機大臣責任不明難資輔弼摺〉；珉〈論中國實行立憲之絕望〉，宣統2年11月20日《時報》一版社論。

[24]　11月17日上諭，宣統2年11月18日《時報》二版。

[25]　據宣統2年11月24日及12月2日《時報》二版「北京專電」，第二次彈劾摺稿似已上呈，但據12月4日《時報》二版「北京電報」及註[21]中之〈議會及政黨〉篇，彈劾案並未成立；張朋園《立憲派與辛亥革命》一書對彈劾軍機案紀述頗詳，可參考。

[26]　據宣統2年12月14日《時報》二版「北京專電」，資政院閉會時，樞府官

發表了一篇社論，指「彈劾樞臣一事震驚耳目而竟無良好正當之結果」為最可憤惋之事❷。

　　除彈劾軍機案外，最足刺激政黨發生者為新刑律之爭。新刑律原由法律館奏進，先下憲政編查館議，後交資政院議。當新刑律尚在憲政編查館時，勞乃宣以中有數條於父子之倫、長幼之序、男女之別有所妨，大加反對❷。他的看法是：

　　　舊律本夫殺死姦婦，本夫無罪，姦夫應擬絞抵。向來姦案，父捉女姦，殺死姦婦，亦可援照辦理。今設有父捉女姦之事，致殺其女，是在舊律可以勿論，而在新律應科以殺人者處死刑或無期徒刑或一等有期徒刑之罪，新舊相差，大相懸絕，不知理之所在，情之所安❷。

然新刑律之精神，在破除家族主義，而導國民以國家主義❸，故為館

員祇毓朗、那桐、徐世昌參加，攝政王與慶親王均未到場。又宣統3年1月9日《時報》二版〈資政院之餘談〉：資政院彈劾軍機，既大傷樞府感情，而又反覆無常，議事了無秩序，益啟其輕蔑諸由。

❷　指嚴〈資政院閉會後感言〉，宣統2年12月18日《時報》一版社論。

❷　勞乃宣，《韌菴老人自訂年譜》，頁45–46；天池〈論勞乃宣反對新刑律事〉，宣統2年8月5日《時報》一版社論。

❷　宣統2年10月16日《時報》五版〈董科員答勞議員論新刑律〉。

❸　宣統2年11月1日憲政編查館委員楊度在資政院演說稿，見宣統2年11月2日《時報》二版「北京專電」；孤憤，〈論新刑律之恐難通過〉，宣統2年11月16日《時報》一版社論。著論反對楊度者有汪康年，早在宣統2年10月6日，汪即於《芻言報》發表〈痛論頒行新刑律之宜慎〉一文（見

內各員所贊許。勞乃宣在館具說帖修正時，只能見採一、二。及新刑律移資政院後，勞復提修正案，運動百餘人署名 ❸，於「處女和姦不罰」一條尤反對之 ❷。周震鱗、陳紹唐等因發起新律維持會，以對付勞黨 ❸。新律維持會於十二月十一日開會時，到者極眾，除周、陳外，陸宗輿、羅傑等均曾發表演說，議決公舉四十人為國民代表，分謁資政院各議員，勉其贊成者，駁其反對者 ❸。

十二月十八日的院會，對新刑律的討論極為熱烈。閔荷生、沈林一、高凌霄、萬慎等站在勞乃宣的一邊，極力反對；汪榮寶、陳懋鼎、章宗元等則站在維護的立場，大加駁斥。高凌霄、萬慎等後覺無辭以對，憤極出院，與新律維持會會員周震鱗、陳紹唐二人發生衝突，甚至鬧到警廳 ❸。

一九一一年一月八日的院會，又為新刑律問題發生一次激烈的辯論。贊成派發言者有雷奮、籍忠寅、陸宗輿、汪榮寶、胡礽泰諸人，反對派發言者有勞乃宣、于邦華、陳樹楷、高凌霄、許鼎霖、方還、夏寅官、馬士杰諸人，雙方據理力爭，各不相讓 ❸。

《汪穰卿遺著》卷四，頁6），楊度發表演說後，復於宣統2年11月6日《芻言報》發表〈讀楊君度家族主義國家主義演說繫之以論〉，文見《汪穰卿遺著》卷四，頁18–21。

❸　勞乃宣，《韌叟老人自訂年譜》，頁45–46。

❷　宣統2年11月2日《時報》二版「北京專電」。

❸　宣統2年11月9日《時報》二版「北京專電」，「新律維持會」此時記載為「維持新律會」，11月18日以後之記載則稱「新律維持會」。

❸　宣統2年11月11日《時報》二版「北京專電」。

❸　宣統2年11月18日《時報》二版「北京專電」。

❸　宣統2年12月10日《時報》二版「北京專電」。

新刑律因受勞黨的掣肘，審議的進行頗為緩慢。然新刑律之為勞黨修改者，只有「處女和姦不罰」一條。當時勞黨主張「處女和姦」有罪，新律維持派認為無罪。表決時，用記名投票法，贊成有罪者七十七人，用白票，後稱為白票黨，即勞黨；不贊成有罪者四十二人，用藍票，後稱為藍票黨❸。時資政院已屆閉會之期，新刑律未能一律通過，新律維持派人恐人民長受舊律之苦，於一月十日院會時議決先奏新刑律總則，細則下一會期再議，議長溥倫允照辦❸，勞黨則要求溥倫勿奏❸。

其後，新刑律總則依院議進呈，分則亦由憲政編查館奏請頒布❹。憲政編查館為表示對新刑律的支持，將勞乃宣排之以去❹。實則，分則未經立法程序而頒行，亦樞府對資政院輕蔑之表徵❹。

新刑律爭持的結果，在法律條文上雖未發生多大變動，對資政院議員的黨派組合，則極有助長促成的作用。上海《時報》有一則短評說：

> 新刑律之爭論，極一時之盛，大抵不外無夫姦無罪及子弟不守

---

❸ 勞乃宣，《韌菴老人自訂年譜》，頁45-46。

❸ 宣統2年12月12日《時報》二版「北京專電」。

❸ 宣統2年12月17日《時報》二版「北京專電」。

❹ 宣統2年12月25日上諭，宣統3年1月4日《時報》二版。

❹ 據宣統3年1月4日《時報》三版「北京專電」：勞乃宣極力反對新刑律，憲政編查館人員均欲排而去之，去臘28日奏請飭赴江寧提學使任，奉旨依議。又據宣統3年2月18日《時報》二版〈勞乃宣之快意〉條：勞於2月13日乘京漢火車赴任。

❹ 宣統3年1月8日《時報》二版。

教令，新律未定專條，為新舊兩派喧論之點，舊派混禮教與法律為一談，雖不足取，然此自是過渡時代所不能免之現象。乃以此故，民黨大為分裂，而政府新進與民間新派，乃不期而媾合❹。

故當資政院閉會後，贊成新刑律之人，曾在財政學堂開會，主張結為一黨，並預先研究日後重要法案；反對新刑律之人，亦聯合一派守舊勢力，結為一團體，以為政黨之預備❹。此可見資政院中的新刑律之爭，為黨派形成的重要因素。

三、國會請願勢力的新結合

國會請願，原有兩個有力的團體，其一為國會請願同志會，其二為各省諮議局聯合會。國會請願同志會發起於一九〇九年十二月，為國會請願運動的主力。一九一〇年十一月四日的上諭頒布後，國會請願被禁止，國會請願代表團解散，國會請願同志會避去國會請願之名，改稱同志會，其活動大為減少，部分會員則另組帝國憲政會，以為政黨之預備❹。

帝國憲政會，原係康有為、梁啟超等在海外所組織的立憲團體，由保皇會改組而成。部分國內立憲派人襲用帝國憲政會之名，可以看出康梁一派勢力在國內的影響力。自政聞社解散後，康梁一派的人物

---

❹ 宣統3年1月9日《時報》二版〈資政院之談餘〉。

❹ 宣統2年12月22日《時報》二版〈藍票白票黨〉。

❹ 丁文江，《梁任公先生年譜長編初稿》，頁325，謂國會請願同志會解散，另組「帝國憲政會」，為「憲友會」的先聲。實則「同志會」的名義仍然存在，組織「帝國憲政會」的僅為其中少數份子，如溫世霖等是。

即附於內地的立憲派從事活動，由於梁啟超的幕後指導，使康梁一派
的人物，在國內的立憲運動中仍能居於領導地位，此可以徐公勉為代
表。

徐公勉是政聞社的首要，與上海的立憲派人有密切往來。自一九
○九年冬國會請願運動開始後，即正式與各省諮議局代表結合在一起。
徐公勉得到梁啟超的暗中指導，聲望大著，他在〈梁任公先生逸事〉
中記載著說：

> 當時梁先生常寄函上海，囑余注意聯絡資政院、諮議局之各議
> 員，使其一面努力建議發言，一面運動縮短立憲年限。余遵先
> 生之計議，當時向京外素有交誼之議員，條議促進憲政之函牘，
> 日夕發郵，不下數十百通。各省議員對於鄙議，輾轉傳觀，至
> 為信仰，並有多友力勸余赴京主持言論，齊一同志之思想步驟，
> 余即於清宣統元年冬間赴京，啟發朝野，共謀立憲救亡。梁先
> 生聞余北上，欣慰無極，指導余進行之手札，約計三日必有一
> 通❹。

徐公勉至京後，時與各省諮議局議員集議促進立憲之法，決議聯合全
國諮議局及各界民眾，呈請政府廢除立憲年限，立即召集國會，再由
國會協訂憲法；並決議由各省諮議局議員籌款創一日報於首都，推徐為
日報之主撰人。嗣後《國民公報》發刊，梁啟超藉該刊為宣傳機關，
於開辦數月之內，每三、四日平均寄文一篇，暢論「國民應急謀政治
革命」之由，於是由康梁派人所主持的《國民公報》，遂成為立憲運
動的大本營，報社言論作為各省議員及請願國會團體之會場，報紙言

---

❹　同上，頁307。

論作為立憲運動的指針❹。

　　各省諮議局聯合會，成立於一九一○年八月，自始參與即開國會請願活動；在國會請願代表團解散後，各省諮議局聯合會成了民間立憲運動的主力，對於民黨的形成，有極大的影響力。

　　各省諮議局聯合會，在組織的成員上，與國會請願同志會有共同的地方，各省諮議局聯合會的領導人物，也就是國會請願同志會的領導人物。惟前者的範圍小，限於諮議局議員；後者的範圍大，包羅各行各業的團體或個人。故在國會請願代表團解散以前，國會請願同志會的聲勢較大。其後同志會徒具虛名，各省諮議局聯合會轉趨活躍，成為一九一一年國會請願勢力的核心。

　　一九一一年五月，為各省諮議局聯合會舉行第二屆會議之時，事先由北京「同志會」及江蘇諮議局議長張謇發起，各省諮議局各舉代表，於四月二十九日齊集北京❹。參加者有湖北諮議局議長湯化龍、湖南諮議局議長譚延闓等❹。舉譚延闓為正主席，王振堯為副主席，湯化龍、方貞、謝遠涵、李文熙、劉崇佑、孫洪伊、梁善濟、蕭湘、羅傑為審查員❺。討論的問題有外債、練兵、禁烟及皇族內閣等項。關於外債，由於盛宣懷等借日款一千萬元，又議借美款一萬萬元，而四國借款，亦將次簽押。聯合會認為：各國國家借債，必得國會協贊，盛等事先既未將理由說明，臨時又未將用途宣布，國民不能承認❺。因屢次提議，請政府宣示借債方針，監督用債方法❺，並正式草摺呈

❹　同上，頁313–314。

❹　宣統3年4月4日《時報》三版〈鄂省開會餞別議長之哀痛〉。

❹　宣統3年4月13日《時報》二版〈各省聯合會記事〉。

❺　宣統3年4月16日《時報》二版「北京專電」。

❺　同❹。

都察院代奏，請飭閣臣宣布借債政策 ❸。關於練兵，聯合會感於時局阽危，主張廣練民兵，由直省各廳州縣，一律增練備補兵，以為徵兵之預備，亦草摺請都察院代奏 ❸。關於禁烟，聯合會認為中英所訂禁烟條約，條件過苛，於國權多有妨礙，繕摺直呈清廷，請旨飭下閣臣以人道主義協商英使，永廢苛條，使我國得自由禁烟，以去民毒 ❸。皇族內閣問題，最為世人注目，此事對清廷立憲的誠意，為一嚴重考驗，此處有詳加敘述的必要。

溯自各省諮議局請開國會，各省督撫即紛電請設內閣。人民請願國會，係欲由此參加政權；督撫請設內閣，則欲正中央與地方之權限。早在一九一○年春，吉林巡撫陳昭常即有請設責任內閣的上奏，他說：

> 責任內閣者，為全國政治之最高機關，苟機關之組織未盡適宜，新憲政之進行必多扞格。近日東西各國，無不設立責任內閣，其大別有二：一曰政黨內閣，一曰帝國內閣。所謂政黨內閣者，即其內閣閣員對於議會而負責任；組織內閣，必用議會多數黨，英、法、奧、意諸國行之。所謂帝國內閣者，即其內閣閣員對於皇帝而負責任，組織內閣之權，操之君主，德、日諸國行之。

他主張實行德、日之制 ❺。到了這年夏間，粵督袁樹勛、滇督李經羲

---

❺ 辛亥5月21日《時報》二版「北京專電」。

❸ 諮議局聯合會請飭閣臣宣布借債政策呈都察院代奏摺，見辛亥5月24日《時報》一版及《國風報》第二年十二號，頁91–96。

❸ 諮議局聯合會呈都察院代奏增練備補兵為徵兵預備文，見辛亥5月20日、21日、26日《時報》一版及《國風報》第二年十二號，頁86–91。

❸ 諮議局聯合會請廢禁烟條件呈稿，見辛亥5月27日及28日《時報》一版。

復先後上摺奏請設立責任內閣。當時政府有汲汲集權中央之舉動，而又不負責任內閣之義務，袁、李二督深慨之，故請速設內閣，以明責任，希望皇帝「親簡大臣，組織責任內閣，使各部尚書，同為內閣之大臣，即以新設之內閣，為全國行政之總匯」❺❼。響應請設內閣的督撫，正如響應請開國會的士紳，人數愈來愈多，勢力愈來愈大，到了九月間，便有各省督撫聯銜奏請設立責任內閣的事❺❽。蘇撫程德全對此事尤為熱心，他在十一月四日的上諭發布之前，即響應各督撫，有請設內閣的通電❺❾；十一月四日的上諭發布之後，又曾兩度電奏催請，一次在十一月十七日，一次在十二月六日，均請「預設內閣，速簡總理，修改籌備清單」❻⓿，以準備縮短預備立憲年限應行之事。

依照十一月四日上諭頒布後的〈欽定修正逐年籌備事宜清單〉，一九一〇年釐定內閣官制，一九一一年頒布內閣官制，設立內閣。內閣

❺❻　吉林巡撫陳昭常奏請設立責任內閣摺，見宣統2年2月18日、19日《時報》一版、《國風報》第一年六號（宣統2年3月1日出版）及《東方雜誌》第七年三期（宣統2年3月25日出版）。

❺❼　天池，〈論今日宜速建設責任內閣〉，宣統2年5月22日《時報》一版社論；長興〈粵督滇督請立責任內閣摺書後〉，《國風報》第一年十五號（宣統2年6月1日出版）；引文見〈滇督李經羲奏請設立責任內閣摺〉，載宣統2年5月18日、20日《時報》一版、《國風報》第一年十五號，頁63–64及《東方雜誌》第七年七期（宣統2年7月25日出版）。

❺❽　宣統2年9月1日《時報》二版「北京專電」。

❺❾　〈浙撫增請速設內閣電〉及〈蘇撫程請設內閣電〉，見《國風報》第一年三十號。

❻⓿　《國風報》第一年三十三號，頁65–66載〈蘇撫催設內閣電奏〉（銑），頁67–68載〈蘇撫第二次催設內閣之電奏〉（微）；後者亦見於宣統2年11月19日《時報》二版。

官制的擬訂，清廷委諸憲政編查館；憲政編查館仿照日、德內閣之制，頗傾向於中央集權，置督撫於內閣管轄之下，即向例專摺奏事之權亦被剝奪❻。此事引起直督及江督的反對，認為督撫應直接代君主負責任，原有之上奏權，不宜剝削。東督、鄂督、滇督等則認為實行責任內閣國家，上奏權為內閣與議會所獨有，督撫不當專摺奏事❻。惟主張各省行政，但使不背內閣政綱，因時因地，應由督撫主決；若邊遠督撫，則宜更有特別規定❻。上述五督曾奉命參預外省官制，於閣部草案，則無干預之權，故他們的意見，沒有發生多少影響力。

　　各省諮議局聯合會，對於內閣官制，原無特別的意見。惟一九一一年五月八日的上諭——「慶親王奕劻著授為內閣總理大臣，大學士那桐、徐世昌均著授為內閣協理大臣」，「梁敦彥著授為外務大臣，善耆著授為民政大臣，載澤著授為度支大臣，唐景崇著授為學務大臣，廕昌著仍授為陸軍大臣，載洵著仍授為海軍大臣，紹昌著授為司法大

───────────────

❻　新內閣官制草案，宣統3年3月22日、23日《時報》一版；憲政編查館會奏遵擬內閣官制並辦事暫行章程繕單恭候欽定摺併單，《國風報》第二年十號。內閣官制草案共十九條，第六條：內閣總理大臣，就所管事務，對於各省長官及各藩屬長官，得發訓令。第七條：內閣總理大臣就所管事務，監督指揮各省長官及各藩屬長官，於其命令或處分，如有認為違背法令或逾越權限者，得暫令停止，奏請聖裁。第九條：除國務大臣外，凡例應召見人員，於國務有所陳述者，由國務大臣帶領入對。第十條：除國務大臣外，凡例應奏事人員，於國務有所陳奏者，由國務大臣代遞。凡此雖證清廷有實行中央集權之意，似亦為德、日之通例。

❻　《國風報》第二年七號，頁99–100「中國紀事」欄〈五督對於新內閣權限之政見〉。

❻　《國風報》第二年八號，頁91「中國紀事」欄〈五督為閣部與直省權責致憲政館電〉。

臣，溥倫著授為農工商大臣，盛宣懷著授為郵傳大臣，壽耆著授為理藩大臣」❽，引起其注意與關切。上述十三大臣中，滿人佔了八個，而八個滿人中，皇族又佔了五個，包括慶親王奕劻、肅親王善耆及載澤、載洵、溥倫，故有「皇族內閣」之稱。聯合會認為朝廷既宣布立憲，內閣總理大臣斷不應委任皇族，以背憲法，遂於六月九日草摺呈請都察院代奏，力陳親貴總理內閣之不宜，文云：

> 君主立於神聖不可侵犯之地位。……密隸於君主之皇族，亦即立於特別不可動搖之地位；內閣之地位，則可動搖而更新者也。……組織內閣之總理大臣，為密隸於君主之皇族，倒一內閣，即為倒一皇族內閣。皇族緣內閣而推倒，使臣民之心理，忘皇族之尊嚴；君主之神聖，必有不能永保之慮❻。

六月十日，都察院將此摺代奏，清廷留中不發❻。聯合會遂又第二次呈請代奏，說明「君主不負責任，皇族不掌政權，為君主立憲國唯一之原則」❻；並布告全國，力言「皇族組織內閣，則內閣不得動搖，

---

❽　四月初十日上諭，見宣統3年4月11日《政治官報》、《時報》，《國風報》第二年十二號，以及《宣統政紀》，卷五十二，頁23–25。

❻　事見辛亥5月14日《時報》二版「北京專電」及關矢充郎《怪傑袁世凱》頁303，文見《國風報》第二年十二號，頁83–86及《東方雜誌》第八卷五號〈中國大事記〉。

❻　辛亥5月16日《時報》二版「北京專電」。

❻　諸議局聯合會第二次呈請代奏皇族不宜總理內閣摺，載辛亥6月3日《時報》一版、《國風報》第二年十三號頁76–79及辛亥6月3日、4日《民立報》。　約在同時，奉天諸議局副議長袁金鎧等有請另行組織內閣呈，反

是無內閣也；內閣仍可動搖，是無皇族也」❻。七月四日，都察院將
第二次呈文代奏❻。次日發布上諭，對陳請之人痛加申斥：

> 黜陟百司，係君上大權，載在先朝欽定憲法大綱，並註明議員
> 不得干預。當茲預備立憲之時，凡我君民上下，何得稍出乎大
> 綱範圍之外，乃該議員等一再陳請，議論漸近囂張，若不亟為
> 申明，日久恐滋流弊。朝廷用人，審時度勢，一秉大公，爾臣
> 民等均當懍遵欽定憲法大綱，不得率行干請，以符君主立憲之
> 本旨❼。

和平請願的方法既然失效，部分人返回鄉里，激烈者與革命派合流，
溫和者從事於政黨活動，使產生於資政院中的諸政團，漸能在地方上
建立勢力。

四、曇花一現的政黨

清季的政治結社發生雖早，類似於政黨的組織，則遲至資政院開
院以後才出現。此中原因，一方面是前此的政治和社會條件不夠，另
一方面則為崛起的士紳階層，至是始易作全國性的結合。首先是資政
院議員組織政團，當這些政團向院外發展勢力，並進而在各地建立支

對皇族內閣，見宣統3年6月12日《政治官報》，頁10–12。

❻ 諸議局聯合會宣告全國書（該會委任起草員張國溶提出），載辛亥6月7、
　8、9日《時報》一版及《國風報》第二年十四號，頁61–73。

❻ 辛亥6月10日《時報》二版「北京專電」。

❼ 六月初十日上諭，見辛亥6月11日《時報》二版及同日《政治官報》，頁
　2。

部時，即漸具有政黨的規模，茲述其要者於下：

㈠憲友會

憲友會係由國會請願同志會及各省諮議局聯合會組合而成，其醞釀始於一九一○年冬。初，國會請願同志會於一九一○年十一月五日開會，決計另行組織政黨，舉孫洪伊等四人為起草員，擬定黨綱、黨規。至一九一一年一月一日，在北京全蜀會館開發起會，到會者三十八人，由王敬芳宣告開會，推孫洪伊為臨時主席。王敬芳將擬妥之黨綱、黨規於會中宣讀，孫洪伊請眾討論。嗣以與會者尚多異議，推吳賜齡、李文熙、席綬、康詠、彭占元、汪龍光、王敬芳、陳登山、雷奮、羅傑、易宗夔、齊樹楷、張之霖、李素、牟琳、江辛、孫洪伊等十七人為修正員，負責審議事宜，一時黨名亦未能決定⓱。

參加開會的份子，多資政院議員。此黨醞釀之際，康梁派的人物亦活躍其間。大概由於怕遭清廷之忌，孫洪伊（伯蘭）等未採用「帝國憲政會」之名，而改用「帝國統一黨」，在民政部立案，並欲康有為等在海外推行。一月十七日康有為在給梁啟超的信中說：「憲广來書，言北中已改為帝國統一黨，已註冊民政部中，欲海外一律行，吾欲俟解禁後乃佈告，且藉以籌款也。」⓲此可見康等與國內政黨活動的關聯。

在帝國統一黨成立前後，北京一地已有四、五個類似政黨的組織存在，包括由白票黨所成立的「憲政維持進行會」，由藍票黨所成立的「政學（公）會」，籍忠寅的「尚志會」以及在北京開設支部的「預備立憲公會」等。徐公勉在一九一一年五月四日給梁啟超的信中，有揉合諸黨的計劃：

⓱ 宣統2年12月8日《時報》二版〈籌商組織政黨之談話會〉。

⓲ 丁文江，《梁任公先生年譜長編初稿》，頁329。

都中現在已有團體四、五，其中主持者均不過三、五人，附從者不過數十百人，一籌未展，而攻訐之風已大著，識者深為憂慮。蓋此種團體若不從速消除，彼此意見必日益決裂，其流害甚於無黨者遠矣。然欲其消除，不能積極的鋤而去之，當思所以揉而合之，且未入各團體者，人才尚多，亦當冶之於一爐❼❸。

　　當時各省諮議局議長、副議長先後北上開第二次聯合會，亦謀籌組大黨，徐公勉從中聯絡，於聯合會二次會議進行之際，對組黨的計劃不時有所商討。嗣決定由「諮議局聯合會」發起組織政黨，將「帝國統一黨」改組，推黃為基、雷奮、張國溶、徐公勉四人為起草員。旋擬定章程二十五條（其第二條載明政綱六款），定黨名為「憲友會」。發起會於五月三十日在松筠菴舉行❼❹，到會者五十三人，推謝遠涵為主席，李文熙為書記。起草員張國溶報告開會宗旨，大致謂政黨之發生，必政府已有政策，今吾國政府毫無政策，即無政黨之可言，而危亡之患，迫於眉睫。憲友會之結合，當以救亡為第一要義。嗣公決會章，定六月五日開成立會，推蕭湘、袁金鎧、康士鐸、梁善濟、陳登山、孫洪伊六人為暫時幹事，以籌備成立事宜❼❺。

　　憲友會章程二十五條，為該黨組織所本，於政綱、會員、組織、

---

❼❸　同上，頁335。

❼❹　宣統3年5月11日《申報》載〈憲友會成立政黨之日期〉，同上，頁336引，惟謂擬定章程二十九條，據辛亥5月14日、15日《時報》一版〈憲友會章程〉，實只二十五條。開發起會之日期，辛亥5月9日《時報》二版〈憲友會之發起〉記在5月2日。

❼❺　辛亥5月9日《時報》二版〈憲友會之發起〉。

經費等都有明確的規定。關於政綱：① 本會以發展民權、完成憲政為目的。② 本會期達前條之目的而為一致之行動，議定條件如下：㈠ 尊重君主立憲政體，㈡ 督促聯責內閣，㈢ 整釐行省政務，㈣ 開發社會經濟，㈤ 講求國民外交，㈥ 提倡尚武教育。關於會員：① 凡中國人有選民資格、贊成本會宗旨者，皆得為本會會員。② 凡欲為本會會員者，須具有入會證書，由本會會員一人之介紹，經常務幹事認定之。關於組織：① 本會為資統一而謀團結，於京師設立總部，於各省設立支部。② 本會會長暫不設置，現設職員如左：（甲）常務幹事三人，（乙）文書員二人，（丙）會計員二人，（丁）庶務員二人，（戊）調查員八人，（己）編輯員八人，（庚）交通員八人。關於經費：本會會費之收入如下：（甲）入會金每人五元，於入會時繳納。（乙）月捐每人每月一元，三月一繳。（丙）特別捐：由會員募集。（丁）維持費：由各支部擔任❼。另有支部規則十五條，規定支部的組織及其與本部的關係。據此，憲友會為一政黨組織，殆無疑問❼❼。

　　憲友會的成立會於六月四日舉行，會場在北京湖廣會館，到會者百餘人。用連記無記名投票法，選舉常務幹事，雷奮（江蘇）、徐公勉（湖南）、孫洪伊（直隸）當選。次由常務幹事推定各科職員，計庶務員一人，文書員二人，會計員一人，交際員二人，調查員二人，編輯員二人。各省支部發起人，則由各省會員當場推定。各省重要會員，廣西有蒙經，湖北有湯化龍，山西有梁善濟，四川有蒲殿俊，湖南有譚延闓，福建有林長民，江蘇有黃炎培，浙江有湯爾和❼❽，河南

❼　辛亥5月14日《時報》一版〈憲友會章程〉。

❼❼　《支那二於ケル政黨結社》，頁12–13；辛亥6月6日《時報》一版〈憲友會支部通則〉。

❼❽　辛亥5月15日《時報》二版〈憲友會開會紀盛〉。

有方子傑，八旗有垣鈞等**⑦**。

本部的組織略定以後，各地支部亦相繼發起，主要有湖南、山西、直隸、福建、貴州等省。

湖南支部發起人，本部原推定湖南諮議局議長譚延闓，地方人士又加推資政院議員黎尚雯、易宗夔。嗣譚延闓因事留京，黎尚雯奉調赴奉，易宗夔乃先行回湘，與教育總會會長黃忠浩、商務總會總理龍璋、農務總會協理廖名縉、諮議局副議長陳炳煥等於一九一一年七月四日假長沙教育總會開談話會，到者五十餘人，簽名擔任發起者三十餘人，每人擔任發起費五元。後推定廖名縉、陳炳煥、曹世昌、姜濟寰、周名建、仇毅六人為臨時幹事，貝允晰、雷光宇、胡邁、譚傳闓四人為支部章程起草員。當時決定，俟章程草就，即開正式發起會；成立大會，則待譚延闓回湘後再行舉辦**⑧**。彼等曾函促譚延闓迅速回湘，俾便擇期舉行成立大會**⑧**。嗣以革命爆發，事遂中止。

山西憲友會支部由諮議局議長梁善濟（伯祥）發起。發起會於八月二十七日在太原舉行，各界士紳到者五十餘人。成立會於九月十七日舉行，到會者一百二十餘人。公推梁善濟為正幹事，王用霖為副幹事。重要職員有杜上化等十餘人**⑧**。

直隸憲友會支部名順直支部，成立會於十月四日在天津公園單級教員講習所舉行，到會者九十餘人，公決支部章程十條，舉李榘為正

⑦　《支那二於ケル政黨結社》，頁13–15。

⑧　辛亥6月18日《時報》三版〈湘省組織憲友會詳情〉。

⑧　辛亥6月23日《時報》四版「湖南通訊」。

⑧　宣統3年7月8日《順天時報》七版〈晉省之憲友支部發起會〉及8月15日該報七版〈晉省憲友會支部之成立〉；　開發起會之日期，前者謂在7月3日，後者謂在7月4日，暫從後說。

幹事，籍忠寅為副幹事。十月七日，續開職員選舉會，當選者二十餘人，分掌文書、庶務、編輯、調查、交際諸事⑧。

貴州憲友會發起人本部推楊壽籛，壽籛因公留京，適楊昌銘由京師大學堂畢業回黔，即於九月二十二日在省城兩湖會館開成立會，各縣赴會者四、五千人，舉楊昌銘及楊壽籛為幹事⑧。當時自治學社在貴州諮議局佔優勢，二楊均自治學社社員，貴州憲友會支部聲勢之盛，當與自治學社有關。

福建憲友會支部的發起人為高登鯉、劉崇佑、林長民、程樹德、林志鈞，發起會開於十月七日，會場在福州白水井庚戌俱樂部。各縣府列名發起者八十餘人，舉劉崇佑、梁繼棟為起草員，原定於十月十一日開第二次發起會⑧，以革命事起中輟。

另江蘇憲友會支部原定於十月十五日在上海江蘇教育會總會開成立會⑧，因受武漢戰事的影響，布告延期舉行⑧，實際是終止活動。

憲友會為清季各派民黨之總結合，並滲有不少革命派的份子。它與其他黨派不同的地方有二：其一、它是全國性的，以各省諮議局為基礎，其組成份子，多為在野士紳⑧；其二、它注重民權，主張地方自衛，議案中有組織國民軍及建立民營砲兵工廠等事⑧。當時上海《時

---

⑧　宣統3年8月17日《順天時報》四版〈憲友會之內容〉、8月20日該報四版〈憲友會支部之章程〉及同日七版〈憲友會順直支部成立〉。

⑧　楊昌銘〈貴州光復紀實〉，見《各省光復》（中）頁208及《雲南貴州辛亥革命資料》頁201。

⑧　辛亥8月29日《時報》四版〈憲友會福建支部發起人會紀聞〉。

⑧　辛亥8月22日《時報》廣告。

⑧　辛亥8月26日《時報》廣告。

⑧　宣〈論政黨之前途〉，辛亥6月3日《時報》一版社論。

報》著論，譽憲友會為「國民之政黨」 ⑩；《民立報》謂其「趨重於國
民一方，而未嘗注意於國家；趨重於該會自身，而未嘗注意於政
府」 ⑪。無論如何，憲友會是立憲派中的激進派，其成員對清廷的施
政素極不滿，故易與革命派合流。武昌事起後，由憲友會分化而出的
有兩派勢力：其一、孫洪伊一派以北方為中心，組「共和統一黨」；其
二、南方的湯化龍、林長民等別組「共和建設討論會」。 未幾，兩者
合併，更聯合「共和俱進會」、「國民新政社」等團體，組成「民主
黨」 ⑫。

㈡帝國憲政實進會

　　帝國憲政實進會，為資政院中反對新刑律之白票黨所組⑬，初名

⑧⑨　孤憤，〈與憲友會論進行之法〉，辛亥5月17日《時報》一版社論。

⑩　灰，〈論我國政黨之前途〉，辛亥5月16日《時報》一版社論。

⑪　宋漁父，〈近日各政黨之政綱評〉，原載辛亥5、6月之《民立報》，引見
　　《革命之倡導與發展》㈧，頁377。

⑫　高一涵，〈二十年來中國的政黨〉，《東方雜誌》第二十一卷一號；謝彬，
　　《民國政黨史》，頁30-31；楊幼炯，《中國政黨史》，頁46。

⑬　關於「白票黨」與「藍票黨」，一般記載頗混淆。據宣統2年12月22日《時
　　報》二版〈藍票白票黨〉：「資政院既經閉會，凡贊成新刑律之人（當日
　　贊成者投藍票，故謂之藍票黨）， 於前日在財政學堂開會，……有人主
　　張以此次贊成新刑律之人，組織一新政黨。又聞當日議場反對無夫姦無
　　罪之議員（當日反對者投白票，故謂之白票黨）， 現亦組織一團體，以
　　為政黨之預備……。」12月17日該報二版「北京專電」亦云：「前資政院
　　表決新刑律，凡贊成者用藍票，反對者用白票，現在將成為兩黨，白黨
　　要求倫議長勿奏新刑律總則，樞臣聯絡白黨，皆是附和勞乃宣之頑陋一
　　派。」 又宣統3年2月15日《時報》二版〈北京之政黨〉：「……一為憲政
　　維持進行會，為反對新刑律之白票黨所立，……一為政學公會，為贊成新

「憲政維持進行會」，改名之時間大約在一九一一年三、四月間❾❹。政

刑律之藍票黨所立，……。」又勞乃宣《韌菴老人自訂年譜》頁45–46：
「……法律館奏進新刑律，先卜館議復交院議，予以中有數條，於父子
之倫、長幼之序、男女之別有所妨，在館具說帖修正，見採一、二，未
克全從，在院又倡提修正案，署名者百餘人，會議時否決一條，可決一
條，可決者為移改和姦無夫婦女罪，用記名投票法表決，同意者七十七
人投白票，不同意者四十二人投藍票，時有勞黨及白票黨之稱，餘者未
暇議及而已閉會，應留待來年開會再議，因有新刑律修正案彙錄之輯。」
據此，白票黨即勞黨，係反對新刑律者；藍票黨為擁護新刑律者。乃自
辛亥5月16日《時報》二版京師近信〈中國政黨小史〉中謂「政學會、
憲政實進會皆以爭議刑律之異同而生者也，前者贊成新刑律，為白票黨，
後者反對（新刑律）為藍票黨，前者可以汪榮寶之流代表之，後者可以
陳寶琛、勞乃宣之流代表之」，《國風報》二年十二號頁97–98「中國紀
事」欄〈中國政黨歷史小誌〉轉載之（按該號雖註記為宣統3年5月1日
出版，其脫期情形極嚴重）， 遂以訛傳訛，將勞乃宣等誤為「藍票黨」，
將汪榮寶等誤為「白票黨」，如《支那二於ケル政黨結社》頁9：藍票派
主張無夫姦有罪說，白票派主張同無罪說，二派相持不下。又頁13：（憲
友會）與辛亥俱樂部同為資政院中的白票派。日本參謀本部《支那政黨
史》頁2：政學會多資政院中的法政留學生，約二十餘人，對新刑律編
成問題表贊同，稱白票黨；憲政實進會為資政院中的保守派，約五十餘
人，反對新刑律，稱藍票黨。謝彬《民國政黨史》因之，致有「勞乃宣
之藍票黨竟與汪榮寶之白票黨對抗爭議」之語（頁29）。

❾❹ 資政院開幕後，內部雖有派系之爭，直至宣統2年12月尚無正式政黨組
織（宣統2年12月9日《時報》二版「北京通訊」云：數月以來，一般政
客無不知政黨之關係於吾國者最為密切，故商量組織，而以國會請願代
表團孫洪伊尤為熱心，日前發表政綱云云。於初一日在全蜀會館開發起
會，指定假定幹事十七人，商議組織之事。擬於明春約集各省有志之士

綱如下：一、尊重君主立憲政體，使上下情意貫注，保持立憲之精神。二、發展地方自治能力，俾人民事業增進，鞏固憲政之基礎。三、體察現狀，籌政治社會之改良。四、詳核事實，圖法律制度之完善。五、講求經濟，謀財政前途之穩固。六、振興實業，圖人民生計之發達。七、注重國民教育，以收普及之實效。八、提倡移民事業，以達拓殖之目的。九、研究外交政策，以固國際交涉之權力。十、籌畫軍事次第，期完全健足之武備**⑨⑤**。

帝國憲政實進會的組成份子以欽選議員居多數，立場穩健，屬官僚系統，據說受載澤津貼。會長為陳寶琛（福建），副會長為于邦華（順直）、姚錫光（江蘇）。其主要會員，八旗有載功、載鎧等，奉天有陳瀛洲等，順直有張錫光、梁廷章等，江蘇有許鼎霖、曹元忠等，

赴京開大會時決議成立。孫君等原組有同志會，此次組黨，或將以此為基礎也。聞此外組織小團體者亦不乏人。若資政院議員度支部派劉澤熙、王璟芳等，若易君宗夔等，各有一黨，易君所組織者，據聞有多數之多額納稅議員贊成之。」實則當時尚無正式組織，觀註**㉝**所引〈藍票白票黨〉段可知。至宣統3年2月15日，《時報》二版載〈北京之政黨〉凡三：一為帝國統一黨，一為憲政維持進行會，一為政學公會，並謂「憲政維持進行會」為反對新刑律之白票黨所立，則其為「帝國憲政實進會」之前身可知。3月11日《時報》二版〈時聞點滴〉謂政學會會員「昨日午後與憲政實進會會員在八角琉璃井法政講習所開聯合會」，其時「憲政維持進行會」之名已不見，故斷定改名在2、3月間。

⑨⑤ 宋漁父，〈近日各政黨之政綱評〉，辛亥6月11日《民立報》；佐藤俊三，《支那近世政黨史》，頁16–17；《支那二於ケル政黨結社》，頁9–10；高一涵，〈二十年來中國的政黨〉，《東方雜誌》第二十一卷一號；謝彬，《民國政黨史》，頁31–32。惟彼此字句略有出入，以宋漁父之文為最詳盡，暫據之。楊幼炯，《中國政黨史》，頁46，與謝書同。

安徽有李經畬、龔心銘等，江西有汪龍光、高臣瑗等，浙江有勞乃宣、陶葆廉等，福建有康詠、黃肇河等，湖北有傅嶽棻、彭祖齡等，湖南有黃瑞麒、李長祿等，山東有鄭熙嘏、柯劭忞等，山西有王式通、劉盥訓等，河南有王紹勳、陶毓瑞等，陝西有梁守典、盧潤瀛，甘肅有宋振聲、楊錫田等，四川有高凌霄、宋育仁等，廣東有羅乃馨、曾習經等，廣西有趙炳麟、唐庚，雲南有張之霖、王鴻圖，貴州有牟琳、黃寶森等，吉林有徐穆山、慶山。該會會則十二章三十一條，本部除正副會長外，設常任議員及調查、編輯、審議各科，支部設於各省❾❻。

帝國憲政實進會真正展開活動，在憲友會成立之後。一九一一年七月二日開了一次通常會，集議了下列諸事：一、公推常議員。二、規定總分會之關係，並分省擔任組織分會事宜。三、分發各省調查表。四、呈請資政院從速發布民法及商法草案，以備研究。五、提具資政院議案。六、推舉擬分會章程及呈資政院文之起草員❾❼。該會勢力限於北京，當時雖有擴向各省的計劃，推行並不理想，只直隸分會較有成就。直隸分會由直隸民選資政院議員于邦華在天津聯合在野政客所組❾❽。一九一一年九月三十日在直隸自治研究總所開成立會，選閻鳳閣為總幹事，齊樹楷、胡家祺為幹事，並公推文牘、審議、庶務、會計、調查各部職員❾❾。當時順直諮議局議員李榘等已在天津成立憲友會支部，于邦華等極力吸收會員，與之相抗❿。

---

❾❻　《支那ニ於ケル政黨結社》，頁10–12。

❾❼　辛亥6月17日《時報》二版〈憲政實進會之進行〉。

❾❽　宣統3年7月27日《順天時報》四版「天津通訊」欄〈組織支部〉條。

❾❾　宣統3年8月13日《順天時報》四版「天津通訊」欄〈政黨開成立會之誌詳〉條。

❿　見辛亥8月16日《民立報》。

帝國憲政實進會態度保守，在地方上與憲友會對立，在資政院中亦與憲友會明爭暗鬥。辛亥事起，該會不附革命，陳寶琛為帝師，當輔育幼帝之任，陳樹楷、于邦華等堅持君主立憲主義不屈[⑩]，曾經通過三項決議：一、反對共和政體，二、反對不以兵力平內亂，三、反對阻止借外債[⑩]。及清帝退位，于邦華等且擬組織復古黨及忠君會[⑩]，然無所成就。

(三)辛亥俱樂部

辛亥俱樂部與帝國憲政實進會的政治理想略同，注重官僚政治及中央集權，惟其組織份子，帝國憲政實進會以欽選議員居多，辛亥俱樂部以民選議員居多[⑩]。辛亥俱樂部正式成立在一九一一年六月[⑩]，其醞釀，則溯至一九一○年冬，當時憲友會的前身帝國統一黨尚在籌組階段，資政院中欽選議員度支部派劉澤熙、王璟芳等和民選議員易宗夔等各有一派勢力[⑩]。此兩派勢力以兩湖人士為主（劉、易均湖南人，王為湖北人），他們鑒於進步的民黨份子所組的憲友會和保守的官僚派所組的帝國憲政實進會已成為政界兩大黨，乃聯合各方志士組織第三黨，由長福（宗室，外務部郎中，資政院欽選議員）、羅傑、易宗夔、黎尚雯（皆湖南選出之議員）、胡駿（四川選出之議員）等任本部發起人[⑩]。於六月十五日在香爐營五條事務所開會，決定政綱

---

⑩　《支那ニ於ケル政黨結社》，頁12。

⑩　見辛亥10月18日《民立報》。

⑩　見辛亥11月25日《天鐸報》。

⑩　宣，〈論政黨之前途〉，辛亥6月3日《時報》一版社論。

⑩　宣統3年7月27日《順天時報》二版〈辛亥俱樂部宣言書〉。

⑩　宣統2年12月9日《時報》二版「北京電訊」。

⑩　《支那ニ於ケル政黨結社》，頁15。

八條：一、闡揚立憲帝國精神，二、提倡軍國民教育，三、發展地方自治能力，四、主張保護貿易政策，以振興實業，五、整理財政，以增進富力，六、審度公私經濟能力，以謀交通之發展，七、整飭軍備，以充實國防，八、體察內外情勢，確定外交方針。嗣發表宣言，廣求同志，並發展支部，為一致之行動❿。

辛亥俱樂部會員約六十人，資政院議員與院外人士參半，以度支部尚書載澤為中心，故度支部人最多❿。然載澤不負實際責任，幕後主持人為楊度。其本部職員，有常議員鄭際平、陳黻宸、顧視高等十二人，評議員羅傑、易宗夔、陳懋鼎等十二人，庶務員張東蓀、寗調元、田桐等十人❿。當時辛亥俱樂部尚未立案，六月十九日，警兵突至，謂其違反結社律，將持呈赴警廳立案之社員左宗樹逮捕，旋得舖保釋放❿。

辛亥俱樂部本部成立後，即於各地成立支部，其較有成就者為湖南省。早在七月一日，湖南紳商學各界即於長沙曾文正祠開發起辛亥俱樂部支部談話會，至七月九日復在紫荊街公立法政學堂正式開發起會，選舉黃忠浩、雷光宇等十二人為常議員，左學謙、栗戡時等十人為評議員。十日開職員會，選舉黃忠浩為支部長，李達璋、俞峻為副支部長，左學謙為評議員長，即以法政學堂為事務所❿。

❿　辛亥5月24日《時報》二版〈辛亥俱樂部之初組織〉；宣統3年7月27日《順天時報》二版〈辛亥俱樂部宣言書〉；佐藤俊三，《支那近世政黨史》，頁17。

❿　日本參謀本部《支那政黨史》，頁3。

❿　《支那ニ於ケル政黨結社》，頁15–16。

❿　辛亥6月7日《時報》二版〈辛亥俱樂部與警所之交涉〉。

❿　辛亥6月26日《時報》三版〈湖南組織俱樂支部〉。

辛亥俱樂部黨規九章三十一條，規定其宗旨及組織方法。當其成立之初，因本部資政院欽選議員較多，復擁有度支部一派勢力，一時有純官黨之目。後會員增至二百七十餘名，因有民間志士加入，公然以民黨自況。實際上，由於革命派人寗調元、程明超、田桐、魏宸組、嚴啟衡等的滲入，始使其由官僚黨漸變為民黨 **⑬**。

㈣政學會

政學會亦名政學公會，為資政院中贊成新刑律之藍票黨所組，其成立在一九一一年春，黨員約二十餘人，初以資政院議員為限 **⑭**。其組成份子多法政留學生，如汪榮寶、曹汝霖、章宗祥、陸宗輿等 **⑮**。惟其勢力不大，可謂為資政院中的第四黨。

五、民主政治的殘局

立憲派的主要目標為定憲法、開國會，惟關於國會開設的時間，憲法制定的形式，內部並無一致的見解。就國會而論，有主張即開者，有主張緩開者。主張即開者認為清政府腐敗已極，無法與之共言國事，所謂改良預備，不過欺人之談，而大局危亡，刻不容緩。主張緩開者認為國民能力不足，「畀以權利，則棄如草芥；繩以義務，則怨言雜出」**⑯**。數次國會請願，為即開國會派所鼓動，然自一九一一年十一月四日的上諭後，此派部分人士亦能為有限度的緩開而滿足。

關於憲法，依照各國慣例，其制定方式約有四種：其一、出於欽定，如日、普；其二、出於民約，如法、比；其三、出於君民共約，

---

⑬ 　《支那二於ケル政黨結社》，頁15–16。

⑭ 　宣統3年2月15日《時報》二版〈北京之政黨〉。

⑮ 　日本參謀本部，《支那政黨史》，頁2。

⑯ 　立齋，〈論今後民黨之進行〉，《新民叢報》第四年二十三號。

如英國；其四、出於聯邦協議，如美、德⑰。清廷立憲仿照日本，故
憲法擬出於欽定。一九〇八年九月所頒布的憲法大綱，係由憲政編查
館及資政院王大臣奕劻、溥倫等奏進欽定者。依照九年預備立憲的程
序，憲法由憲政編查館擬訂，於第九年奏請清廷宣布⑱。嗣立憲年限
縮短為六年，憲法擬於第五年頒布，清廷派貝子溥倫為纂擬憲法大臣，
另派度支部右侍郎陳邦瑞、學部右侍郎李家駒、民政部左參議汪榮寶
協同辦理⑲。

　　清政府的立憲程序如此，部分立憲派人滿足於一九一三年開國會
的上諭如彼。一九一一年為預備立憲的第四年，除依照預備程序設立
內閣、續辦地方自治及各級審判廳外，諸議局與資政院照常舉行。
由於辛亥革命的爆發，部分諸議局雖於十月的第三屆會期中照常開
會⑳，然盛況大不如昔㉑，其議決獨立、響應革命者㉒，尤屢見不鮮。
而北京的資政院，亦無法為君憲主義支持殘局。

　　北京的資政院，在一九一一年第二屆會期開會以前，有兩件值得

---

⑰　同上。

⑱　光緒三十四年八月初一日憲政編查館等奏〈遵擬憲法大綱暨議院選舉各
　　法並逐年應行籌備事宜摺〉，《光緒朝東華續錄》卷二百十九。

⑲　宣統3年2月20日上諭，宣統3年2月21日《時報》二版。

⑳　如江蘇諮議局於9月1日開幕，江督張人駿亦到局行禮，定於4日開議，
　　見辛亥9月2日《時報》三版「北京專電」；然亦有停會者，如安徽，見
　　宣統3年9月13日《內閣官報》電咨欄。

㉑　辛亥9月21日《時報》三版「北京電報」：天津諮議局議員回家者多，所
　　存無幾。

㉒　辛亥9月21日《時報》三版「北京專電」：廣州諮議局決議獨立，立即樹
　　新旗，見者皆歡呼。

注意的大事：其一為資政院章程的修訂，其二為資政院總裁、副總裁的更換。總裁、副總裁的更換，在一九一一年春間，據三月二十二日的上諭：「溥倫著補授農工商部尚書，沈家本著回法部本任供職；世續著充資政院總裁，李家駒著充副總裁」❶。世續（軍機大臣）、李家駒（軍機大臣）於四月一日蒞資政院履新❶。嗣世續因病請假，懇請開缺，總裁一職由李家駒署理，副總裁一職由達壽署理❶，二者即為一九一一年資政院會期中的實際負責人。

資政院章程的修訂，在一九一一年六月，自六月二十六日明諭修訂，至七月三日修訂完成，費時不過八日，修訂的要點如下：

一、資政院設總裁、副總裁各一人（原總裁、副總裁各二人）。

二、原章中之「軍機大臣」易名「國務大臣」。

三、削去「各省諮議局如因本省督撫有侵奪權限或違背法律等事，得呈由資政院覈辦」一條。

四、法定開會人數由議員總數三分之二以上改為二分之一以上。

五、增列「祕書廳官制」及「經費」兩章。

六、各省諮議局與督撫異議事件，或此省與彼省之諮議局互相爭議事件，關於行政事宜者，由內閣核辦（原皆由資政院核辦）。

七、增列「資政院……除……諮詢事件外，不得向各省諮議局行文」等文句❶。

---

❶　孤憤，〈論資政院更調正副總裁事〉，宣統3年2月24日《時報》一版社論。

❶　宣統3年3月3日《時報》二版「北京專電」。

❶　7月8日上諭，見宣統3年7月9日《順天時報》二版；宣統3年9月9日奉諭真除，見9月10日《內閣官報》：李家駒於12月10日奉諭開去資政院議長，見12月11日《內閣官報》。

❶　事見宣統3年6月2日《政治官報》頁2–3及6月9日該報頁3，文見宣統3年

　　是年十月，資政院奏准清廷，再度修改院章，時憲法十九條已頒布，漸符合立憲國設立議院之宗旨❷，乃不得不修改院章，以為因應。

　　第二屆資政院的召集令於一九一一年五月十日下達❷，於十月十一日先期集會。是日各方到者百數十人，由署理總裁李家駒主持開會，議員以抽籤的方式分為六股，計第一股：股長載功，理事喻長霖；第二股：股長載鎧，理事沈家本；第三股：股長載潤，理事長福；第四股：股長魁斌，理事康詠；第五股：股長那彥圖，理事林炳章；第六股：股長勞乃宣，理事顧棟臣❷。時武昌革命事起，各省資政院議員到京者寥寥，但仍決定十月二十二日正式開議❸。資政院並先行知照各部院衙門稟請議政王大臣及旁聽司官人員，於是日準時到院，預備

　　6月8日〈資政院等奏改訂資政院院章摺〉，《東方雜誌》第八卷六號〈中國大事記〉及宣統3年6月12日《政治官報》頁3–10；宣統元年7月8日頒布之資政院章程，見《宣統政紀》卷十七，頁14–19。

❷　宣統3年9月修改院章事，見宣統3年10月4日《內閣官報》載〈資政院奏議決改訂資政院章摺〉。　其間亦有議員更迭遞補事，如宣統3年4月29日派不入八分鎮國公載歧、三等承恩公頭等侍衛瑞興、青海霍特郡王翰克濟爾噶郎、西路中左翼右旗札薩克輔國公巴彥濟勒噶勒充欽選議員，見5月1日《政治官報》頁3；6月27日派黎湛枝、恩華、錢承鋕、范源廉、陳錦濤為欽選議員，見6月28日《政治官報》頁2；8月12日派溥善、德啟、彥悳、王季烈、程明超充欽選議員，見辛亥8月14日《時報》二版「北京專電」及8月13日《內閣官報》。

❷　宣統3年4月12日上諭，見宣統3年4月13日《時報》二版。

❷　宣統3年8月21日《順天時報》七版〈資政院行召集禮情形〉；資政院奏〈恭報召集情形遵章奏請開會等摺〉，宣統3年8月30日《內閣官報》摺奏欄。

❸　辛亥8月27日《時報》二版「北京專電」。

開議事宜⑬。

　　一九一一年十月二十二日，第二屆資政院正式開院，由親王世鐸代攝政王布告訓詞，內閣協理大臣那桐代總理大臣宣讀諭旨，議員到者尚不及半⑱。次日仍開會選舉股員，分股任事，計預算股：于邦華、陳錦濤、易宗夔、勞乃宣等二十四人。決算股：方還、孟昭常、籍忠寅、范源廉等二十四人。稅法股：宋振聲、劉景烈等十二人。法典股：沈家本、汪榮寶、吳廷燮等十八人。陳請股：陶葆廉等十二人。懲戒股：載鎧等五人⑬。當時由於革命戰事的發展，資政院對清廷的壓力較前增大。十月二十七日決議：一、取消親貴內閣，永禁皇族執政；二、憲法須交資政院協贊；三、解除黨禁；並舉起草員，草摺入奏⑬。二十九日，灤州之陸軍第二十鎮統制張紹曾等擬電奏十二條，對憲法問題表示意見。清廷遂於三十日下詔罪己，對資政院所請明諭裁可，並命資政院起草憲法⑬。十一月四日，資政院擬具憲法重大信條十九款入奏，清廷於當日公布，並於十一月二十六日誓於太廟⑬。

---

⑬　宣統3年8月28日《順天時報》七版〈資政院開會預備〉。

⑱　辛亥9月3日《時報》一版「北京專電」；宣統3年9月3日《順天時報》七版〈資政院開會初誌〉。

⑬　宣統3年9月3日《順天時報》七版〈資政院初二日開會紀事〉。

⑬　辛亥9月8日《時報》二版「北京電報」；資政院奏〈內閣應實負責任國務大臣不任懿親摺〉、資政院奏〈請頒布明詔將憲法交院協贊摺〉及資政院奏〈請速開黨禁摺〉，具見宣統3年9月11日《內閣官報》。

⑬　宣統3年9月9日上諭，辛亥9月12日《時報》一版。

⑬　資政院奏〈請採用最良君主立憲並先草擬憲法內重大信條懇請宣誓太廟布告臣民摺〉，見宣統3年9月14日《正宗愛國報》第一千七百五十五號；宣統3年9月13日（清廷頒布君主立憲十九信條）上諭，見9月15日《內閣

　　十九信條較前頒之「憲法大綱」內容大有進步。憲法大綱係仿日本之君主立憲。君主有統治國家之大權，凡立法、行政、司法皆歸總攬，議院、政府、法院不過為輔佐機關；「十九信條」則有類英國之虛君共和，立法權屬於國會，總理大臣由國會公選，國務大臣由總理大臣推舉❼。此可見清廷對憲政要求的再讓步。然曾幾何時，「主張立憲政治之輩日見其少，附和革命政治之輩日見其多」❽，部分立憲派人對清廷已失去信心，漸與革命勢力合流。

　　初以武漢事起，資政院民選議員到者本不多，後以清廷欲借外債以平內亂，已到者只得照常開會，極力反對借債。至十一月六日，得法國勾堆男爵(Baron Cotty)來電謂決計不借款與將倒之清政府，稍知自愛之議員即相率引去：籍忠寅、李榘、于邦華、陳樹楷等回天津，陳命官、王昱祥等回濟南，孟昭常、陳敬第等回上海，易宗夔、李文熙、邵羲、黎尚雯等則往來於上海、武昌之間。其戀棧未出者，多清廷舊官僚之附和袁內閣者。其時資政院蓋已失去民意機關之性質❾，資政院中之政黨亦多停止活動。

　　袁內閣為袁世凱所組，他當時是君主立憲的贊成者。君憲的推動團體如「帝國憲政會」， 於十一月二十二日集會，仍決定採取君主立憲政體❿。南方的革命軍，則本其革命宗旨，堅持共和立憲的原則。

　　官報》及《宣統政紀》卷六十三，頁10；宣統三年十月初六日清廷宣告太廟誓詞，見10月7日《內閣官報》及《宣統政紀》卷六十五，頁11–16。

❼　謝振民，《中華民國立法史》，頁42–44。

❽　孤憤，〈論政治思想與革命勢力消長之影響〉， 辛亥8月22日《時報》一版社論。

❾　辛亥9月28日《時報》二版〈資政院之消滅〉。

❿　辛亥10月4日《時報》二版「北京電報」。

時新出獄的革命黨人汪兆銘代表共和的一方，袁世凱的策士楊度代表君憲的一方，兩者曾共同組織「國事共濟會」，提出解決政體的辦法，但未為資政院所通過⑭。實際上，因為當時民選議員多出京，資政院所存議員數十，多為欽選，且常因不足開會人數，改為談話會⑭，已無法議決國事。不久，袁世凱迫清帝退位，宣布贊成共和，被選為新成立的中華民國的第二任臨時大總統。清季的立憲運動，於此結束；部分立憲派人轉入民國政壇，續為憲政貢獻心力。

第二節　辛亥革命與民主制度的建立

一、前　言

　　辛亥革命，被許多學者介定為「資產階級民主革命」，前此的論述及對此一觀點的反駁，多集中在資產階級一方面，對民主方面甚少討論⑭。實則，「資產階級民主」即西方式民主，辛亥革命與西方式民主的關係確極密切。本節即專討論此一關係。

　　追求民主，是辛亥革命的目標之一。對革命領袖孫中山來說，民主革命是三民主義革命的一支；對大部分其他革命志士來說，革命的

---

⑭　辛亥10月8日《時報》一版及1911年12月6日（辛亥10月16日）《時報》二版「北京電報」。

⑭　1911年12月6日（辛亥10月16日）《時報》二版及民國元年1月5日（辛亥11月17日）《時報》三版「北京電報」。

⑭　參考 Yu-Fa Chang, "The Nature and Significance of the Revolution of 1911: A Retrospective After 70 Years",《辛亥革命研討會論文集》，中央研究院近代史研究所，民國72年。

目標，除了推翻滿清以外，就是建立民主制度。

民主為近代以來莫之能禦的潮流。古典的民主為代議制度，到十八、九世紀加上人權條款，成為西方民主的正統。辛亥革命時期傳到中國來的民主，即為這種民主。其後到五四時期，受俄國革命的影響，又引進社會主義民主；再到一九三○年代，受意、德等國法西斯主義的影響，復引進民主集中制；這些，都與原典的西方民主不同，甚至相反。

本節論述辛亥革命時期的民主理想與民主制度，係就當時對西方民主的理解為準，不涉及五四及其以後的各種民主理念。原典的民主制度，運作極為複雜。本節所欲討論的，是民主憲政下的人權條款及代議制度。人權條款除憲法中所列舉者外，有賴維護人權條款的司法；代議制度，首需有不同的政黨傳揚不同的政見，次需將具有受人支持政見的人選入議會，俾督促政府實行其政見，再次需有實行政見的責任內閣。因此本節討論民主制度有關法律的制定，分人權條款、國會與內閣、以及政黨制度等方面論述。

二、有關法律的制定

在辛亥革命時期，以及辛亥革命稍後，國人討論憲政，有民主立憲與君主立憲之別。最初君主立憲派佔優勢，但在光宣年間，當君主立憲的步驟遲緩、政治改革不滿人望之際，民主立憲的勢力轉盛，終有革命的成功。革命成功之後，民主憲政逐漸實施，因不合政治舊習，朝野時有怨聲，君主立憲的暗流又起，終因時過境遷，國人續在民主立憲的道路上盤旋。

從國民革命史的角度來看，民主立憲的觀念可追源至一八九四年孫中山在興中會祕密誓詞中所提出的「建立民國」，但第一篇具有宣

示性的文書，則為一九〇三年鄒容所寫的《革命軍》。他在《革命軍》中提出建立「中華共和國」的構想，此「中華共和國」，「立憲法悉照美國憲法」、「自治之法律悉照美國自治法律」[144]。此後，孫中山時常在講演中提出「共和國」的主張[145]，甚至在一九〇七年一月十日「丙午萍鄉之役致革命軍首領照會」中，逕用「中華共和國」之名[146]。儘管如此，在武昌革命爆發前，孫中山以及其他革命黨人，對民主憲政最具體的宣示，還是一九〇六年同盟會所發布的〈軍政府宣言〉，此宣言對同盟會的「驅除韃虜」、「恢復中華」、「建立民國」、「平均地權」四句誓詞，分別有所闡釋。對「建立民國」的闡釋是：「今者由平民革命，以建立民國，凡為國民皆平等以有參政權。大總統由國民公舉，議會以國民公舉之議員構成之，制定中華民國憲法，人人共守。敢有帝制自為者，天下共擊之。」[147]

武昌革命爆發後，各省都督府代表聯合會於一九一一年十二月三日在武昌議決臨時政府組織大綱二十一條。該大綱僅對行政權和立法權有較詳細的規定，行政權歸臨時大總統，臨時大總統由各省都督府代表選舉，有統治全國之權（統理外交、內務、財政、軍務、交通各部）；有統治海陸軍之權；得參議院同意，有宣戰媾和及締結條約之權；有任用各部長及派遣外交專使之權；有設臨時中央審判所之權。立法權歸參議院，參議院以各省所派之參議員組織之，有議決臨時政府預算之權、有議決暫行法律之權、有議決宣戰媾和及締結條約之權、

---

[144] 張玉法編，《晚清革命文學》（臺北：新知雜誌社，民國61年），頁139。

[145] 《國父全集》（臺北：近代中國出版社，民國78年）第三冊，頁1，2，4，7。

[146] 同上，第二冊，頁7。

[147] 同上，第一冊，頁234。

有議決設臨時中央審判所之權、有承認任用各部長及派遣外交專使之權⑭。此臨時政府組織大綱，為行政、立法兩權分立的總統制。

　　此臨時政府組織大綱，為武昌革命爆發後民主建制的雛形。但此大綱匆匆草就，缺點甚多，譬如採美國總統制，卻無副總統之設置；又譬如行政部門僅有五部，亦不足用。於是修改臨時政府組織大綱之議起，在各省都督府代表聯合會中，一向主張內閣制的湖南代表宋教仁，持之尤力。宋教仁先求之於章炳麟，章於《神州日報》發表宣言，謂臨時政府首領當稱元帥不當稱大總統，又謂首領委任內閣總理當推宋教仁。十二月二十五日孫中山歸國抵上海，二十六日黃興、宋教仁等一致同意推孫為大總統，宋堅持內閣制，孫力持不可。二十七日，黃、宋同往南京召集各省代表會，黃提議政府組織取總統制，宋仍持前議。二十八日，宋宴集各省代表，發表修改臨時政府組織大綱主張，歷二時之久，然應之者寡，總統制卒獲多數通過。二十九日孫中山當選為大總統，訂期就職，感於組織大綱有修改必要，派黃興向代表陳說，宋教仁、居正即時提出修正案，經多數通過，其修改重點為增設臨時副總統，及臨時大總統得自由制定官制官規，無需經參議院同意。時宋謀為內閣總理之說仍盛，臨時大總統既得自由制定官制官規，即隨時可以命令設總理，一九一二年一月二日蘇、浙、皖、閩、桂五省代表馬君武等因復提出再修正案，將日前之修正案推翻⑭。宋在南京臨時政府內任法制局長，孫囑法制局擬定中華民國臨時政府組織法。一月三十日，孫將此組織法咨送參議院審議，次日，參議院改臨時政府組織法為中華民國臨時約法，並推馬君武、景耀月等另行起草。此期間，宋教仁續宣揚內閣制，適清帝於二月十二日退位，孫中山以臨

---

⑭　國史館編，《中華民國史紀要》，民國紀元前一年，頁1038–1040。

⑭　吳相湘，《宋教仁：中國民主憲政的先驅》，頁109–113。

時大總統讓袁，三月八日通過之中華民國臨時約法⑩，終於採行內閣制。

臨時約法共七章五十六條，為行政、立法、司法三權分立的國家根本大法。對司法權的規定較為簡單，但第五十一條規定：「法官獨立審判，不受上級官廳之干涉。」則為司法權獨立的象徵。而第四十一條規定：「臨時大總統受參議院彈劾後，由最高法院全院審判官互選九人組織之特別法庭審判之。」尤表明三權分立的精神。

對行政權的規定：第三十條：「臨時大總統代表臨時政府總攬政務、公布法律。」第二十九條：「臨時大總統副總統由參議院選舉之。」其他有關條文的規定是：臨時大總統統帥全國海陸軍隊、任免文武職員、得提出法律案及官制官規於參議院、依法律宣告戒嚴及發布命令、得宣告特赦減刑及復權；得參議院同意，任命國務員及外交大使公使、宣戰媾和及締結條約、宣告大赦。輔佐臨時大總統者為國務員。國務總理及各部總長均稱國務員，國務員於臨時大總統提出法律案、公布法律及發布命令時，須副署之；國務員及其委員，得於參議院出席及發言。從有關規定來看，對參議院負責者似為臨時大總統，約法具有總統制的精神，但大總統提出法律案、公布法律及發布命令，須國務員副署，確有內閣制的特質。

對於立法權的規定，第十六條：「中華民國之立法權，以參議院行之。」第十八條：「參議員每行省、內蒙古、外蒙古、西藏各選派五人，青海選派一人。其選派方法，由各地方自定之。」參議院的主要職權除前述者外，是議決法律案、臨時政府之預算決算、全國之稅法幣制及度量衡之準則，對國務員提出質詢、對政府提出建議，並受理人民之請願⑮。

<hr>

⑩　劉紹唐主編，《民國大事日誌》第一冊，頁6，10。

　　臨時約法第十四條規定:「中華民國之憲法由國會制定;憲法未實施以前本約法之效力與憲法等。」一九一三年四月,國會開幕,兩院即選舉憲法起草委員會,開始制定中華民國憲法。憲草委員會擬定內閣制之憲法,大總統袁世凱謀改為總統制而不得,乃透過解散反對黨,使國會停頓,制憲終無成⑮。因此,臨時約法成為開國初期規劃民主憲政最完整的根本大法。

三、人權條款的提出

　　近代以來,世界各國推行民主憲政,對人民的公權和私權均極重視。公權是指參政權,在辛亥革命時期泛稱為民權;私權是指基本人權,在辛亥革命時期並未廣受重視。

　　在革命志士中,注意人權較早、而作較有系統宣揚的,仍推鄒容。他在一九〇三年所寫的《革命軍》中屢屢訴求「以復我天賦之權利」、「以復我天賦之人權」。在鄒容看來,天賦權利或天賦人權,既包括公權,也包括私權。革命權是一種公權,鄒容說:「革命者,國民之天賦也。」自由、平等權,既為公權,也為私權。鄒容說:「有生之初,無人不自由,即無人不平等。」在他所舉的二十五條「革命獨立之大義」中,屬於基本人權者,約有下列數條:⑴凡為國人,男女一律平等,無上下貴賤之分。⑵各人不可奪之權利,皆由天授。⑶生命自由及一切利益之事,皆屬天賦之權利。⑷不得侵人自由,如言論、思想、出版等事⑮。

　　武昌革命爆發後,各省都督府代表在武昌所訂之「臨時政府組織

----

⑮　前引有關臨時約法之規定,見孫曜編,《中華民國史料》,頁104–108。

⑮　張玉法,《民國初年的政黨》,頁422–438。

⑮　張玉法編,《晚清革命文學》,頁106–140。

大綱」， 並無人權條款的規定。參議院在南京所制定的臨時約法，對人民的公權和私權均有列舉，私權即基本人權，包括平等權和自由權兩方面，第五條列平等權：「中華民國人民，一律平等，無種族、階級、宗教之區別。」 第六條列自由權：一、人民之身體，非依法律不得逮捕、拘禁、審問、處罰。二、人民之家宅，非依法律不得侵入或搜索。三、人民有保有財產及營業之自由。四、人民有言論、著作刊行及集會結社之自由。五、人民有書信祕密之自由。六、人民有居住遷徙之自由。七、人民有信教之自由。

公權列於第七至十二條：第七條：「人民有請願於議會之權。」第八條：「人民有陳述於行政官署之權。」 第九條：「人民有訴訟於法院受其審判之權。」第十條：「人民對於官吏違法損害權利之行為，有陳述於平政院之權。」第十一條：「人民有應任官考試之權。」第十二條：「人民有選舉及被選舉之權。」

前述人民權利有限制條款，第十五條：「本章所載人民之權利，有認為增進公益、維持治安，或非常緊急必要時，得依法律限制之。」[154]

實際上，當時國家初行民主，政府對臨時約法保障人權的精神並不重視，而於人民之公權和私權，時以法律、通例或行政命令限制之。譬如自由權中的「言論、著作刊行及集會結社之自由」，即時受限制。法律的限制如一九一二年公布之「戒嚴法」第十四條規定：戒嚴區內司令官有執行停止與時機有妨害之新聞雜誌圖書等權。一九一三年七月，國民黨發動二次革命，袁世凱宣布京師戒嚴後，京內的國民黨機關報及《京話日報》、《愛國報》等反袁報刊，皆相繼被查禁。袁更密電各省都督宣布戒嚴，以致杭州、成都等地，皆藉行戒嚴令大封國民黨機關報[155]。浙江的《天民》、《天鐘》、《浙聲》、《浙報》、《浙江民報》

---

[154]　孫曜編，《中華民國史料》，頁102–103。

等五家報館，皆被查封❿。通例的限制如一九一三年五月交通部引「萬國電報通例」第七款：凡礙及國家治安或滋生亂端等電，電局有權截留不發。因此當是月七日鄂督黎元洪（兼副總統）為防止贛督李烈鈞起兵而向鄂東武穴增兵時，上海《時報》駐地記者欲發電至報館，電報局即以其詞涉及軍務，拒絕傳發。同樣，交通部又於一九一三年八月三日明令各郵局，一律禁止遞送上海《民立》、《民權》、《民強》等各國民黨機關報，致使該報等因銷售受阻、經濟難以維持，而自動停刊❿。行政命令的限制，如一九一三年三月二十日陸軍部傳知各報，自次日起，凡報章刊載軍事、外交祕密事件者，將科以軍法，無可稍寬❿。因此，一九一三年七月，廣州《華國報》因報導二次革命在江西的情形而遭到勒令停刊；是年九月，常州《公言報》亦因載袁世凱請求外交團助其壓制民軍而勒令停刊❿。其他因批評時政、揭發時事而觸怒當道，致使報館被干擾、報紙被停刊，甚至當事人被捕、被罰的事例尚多❿，茲不備舉。

又譬如公權中的「人民有選舉及被選舉之權」，一九一二年八月十日公布的「眾議院議員選舉法」卻規定：眾議院議員之選舉權，屬於凡有中華民國國籍之男子，年滿二十一歲以上，在選舉區內居住滿二年以上，具有下列資格之一者：(1)年納直接稅二元以上者。(2)有值五

---

❿　謝蕙風，〈民國初年新聞自由的研究（1912–1928）〉（民國75年7月國立臺灣師範大學歷史研究所碩士論文），頁67。

❿　同上，頁50。

❿　同上，頁61–62, 65。

❿　同上，頁64。

❿　同上，頁68。

❿　同上，頁42–43, 49, 67–68。

百元以上之不動產者，但於蒙藏青海，得就動產計算之。⑶在小學以上畢業者。⑷有與小學校以上畢業相當之資格者。眾議院議員之被選舉資格，為凡年滿二十五歲以上有中華民國國籍之男子；於蒙藏青海，並以通曉漢語為限。此為關於選舉權資格及被選舉權資格之積極規定，另外尚有消極之規定：即⑴褫奪公權尚未復權者，⑵受破產之宣告確定後尚未撤銷者，⑶有精神病者，⑷吸食鴉片煙者，⑸不識文字者，均不得享有選舉權及被選舉權。又⑴現役陸海軍人及在徵調期間之續備軍人，⑵現任行政、司法官吏及巡警，⑶僧道及其他宗教師，均停止其選舉權及被選舉權，而小學教員及各校肄業生，則停止其被選舉權**⓲**。在這種情形下，當時全國有人口四〇八、八八一、七五六人，有選舉權者只有四二、九三三、九九二人，佔全人口的百分之一〇・五**⓳**。最不合理者，為對於婦女、無資產者、無學歷者選舉權之剝奪。

四、國會制與內閣制的確立

辛亥革命後的政治，以國會和內閣為運作的樞紐。首先出現的為國會。

民國初年的國會，是經過三個階段才建立完成。第一個階段為各省都督府代表聯合會時期，始於一九一一年十一月十一日，止於十二月三十一日。武昌革命爆發後，獨立各省謀組聯合機關，一九一一年十一月十一日，江蘇都督程德全、浙江都督湯壽潛，聯電滬軍都督陳其美，提議在上海設立臨時會議機關，並附有集議方法：各省舊諮議局各舉代表一人，各省都督府各派代表一人，到上海開會，討論有關公認外交代表、對於軍事進行的聯絡方法、以及對於清室的處置等問

⓲　謝振民，《中華民國立法史》，頁68–69。

⓳　張玉法，《民國初年的政黨》，頁284。

題。十一月十五日，陸續報到的十省代表開第一次會，定名為各省都督府代表聯合會。此聯合會的職權，並無法定的約束，其重要的議決有：十一月二十日議決承認武昌為民國中央軍政府，以湖北都督黎元洪執行中央政務，並請以中央軍政府名義委任各省代表所推定之伍廷芳、溫宗堯為民國外交總副長。十一、二月間在漢口開會，於十二月二日議決：如清內閣總理大臣袁世凱反正，當公舉為臨時大總統。十二月三日議決中華民國臨時政府組織大綱二十一條，並決定以南京為臨時政府所在地。十二月十四日，代表會在南京開議，選湯爾和為議長、王正廷為副議長。十二月二十九日選孫中山為臨時大總統❸。一九一二年一月一日，孫中山就臨時大總統職，並組織臨時政府。

臨時政府組織大綱規定臨時政府設參議院為立法機關，參議員由各省都督府派遣。一九一二年一月三日，孫中山電各省派參議員組織參議院。在參議院未組織前，各省都督府代表聯合會於一月二日決議代行參議院職權。在代行參議院職權期間，代表會曾議決中央各部權限、對任用國務員行使同意權、議定參議院議事規則、提議臨時政府組織大綱追加人民權利義務一章，而政府之例行向代表會提出施政報告、大總統向代表會提出諮詢案、以及與會代表向政府提出質詢案等❹，皆表示代表會無論是單獨行使職權期間，抑代行參議院職權期間，均具有國會性質。

第二個階段為參議院時期，始於一九一二年一月二十八日，止於一九一三年四月八日。如前所述，參議院的設立，是依據臨時政府組織大綱。該大綱第七條規定：「參議院以各省都督府所派之參議員組織。」第八條規定：「參議員每省以三人為限，其派遣方法由各省都督

---

❸　同上，頁247–284。

❹　同上，頁252–253。

府自定之。」開幕於一九一二年一月二十八日的南京臨時參議院，即依據此兩條規定而設立。南京臨時參議院成立後，制定中華民國臨時約法，臨時約法對設立參議院的規定，與臨時政府組織大綱稍異。第十七條：「參議院以第十八條所定各地方選派之參議員組織之。」第十八條：「參議員每行省、內蒙古、外蒙古、西藏各選派五人，青海選派一人。其選派方法，由各地方自定之。」臨時約法於三月十一日公布，袁世凱已於先一日在北京就任臨時大總統職。三月十八日，袁依據臨時約法，通令各省及各地方迅速選派參議員赴會，並通令各省選舉省議會。時民主氣氛高漲，先已成立的湖北臨時省議會倡行參議員由民選產生。袁世凱於三月二十二日通電各省區，於一月內由民選產生五名參議員。三月二十八日又通電各省，以臨時省議會為選舉機關。三月二十七日通過、四月一日公布的參議院法，並未規定參議員由民選產生，僅對參議員的資格有所限制。該法第五條規定：「中華民國之男子年齡滿二十五歲以上者，得為參議員；但有左列條件之一者，即失其資格：一、剝奪公權及停止公權者，二、吸食鴉片者，三、現役海陸軍人，四、現任行政職員及現任司法職員。」[165]參議院法對臨時約法所規定的參議院職權，在立法權、財政議決權、任免國務員及大使公使同意權、大赦同意權等方面沒有補充規定，對選舉臨時大總統權、彈劾臨時大總統權、質問權、建議權、受理請願權等有補充規定。特別值得注意的是對國務員與參議院的關係加以規定。第七十五條：「國務員及政府委員無論何時得到院發言，但不得因此中止議員之演說。」第七十六條：「國務員及政府委員於（參議院）委員會審查議案時，得到會陳述意見。」第七十七條：「委員會得經議長要求國務員或政府委員說明之。」第七十八條：「國務員及政府委員於各會議，均不

[165] 同上，頁265。

得參與表決。」⓰

　　一九一二年四月二十九日，臨時參議院改在北京開會，進入北京參議院時期。參議院在南京開會時，是依臨時政府組織大綱組成；臨時政府組織大綱採總統制，參議院職權較小。臨時約法公布後，政府依臨時約法而改組；臨時約法採內閣制，參議院職權較大。有關參議院的職權，前已列舉，茲不多論。

　　國會的主要職權為立法，參議院自一九一二年一月二十八日開院，至一九一三年四月八日結束，先後開會二百二十次，議決之案二百三十餘，通過法律五十五種，所有重要的開國法制，可以說都是參議院完成的⓱。

　　第三個階段為參眾兩院國會時期，始於一九一三年四月八日，止於十一月四日。依照一九一二年三月十一日所公布的「臨時約法」第五十三條：「本約法施行後，限十個月內，由臨時大總統召集國會，其國會之組織及選舉法，由參議院定之。」依照此規定，國會本應在一九一三年一月十一日前召集，因參議院未能如期制定國會組織法及選舉法，以致遷延時日。到臨時政府北遷後，參議院加速從事各種法制的制定。政府於一九一二年八月十日公布國會組織法二十二條、眾議院議員選舉法一百二十一條、參議院議員選舉法四十四條，九月二十日公布眾議院議員選舉法施行細則，十月八日公布參議院議員選舉法施行細則⓲。以後的國會組織及選舉，即依此類法規而辦理。

　　依照八月十日公布的國會組織法：⑴民國議會由參議院、眾議院構成之。⑵參議員由各省省議會、蒙古選舉會、青海選舉會、及中央

⓰　國史館編，《中華民國史事紀要》，民國元年1至6月份，頁397–405。

⓱　張玉法，《民國初年的政黨》，頁280。

⓲　同上，頁281。

學會分別依規定名額選出。⑶眾議員依各省人口多寡所定之名額選出。
⑷參議員任期六年，眾議員任期三年。⑸民國議會之議定，以兩院一
致成之；一院否決之議案不得於同會期內再行提出。⑹有關建議、質
問、請求查辦違法官吏、答覆政府諮詢、受理人民請願、許可逮捕議
員、制定院內法規之權，兩院得個別行使。⑺民國憲法未定以前，臨
時約法所定參議院之職權，為民國議會之職權⑱。其他有關參眾兩院
議員選舉法等之規定，不備舉。由於在開國初期，憲法一直未能制定
完成，前述有關參議院，以及參眾兩院的各種規定，即為有關國會的
法制。

　　國會掌國家立法權，與立法權相對待者為行政權。依照臨時約法，
行政權在國務院。有關國務院的規定，除前述者外，一九一二年六月
二十六日，政府曾公布國務院官制十二條，要點如下：⑴國務院以國
務員組織之，國務員包括國務總理及外交總長、內務總長、財政總長、
陸軍總長、海軍總長、司法總長、教育總長、農林總長、工商總長、
交通總長。⑵臨時大總統公布法律、發布教令及其他關於國務之文書，
關於各部全體者，由國務員全體副署；關係一部或數部者，由國務總
理會同該部總長副署；其專屬國務總理所管者，由國務總理副署。⑶
下列事項，應提國務會議：a.法律案及教令案，b.預算及決算案，c.軍
隊之編制，d.條約案，e.宣戰媾和事項，f.各部權限爭議，⑷國務總理
及各部總長有臨時事故，得呈請臨時大總統，以其他國務員代理⑲。

五、政黨制度的創行

　　政黨制度是政治制度的一部分，它是西方憲政運動的產物；當中

---

⑱　國史館編，《中華民國史事紀要》，民國元年7至12月份，頁93–95。

⑲　同上，民國元年1至6月份，頁587–588。

國發生憲政運動的時候，國人把它移植進來。民國建立之初，中國引進西方的民主制度，政黨制度為其中的一部分。

政黨制度起於英國，行於世界各國。有三種制度，即一黨制、兩黨制、和多黨制。民國建立之初，一黨制尚未出現，英、美兩國的兩黨制，和法、奧兩國的多黨制，為國人引介政黨制度的主要藍圖。

在辛亥革命未成功以前，革命黨人對西方的政黨制度興趣不大，主要因為改革派在全力引介西方的國會、內閣、政黨等制度。雖然如此，透過政學界的努力引介，到武昌革命爆發前夕，國人對政黨制度已有各種不同的看法。除反對引介政黨制度者外，一般都肯定「政黨為憲政之子」，認為中國不立憲則已，果其立憲，不論何國，無不有政黨者。至於建立政黨之目的，約有四種看法：㈠「對抗政府」說：謂我國政府，政權重大，往往不顧輿論，行專制之舊習。將來國會成立，烏合之議員，渙散無力，決不足以限制政府之權勢、督促政府之進步，故必集合政黨，以輿論為後援，與政府對抗。㈡「政黨政治」說：認為政黨之目的，在實行政黨政治，以議會之多數黨，組織內閣，以實施政黨之政策。㈢「統一輿論」說：謂政黨之目的在統一輿論，使黨員棄其小異以就大同。㈣「調查政務，研究政策，指導國民」說：認為一國之民，對國家之政治，以利害關係之切，既不能置若罔聞，又以各有職業之故，勢不能以政治為生涯；而政治之狀態紛繁，學理深邃，決不可以輕率鹵莽之意見，妄談國是，不得不賴熱心之政治家考察之、討論之，而以利害之結果，指示一般之國民，以為利者，則羅列其利之所在，使得從而贊成之；以為害者，則備舉其害之所極，使得從而反對之。至於政黨政治的種類，約有三方面的意見，皆主兩黨制：一為吏民兩黨，二為南北兩黨，三為保守進步兩黨⑰。

---

⑰ 杜亞泉，〈政黨論〉，《東方雜誌》八卷一號，宣統3年2月25日出版。

　　武昌革命爆發後，繼以共和政體建立，國人對移植政黨制度的努力乘此益進。原有的革命團體和立憲團體紛紛改為政黨，而國人之從事政治運動者，亦大都列名黨籍，或利用不黨之名，三五結合，俯仰於諸黨之間[172]。

　　建立政黨制度，與立憲法、開國會、組內閣不同，後三者是政府的事，前者主要是民間的事。一九一二至一九一三年間，以黨會為名的團體，據初步統計有六八二個，其中政治類三一二個；在政治團體中，具有健全政綱者三十五個[173]。當時國人知共和國家人民有集會結社之自由，此一自由在臨時約法中亦加以規定，因此政學界人士，甚至一般人民，自由組織各種目的不同的團體。有些團體，以政黨自居，卻不具備政黨之條件。在這種情形下，政學界人士乃企圖對政黨加以規範。

　　當時政府並無政黨法的制定，政學界人士只能藉用言論來指導政黨制度的建立。首先，言論界的人給政黨下了不少定義，如梁啟超云：

> 政黨者，人類之任意的、繼續的、相對的結合團體，以公共利
> 害為基礎，有一貫之意見，用光明之手段，為協同之活動，以
> 求佔優勢於政界者也[174]。

邵元沖云：

---

[172] 樸庵，〈責不黨者〉，民國元年10月1日上海《中華民報》。

[173] 張玉法，《民國初年的政黨》，頁33，36。

[174] 梁啟超，〈敬告政黨及政黨員〉，《庸言》一卷七號，民國元年3月1日出版。

> 政黨者，以永久結社之性質，而以其一致之政見，為政治上之
> 活動，以期其政見之得實行為目的者也**⑯**。

其次，政學界剖析組織政黨的方法，主要在討論政黨的構成，黨
綱重要？黨魁重要？抑二者皆重要？當時一般政論，對政黨組成問題，
約有三派意見：一為黨魁派，二為黨綱派，三為黨綱黨魁並重派。

黨魁派認為，政黨成立的最大關鍵在於有全黨崇信之首領，能指
揮號召，以喚起一黨的精神。此首領必在全國中有相當物望，必確有
卓越之手腕智識，必堅苦卓絕，百撓而不離其宗。記者黃遠庸曾作如
是主張**⑯**。

黨綱派強調政綱在政黨運動中的重要性。國民黨理事長孫中山謂
「政黨天職，在恪守黨綱。」**⑰**國民協會幹事長溫宗堯認為「政黨以主
義相結合，以政綱相號召。」**⑱**《獨立週報》記者章士釗認為政黨乃實
行政綱的團體，而政綱又必不與人同；倘兩黨之政綱未嘗差異，則理
論上實無兩黨並立之必要**⑲**。

黨綱黨魁並重派認為，組織或參加政黨者，必確守唯一之政見，
以與別黨相對立；為政黨黨魁者，必確守唯一之宗旨以為諸黨員所附
隨**⑳**。

在前述政黨制度討論的過程中，各種大小政黨先後成立。在南京

---

⑯　邵元沖，〈政黨泛論〉，《國民》月刊一卷一號，民國2年5月出版。

⑯　黃遠庸，《遠生遺著》卷一，頁213。

⑰　《國父全集》（五），頁160。

⑱　郭孝成，《中國革命紀事本末》第三篇，頁62。

⑲　章行嚴，〈政黨與政綱〉，民國元年2月24日《民立報》。

⑳　微塵，〈論政黨變幻及其價值〉，民國2年11月2日上海《時報》。

參議院時期，同盟會一黨獨大；在北京參議院時期，國民黨與共和黨為相對立的兩大黨；在正式國會前期，國民黨與進步黨為相對立的兩大黨；後期民憲黨與公民黨為相對立的兩大黨。由於政府一直扶植大黨，以與反對黨對抗，而政黨領袖亦多主張建立兩黨制度，故民國初建時期，看來是小黨林立，實際上在參議院或參眾兩院的國會中對政治運作發生作用的，主要只有兩黨。惜袁世凱為阻止制憲，於一九一三年十一月將反對黨解散、將國會停頓，使其他黨派無存在價值、亦無政治運作場所，遂使建國初期的政黨政治中止❽。雖然如此，民國初年的政黨，確在制定國家根本大法及一般法律，以及在監督政府方面，發揮了一定的功能。

六、結　論

辛亥革命，就革命主流派同盟會的設計，原欲透過軍政、訓政、憲政的程序，完成革命建國的工作。但武昌革命爆發後，各派反滿勢力並起，同盟會內部步調亦不一致，因此從武昌革命成功開始，即著手建立民主憲政制度，並無訓政之設計。此民主憲政制度，由臨時政府組織大綱，到臨時約法，再到參議院法、國務院官制、國會組織法、眾議院議員選舉法、參議院議員選舉法等的制定，加上政壇上已在混沌摸索中，建立了兩黨制度，不待中華民國憲法制定完成，民主制度已經建立起來。這可以說除民族革命以外，辛亥革命最大的成就。後來雖然袁世凱為阻止不利於己的憲法獲得通過，鎮壓了反對黨，破壞了國會，使政黨政治暫為中止，但開國初期所建的民主傳統，不僅左右了此後十餘年間的國家政治動向，而在近六、七十年試行一黨制度引起極大不滿之後，再度成為國人追求的目標，這是辛亥革命留下來

---

❽　詳參考張玉法，《民國初年的政黨》一書。

的最珍貴的經驗。

第三節　清末民初的自由主義運動

一、前　言

　　自由主義自個人主義衍生而來,基本上是重視個人的自由與權利,使免受外力干涉與限制。十八、九世紀的自由主義主張限制政府的權力, 二十世紀注重權力和財富的廣泛享有, 反對生產和分配的集體控制[182]。

　　本節所討論的自由主義, 偏重於政治方面的意義, 大概說來, 其內涵約有以下各點: ① 個人比社會為優先, 凡不侵害國家或社會的行為皆應自由; ② 容忍各種意見和行為, 使社會的各種力量互相制衡, 以免權力、財富和影響力過度集中而造成腐化; ③ 進步基於個人的努力與創造, 自由就是使負責而自立的個體能夠發展; ④ 批評現狀, 主張漸進的改革; ⑤ 實行代議政治, 使人民能參與官員的選舉, 參與制定法律, 參與決定稅率; ⑥ 訴於良心的自由、發表意見的自由、結合團體的自由, 以便應合社會成員的需要和想法; ⑦ 勞動的自由, 貿易的自由, 財產的自由; ⑧ 法律之前人人平等[183]。

　　自由主義是英國的產物, 傳播到各國, 有不同的意義。在英國, 自由就是免於國家的限制; 在法國, 自由就是參與國家事務的決策; 在美國, 自由就是民主政治、不受限制的資本主義、和理想的社會主

---

[182] *The New Encyclopaedia Britannica, Micropaedia*, 15th edition, Vol. 6, p. 195; D. J. Manning, *Liberalism*, p. 106.

[183] D. J. Manning, *Liberalism*, pp. 14, 17, 21, 22, 23, 25, 32, 114, 115, 143.

義。並沒有世人所公認的自由主義，每一個自由主義的作者，都對自由主義有不同的闡釋⑱。自由主義傳到中國來也是如此。

二、自由主義的由來

自由主義起源於英國。十七世紀的英國哲學家所強調的宗教寬容和學術自由，就是自由主義的雛形。培根(Francis Bacon, 1561–1626)強調學術自由，霍布士 (Thomas Hobbes, 1588–1679) 和洛克 (John Locke, 1632–1704) 強調宗教寬容，洛克且認為人只與上帝有從屬關係，有權反抗專制政府。十七世紀的歐陸，也有自由主義的出現，譬如法國哲學家迪卡兒 (René Descartes, 1596–1650) 亦主張學術自由⑱。

自由主義的真正發展在十九世紀，當時歐洲的自由憲政運動促使了自由主義的成長。在德國，洪寶德 (Baron von Humboldt) 因為對普魯士實行開明專制不滿，於一八五二年出版《論國家行動的限制》(*On the Limits of State Action*)，認為一個具有獨立性格的公民，較與人協同一致的臣民，更能發揮他個人的才能⑱。在英國，穆勒 (John Stuart Mill, 1806–1873)受一八三二年改革運動的影響，於一八五九年出版《自由論》(*On Liberty*)，對自由主義有進一步的發揮。

穆勒是英國自由主義的大師，他的思想不僅影響到歐美各國，也影響到中國。穆勒不僅是思想家，也是政治改革家。穆勒的改革事業開始於一八二〇年代，當時英國的選舉權還沒有擴張，教育還沒有普及，大學的研究仍受教會的控制，工會的活動也為一種自私的法律所

---

⑱ 同上，頁57–59。

⑱ 同上，頁34，45–46，125–127。

⑱ 同上，頁94–95。

限制，穆勒主張義務教育、立法限制工時、國家資助研究、公共事務由政府控制、政府救濟窮人。經過多年的努力，這些都獲得完全的或部分的改善，民權在政治事務中受到新的尊重❿。對世界其他各國的人來說，穆勒最著名的還是他對個人主義和自由主義的鼓吹。他主張公民應給予充分的機會使他能盡量保持他自己，因此他重視人與人之間分歧的重要性，也重視人類心靈中所保有的東西，不受外來的干擾。為了此一理由，他所擬建構的社會是建基在容忍上，甚至鼓勵標新立異。不過，他對國家和社會的期許也很高，他認為只有國家和社會才能保護個性，因此他強調合作。他雖為民主鬥士，但對民主的弊病有嚴厲的批評；他雖是個人主義者，但最反對過於放任。他的最終目的，是提高人類的靈性❿。

　　穆勒對自由主義的闡揚，主要見於一八五九年所發表的《自由論》。穆勒認為自由可以促使進步，只接受一種權威意見非常危險，私權和公權應該劃清界限，個人的良心不容侵犯。穆勒在《自由論》中申明個人的行為只有在侵犯到他人自由時才應受限制，國家的價值在於它包容許多個體。穆勒認為自由包括意識的自由、思想和感受的自由、對任何事物發表意見和表示愛憎的自由、嘗試與追求的自由、安排個人生活計劃以適合個性的自由，以及在不妨害別人的情況下，為所欲為的自由。為了建立此類自由，穆勒認為應該抵拒大多數人在政治上的專制傾向，以及個人非容忍的傾向和反社會的傾向；應該抵拒群眾強求一致的壓力，應該抵拒官僚政府減低個人創意的做法❿。

---

❿　*Autobiography*, by John Stuart Mill (Oxford University Press, 1955), Introduction by Harold J. Laski, p. xiv, xvi.

❿　同上，p. xv, xvi, xviii.

❿　D. J. Manning, *Liberalism*, pp. 50–55.

在自由主義的影響下，英國在一八三九年有自由黨的出現，至一八六八年，自由黨在議會中佔多數，由格萊德斯同 (W. E. Gladstone) 組自由黨內閣，此後至一九一六年間又獲得六次選舉的勝利。英國自由黨相信理性、相信進步思想、堅守個人主義、重視人權，表現在政治上的是傾向改變，主張政治改革、進步立法，支持政治自由與民主❿。在英國自由黨開始執政的第四年，即一八七二年，美國辛辛納蒂(Cincinati)有自由共和黨(Liberal Republican Party)的出現，自由共和黨是一批脫離共和黨的人組織而成的，主張行政改革、地方自治、人類平等，其勢力旋為民主黨所吸收❾。

西方的自由主義和自由黨運動，實為中國自由主義思想的來源，也是中國自由黨運動的典範。清末民初的政學界，或透過西書的翻譯和閱讀，認識了西方的自由主義，或透過對英國政治的了解，認識了英國自由黨的組織與運動。部分人寫文，即闡述西方自由主義思想，有的甚至組織自由黨，從事政治運動。介紹進來的自由主義雖然有些扭曲，自由黨運動時間也不長，但對中國政治思想的影響是很深的。

三、清末的自由主義思想

清末民初的中國政學界，在改革和革命運動的激盪下，常有闡揚自由思想的著作出現。當時宣傳的自由思想，有許多不同的背景，有的起於宣揚虛無主義，有的起於宣揚女權，多數則起於宣揚政治革命或政治改革。一篇宣揚虛無主義的文章說：

---

❿ *The New Encyclopaedia Britannica, Micropaedia*, 15th edition, Vol. 6, p.196; *The Encyclopaedia Britannica*, 11th edition, Vol. 16, p. 538; *Encyclopedia Americana* (1975), Vol. 17, p. 293.

❾ *Encyclopedia Americana* (1975), p. 294.

十九世紀中，歐洲之若民若君，相搏於腥風血雨中，甘拋無量
數之頭顱鮮血，以與一二獨夫民賊為仇者，何為也？曰去專制
求自由而已。自由者，人類之權利也，失此權利則為奴隸[192]。

一篇宣揚女權的文章說：

夫天賦之自由，天定之平等，天授之同胞，固與人類同時而生
也。……故凡奪人之自由者，即得罪於天矣[193]！

一篇宣揚政治革命的文章說：

今之所謂自由、所謂平等者，以其獨立不羈完全無缺也。於一
國之內，言論自由、出版自由、遷徙自由、集會自由、本身自
主、家宅自主，下及訴求請願、祕密書函、干涉行政之得失、
選舉議員之資格，無不有焉，此自由也[194]。

可以看出，當時一般書刊，對於自由已有相當廣泛的認識。
　　在宣揚政治革命的文件中，著名的如鄒容的《革命軍》、楊篤生的
《新湖南》，　均曾發揮自由主義。鄒容在《革命軍》中提出許多革命

---

[192] 轅孫，〈露西亞虛無黨〉（寫於1903），《辛亥革命前十年間時論選集》
（下），頁565。

[193] 陸秀貞，〈論自由平等同胞為生人原理〉（寫於1904），《近代中國女權運
動史料》（下），頁1030–1031。

[194] 〈為外人之奴隸與為滿洲政府之奴隸無別〉（寫於1903），《辛亥革命前
十年間時論選集》（下），頁526。

的目標，一方面指出「生命自由及一切利益之事皆屬天賦之權利」，另一方面則標明：「不得侵人自由，如言論、思想、出版等」❶❾❺。當時許多人受盧梭影響，認為權利得自天賦，故楊篤生亦有云：「放棄其自由權者，失人格者也；侵害他人之自由權者，損傷他人之人格者也。失人格與損傷人格者，皆亂術也。」❶❾❻

　　除一般報刊著述對自由觀念所作的宣揚外，政學界中以宣揚自由思想著名者，當推譚嗣同、嚴復、梁啟超三人。譚嗣同是近代中國思想解放的一個典型，他在一八九八年為變法而犧牲，實在受他衝決網羅思想的影響。他在《仁學》自序裡說：

> 吾將哀號流涕，強聒不舍，以運其衝決網羅。初當衝決利祿之網羅，次衝決俗學若考據詞章之網羅，次衝決全球群學之網羅，次衝決君之網羅，次衝決倫常之網羅，次衝決天之網羅，終將衝決佛法之網羅。然既可衝決自無網羅，真無網羅乃可言衝決❶❾❼。

譚嗣同要衝決利祿、俗學、君主、倫常的網羅，就是要思想自由。他反對名教，反對三綱五常，要推翻中國傳統思想❶❾❽。譚嗣同的自由思想不來自西方，可能來自老莊或佛學。他在《仁學》中說：

---

❶❾❺　引見《辛亥革命前十年間時論選集》（下），頁675。

❶❾❻　同上，頁636。

❶❾❼　引見殷海光，〈自由主義的趨向〉，周陽山等編，《自由主義》，頁27；黃公偉，《中國近代學術思想變遷史》，頁61。

❶❾❽　郭湛波，《近代中國思想史》，頁113。

莊曰：「聞在宥天下，不聞治天下。」治者，有國之義也；在宥
者，無國之義也。曰在宥，蓋自由之轉音，旨哉言乎！人人能
自由，是必為無國之民。無國則畛域化，戰爭息，猜忌絕，權
謀棄，彼我亡，平等出，且雖有天下，若無天下矣[199]！

又說：

五倫之中，於人生最無蔽而有益，無纖毫之苦、有淡水之樂者，
其惟朋友乎？所以者何？一曰平等，二曰自由，三曰節宣惟意，
總標其義曰：不失自由權而已[200]。

可以看出，譚嗣同的自由思想，有激進的和溫和的兩方面，激進的近
於虛無主義和無政府主義，溫和的近於西方的平等、自立等說。

　　嚴復以翻譯西方思想名著著名。西方名著啟迪嚴復自由思想的主
要為一九〇二年翻譯出版的亞當斯密(Adam Smith)的《原富》(*An
Inquiry into the Nature and Causes of the Wealth of Nations*)、一九〇
三年翻譯出版的斯賓賽爾(Herbert Spencer)的《群學肄言》(*Study
of Sociology*)和約翰穆勒(John Stuart Mill)的《群己權界論》(*On
Liberty*)，以及一九〇六年翻譯出版的孟德斯鳩(Montesquieu)的《法
意》(*Spirit of Law*)。嚴復在斯賓賽爾的著作中，獲得人類自由的觀念，
就是要使個人能力獲得解放[201]。但真正對自由有進一步的認識，還是
在翻譯穆勒的《群己權界論》和孟德斯鳩的《法意》以後。

---

[199]　引見郭湛波，《近代中國思想史》，頁78–79。

[200]　引見黃公偉，《中國近代學術思想變遷史》，頁63。

[201]　Benjamin I. Schwartz, *In Search of Wealth and Power*, p. 72.

　　《群己權界論》的翻譯完成於一八九九年，初名《自由論》，到一九〇三年出版時，改名《群己權界論》。認為「學者必明乎己與群之權界，而後自繇之說乃可用耳」[202]。嚴復在該書〈譯凡例〉中對自由的要義頗有發揮，他說：

> 自繇者，凡所欲為，理無不可。此如有人獨居世外，其自由界域，豈有限制，為善為惡，一切皆自本身起義，誰復禁之？但自入人群而後，我自繇者人亦自繇，使無限制約束，便入強權世界，而相衝突，故曰：人得自繇而必以他人之自繇為界[203]。

可以看出，嚴復認為群體中的個人自由是有限制的，而不是無限制的。所以他在〈主客平議〉一文中說：「自由者，各盡其天賦之能事，而自承其功過者也。」[204]又在〈論世變之亟〉一文裡說：「故人人各得自由，國國各得自由，第務令無相侵損而已。」[205]

　　穆勒的《群己權界論》和亞當斯密的《原富》，是西方闡述自由思想和個人主義的經典之作，也許因為嚴復認為個人自由不符合中國的需要，故在翻譯的時候往往加以曲解。據史華滋(Benjamin I. Schwartz)研究，穆勒視個人自由的本身即為一種目的，嚴復卻把個人自由變成促進民德和民智的工具，並進而達到國家的目的[206]；亞當斯密主張經

---

[202]　引見胡映芬，〈評介「尋求富強——嚴復與西方」〉，周陽山編，《自由主義》，頁126。

[203]　引見王爾敏，《晚清政治思想史論》，頁226。

[204]　引見郭湛波，《近代中國思想史》，頁48。

[205]　引見殷海光，〈自由主義的趨向〉，周陽山等編，《自由主義》，頁25。

[206]　Benjamin I. Schwartz, *In Search of Wealth and Power*, p. 141.

濟自由最終的目的是為了個人幸福，而嚴復則認為經濟自由有助於國家計劃的擴大 [207]。

　　嚴復對國人濫用個人自由，頗不謂然，他在一九〇六年所翻譯出版的《法意》中說：

> 十數載以還，西人之說，漸行於神州。年少者樂其去束縛而得自主也，遂往往盪決藩籬，自放於一往而不可收拾之域。揣其所為，但凡與古舛馳而自出己意者，皆號為西法，然考之事實，西人固無此，特汝曹自為法耳 [208]。

故云：「小己自由，尚非所急」，「所急者，乃國群之自由，非小己之自由。」[209] 民國建立後，中國危弱不堪，嚴復想集中政府權力以期能對內統一，對外抵抗侵略，乃於一九一四年在《庸言》雜誌第二十五、二十六期上發表民約平議〉，批評盧梭的《民約論》，反對個人的自由平等 [210]。

　　梁啟超是一八九〇年代以後中國思想的解放者，早在戊戌變法時期，即假上海《時務報》和湖南時務學堂倡民權自由。戊戌東渡後，受英國自由思想影響益深，一八九八至一九〇三年的著作，常引用邊

---

[207] 同上，頁121。

[208] 引見劉富本，〈戊戌政變後嚴復對中西文化的看法〉，周陽山等編，《自由主義》，頁175。

[209] 亦《法意》中之案語，引見徐高阮，〈嚴復型的權威主義及其同時代人對此型思想之批評〉，周陽山等編，《自由主義》，頁149。

[210] 劉富本，〈戊戌政變後嚴復對中西文化的看法〉，周陽山等編，《自由主義》，頁177。

沁(Jeremy Bentham, 1748–1832)、穆勒(John Stuart Mill, 1806–1873)、斯賓賽爾(Herbert Spencer, 1820–1903)的學說，闡述「最大多數的最大幸福」、「思想與討論的自由」、「生存競爭」、「適者生存」等義⑪。

對初抵日本的梁啟超來說，日本的新聞自由與獨立給他很深的印象。一八九九年他在所撰的〈自由書〉中對日本的思想自由、言論自由、新聞自由深表讚賞，並引穆勒之言，謂在人類的進步中，沒有比思想自由、言論自由和出版自由更重要的⑫。在這種情形下，他批評其師康有為的保教思想，認為保教束縛思想自由，他在一九○二年寫給康有為的信中說：「思想不自由，民智更無進步之望也。……弟子意欲破網羅，選出新思想自任。」⑬因此他在一九○二至一九○三年間所撰的〈新民說〉一文中，要求每個國民要有獨立的思想，不要以古聖先賢的思想為思想，不要為環境、風俗、情慾所役使⑭。

梁啟超所重視的當然不限於思想言論自由，他在一九○一年所寫的一篇文章中，公開指出中國人沒有任何自由，他說：

> 自由者，權利之表證也。……我中國謂其無自由乎？則交通之自由官吏不禁也，居住行動之自由官吏不禁也，置管業之自由官吏不禁也，書信祕密之自由官吏不禁也，集會言論之自由官吏不禁也，信教之自由官吏不禁也（近雖禁其一部分，然比之前世紀之法、普、奧等國相去甚遠）。凡各國憲法所定形式上之自由皆有之。雖然，吾不敢謂為自由者何也？有自由之俗，

---

⑪ Philip Huang, *Liang Ch'i-Ch'ao and Modern Chinese Liberalism*, p. 68.

⑫ 同上，頁53，72。

⑬ 引見郭湛波，《近代中國思想史》，頁123。

⑭ Philip Huang, p. 65.

而無自由之德也。自由之德者，非他人所能予奪，乃我自得之
而自享之者也。故文明國之得享用自由也，其權非操諸官吏，
而常操諸國民，中國則不然，今所以幸得此習俗之自由者，恃
官吏之不禁耳，一旦有禁之者，則其自由可以忽消滅而無復蹤
影㉕。

一九〇二年，他寫〈新民說〉，對西方的自由思想有多方面的發揮。
他說：

> 自由者，奴隸之對待也。綜觀歐美自由發達史，其所爭者不出
> 四端：一曰政治上之自由，二曰宗教上之自由，三曰民族上之
> 自由，四曰生計上之自由。政治上之自由者，人民對於其政府
> 而保有其自由也；宗教上之自由者，教徒對於教會而保其自由
> 也；民族上之自由者，本國對於外國而保其自由也；生計上之
> 自由者，資本家與勞力者相互而保其自由也㉖。

又說：

> 自由者，團體之自由，非個人之自由也。……然則自由之義，
> 竟不可行於個人乎？曰：惡！是何言！團體自由者，個人自由
> 之積也。人不能離團體而自生存，團體不保其自由，則將有他
> 團體焉自外而侵之壓之奪之，則個人之自由更何有也㉗。

㉕ 〈十種德性相反相成義〉，原文刊《清議報》八十二、八十四期，引見
《辛亥革命前十年間時論選集》(上)，頁10－11。

㉖ 引見《辛亥革命前十年間時論選集》(上)，頁136。

　　梁啟超在〈新民說〉中對自由的看法，與穆勒在《群己權界論》
中對自由的看法不同。穆勒認為自由可以使個人發展個性，使個人得
到幸福，梁啟超對發展個性並不重視，僅認為自由可以使個人的潛能
發揮出來，可以增加國家的力量。研究《梁啟超與現代中國自由主義》
的黃宗智認為，梁啟超之所以讚許穆勒，因為他與穆勒有些相似處，
穆勒和梁啟超都認為自己生當過渡時期，需要思想自由、言論自由，
讓人民能自由接觸各種思想，俾便有所選擇，而形成新的時代。所以
梁主張容忍異見，並隨時準備修改自己的意見❷。

　　不過，梁在一九〇三年遊美後，眼見居於自由社會的華僑紛亂無
秩序，覺得中國人無共和國民資格，遂不再倡導自由。像一九〇三年
前梁常引用穆勒和日本自由主義者福澤諭吉之言一樣，一九〇三年以
後梁常引用瑞士政治思想家伯倫知理(Johann Kaspar Bluntschli)之言。
伯倫知理強調國家的權力，適合一九〇三年以後梁在思想上的需要。
此時他像嚴復一樣，也不再贊成盧梭的思想。他說：如果盧梭是十九
世紀的思想來源，伯倫知理就是二十世紀的思想來源❷。

　　思想改變以後的梁啟超認為，人民能得自由與否，與國民素質有
關，不是革命、獨立就可以求得到的，他說：

　　論者動曰：美國人離英獨立而得自由，此知其一不知其二也。
　　謂美國人之自由，以獨立後而始鞏固則可；謂美國人之自由，
　　以獨立後而始發生則不可。……彼法蘭西以革命求自由者

❷　同上，頁140。
❷　Philip Huang, pp. 74–76.
❷　同上，頁80–81；梁啟超，〈新大陸遊記〉，引見《辛亥革命前十年間時
　　論選集》（下），頁789。

也，乃一變為暴民專制，再變為帝政專制，經八十餘年而猶未
獲如美國之自由。彼南美諸國皆以革命求自由號者也，而六、
七十年來未嘗有經四年無暴動者，始終為蠻酋專制政體，求如
美國之自由者更無望也[220]。

當時中國革命黨人正宣揚革命、獨立、自由等義，梁啟超反對革命，
認為革命未必能得自由。

　　自清末以來，中國知識份子多喜歡新觀念，介紹新觀念，甚至希
望國人接受新觀念，很少考量到此新觀念是否為中國所必需，是否真
能改良中國現狀。但也有不少知識份子常對新觀念加以反省，若一種
新觀念不適用於中國，再設法引進另一種新觀念，甚或重建舊觀念。
譚嗣同為新觀念殉身，不及自我反省。嚴復、梁啟超皆經歷過一個較
長的時代，對西方的自由主義思想一度引進之後，並未繼續宣揚。雖
然有些新學之士漸以「自由」為時髦，追求自由在當時似未形成風潮。

四、民初的自由主義運動

　　清末民初，中國人對於個人自由的需求並不迫切。少數知識份子，
具有新思想，渴望思想、言論、著作、出版的自由；少數政界人士，
見自由為新觀念，取此以吸引群眾。對大多數中國人來說，自由並不
具備太多的吸引力。

　　民國初年的政黨和社團雖多，以推動自由為宗旨者甚少。中華民
國自由黨以維持社會自由、掃除共和障礙為宗旨，中華五大民族協和
會以聯合五族、鼓吹自由、協助共和為宗旨，二者皆非純粹的自由主

---

[220] 梁啟超，〈美國政治略解〉，引見《辛亥革命前十年間時論選集》（下），
　　　頁793。

義運動者。女子自由黨為自由黨的女黨員所組，不能算是獨立的組織。
除此之外，在民國初年的政黨和社團中，再也找不到以自由為名、或
以宣揚自由為宗旨的組織㉑。比較而言，中華民國自由黨是當時以「自
由」為名的大政黨，在自由運動上有其一定的貢獻，在此特加介紹。

　　中華民國自由黨於一九一二年二月三日成立於上海，為同盟會的
別派，但較同盟會為激進。發起人王鉞、趙銓章、蔡之韶、謝樹華、
林興樂、楊鴻春、徐麟寰、高冠吾、梁舜傳、梁炳麟、羅傳，或為留
學生，或為新聞記者，或為政學界中人㉒。該黨標榜天賦人權、自由，
以「維持社會自由，掃除共和障礙」為宗旨，以「提倡男女平等，監
督共和政府，督促實業發展，以期厚利國計民生」為主義㉓。初由李
懷霜任臨時主裁，代表自由黨全體，繼推孫中山為正主裁、黃興為副
主裁，李懷霜則以臨時副主裁名義綜理全黨事務。本部負責人有正部
長林興樂、副部長徐虎臣，總務科長陳篠雲，政治科長張克恭，交際
科長徐麟寰，調查科長季鳴，經濟科長沈時傑，文牘科長梁奧魂，參
議部長俞松笠等。另有支部組織。參加成員有胡漢民、馬君武、張錫
鑾、金漢聲、伍崇敏、冷公劍、汪兆銘、陳其美、戴傳賢、方若、趙
鐵、孫炳文、周浩、溫宗堯、賀培相、李繼鷹、毛邦偉、漆運鈞等㉔。

　　李懷霜，廣東人，一八七五年生，時年三十七歲。初任《民立報》
記者，一九一一年任《天鐸報》編輯，參與革命宣傳工作。一九一二

㉑　參考張玉法，〈民初政黨的調查與分析〉，《中央研究院近代史研究所集
　　刊》第五期。

㉒　民國元年1月8日《時報》五版，自由黨緣起；《支那ニ於ケル政黨團體
　　紀要》，頁44。

㉓　《近代史資料》，1957年第六期頁141，自由黨簡章。

㉔　同上，頁142-143；竹內克己，《支那政黨結社史》，頁174。

年二月，與中國社會黨首領江亢虎等聯合，反對優待清室條款。是年二月，加入譚人鳳、陳其美所組的工黨促進會。一九一三年一月，與江亢虎、李提摩太(Timothy Richard)等組中美英協會(China-America-England Association)，以促進三國友誼[225]。李懷霜是一位社會主義者，也是中國社會黨的重要幹部，他所主持的《天鐸報》，是宣傳社會主義的重要刊物。一九一三年七月二次革命發生以後，袁政府壓制過激派的活動，李懷霜走南洋，在爪哇發刊《蘇門答臘報》，繼續宣傳社會主義[226]。社會主義與自由主義是相反的東西，李懷霜以社會主義的信仰者出任自由黨的主裁，可以看出當時中國知識份子對新思想的偏好，但對新思想的真義和彼此間的界限，並不一定能認識清楚。

除李懷霜以外，對自由黨務最熱心的當為戴傳賢。戴為四川廣漢人，一八九〇年生，時年二十二歲。一九〇五年留學日本，一九〇九年回國，初在蘇州地方自治研究所任職，旋轉任上海《天鐸報》編輯，與李懷霜同事。戴因批評清廷，為官廳追捕，一度逃往新加坡。武昌革命爆發後往東北佐新軍協統藍天蔚，策劃革命，一九一一年底回上海。一九一二年二月，隨迎袁專使北上，並於此時加入一個接近無政府主義的組織——進德會。是年九月，孫中山任全國鐵路督辦，戴任機要祕書。一九一三年二月，孫中山先生赴日，戴隨行任翻譯。一九一二至一九一三年間的戴傳賢，大部時間都主編《民權報》，並為《民立報》撰文[227]，批評時政，對自由主義的鼓吹無多。

至於被推為正副主裁的孫中山和黃興，很少參與實際黨務。然自

---

[225] Martin Bernal, "The Tzu-yu tang and Tai Chi t'ao", *Modern Asian Studies*, Vol. I, Part 2 (April 1967), pp. 133–134, 137.

[226] 伊藤武雄，《現代支那社會研究》，(東京同人社，1927)，頁208。

[227] 前引Martin Bernal, pp. 134, 138.

由黨既為同盟會的別支，孫中山初頗扶持之。一九一二年四月，孫中
山辭臨時大總統後至上海，自由黨開會歡迎，欲擁孫就正主裁之位，
孫因急欲赴粵，未就，然未拒絕，請馬君武代其職。孫所以扶持自由
黨，因自由黨亦為反政府的黨派，孫欲結之以壯大反對黨的勢力，所
以他在歡迎會的講詞中說：

> 中華民國成立後，黨會林立，若非從政治上研究，以監督政府，
> 扶助政府，則雖夥無益。鄙意當聯合各黨會，成一有勢力之民
> 黨，與政府對峙，應不悖立黨之旨❷❷❽。

是年九月，自由黨天津支部發生糾紛，孫中山曾於自晉返津時，為之
調停❷❷❾。

自由黨以孫中山關切自由黨務，欲假孫中山名義擴充黨務。時孫
方欲就全國鐵路督辦職，事務繁忙，而同盟會方改組為國民黨，身為
國民黨的負責人，且不欲理國民黨務，自無法分身兼理自由黨務，當
自由黨總部函請孫贊助黨務時，孫即囑朱大符回信拒絕，朱回信云：

> 自由黨總部諸君公鑒：敬啟者，頃接王君樹谷來函，囑請孫中
> 山先生贊助黨務，弟經即將原信呈中山先生閱過，中山先生謂
> 此次各報紛紛載孫中山先生恢復自由黨等新聞，實深詫異。自
> 由黨務此次實未與聞，今雖有信請助，而現時事務紛繁，斷難
> 兼顧。贊助之事，無從答允。以後貴黨事務，自己萬不能負責，
> 囑將此意轉達諸君，希為查照，以後貴黨行動自有光榮，不必

---

❷❷❽　民國元年4月20日《民立報》。

❷❷❾　民國元年9月22日《民立報》，天津電報。

更列孫中山先生名義[230]。

此函可以看出，孫中山對自由黨的扶持態度，已趨冷淡。

自由黨是一個具有社會主義性質的激進政黨，它的目的在監督政府，並不志於在選舉中爭取議席[231]。一九一二年三月下旬曾發表政見，闡明自由、平等的真義，民生、民權的關係，並提倡人道主義，主張地方自治[232]。至於對一般國是問題的主張，有反對優待滿清皇室、反對建都北京、反對外蒙獨立、主張以武力保全外蒙領土等[233]。

自由黨的活動，依照簡章規定，是發行新聞雜誌、公開自由講演、組織律師團體、創立學校、振興實業，以期傳播自由種子、厚利國計民生[234]。實際情形除創立學校無所聞外，其他皆有所表現。在發行新聞雜誌方面，組有新聞團，在各地出版報刊，重要的如奉天營口支部出版的《民舌報》、安徽懷寧支部出版的《民愛報》、江西贛州支部出版的《自由鐘》、江蘇松江支部出版的《自由月報》、江蘇崑山支部出版的《崑鋒報》、江蘇太倉支部出版的《太倉民報》、江蘇常熟支部出版的《常熟自由黨》，　而上海本部出版的《天鐸報》和《民權報》尤為著名[235]。《天鐸報》創刊於一九一〇年三月十一日，民國成立前後任筆政者有戴傳賢、李懷霜、柳亞子、陳布雷等。《民權報》創刊於一

[230]　朱大符致自由黨總部諸君函稿，所見係中國國民黨黨史會抄件，192/241號史料，未具日期。

[231]　Martin Bernal, p. 135.

[232]　《支那二於ケル政黨結社》，頁53。

[233]　竹內克己，《支那政黨結社史》，頁173。

[234]　《近代史資料》，1957年第六期，頁142，自由黨簡章。

[235]　前引竹內克己書，頁175–176。

九一二年三月二十八日，戴傳賢辦，周浩為主筆。二報言論激烈，批
評袁政府甚力，一九一三年二次革命發生後被封❷。

在公開自由演講方面，組有宣講團，以講演方式，宣傳自由黨的
主義。無論本支部，均置宣講所。如一九一二年四月，鎮江自由黨員
曾集會講演英國的自由主義，聽講者達六、七百人❷。

在組織律師團體方面，選擇黨員中精通法律者組織律師團，專為
黨員訴訟事件辯護。

在振興實業方面，由黨員中的實業家及資本家組織實業團，以提
倡實業、厚利民生、補助黨費為目的❷。

除前述者外，自由黨的主要活動是擴展支部，吸收黨員。自由黨
是一個運動群眾的黨，黨員資格不分種族、宗教、階級、性別。據該
黨黨章規定：

> 凡與本黨宗旨不相背謬及贊成宗旨者，無論漢、滿、蒙、回、
> 藏，凡政、學、軍、警、農、工商等各界，不分階級，不分宗
> 教，不分男女，凡年滿十五歲以上，能了解本黨宗旨，並能恪
> 守黨規者，一律皆得入黨，終身享受本黨保護之權利❷。

在這種寬鬆的入黨條件下，黨員人數迅速增加。一九一二年二月，黨
員人數不過五千❷。三個月以後各地支分部七十餘處，黨員達八

---

❷　張玉法，〈近代中國書報錄〉（下），《新聞學研究》第九集，頁447, 463。

❷　民國元年4月9日《民立報》。

❷　竹內克己，《支那政黨結社史》，頁175–176。

❷　《近代史資料》，1957年第六期，頁141，自由黨簡章。

❷　民國元年3月1日《順天時報》七版，自由黨李懷霜之要電。

萬人❷。再後，各地支部四百餘處，黨員五十萬人❷。各地支部可知
者，江蘇有蘇州支部（汪紹芳主持，一九一二年四月一度被法院查
封，旋經抗議恢復）、鎮江支部（許公武、鄭權、胡義慶主之）、常州
支部（一九一二年三月成立，丁錫齡主之）、松江支部、崑山支部、
太倉支部、常熟支部、南京支部、吳江支部、揚州支部、支塘支部❷，
安徽有懷寧支部，奉天有營口支部，江西有贛州支部❷，浙江有杭州
支部（一九一二年一月二十三日成立，羅傳主之）、寧波支部、蕭山
支部，福建有福州支部（陳毓祺、劉宗彝主之），四川有重慶支部（何
觀光、賈尚甫主之），雲南有昆明支部（趙銓章主之）❷，廣東有廣州
支部❷，湖北有武昌支部（一九一二年四月成立，蔡濟民、吳醒漢、
劉權主之）、漢口支部、武穴支部、江陵支部、沙市支部（一九一三
年七月被取締）、荊州支部（一九一三年七月被取締），直隸有北京支
部（一九一二年七月成立，黨員二百餘人，杜勛曾、陳勿畏主之，一
九一三年八月被取締）、保定支部（劉應鏞主之）、遵化支部、東陵支

---

❷　《近代史資料》，1957年第六期，頁143，自由黨簡章。

❷　竹內克己，《支那政黨結社史》，頁174。

❷　以上十一支部見民國元年3月16日《民立報》、4月20日《民立報》；《支那ニ於ケル政黨團體紀要》，頁44；竹內克己，《支那政黨結社史》，頁176；《近代史資料》，1957年第六期，自由黨材料選輯；前引Martin Bernal, pp. 136–137.

❷　以上三支部見竹內克己，《支那政黨結社史》，頁176。

❷　以上六支部見民國元年1月29日《民立報》，2月7日《民立報》；《支那ニ於ケル政黨團體紀要》頁44；《近代史資料》，1957年第六期，自由黨材料選輯；Martin Bernal, pp. 136–137.

❷　民國元年4月10日《天鐸報》，自由黨支部紀盛。

部（一九一三年五月成立，孟崇義、張鴻麻、趙泌主之）❷。在已知的自由黨支部中，江蘇十一，湖北六，直隸四，浙江三，安徽、奉天、江西、福建、四川、雲南、廣東各一。自由黨武昌支部給湖北都督的呈文中謂「自由黨各省所屬，蒸蒸日上，江浙尤居優勝」❷，略與此處所列舉者相符合。

自由黨是一個激進的政黨，它的活動自始受到地方官的注意，前述蘇州支部，曾於一九一二年四月為法院查封，東陵支部成立時，地方官恐其「斂財煽惑」，亦函詢內務部是否准其成立。對自由黨壓制最大的地區是湖北，自由黨於一九一二年四月在武昌和漢口設機關（發起者三十八人，中有婦女十二人），各府州縣亦設支部，大概由於自由黨的活動受到地方官的干涉，自由黨曾呈請湖北都督黎元洪飭所屬官廳保護。黎於一九一二年十一月二十五日致函內務部，詢及自由黨有無立案，嗣黎知自由黨並未在內務部立案，乃對自由黨肆加摧殘。一九一三年五月二日，自由黨在江陵張貼通告，以自立、自治為爭取自由之道，黎元洪疑其「與政府為敵」，於六月二十六日致函大總統袁世凱，請通飭禁止，袁將此事交國務院，內務部於七月十二日函詢湖北當局，自由黨有無不法實據？時值國民黨發動二次革命，黎以「現值戒嚴期內，各種集會結社均已停止」，遂將湖北省的自由黨組織全面取締。事後，湖北民政長夏壽康將取締經過呈報內務部，指自由黨擅用印文，侵犯行政職權，並指自由黨黨員多下等社會之人，易生事端。內務部據此，遂通令各省將自由黨解散❷。

自由黨之被解散，導因於與國民黨聯合進行二次革命。二次革命

❷ 以上十支部見前引自由黨材料選輯；Martin Bernal, pp. 136–137。

❷ 《近代史資料》，1957年第六期，頁145，黎元洪咨北洋政府內務部文。

❷ 《近代史資料》，1957年第六期，頁143–154，自由黨材料選輯。

發生以後，國民黨在國會中勢力尚大，袁世凱欲加利用，暫未取締，與國民黨相唱和的民間小黨，皆被袁剪除，自由黨不過其中之一。自由黨被解散後，自由運動暫被壓止，直到一九一五年《青年雜誌》(後改《新青年》) 創刊後，自由運動才在思想啟蒙和文化更新的潮流中再度發皇。

五、結　論

自由主義作為政治信條，是指國家的法律和施政都要增進個人自由，以使個人的理性意志(rational will)得以實現。自由主義者主張民意政治、司法獨立、以及循法律途徑的改革，透過這種改革，使政府盡量少干涉私人事務。

西方自由主義於十九、二十世紀之交傳到中國，嚴復對西方名著的翻譯、梁啟超對西方政治理論的介紹，都是傳布自由主義的重要媒介。至少在一九〇〇年代初期，進步的知識份子對西方的自由主義和自由主義者已經耳熟能詳。屬於革命派的人物，如鄒容在《革命軍》一書中云：

> 吾幸吾同胞之得盧梭《民約論》、孟德斯鳩《萬法精理》、穆勒約翰《自由之理》、《法國革命史》、《美國獨立檄文》等書譯而讀之也，是非吾同胞之大幸也夫[250]？

介於改革與革命派之間的人物，如沈翔雲在〈復張之洞書〉中云：

> 列國著名之士，如法國之愛耳喜斯、孟德斯鳩、福祿特爾、盧

[250]　引見《辛亥革命前十年間時論選集》(下)，頁652–653。

騷、康德爾賓，英國之陸克、彌勒約翰、斯賓塞爾，德之康德
諸人，其所著之書，何一不言自由？何一不言平等？何一不言
民權？……法國之革命也，天賦人權之說載於憲法；美國之獨
立也，權利自由之書布之列邦，其他各省所有者，曰人民言論
思想之自由權，曰出版之自由權，曰從教之自由權，曰身體之
自由權，曰住所之自由權，曰書信祕密之自由權，曰產業之自
由權，載之憲法，布之通國，人人實享其利益❹。

此二文件皆刊於一九〇三年。一九〇三年為近代中國自由運動第一個
高潮之年，這年之後，早年熱心自由主義的嚴復、梁啟超等都對自由
主義採取保留態度或作有利於國權伸張的曲解，革命派人雖仍以自由
為口頭禪，但因缺乏理論上的闡釋，影響力不大。直到一九一一年武
昌革命爆發後，自由運動才再獲伸張的機會。

　　一九一一年的革命把中國建為民主國家，政學界繼續鼓吹自由、
民主、人權，許多政黨和社團組織起來為這些目標奮鬥。自由黨的組
織與宣傳，可以代表民初自由運動的具體而微，雖然它在各地受到壓
制，其對自由、民主、人權等思想的宣傳，對久處專制下的人民仍有
廣泛的教育作用。

---

❹　引同上，頁765–766。

第三章

民國初年的民主政治

第一節　政黨的分合

民國初年的政黨發展，約可分為三個時期，一為試驗時期，指開國之初的一九一二至一九一三年間，對西方的政黨制度，特別是兩黨制度，加以移植和試驗；二為蛻變時期，指一九一四至一九二四年間，由於西方政黨政治試驗失敗，部分政黨以革命政黨的形式出現，大部分政黨則流為國會中的政團，不重政黨組織，僅由少數人物領導爭取政治權益，包括官位與金錢；三為轉型時期，指一九二四至一九二八年間，革命政黨壯大，其他政團式微，革命政黨成為此後數十年中國政黨的主要形式。本節討論民國初年政黨的分合，即分為這三個時期。

一、試驗時期（一九一二～一九一三）

試驗時期的政黨特徵，是著意引進西方的民主政黨制度，並企圖鑄造兩黨制度。此期間的政黨，不僅注重黨魁和黨綱，且注重組織和宣傳。惟其演變之跡，非常複雜。大概說來，在南京臨時參議院時期，即從一九一二年一月到四月，為政黨蠭起的時期；在北京臨時參議院

時期，即從一九一二年四月到一九一三年四月，以國民、共和、統一、民主四黨為主，而以國民、共和二黨較有勢力，處於對抗狀態；在正式國會時期，即從一九一三年四月到十一月，國會中的政黨雖多，前期為國民、進步兩黨對立，後期為民憲、公民兩黨對立❶。

南京臨時參議院時期，為民初政黨的萌芽時期。此期間，先後興起於各地的黨會雖多，其較具政黨規模、對政治有相當影響力量者，不過三、四個。此三、四個政黨，就其與南京臨時政府的關係而論，約可分為兩類，一類為執政黨，一類為在野黨，各類皆有其友黨和外圍組織。故此期間的政黨，大體是兩派對立的。

所謂執政黨，有三方面的意義：第一、當時的國家元首屬於此一黨；第二、當時的政府各部實際負責人以此黨黨員居多數；第三、當時的臨時參議院議席，以此黨黨員居多數。南京臨時參議院時期的政黨，符合上述條件者為同盟會。

同盟會原為清季革命運動中的祕密組織，本部設於日本東京，支分部設於海內外各地。一九一一年十一月上海光復，本部自東京移上海。一九一二年一月南京臨時政府成立後，本部復自上海移南京❷。時各派政黨，乘時興起，奔走呼號，宣傳政見。同盟會有鑒於此，決定改祕密為公開，使成為民主政黨❸。一九一二年三月三日，同盟會在南京召開大會，公布會綱，選舉職員。

公開以後的同盟會，以鞏固中華民國、實行民生主義為宗旨，政

---

❶　一卒，《中國政黨史》(1972年香港中國政經研究所再版，改名《清末民初中國政黨發展史》)，頁3。

❷　鄒魯，《中國國民黨史稿》，頁76–78；佐藤俊三，《支那近世政黨史》，頁315。

❸　〈胡漢民自傳〉，《革命文獻》，第三輯，頁63。

綱共九條：㈠ 完成行政統一，促進地方自治；㈡ 實行種族同化；㈢
採用國家社會政策；㈣ 普及義務教育；㈤ 主張男女平權；㈥ 厲行徵
兵制度；㈦ 整理財政，釐定稅制；㈧ 力謀國際平等；㈨ 注重移民墾
殖事業。選孫中山為總理，黃興、黎元洪為協理，平剛、劉揆一、宋
教仁、李肇甫、胡漢民、張繼、汪兆銘、居正、田桐、馬君武為幹事。
另選有安慶、京津、潮州、南昌、杭州、廣州、福州、嘉興、紹興、
虞州、寧波、武昌、金華、上海、湖州等地支部代表❹。

　　所謂在野黨，是指未能在南京臨時政府中獲得政權的政黨。此類
政黨很多，可以統一黨和民社為代表。

　　民社於一九一二年一月十六日成立於武昌，設本部於上海，以盧
梭的《民約論》為根本主義，其宗旨是「對於統一共和政治持進步主
義，以謀國利民福」，　目的在「集思廣益，鑄造輿論，以國民聯合之
大多數，組成統一共和之新國家」，　發起人有黎元洪、藍天蔚、王正
廷、孫武、張振武、劉成禺、孫發緒、張伯烈等❺。以湖北人為中心，
中多兩湖軍政界人士，以「反孫倒黃，捧黎擁袁」的態度，與同盟會
競，藉以保持武昌革命集團的地位。湖北都督府理財部長李作棟曾一
次撥給民社活動費五萬元❻。

　　民社主要是以人相結合，沒有健全的政綱，見於記載的政綱凡四
條：㈠ 提倡軍國民教育，㈡ 採用保護貿易政策，㈢ 擴張海陸軍備，
㈣ 主張鐵道國有。窺其內容，似與所標榜的盧梭的《民約論》無關。
民社的實際組織：理事長：黎元洪；常務理事：孫武、劉成禺、饒漢

---

❹　鄒魯，《中國國民黨史稿》，頁78-82；《支那ニ於ケル政黨團體紀要》，頁
　　12-13。

❺　民國元年1月21至23日《天鐸報》，民社緣起及規約。

❻　萬鴻喈，〈民社成立與黎袁勾結〉，《辛亥革命回憶錄》㈡，頁107。

祥、張伯烈、孫發緒；總幹事：吳敬恆；祕書科：何雯；庶務科：汪
彭年；主計科：張伯烈；招待科：寗調元；評議員：李登輝、王正廷、
周恢、項驤、張伯烈、孫發緒、張振武。較為活躍的社員尚有藍天蔚
等。為了發展組織，民社在南京、鎮江、臨淮、杭州、紹興、安慶、
徽州、大通、蕪湖、長沙、武漢、南昌、漳州、開封、京津、奉天、
黑龍江等地設有支部❼。

統一黨於一九一二年三月二日成立於上海，是章炳麟的「中華民
國聯合會」和張謇的「預備立憲公會」聯合舊官僚和地方士紳組織而
成。

章炳麟在清末為同盟會份子，亦光復會首領。因章炳麟曾與孫中
山不睦，光復會自一九〇七年以後即別樹一幟。武昌革命爆發後，章
炳麟自日抵滬，與蘇督程德全等發起「中華民國聯合會」，欲聯合獨
立各省，一致進行。

張謇為清季立憲運動的健將，他所組織的「預備立憲公會」是國
內立憲團體中之影響力最大者。武昌革命爆發後，張謇初尚欲藉革命
情勢迫清廷公布憲法、召開國會，及江蘇宣布獨立，全國獨立之省已
有十餘，張謇始放棄對立憲的努力，而傾心共和❽。

結合「中華民國聯合會」和「預備立憲公會」兩派勢力而組織的
統一黨，於一九一二年三月二日成立於上海。統一黨的宗旨為「鞏固
全國統一，建設中央政府，促進共和政治」，政綱凡十一條：㈠團結
全國領土，釐定行政區域；㈡完成責任內閣制度；㈢融合民族，齊
一文化；㈣注重民生，採用社會政策；㈤整理財政，平均人民負擔；

---

❼　《支那二於ケル政黨團體紀要》，頁26–27；《支那二於ケル政黨結社》，
　　頁35。

❽　張謇，《嗇翁自訂年譜》卷下，宣統3年8月至9月。

㈥整理金融機關，發達國民經濟；㈦整理海陸軍備，提倡徵兵制度；㈧普及義務教育，振興專門學術；㈨速設鐵路幹線，謀便全國交通；㈠勵行移民開墾事業；㈡維持國際和平，保全國家權利。幹部人物，理事：章炳麟、程德全、張謇、熊希齡；參事：唐文治、湯壽潛、蔣尊簋、唐紹儀、湯化龍等；幹事：黃雲鵬、孟森、張弧等；評議員：汪德淵、章駕時、康寶忠等；基金監：趙鳳昌❾。

統一黨是以章炳麟為中心的結合，其成員主要來自江蘇、浙江、四川、雲南、貴州等省，領袖人物多出身官僚或士紳階層。在南京臨時政府中，統一黨的地位僅次於同盟會，如程德全任內務總長、張謇任實業總長、湯壽潛任交通總長、章炳麟任大總統顧問等。

北京臨時參議院時期，政權已轉入袁世凱之手。原來的執政黨變為在野黨，續走激進路線；原來的在野黨轉而走親政府的路線，並另有新的親政府政黨出現。故北京臨時參議院時期的政黨，可分為激進、保守兩派，重要的不過四、五個。

所謂激進派的政黨，有三方面的意義：第一、它是與政府對立的；第二、政綱超越政治傳統，但尚切實易行；第三、其運動力足以引起社會的廣泛關切。北京臨時參議院時期的激進派政黨，初以同盟會和統一共和黨勢力最大，到一九一二年八月二十五日，以兩黨為主體，聯合其他幾個小黨的勢力，改組為國民黨。

同盟會自在南京臨時參議院時期改祕密為公開後，勢力發展很快。一九一二年五月，本部移北京，總務部由田桐等主持，理財部由陳策等主持，交際部由張繼等主持，政事部由宋教仁主持。旋組織擴大，選宋教仁為總務部主任幹事（總幹事），孫毓筠為財政部主任幹事，張耀曾為政事部主任幹事。宋教仁鑒於政局不定，必須建立大黨，實

❾　《支那二於ケル政黨結社》，頁29–30。

行政黨內閣，方足穩定政局，遂著意吸收其他黨會，擴大組織，此即國民黨的由來❿。同盟會在發展本部組織的同時，也發展支部組織，先後成立的有上海支部、南京支部、湖北支部、福建支部、雲南支部、鄞縣支部、山東支部、燕支部、陝支部、奉天支部、京津支部、山西支部、蜀支部、江西支部、皖支部、湖南支部、貴州支部、廣東支部等⓫。

統一共和黨於一九一二年四月十一日成立於南京，以「鞏固全國統一，建設完美共和政治，循世界之趨勢發展國力、力圖進步」為宗旨，政綱凡十二條：㈠釐定行政區域，以謀中央統一。㈡釐定稅制，以期負擔公平。㈢注重民生，採用社會政策。㈣發達國民商工業，採用保護貿易政策。㈤劃一幣制，採用金本位。㈥整理金融機關，採用國家銀行制度。㈦速設鐵路幹線及其他交通機關。㈧實行軍國民教育，促進專門學術。㈨振新海陸軍備，採用徵兵制度。㈩保護海外移民，屬行實邊開墾。㈠普及文化，融合國內民族。㈢注重邦交，保持國家對等權利。職員選舉結果，總務幹事：蔡鍔、張鳳翽、王芝祥、孫毓筠、沈秉堃，常務幹事：殷汝驪、袁家普、陳陶遺、張樹森、彭允彝。另沈鈞儒、景耀月、吳景濂等二十人為參議，褚輔成、莫永貞等二十五人為特派交際員。本部後移北京，並發展支部組織⓬，曾在七省設有支部⓭。

---

❿　《支那二於ケル政黨團體紀要》，頁20；居正，〈記民國元年同盟會之波折〉，《自由談》二卷，十二期。

⓫　張玉法，〈民初國會中的激進派政黨〉，《國立臺灣師範大學歷史學報》第七期，頁452–453。

⓬　同上，頁453–454。

⓭　佐藤俊三，《支那近世政黨史》，頁72。

與同盟會聯合改組為國民黨的，除了統一共和黨以外，尚有全國聯合進行會、國民公黨、國民共進會、共和實進會等。各黨代表於一九一二年八月二十五日在北京開國民黨成立大會，決定宗旨為「鞏固共和，實行平民政治」，政綱五條：㈠保持政治統一，㈡發展地方自治，㈢厲行種族同化，㈣採用民生政策，㈤維持國際和平。本部職員選舉，理事九人：孫中山、黃興、宋教仁、王寵惠、王人文、王芝祥、吳景濂、張鳳翽、貢桑諾爾布。參議三十人：包括閻錫山、李烈鈞、于右任、柏文蔚等。除九理事、三十參議外，另有五部一會的組織：政務研究會主任幹事張耀曾、劉彥；總務部主任幹事魏宸組、殷汝驪；交際部主任幹事李肇甫、恆鈞；政事部主任幹事谷鍾秀、湯漪；文事部主任幹事彭允彝、楊光湛；會計部主任幹事仇亮、陸定。理事長一職，各理事本推孫中山，實際職務由宋教仁代理。一九一三年三月宋遇害，北京本部由吳景濂主持。除本部外，於上海、漢口、九江、保定、蕪湖、寧波以及日本神戶、加拿大域多利等地設有交通部，於鎮江、南京、長沙、南昌、蕪湖、安慶、武昌、福州、溫州、濟南、西安以及日本橫濱、美國舊金山等地設有支部，另各支部以下並有許多分部的設立❶。

所謂保守派的政黨，有三方面的意義：第一、擁護政府政策或依附政府，第二、政綱的精神不脫離政治傳統，第三、運動的方向以官界和上層社會為主。北京臨時參議院時期的保守派政黨，其較大者，初有統一黨，後有共和黨和民主黨。

統一黨成立於南京臨時參議院時期，臨時政府北遷後，本部於一九一二年四月下旬自上海移北京，並吸收舊官僚，擴大本部組織，參

❶　張玉法，〈民初國會中的激進派政黨〉，《國立臺灣師範大學歷史學報》
　　第七期，頁455–466。

事有阿穆爾靈圭、趙秉鈞、趙爾巽、薩鎮冰、那彥圖、貢桑諾爾布、王廣、孫毓筠、陸建章、張錫鑾等二十一人，幹事有劉瑩澤、易宗周、張弧、張一麐、吳景濂、吳廷燮、傅良佐、汪榮寶、景定成、丁世嶧、王印川等五十四人。另有政務討論會的設立，自一九一二年十二月七日起，每週開會一次，討論憲法制定等問題。

統一黨除本部組織外，於一九一二年十二月在上海設機關部，以岑春煊、王鴻圖為名譽部長，趙立夫為臨時部長，楊千里、汪允中、黃侃等七人為參事，趙新甫、張丹斧、周盛齊等十六人為幹事。另並於上海、蘇州、杭州、安慶、濟南等地設支部，於寧波、嘉興、合肥、煙臺等地設分部。

統一黨是最早出現而具有規模的保守黨，自始為袁世凱所拉攏，袁一方面予金錢支助，一方面聘章炳麟為高等顧問，於北京臨時參議院開幕之際，重新任命程德全為江蘇都督，並運動將臨時參議院之同盟會籍議長林森推倒，舉統一黨議員吳景濂為議長（當時跨黨風盛，吳景濂後亦入國民黨，而為國民黨的重要幹部）。其他統一黨要員，熊希齡、張謇等，因係舊官僚，亦與袁世凱意氣相投❶。

共和黨於一九一二年五月九日成立於上海，是南京臨時參議院時期的民社聯合其他黨派組合而成，統一黨亦一度與之聯合，旋又獨立，但有部分統一黨員卻留在共和黨內。

共和黨以「防止小黨分裂，便利政務進行，實行共和政治」為宗旨，其政綱有三：㈠保持全國統一，採取國家主義；㈡以國家權力扶持國民進步；㈢應世界大勢，以和平實利立國。成立之日，到會者千餘人，由張謇任臨時主席，選黎元洪、張謇、章炳麟、伍廷芳、那

---

❶ 張玉法，〈民初國會中的保守派政黨〉，《中央研究院近代史研究所集刊》第八期，頁25–28。

彥圖為理事，林長民、湯化龍、王印川、劉瑩澤、黃雲鵬、孟森、劉成禹、時功玖、張伯烈、孫發緒、吳景濂、王賡、高凌霨、王家襄、范源廉等五十四人為幹事，其後又以吳鼎昌、貢桑諾爾布、陸建章、張弧等一百二十六人為交際員。本部常駐幹事為張大昕、周大烈、劉瑩澤，事務員有張之綱、賀尹秉等，審計員為阿穆爾靈圭、章宗元、劉澤熙，基金監為葉景葵、金還。

　　共和黨成立後，本部即遷至北京，於各地設交通事務所或支部，可考者漢口、沙市、汕頭、天津等地設有交通事務所，浙江的永嘉、杭州、奉化、嘉興，江蘇的上海、南京、無錫、南通，安徽的安慶、合肥、六安，福建的福州、漳州，湖南的長沙，貴州的貴陽，四川的重慶、成都，雲南的昆明，湖北的武昌，廣東的廣州，廣西的桂林，山東的濟南，直隸的保定、天津，河南的開封，江西的南昌，以及日本的東京、南洋的新加坡等地，皆設有支部❻。

　　共和黨係應袁世凱組大黨以抗同盟會之要求而產生，同盟會號民權黨，共和黨則揭櫫國權主義，號為國權黨。國民黨成立後，共和黨續與之鬥爭。一度與國民黨並稱為中國的兩大政黨，時論有云：「吾國黨派雖多，其結合大多數健全份子而為有系統有條件之組織，其勢力足以左右全國，而為我簇新舞臺放一異彩，具此資格獨國民、共和兩黨而已。」❼

　　民主黨的發起在一九一二年八月，時當國民黨即將成立之時。共和建設討論會的湯化龍、林長民等目睹共和、國民兩黨皆為合併諸政團而成的大黨，對抗於臨時參議院，乃謀聯合其他小黨組第三黨，以造成舉足輕重之勢。與共和建設討論會（一九一二年四月十三日成立

---

❻　同上，頁32–37。

❼　冬心，〈論政黨變動與民國前途之關係〉，《國民月刊》一卷二號。

於上海）聯合的有國民協會（武昌革命爆發後成立於上海）、共和統一黨、共和促進會、共和俱進會、國民新政社（四者皆於武昌革命爆發後成立於北京）等。九月二十七日，各黨代表在北京開民主黨成立會，政綱依共和建設討論會之舊，本於梁啟超所草〈中國立國大方針商榷書〉，要點如下：㈠建立和平大國，俾競立於世界；㈡最高政府集權，都督不由民選，下級自治團體分權；㈢推行保育政策（即干涉政策），反對自由放任；㈣實現完全政黨內閣；㈤實行兩黨政治。本部組織，選湯化龍為幹事長，由幹事長指定馬良、陳昭常、謝遠涵等為幹事，分政務、交際、文書、會計、庶務五部辦事。除本部外，另於各地設支部及交通部，達七、八十處之多。

民主黨的幕後主持人為梁啟超，實際領導人為湯化龍，重要份子多為舊立憲派人物。梁啟超甫於十月歸國，袁世凱月贈三千元，並許組黨費二十萬元。湯化龍原任湖北諮議局議長，武昌事起後，響應革命，追隨黃興，後因任南京臨時政府陸軍部祕書長，受同盟會人反對，終又與舊立憲派人相結，反對同盟會和國民黨⓲。

國民、共和、統一、民主四大政黨，為北京臨時參議院時期的主要政黨，到一九一三年四月八日國會正式開幕後，政黨再以此四黨為基礎而分化聯合。

正式國會時期的政黨，初以國民黨勢力最大，於眾院五九六席中佔二六九席，於參院二七四席中佔一三二席。共和黨眾議員一二〇名，參議員四十六名；統一黨眾議員十八名，參議員六名；民主黨眾議員十六名，參議員八名。但國民黨維持優勢的時間很短，一方面袁世凱使用金錢分化，另一方面部分國民黨人因宋教仁遇刺案在一九一三年

⓲　張玉法，〈民初國會中的保守派政黨〉，《中央研究院近代史研究所集刊》，頁37–42；丁文江，《梁任公先生年譜長編初稿》（下），頁411–412。

七月發動武力討袁，使許多溫和派的國民黨人不敢再以國民黨自居，於是紛紛脫離國民黨，自組小黨。

由國民黨分出的小黨派，至少有十個：㈠國事維持會：由孫毓筠、王芝祥、于右任、李經羲等二十餘人組成。㈡癸丑同志會：成立於一九一三年六月，以兩湖人士為中心，發動人為陳家鼎，選劉公為會長，張我華、王湘為副會長，有幹部七十餘人。㈢相友會：成立於一九一三年五月，會長劉揆一，副會長陳黻宸，有議員五、六十人，包羅共和、統一、民主三黨人物，受楊度操縱。㈣政友會：成立於一九一三年六月，由景耀月發起，景耀月為會長，于右任、彭占元為副會長，有議員百人左右，國民黨籍佔五分之三，進步黨籍佔五分之二。㈤政友俱樂部：組於一九一三年六月，由國民黨的恆士豐和進步黨的藍公武、李國珍等發起，有同志七、八十人。㈥集益社：由朱兆莘發起，以廣東人為中心，有同志四十九人。㈦超然社：由郭人漳等發起，有同志三十餘人，由楊度幕後主持。㈧潛社：由溫雄飛等發起，有社員七、八十人，由梁士詒幕後主持。㈨經濟協會：由貢桑諾爾布發起，有蒙古議員十餘人。㈩大公俱樂部：由郭人漳所組。

國民黨自宋案發生後，內部即發生激烈與穩健兩派，穩健派主張依法律解決，同時迅速制定憲法以制袁；激烈派以為空言無補，陸續南下，參加武力討袁工作。國民黨在國會中的議員因而減少，僅餘一百五十餘名，為了制憲，漸與進步黨採合作態度❶。

進步黨是正式國會成立之初，共和、統一、民主三黨為了共同對

❶ 張玉法，〈民初國會中的激進派政黨〉，《國立臺灣師範大學歷史學報》第七期，頁 466–469；*The China Year Book*, 1914，統計兩院議員黨籍，國民黨於參院佔一三二席，誤為一二三席，共和黨於參院佔四十六席，誤為五十五席。

抗國民黨結合而成的，金錢支助人為袁世凱，實際推動人為梁啟超。
一九一三年五月二十九日，進步黨開成立大會於北京，到會者約二千
人，推黎元洪之代表孫武為主席。大會決定黨義三條：㈠取國家主義，
建設強善政府；㈡尊人民公意，擁護法賦自由；㈢應世界大勢，增
進和平實利。本部職員，理事長：黎元洪；理事：梁啟超、張謇、伍
廷芳、孫武、那彥圖、湯化龍、王賡、蒲殿俊、王印川；政務部長林
長民；黨務部長丁世嶧。另有參議二百四十四名，不備述❷。

　　除本部外，進步黨在各地發展交通處及支分部。於哈爾濱、常德、
上海、漢口、瀘州以及香港等地設交通處，於新疆的迪化、山東的濟
南、湖南的長沙、甘肅的蘭州、湖北的武昌、河南的開封、山西的太
原、廣東的廣州、江蘇的南京和蘇州、江西的南昌和九江、四川的成
都和重慶、廣西的南寧、直隸的天津和保定、以及新加坡、檳榔嶼和
日本的東京等地設支部，於北京、衡州、以及日本的大阪等地設分
部❷。

　　進步黨成立的目的，在於國會中抵制國民黨，後雖因利害關係，
組成進步黨的民主、共和、統一三黨中各有黨員自進步黨分出，進步
黨一直是國會中最足以和國民黨相抗的政黨。到國民黨發動二次革命
以後，國會中的黨派優勢即為進步黨所奪，使進步黨得以出組「名流
內閣」。 直到國民黨二次革命失敗，袁世凱於當選正式大總統後多方
破壞國會中的制憲活動，部分進步黨人才與國民黨採合作態度，共同
推動制憲工作。此時進步黨黨費竭蹶，梁啟超曾致書袁世凱索之，似
無下文。

---

❷　張玉法，〈民初國會中的保守派政黨〉，《中央研究院近代史研究所集刊》，
　　頁45–47。

❷　同上，頁52–55。

正式國會後期，部分國民黨人和進步黨人所以合作制憲，是因為國會中出現了新的保守黨，欲先推袁世凱為總統，並破壞制憲。此新的保守黨有兩個，皆由梁士詒運動而成，最先出現的是公民黨，後來出現的是大中黨。

公民黨成立於一九一三年九月十八日，是由與梁士詒有關係的五個政團聯合而成，這五個政團，在國會中的有李慶芳（原隸民主黨）等所主持的國會同志會、馬小進（原隸國民黨）等所主持的潛社、朱兆莘（原隸國民黨）等所主持的集益社、郭人漳（原隸國民黨）等所主持的超然社，在國會外的有隸屬於交通部的鐵道協會。該黨黨綱，「在於以國家之權力，實行政治之統一，且增進國民之幸福」。由梁士詒為黨魁，葉恭綽為副黨魁。幹事七、八十人，分總務、政事、文書、交際、會計五科，另有參事及評議員等。為了發展支部，公民黨在廣西、山西等省，英國、日本等國，都委有專人從事活動。公民黨是為擁護袁世凱選舉總統而產生，一九一三年九月國會決定先選舉總統後制訂憲法，公民黨即分電各省，請選袁世凱為正式大總統。十月六日總統選舉，公民黨運動軍警包圍國會，並組公民團示威，非選袁為總統不止。國會在被脅制之下，第三次投票，始把袁選出❷。

在袁世凱運動選總統期間，與公民黨採同一立場的尚有集益社、相友會、憲政公會、超然社、政德會等團體。集益社原已與公民黨合併，但朱兆莘一派仍維持社名；超然社原亦與公民黨合併，但江天鐸一派仍維持社名。相友會自劉揆一辭工商總長後，社務由楊度經理。憲政公會主由蒙藏選出之議員所組，由貢桑諾爾布、許世英主持。政德會由自國民黨和進步黨分裂而出的國會議員組成。在袁世凱當選總

---

❷　張玉法，〈民初國會中的保守派政黨〉，《中央研究院近代史研究所集刊》第八期，頁57–61；《梁任公先生年譜長編初稿》（下），頁424。

統後，梁士詒為進一步網羅袁世凱的支持者，遂於一九一三年十月十八日合併五政團為大中黨。大中黨以「鞏固共和，保持統一」為宗旨，以「採用國家主義，運政治於立憲軌道」為進行之方。本部設有庶務五人，文牘二人，實際黨務由梁士詒主持。

公民黨與大中黨成立的目的，都是以小黨分裂的辦法，削弱國民、進步兩黨的勢力，希望從國民、進步兩黨中，尋找極端穩健的份子，支持袁世凱。相反的，國民、進步兩黨把制憲列為政爭的第一目標。當阻礙制憲勢力的公民黨和大中黨先後成立後，國民黨和進步黨中出現了以促成制憲為目的的新激進派，此即民憲黨之由來❷。

民憲黨成立於一九一三年十月二十一日，其份子多國民黨之穩健派議員、進步黨之民憲派議員。進步黨員中如丁世嶧、藍公武、汪彭年、李國珍、劉崇佑等，國民黨員中如張耀曾、谷鍾秀、孫潤宇、沈鈞儒、湯漪、楊永泰、張治祥、曹玉德、鍾才宏等，皆該黨之重要份子。這些人物，自不同的大黨分裂而出，久在議場互為政敵，政見並不相同，何以能互相結合？推其原因，不外三點：其一、各人對於母黨抱有失意之觀念，失意的原因，就原隸國民黨的份子而論，南方國民黨人發動二次革命，使袁痛心疾首，部分國民黨人感於久隸國民黨恐遭意外，不如及早脫黨，以免後患。就原隸進步黨的份子而論，該黨久為袁世凱所御用，部分進步黨人感於袁自平定國民黨的二次革命後，權勢日盛，在政治上已無與抗衡的勢力，該黨既繼續擁袁，乃思另建政黨以圖牽制。其二、公民黨和大中黨成立，對袁世凱傾心擁戴，進步黨失去袁之寵愛，與國民黨之被擯斥，不過五十步與百步之別。其三、袁世凱當選正式大總統後，對憲法的制定恣意破壞，對憲政抱熱望的國民、進步兩黨份子，至此不得不捐棄前嫌，互相提攜，以促

❷　同上，張玉法文，頁61–62。

成憲法的成立❷。

　　民憲黨成立之後，國民黨內部分為兩派，一派主張將國民黨解散，黨員悉入民憲黨；一派認為國民黨具有光榮的歷史，其名義不容拋棄。爭論結果，吳景濂、李肇甫等採折衷之說，國民黨的名義仍存，但與民憲黨聯合進行。當時的國會議員，一方面是公民黨和殘餘的進步黨，一方面是民憲黨和殘餘的國民黨。公民黨與民憲黨為新起的兩大黨，鬥爭激烈。公民黨雖聯合其他擁袁小黨派，在憲法制定前即選舉袁世凱為大總統，但民憲黨終聯合國民黨，完成了憲法草案的立法程序❷。可惜的是，袁世凱不待憲法草案由國會通過，即藉口國民黨發動二次革命將國民黨解散，並褫奪國民黨籍議員證書，國會亦因失法定人數而閉會，這是一九一三年十一月四日的事。

　　試驗時期的政黨演變，至一九一三年十一月國民黨被解散告一段落，這期間的政黨，以進步黨和國民黨的對立為主體。國民黨主要領導人物是孫中山、黃興、宋教仁，進步黨的主要領導人物是黎元洪、梁啟超、湯化龍。兩黨在組織和運動上，國民黨的黨綱注重民權，分布於全國各地的機關報刊，亦多宣揚民權。本部的組織龐大，有職員千人左右，與進步黨相似；支分部的組織遍及國內外。黨員的年齡較進步黨為年輕，受新式教育者較進步黨為多，故較激進。黨費大部自籌，間亦受政府津貼。進步黨的黨綱偏重於國權，分布於全國各地的機關報刊亦多宣揚國權。重要職員拉攏官僚、名流為裝飾，此與國民黨略似。黨員因年齡較大，受舊教育者較多，一般較國民黨為保守。因極力支持政府，黨費多由政府津貼。就兩黨的地方勢力而論，廣東、江西、安徽、福建、湖南五省都督屬國民黨一派，雲南、貴州、湖北

❷　張玉法，〈民初國會中的激進派政黨〉，頁21–22。

❷　同上，頁22–23。

三省都督屬進步黨一派，其他各省純屬袁世凱一派。從國會選舉來看兩黨地方勢力，國民黨在廣東、廣西、雲南、江西、安徽、浙江、湖南、陝西、奉天、吉林、黑龍江等十一省佔優勢，進步黨或擁袁派在貴州、江蘇、福建、湖北、四川、直隸、山東、山西、甘肅、河南、新疆等十一省佔優勢❷❻。

　　民初國民黨與進步黨的對抗，歷史的意義大於社會的意義，人的因素大於黨義的因素。嚴格說來，同盟會放棄了民生主義、男女平權等激進的政綱，與許多政團合組為國民黨，目的在擴大黨勢，爭取政權。眼見由革命派分出的勢力，由立憲派蛻變而來的勢力，紛紛結合袁世凱及其周圍的官僚和軍人，國民黨不得不降低理想，容納更多派系。與國民黨對抗的黨派：共和黨主要是由革命派（同盟會和共進會）分出者，統一黨亦主要是由革命派（同盟會和光復會）分出者，民主黨直接由立憲派蛻變而來。三者皆有與同盟會和國民黨對抗的傳統，袁世凱因利乘便，拉攏共和、統一、民主三黨對抗同盟會及由同盟會改組而成的國民黨；及進步黨組成，乃形成民初政壇上兩大對峙的勢力。此兩大勢力在正式國會末期由於政情變化，國民黨中出現擁袁派，進步黨中出現抗袁派，雙方在國會中的界限漸少。然自國民黨被解散，國會停閉，政黨失去鬥爭場所，遂歸消散。部分有理想之士，轉以其他方式爭取政權，使民初政黨的發展進入蛻變和轉型時期。

二、蛻變時期

　　一九一三年十一月國會停閉後，政黨逐漸消聲匿跡，部分政客為

---

❷❻　張玉法，〈國民黨與進步黨的比較研究〉，《中央研究院近代史研究所集刊》第十期，頁61–137。

袁世凱所網羅，如李經義、梁敦彥、楊度、那彥圖等參加一九一三年十二月十五日開幕的政治會議，孫毓筠、王印川、梁士詒、陳國祥、王揖唐、李盛鐸等參加一九一四年三月十八日成立的約法會議，汪大燮、熊希齡、王家襄等參加一九一四年五月二十四日成立的參政院，均協助袁世凱擴張行政權，並進一步建立帝制❷。此後直到一九一六年六月袁世凱死，部分舊國民黨人和部分舊進步黨人曾以武力反抗帝制，未再作民主政黨的活動。袁世凱死後，黎元洪繼為總統，共和復活，國會恢復，政黨才又重新活動，然已非一九一三年國會之舊。此後屢經蛻變，終致民主政黨消失，革命政黨興起，使中國政黨的發展，進入另一個時期。蛻變時期的政黨演變，約可分為三個階段，第一階段為正式國會復活期，約始於一九一六年八月，止於一九一七年六月；第二階段為法統分裂期，約始於一九一七年九月，止於一九二二年六月，當時南方有護法國會，北方一度有安福國會；第三階段為正式國會再復活期，始於一九二二年八月，止於一九二四年十月。下面論述蛻變時期的政黨演變，略分為這三個階段。

正式國會復活階段的政黨活動，初仍以出身舊國民黨和出身舊進步黨者佔優勢。兩黨人物曾於一九一三年秋冬合組民憲黨，合作制憲。一九一四年，國民黨的機關雜誌《民國》和《正誼》先後提倡地方分權，主組聯邦政府；進步黨的《中華雜誌》亦表贊同，惟諱聯邦之名，而易以省治。此後兩黨均以武力反抗帝制，使共和得以再造。袁死黎繼，各黨要人齊集北京，以政局混亂，初以「不黨」號召於眾。然以主張不同，隱然分為兩派，一派主張恢復舊約法，舊國民黨人及舊進步黨之孫洪伊一派屬之；一派反對恢復舊約法，舊進步黨領袖人物梁啟超、湯化龍等屬之❷。然約法與國會終恢復。

　　國會既開，以討論制憲為主要課題，舊國民黨人張繼等聯繫部分舊國民黨人及部分舊進步黨人於一九一六年九月九日組織「憲政商榷會」，所屬議員號稱四百人。「憲政商榷會」是由三派人士組織而成，㈠客廬派：此派係舊國民黨之穩健派，包括張繼一系的王正廷、彭允彝、趙世鈺、呂復等，以及谷鍾秀一系的張耀曾、李肇甫、殷汝驪、李述膺、韓玉辰、徐傅霖、文群、歐陽振聲、楊永泰等，後又有吳景濂一系加入，有黨員二百六、七十人。在段內閣中，張耀曾任司法總長，谷鍾秀任農商總長。㈡丙辰俱樂部：屬於國民黨中的急進派，包括田桐、居正、林森、馬君武、白逾桓、褚輔成等，有黨員約五、六十人。㈢韜園派：舊進步黨中的孫洪伊、丁世嶧、溫世霖一派，曾在上海與國民黨合作反對袁世凱稱帝。袁死後，孫洪伊任內務總長，丁世嶧任總統府祕書長。三派合組「憲政商榷會」後，職員分五科辦事，文書科主任龔煥辰，議事科主任林森，交際科主任李肇甫，會計科主任楊銘源，庶務科主任牟琳。憲政商榷會關於憲法問題，主張採用兩院制，並規定省憲大綱（省長民選）於憲法中，被稱為地方分權主義者。當時有段內閣和黎總統相爭，以及段內閣因對德宣戰案與黎總統和國會相爭，客廬派因谷鍾秀、張耀曾在段內閣，主張擁段；韜園派的孫洪伊原任內務總長被免職，對段頗不滿；而丙辰俱樂部派對谷鍾秀亦不滿；故韜園派和丙辰俱樂部皆主張倒閣。憲政商榷會因此分裂❷。

---

❷　《新青年》二卷三號（民國5年11月1日），〈國內大事紀──政黨之今昔〉。

❷　一卒，《中國政黨史》，頁46-49；郭廷以，《中華民國史事日誌》第一冊，頁261；楊幼炯，《中國政黨史》，頁89-91；佐藤俊三，《支那近世政黨史》，頁115-118，332-334；波多野乾一，《中國國民黨通史》，頁207；

分裂後的憲政商榷會，分為四派：㈠政學會：谷鍾秀、張耀曾、李根源、鈕永建等脫離客廬派而組，成立於一九一六年十一月十九日❸。㈡益友社：政學會成立後，由客廬派的張繼、吳景濂、王正廷等組織而成❸。㈢民友社：一九一七年二月，對德外交問題發生，反對參戰的丙辰俱樂部的馬君武一派聯合韜園派的丁世嶧所組，以純民黨相標榜，其組織如下：總務科：正主任蕭晉榮，副主任吳宗慈、周震鱗；文書科：正主任馬君武，副主任葉夏聲、覃壽公；交際科：正主任溫世霖，副主任王乃昌、彭介石；會計科：正主任白常潔，副主任張大昕、楊樹潢；庶務科：正主任王湘，副主任張善與、丁象謙；地方科：正主任張書元，副主任李國定、曹振懋；審計科：正主任陳嘉會，副主任龔煥辰、陳懋鼎；院內幹事：參院為萬鴻圖、彭介石、趙時欽、張我華，眾院為李有忱、王玉樹、王乃昌、吳宗慈、葉夏聲、彭漢遺；政團憲法協商會代表：葉夏聲、王試功、曹振懋❸。㈣政餘俱樂部：客廬派自政學會分出，其餘份子組益友社，因張繼等自始主張參加歐戰，與部分社員主張不同，勢力頗不振，到一九一七年五月六日，反對參戰的王正廷、褚輔成等與張繼、吳景濂等分離，另組政餘俱樂部，參加者另有胡漢民、彭允彝、呂復、陳獨秀等❸。五月七日，政餘俱樂部正式舉行成立大會，到者百餘人，褚輔成為主席，宣布主張平民政治，反對官僚政治。會中推胡漢民、陳獨秀、呂復三人為宣言書起草員❸。憲政商榷會份子除分裂而成上述四政團外，另有

松本倉吉，《支那政黨史稿》，頁197–198。

❸ 《中華民國史事日誌》第一冊，頁271。

❸ 松本倉吉，《支那政黨史稿》，頁201–202。

❸ 同上，頁201；同❷，楊幼炯書，頁52；同❷，佐藤俊三書，頁122。

❸ 同上，松本倉吉書，頁202；《中華民國史事紀要》，民國6年，頁314–315。

組織或參加其他政團者，或擁段，或反段，游離不定，無足列述❸。

一九一六年的國會中第二大政團為憲法研究會，參加者多舊進步黨份子。舊進步黨份子於此次國會復活後，初分為兩大派，一派組憲法討論會，以湯化龍、劉崇佑、梁善濟、李國珍等為代表；一派組憲法研究同志會，以梁啟超、王家襄、陳國祥、藍公武、籍忠寅、周大烈等為代表。二派為與憲政商榷會對抗，到一九一六年九月十三日正式合併為「憲法研究會」，有黨員約一百五十名。此會為中央集權主義者之組合，制憲主一院制，不規定省制，對於段內閣，始終採取擁護的態度❸。

除憲政商榷會和憲法研究會外，一九一六年的國會中尚有許多小黨派，大多接近段祺瑞或為段的御用黨，茲簡介如下：㈠憲政討論會：由舊大中黨流變而來，多官僚，對憲法的主張與憲法研究會接近。領袖人物有孫潤宇、江天鐸、朱兆莘、陸宗輿、克希克圖、馬小進、烏澤聲等。其中不乏帝制派人物，如烏澤聲，帝制時期任《國華報》社長；江天鐸，原隸國民黨，正式國會末期，受袁運動，由國民黨脫離，另組大中黨，加入帝制派。㈡平社：領袖人物黃雲鵬、解樹強等原隸憲政商榷會，後改與段祺瑞接近，有黨員四十人。㈢憲法協議會：領袖人物康士鐸、李慶芳、田應璜等皆曾參與帝制運動，康為《民議報》社長，此時接近段祺瑞，有黨員二十人。㈣憲政會：純為段的御用黨，由段派中安徽派（另有福建派）的首領楊士琦之弟楊士聰領導，有黨員四十人。㈤憲友會：為自進步黨分裂而出的新共和黨人張伯烈、何

---

❸ 民國6年5月10日《中華新報》。

❸ 楊幼炯，《中國政黨史》，頁91。

❸ 一卒，《中國政黨史》，頁49–50；松本倉吉，《支那政黨史稿》，頁198；《中華民國史事日誌》第一冊，頁262。

虙、駱繼漢等所組，擁段。㈥蘇園：為舊國民黨人孫鍾、景耀月等所組，有黨員二十名，擁段。㈦衡社：為湖南官僚派梅光遠、李兆年等所組，擁段。㈧友仁社：為四川官僚派劉瑩澤等所組，擁段。㈨潛園：趙連祺、富元等所組，不久解體。㈩靜廬：王人文、李自芳等所組，擁段。㈠民彝社：李盛鐸所組，擁段❸。這些政團，多出現於一九一七年春，當時國會中對制憲和對德外交等問題，雖有憲法研究會與憲政商榷會對抗，但對政治仍自有主張，段乃有另組御用黨的必要。部分政客有鑒於此，紛紛組黨，然勢單力弱，乃謀聯合。是年三月，李盛鐸的民彝社與張伯烈的憲友會聯合組織「新民社」；憲政討論會、平社、衡社、靜廬、憲法協議會、蘇園、憲政會等七政團謀合組俱樂部以成第三黨，則未成。憲政會的楊士聰雖聯合蘇園、憲法協議會組大同俱樂部，然因內部分裂，旋又復原。後經黃雲鵬、李國筠（李經羲子）等奔走聯絡，到三月二十五日有平社、正社、衡社、尚友會、靜廬、蘇園、澄社、憲法協議會、憲政會、新民社、友仁社等十一政團，合組中和俱樂部❸，成為此次國會後期段祺瑞的御用黨。

一九一六到一九一七年間國會中的政黨大勢，最初以舊國民黨人為結合中心的憲政商榷會，和部分舊進步黨人以及部分舊國民黨人結合的一些擁段政團，在議席數目上幾乎平分秋色，茲列表比較如下❸：

---

❸ 一卒，《中國政黨史》，頁50-51；佐藤俊三，《支那近世政黨史》，頁118-119、334-335；楊幼炯，《中國政黨史》，頁92-93；松本倉吉，《支那政黨史稿》，頁199-200；波多野乾一，《中國國民黨通史》，頁207-208。

❸ 民國6年4月1日《中華新報》；松本倉吉，《支那政黨史稿》，頁202；一卒，《中國政黨史》，頁53。

❸ 松本倉吉，《支那政黨史稿》，頁200；波多野乾一，《中國國民黨通史》，頁208-209。

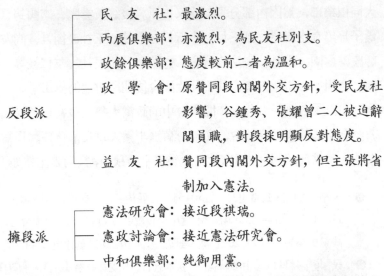

反段派（憲政商榷會）　——　客　廬　派　　　二六〇

三五〇席　　　　　　　——　丙辰俱樂部　　　　四〇

　　　　　　　　　　　——　韜　園　派　　　五〇

　　　　　　　　　　　——　憲法研究會　　　一五〇

　　　　　　　　　　　——　憲政討論會　　　　七〇

擁　段　派　　　　　　——　平　　　社　　　　四〇

三四〇席　　　　　　　——　憲　政　會　　　　四〇

　　　　　　　　　　　——　憲法協議會　　　　二〇

　　　　　　　　　　　——　蘇　　　園　　　　二〇

一九一七年春以後，由於憲政商榷會分裂，擁段派有進一步的凝結，到是年六月初，造成五黨對三黨之勢，茲表列其情形如下❹：

　　　——　民　友　社：最激烈。

　　　——　丙辰俱樂部：亦激烈，為民友社別支。

　　　——　政餘俱樂部：態度較前二者為溫和。

反段派　　——　政　學　會：原贊同段內閣外交方針，受民友社影響，谷鍾秀、張耀曾二人被迫辭閣員職，對段採明顯反對態度。

　　　——　益　友　社：贊同段內閣外交方針，但主張將省制加入憲法。

　　　——　憲法研究會：接近段祺瑞。

擁段派　　——　憲政討論會：接近憲法研究會。

　　　——　中和俱樂部：純御用黨。

　　在議席數目上，雖然反段派一直佔優勢，但反段派卻始終無法左右議場。就憲法制定而論，反段派所主張的省長民選無所成❹。就對

---

❹　松本倉吉，《支那政黨史稿》，頁202-203；一卒，《中國政黨史》，頁54。

德外交而論，段第一步於一九一七年二月九日向德提抗議書，次日列席兩院報告此事，僅民友社及丙辰俱樂部反對，餘皆承認。第二步兩院於三月十、十一日以四八九對一二四票通過對德絕交案，反對者亦只民友社和丙辰俱樂部[42]。第三步段謀對德宣戰，以反對派聲勢大，到五月十日段以暴力脅迫議會，才引起議會的拒絕，並造成段內閣的瓦解。

段祺瑞被免職後，各省督軍紛紛宣布獨立，迫黎元洪解散國會。此時憲法研究會一派的議員，包括眾院議長湯化龍、副議長陳國祥、參院議長王家襄等皆辭職，眾院推憲政商榷會一派的吳景濂為議長。六月十三日，黎元洪下令解散國會[43]，國會復活時期的政黨演變，至是結束。

政黨蛻變時期的第二階段，為法統分裂期，約始於一九一七年九月，止於一九二二年六月。當時廣州有護法國會，承舊國會的餘緒，擁護南方法統的政黨麕集於此；北京初有臨時參議院，繼有安福國會，擁護北方法統的政黨麕集於此。緣自六月十三日第一度復活的舊國會被解散，張勳擁清宣統帝復辟，大總統黎元洪宣言辭職，請副總統馮國璋代理，並命段祺瑞為國務總理，討伐復辟份子。未及半月，復辟事平。段祺瑞於九月二十九日宣布召集臨時參議院，重新制定國會組

---

[41]　Harold M. Vinacke, *Modern Constitutional Development in China*, p. 226；《新青年》二卷五號，國內大事記。

[42]　松本倉吉，《支那政黨史稿》，頁204–205，對德絕交案表決前，政學會、益友社、憲法研究會、平社、憲政討論會、大同俱樂部等十一政團曾組國民外交後援會，以支持段的外交方針，而民友社和丙辰俱樂部則組外交商榷會，反對絕交。

[43]　佐藤俊三，《支那近世政黨史》，頁126。

織法，選舉新國會。此新國會因受段派御用黨安福俱樂部的操縱，通
稱為安福國會。安福國會於一九一八年八月開幕，出席參議員一〇六
名，眾議員二五八名。議長選舉，眾院正副議長由安福俱樂部的王揖
唐、劉恩格當選，參院正副議長由交通系的梁士詒、朱啟鈐當選。九
月四日，安福國會選徐世昌為大總統，使馮國璋退職❹。法統分裂期
的北京政局，暫獲穩定。

　　安福國會自一九一八年八月成立，到一九二〇年七月結束，共約
兩年。活躍於其中的政團，重要的有五個，即安福俱樂部、舊交通系、
新交通系、憲法研究會系，和己未俱樂部。

　　安福俱樂部是一個擁護段祺瑞的政團，是從舊國會復活期間的中
和俱樂部演變而來，江天鐸所支持的憲政討論會亦併入。一九一七年
八月初，其時段祺瑞方平定復辟，以國務總理操縱北京政局。為操縱
新國會選舉，手下人物王揖唐、曾毓雋等由梁鴻志出面宴集支持者，
王揖唐提議聯合朋友組俱樂部，此俱樂部初無任何名稱，到一九一八
年三月七日才正式組織，因聚會地點在安福衚衕（後遷太平湖），故
以安福俱樂部稱之。重要人物有王揖唐（統一黨、進步黨）、王印川
（統一黨、進步黨，王揖唐的股肱）、劉恩格（國民黨）、黃雲鵬（統一
黨、平社、中和俱樂部）、田應璜（中和俱樂部）、曾毓雋、康士鐸
（《民視報》社長）、烏澤聲（《新民報》社長）、汪立元（《京津時報》
社長）、龔心湛、倪嗣沖、徐樹錚、段芝貴、丁士源、吳鼎昌、朱深、
王郅隆、梁鴻志、李思浩、姚震、鄭萬瞻、解樹強等。實際控制者為
徐樹錚，給以財政支持者為曹汝霖。徐樹錚曾於交通銀行提取八十萬
元，作為安福俱樂部的開辦費。或謂安福為安徽、福建的簡稱，因王
揖唐、姚震、姚國楨為安徽人，曾毓雋、梁鴻志為福建人，此說不確，

❹　一卒，《中國政黨史》，頁56–59。

因實際操縱安福俱樂部的徐樹錚乃江蘇人 ❹。

　　當時段祺瑞既聽從憲法研究會一派的主張，重新選舉國會，而不恢復舊國會 ❹，乃先召集臨時參議院，草擬國會組織法。臨時參議院開會時，出席議員一○四人，王揖唐被選為議長。既而，各派政黨爭取國會選舉，時舊國民黨的勢力已南移廣東，梁啟超所領導的憲法研究會系力謀在國會選舉中勝利。安福俱樂部有鑒於此，決定以金錢賄選的方法，於未來國會中自樹一派勢力。他們一方面提出統一國家、維持共和、制定憲法、增進民福等主張，一方面於各地分設機構，運動選舉，譬如在浙江的機構名澄廬、在江蘇的機構名雅園。投入的賄選經費達七百餘萬元之多，候選人各自所花的數千元尚未包括在內 ❹。選舉結果，在到院議員的四百三十餘人中，隸屬安福俱樂部者有三百三十餘人之多 ❹。隸屬此俱樂部的議員，每月得「伕馬費」二百至一千元，故對段祺瑞及其皖系利益竭力支持。安福國會成立後的兩任內閣是錢能訓和龔心湛，安福系人在內閣者有交通總長曾毓雋、司法總長朱深、財政總長李思浩，但實權在參戰督辦段祺瑞之手。徐樹錚對國務院事事干涉，無論何項政務，不經徐樹錚過目，公事不能出國務院大門，國務總理不過執印承發而已 ❹。

---

❹　彭明，〈五四前後的安福系〉，《歷史教學》1964年三月號；*Political Parties in China*, pp. 95–96, 108；郭廷以，《中華民國史事日誌》第一冊，頁366；一卒，《中國政黨史》，頁59–60；李南海，〈安福國會之研究〉，私立東海大學歷史研究所碩士論文，民國70年，頁36–40。

❹　金毓，〈國統與正統〉，《國史館館刊》二卷一期。

❹　*Political Parties in China*, p.99.

❹　一卒，《中國政黨史》，頁60。

❹　*Political Parties in China*, p. 101；彭明，〈五四前後的安福系〉，《歷史教

　　安福俱樂部設有祕書處，由王揖唐負責。下分文牘、交際、會計、庶務、游藝五課，文牘課由劉恩格負責，交際課由曾毓雋負責，會計課由王郅隆負責。另有評議會、議員會、政務研究會等的設置。至於黨費，每月大約十四萬元，曹汝霖、龔心湛、李思浩等任財長時，都曾從日本借來的「祕密參戰借款」中提供一部分給俱樂部。另外，丁士源曾從京漢、京綏兩鐵路的收入中挪用一千六百萬元，而徐樹錚亦曾挪用過奉軍（徐曾任奉軍副司令）的軍費❺⓪。

　　一九二○年八月直皖戰後，皖系失敗，徐世昌下令關閉北京的安福俱樂部和各省的安福組織。安福俱樂部查抄之後，發現列黨籍者三萬餘人，以安徽人居多，兩廣人最少，官僚中列籍者不下五百餘人。當局恐株連，遂加焚毀❺①。惟其餘黨，在日後的政壇中仍甚活躍。

　　交通系是以梁士詒為中心的一批人，並無正式組織。梁為翰林出身，自一九○五年唐紹儀任京漢鐵路、滬寧鐵路大臣時，出任鐵路總文案，進入交通界服務。後任鐵路總局局長，並建議設立交通銀行，在政界造成一股勢力，被稱為交通系。重要人物有葉恭綽（曾任交通部路政司長、交通銀行幫理、交通部次長、公民黨副黨魁）、沈雲沛（曾任郵傳部右侍郎、參政院參政、督辦浦信鐵路，袁帝制期間任請願聯合會會長）、龍建章（曾任交通部電政司長、郵政局局長、公民黨參事）、權量（曾任鐵路總局營業科長、交通部司長、公民黨參事、請願聯合會庶務部主任）等❺②。

　　學》，1964年三月號。

❺⓪　李南海，〈安福國會之研究〉，頁41–42。

❺①　*Political Parties in China*, p. 110；彭明，〈五四前後的安福系〉，《歷史教學》，1964年三月號。

❺②　毛知礪，〈梁士詒與民初政局〉，國立政治大學歷史研究所碩士論文，民

　　梁士詒自始在袁世凱的庇蔭之下，武昌革命爆發後，袁世凱出任內閣總理，梁先後任郵傳部副大臣、大臣。民國肇建，袁世凱就任臨時大總統，任梁士詒為總統府祕書長，仍兼交通銀行總理。梁之聲名權勢極一時之盛，舉凡內政、外交、財政、交通、金融等要政，無不直接或間接參與。梁所領導的交通系，勢力擴張，成員增加，廣佈於交通部、內政部、財政部、鐵路協會、外交委員會、財政委員會、內國公債局、交通銀行等機構。一九一三年秋冬，梁士詒組公民黨及大中黨，作為袁世凱的御用黨。一九一四年五月，梁改任稅務處督辦，八月又被任命為內國公債局總理。一九一五年六月，帝制運動即將公開，梁士詒等交通系人不表贊同，袁世凱乃於是年六月製造五路交通大參案，以津浦、京漢、京綏、滬寧、正太各路營私舞弊等罪名，打擊交通系人，交通次長葉恭綽一度被停職。是年八月，楊度組織籌安會，正式鼓吹帝制，梁為恢復袁的信任，一反以往對帝制的遲疑，積極參與帝制運動，在請願聯合會、辦理國民會議事務局和大典籌備處三個策動帝制的機構中，交通系列名幹部人員者有梁士詒、周自齊、朱啟鈐、沈雲沛、權量等❸。帝制運動失敗，參與帝制運動諸人被通緝。到一九一八年二月，從曹錕呈請，取消洪憲帝制犯梁士詒、朱啟鈐、周自齊等的通緝令，交通系要人才又在政壇活躍。

　　安福國會選舉期間，交通系大肆活動，當時的領袖人物，除前述的梁士詒、葉恭綽、龍建章、權量、朱啟鈐、周自齊、沈雲沛外，另有任鳳苞、闕冕鈞、陸夢熊、汪有齡、陳懋鼎、梁鴻志等，國會議員屬交通系者，凡五十餘人❹。交通系在安福國會中，初頗接近安福系，

國69年，頁165–174。

❸　同上，頁181–187。

❹　一卒，《中國政黨史》，頁60。

後以副總統選舉問題，與安福系分離，梁士詒、朱啟鈐辭參議院正副議長職，補選李盛鐸、田應璜為參議院正副議長，國會益受安福系控制。直皖戰後，交通系受奉系張作霖的支持，靳雲鵬組閣時，周自齊任財政總長，葉恭綽任交通總長，後梁士詒任國務總理，因受直系吳佩孚反對而辭職。奉直間因此爆發戰爭，奉系敗，交通系勢衰❺❺。

　　新交通系是以曹汝霖為中心的一批政壇人物，起於一九一六年袁死以後，到一九一九年五四運動時解體。此一集團人數不多，最多時約有二十餘人，核心份子為曹汝霖、章宗祥、陸宗輿，三人為留日同學，歸國後得東三省總督徐世昌的引薦，漸在官場得志。曹汝霖在一九一三年八月到一九一六年四月間任交通次長，對帝制運動並不熱心，當時與段祺瑞比較接近。段組閣時，任交通總長。袁死後，支持帝制的交通系首領梁士詒逃走，曹汝霖得繼為交通銀行總裁，此銀行辦理鐵路、郵政、電話、電訊等借款及採購事宜，年入七千餘萬元，向受梁士詒控制。曹任交通銀行總裁後，繼又於一九一七年七月復任交通總長，先後於一九一七年一月和九月向日本借得二千五百萬日圓，作為改組交通銀行之用，但半為段祺瑞挪去作政治活動。曹汝霖和他的同夥被稱為新交通系；曹汝霖、陸宗輿、章宗祥三人都積極參加了借款活動。由於他們能為北京政府找到財源，甚為段所倚重，陸當時為交通銀行董事會主席，而章則被段祺瑞任命為駐日公使❺❻。

　　一九一八年三月，曹汝霖繼梁啟超為段內閣的財政總長。曹得勢

❺❺　佐藤俊三，《支那近世政黨史》，頁137；*Political Parties in China*, pp. 236–238；彭明，〈五四前後的交通系〉，《歷史教學》，1964年2月號。

❺❻　戚世皓，〈官僚資本家的活動──曹汝霖與他的新交通系〉；張玉法編，《中國現代史論集》，第二輯，頁 295–303；彭明，〈五四前後的交通系〉，《歷史教學》，1964年2月號。

後，隨即派他的親信出任要職：吳鼎昌為財政次長，丁士源為平綏鐵路局長，權量為吉長鐵路局長，周作民出掌交通銀行武漢分行，錢永銘出掌交通銀行上海分行。這期間，曹又與梁士詒的部屬葉恭綽搭上關係，與梁啟超的研究系關係也不錯，他們都支持段祺瑞。曹任財政總長期間，繼續進行向日本借款，到一九一八年九月為止，先後借得七筆，共一億四千五百萬元❺❼。

新交通系在安福國會中勢力不大，與孫潤宇、江天鐸等所組的憲政討論會相聯絡，有議員二十餘人，大總統徐世昌為其暗中領袖。其幹部人物除曹汝霖、陸宗輿外，有曾雲沛、丁士源等人，但曾、丁二人又與安福系有密切關係❺❽。

憲法研究會的人自第一次復活之舊國會被迫解散後，與段祺瑞相結，聯合討伐張勳復辟。事平之後，為在新政府佔優勢，倡共和再造之說，提議召集臨時參議院，修訂國會組織法，故於段所組織的內閣中，以及在段所召集的臨時參議院中，均佔很大勢力，梁啟超即任段內閣的財政總長。一九一七年十一月，段內閣倒，研究會系一蹶不振。嗣參加安福國會的選舉，因受到安福俱樂部的競爭，成就無多，僅得二十餘席，梁啟超、林長民、王家襄、梁善濟、劉崇佑、籍忠寅、黃群、徐佛蘇、蒲殿俊、李國珍、陳國祥、藍公武、張東蓀、張嘉森、湯化龍（湯於一九一八年九月遇刺死）等，皆為此際重要黨員。研究系在安福國會中初為安福系的與黨，曾與交通系聯合杯葛直系的曹錕

---

❺❼ 同上，戚世皓文，頁302-304。一說袁死後，梁士詒、朱啟鈐以帝制罪魁被通緝，出亡國外，葉恭綽利用曹汝霖、陸宗輿出面，維持交通系固有勢力，曹、陸乃利用交通系，自樹新地盤，見楊幼炯《中國政黨史》，頁108；佐藤俊三，《支那近世政黨史》，頁136，341。

❺❽ 同上，佐藤俊三書，頁136；同上，楊幼炯書，頁108-109。

競選副總統。研究系在廣東護法國會中亦有議員十數名，他們因不滿
研究系助安福系破壞約法，故離京南下。一九一九年九月，研究系份
子創刊《解放與改造》半月刊，由張東蓀主編。至一九二〇年九月第
三卷起，改名《改造》，由梁啟超主編，鼓吹社會主義，抗拒共產主
義❺。

　　己未俱樂部成立於一九一九年春，是以靳雲鵬、錢能訓為中心的
結合，以大總統徐世昌為後援，目的在與徐樹錚所主持的安福俱樂部
對抗。靳與徐樹錚皆段祺瑞手下要人，靳因與徐爭權，積不相能，乃
自安福系分出。時錢能訓為國務總理，得徐世昌支持，欲自樹一派勢
力，乃相與聯合，組己未俱樂部，有議席百餘人，幹部人物有于寶軒、
黃雲鵬、陳介、易宗夔等❻。錢為組己未俱樂部，耗費二百萬元，但
並不能與安福系抗衡。一九一九年九月，靳雲鵬在徐世昌的提名和直、
奉系的支持下，擔任國務總理，曾把徐樹錚所控制的「統一委員會」
裁撤❻。

　　安福系操縱北方政局，頗受各方反對。新交通系向日本借款，助
安福系發展勢力，尤引起側目。一九一九年五四運動爆發，研究系的
林長民從中運動，新交通系首被打倒。一九二〇年七月直皖戰起，皖
系失敗，安福國會停閉，安福俱樂部解散❻。法統分裂時期的北方政

❺　一卒，《中國政黨史》，頁60；前引佐藤俊三書，頁136；前引楊幼炯書，
　　頁109；《中華民國史事日誌》第一冊，頁398–405；彭明，〈五四前後的
　　研究系〉，《歷史教學》，1964年1月號。

❻　佐藤俊三，《支那近世政黨史》，頁137。

❻　*Political Parties in China*, p. 104；彭明，〈五四前後的安福系〉，《歷史教
　　學》，1964年三月號。

❻　楊幼炯，《中國政黨史》，頁110；*Political Parties in China*, pp. 28, 105.

黨活動告一段落。

當安福俱樂部、交通系、新交通系、研究系、己未俱樂部等活躍於安福國會之際，舊國民黨系的議員，在廣州的護法國會中也有許多分分合合的演變。護法國會起於一九一七年七、八月間，當時復辟事件既平，段祺瑞不恢復舊國會，孫中山乃率舊國會議員南下，倡導護法，初以不足法定人數，成立非常國會，選舉大元帥及各部總長，成立軍政府。次年六月，決定將未到會之議員除名，以候補議員遞補，成立正式國會，並補選褚輔成為眾院副議長、林森為參院議長；吳景濂為眾院議長、王正廷為參院副議長如故❸。

廣東護法國會中的政黨，除研究系之十餘人外，多屬舊國民黨系。舊國民黨系承舊國會復活時期憲政商榷會分裂之舊，當時主要分為三派，即政學會、益友社和民友社。

政學會起源於一九一二年的統一共和黨，以李根源、章士釗、楊永泰為首，初居同盟會與共和黨之間作第三黨，謀政治利益，後一度與國民黨合併。一九一六年國會復活後，獨立為政學系，在段內閣中取得二席❹。及國會解散而不復，政學會的人移廣州；為在廣州發展，擁岑春煊為首。當時廣州護法政府受桂系軍人的支持，桂軍首領陸榮廷、譚浩明、莫永新等皆為岑任兩廣總督時的舊部❺，而岑、陸和李根源都是討袁時期肇慶軍務院中的人，這是政學系擁岑的主要原因。另外雲南都軍唐繼堯亦為軍務院的舊人，政學系亦與之聯絡。政學系得廣西、雲南兩派軍人的支持，在廣州的勢力大張，分為兩派，一派以南關五十號為機關，由楊永泰主持，為政學會的嫡系，直接由反袁

---

❸　同上楊書，頁99–100。

❹　一卒，〈中國政黨概觀〉，《孤軍》二卷五、六期，民國13年10月1日。

❺　*Political Parties in China*, pp. 228–229.

136 近代中國民主政治發展史

時期的軍務院份子及一九一六年國會中的政學會份子組合而成。在護法國會中的嫡系份子不過三十人左右。擁岑春煊為首，輔之以章士釗、冷遹。重要人物有楊永泰、張耀曾、谷鍾秀、金兆棪、歐陽振聲、徐傅霖、彭允彝、韓玉辰、李肇甫、文群、李為綸、李述膺、湯漪、孫光庭等，其對外有京、滬、粵三處《中華新報》為宣傳機關，有張耀曾在滬、谷鍾秀在京，作外交代表。一派以石行會館為機關，由李根源主持，黨員部分來自一九一六年國會中的平社和憲法研究會，幹部人物有劉治洲、徐蘭墅、劉彥、王紹鏊等人❻。

政學會為舊國民黨系的保守派，在一九一六年國會中曾與憲法研究會提攜，在廣州護法國會時期結合西南軍人，專以獲得政權為目的。一九一八年四、五月間，在政學系的運動下，將廣州軍政府由大元帥制改為七總裁制，並推岑春煊為首席總裁❻，孫中山被迫離粵赴滬，政學會完全控制了廣州的政局。當政學會在廣州得勢時，安福系在北京得勢，政學會為與安福系對抗，與直系曹、吳相結，由於直系主和，政學系乃主和，以杯葛段祺瑞的以武力統一西南的政策。和議的一個困難是北方的安福國會和廣州的護法國會孰為法統，議和終不成。直皖戰後，當政學會繼續與直系相結時，受政學會勢力所排的孫中山轉與段祺瑞和張作霖相結。一九二〇年，孫中山得陳炯明之助，將廣西軍人驅逐，重回廣州，政學會在南方的勢力大衰。一九二二年直奉戰爭，奉系失敗，陳炯明在直系運動下又將孫中山逐出廣州。是後北方直系當政，舊國會再恢復，政學會移北京活動❻。

❻ 佐藤俊三，《支那近世政黨史》，頁128–129，336–337；楊幼炯，《中國政黨史》，頁100–101。

❻ 一卒，《中國政黨史》，頁63–64。

❻ *Political Parties in China*, pp. 230–232.

　　廣州護法國會中的第二大派系為民友社。民友系乃舊國民黨中的急進派聯合其他黨派份子而成，在廣州護法國會中與政學會對立。在對北方的態度上，反對議和，故有主戰派之稱；在制憲方面，則多與益友社聯合一致。其份子來源有三：一、同盟會嫡系，反洪憲帝制時期組中華革命黨，一九一六年國會復活時期組丙辰俱樂部，以林森、謝持、馬君武、丁象謙、居正、田桐、葉夏聲等為中堅，為孫中山左右的核心人物，世稱大孫派。二、進步黨的別支，反洪憲帝制期間與中華革命黨接近，袁世凱死後組韜園俱樂部，中堅份子有王乃昌、彭介石、萬鴻圖、張新吾、蕭晉榮、王湘、溫世霖等，是孫洪伊周圍的一批人物，世稱小孫派。三、共和黨系，以王湘、高振霄等為中堅❻❾。

　　民友社以照霞樓為機關，又稱照霞樓派，有議員七十餘人。初欲阻止改組軍政府無成，後反對南北議和亦無成。一九一九、一九二○年間，欲聯合益友社制定憲法，選舉正副總統，建立正式政府，政學會以如此則妨害南北議和，加以杯葛。民友社欲聯合滇督唐繼堯對政學會所控制的軍政府加以約束，岑春煊乃對反政學會的議員加以壓迫，於是議員紛紛走滬，留粵之政學會議員及接近政學會之議員百餘人開非常國會，並重組軍政府。一九二○年九月，孫中山得陳炯明之助，將桂軍逐出廣州，民友社議員復回廣州，開非常國會，舉孫中山為大總統。一九二二年六月，時在第一次直奉戰後，直系當政，由安福國會選出之大總統徐世昌被迫退職，孫中山亦因陳炯明叛變離粵走滬。南北兩總統既皆去職，黎元洪復總統職，舊國會再復活，民友社及其他黨派議員復集於北京❼❶，結束了法統分裂時期的活動。

　　廣州護法國會中的政黨，政學會與民友社對立，但兩派議員人數

<hr />

❻❾　楊幼炯，《中國政黨史》，頁102–103。

❼❶　一卒，《中國政黨史》，頁63–71。

皆不足控制國會。居政學會與民友社之間、議員人數眾多、足以左右
議會動向者為益友社。益友系為舊國民黨中的溫和派，反洪憲帝制時
期，部分隸中華革命黨，部分隸肇慶軍務院（進步黨結合西南軍人而
組織）。一九一六年舊國會復活後，加入憲政商榷會。益友社係自憲
政商榷會分裂而出，一度又由益友社分裂產生政餘俱樂部，到廣州護
法國會時期，政餘俱樂部人又回歸益友社。當時益友社有議員近三百
人，左右於政學會與民友社之間，以吳景濂、褚輔成、王正廷等為領
袖，曾彥、羅家衡、張瑞萱、劉奇瑤、易次乾、伍朝樞、劉成禺、王
有蘭、呂復、龔政、白逾桓、常恆芳、覃振等皆中堅人物，在國會中
勢力龐大，兩院正副議長，僅參院議長為民友社之林森所得，眾院議
長吳景濂、副議長褚輔成、參院副議長王正廷皆益友社社員。其外援
有軍政府七總裁之一的唐紹儀、滇督唐繼堯、黔督劉顯世，以及海軍，
桂系亦與之接近 **⓻**。

　　益友社以褚輔成寓所為機關，亦稱褚寓派。初與政學會聯合，改
組廣州軍政府，後漸與民友社接近。對南北議和持反對態度，因南北
議和之際，政學系欲與直系妥協分贓，益友社和民友社乃與安福系接
近。此後，益友社復附和民友社彈劾岑春煊之議；又與民友社聯合運
動唐繼堯，以牽制陸榮廷和政學會一派；復與民友社聯合制憲，謀撤
廢受政學系控制的軍政府，建立正式政府，終導致其榮新壓迫反政學
系的議員，益友社議員亦因此隨民友社議員赴滬。一九二〇年九月，
桂系及政學會勢力被陳炯明逐出廣州，民友社人回廣州開非常國會，
益友社人因孫中山放棄護法，明言革命，未加入。直到一九二二年八
月舊國會在北京開會，益友社人才又集於北京 **⓼**。

⓻　楊幼炯，《中國政黨史》，頁102。

⓼　一卒，《中國政黨史》，頁63–71；一卒，〈中國政黨概觀〉，《孤軍》二卷

　　廣州護法國會受政學、民友、益友三派議員左右，另亦有其他政團及無所屬者，計新新俱樂部有議員一百八十餘人，蒙古議員俱樂部約十人，文社有議員約四十人，廣東議員俱樂部約二十人，廣西議員俱樂部約十五人，雲南議員俱樂部約十五人。新新俱樂部以補缺議員為中心，其中傾向於益友社者約六十五人，傾向於民友社者約五十五人，傾向於政學會者約六十五人❼❸。其餘諸政團的意向不詳。

　　一九二二年四月直奉戰爭結束，直勝奉敗。大總統徐世昌以接近奉系之故，不為直系所喜。直系倡恢復法統，黎元洪因此恢復總統職位，而舊國會亦於是年八月再度復活。再度復活以後的舊國會，因選舉眾院副議長、以及為曹錕賄選總統等問題，政黨再開始活躍。當時的政黨，約有兩大派，一派擁曹，一派反曹。擁曹派的政黨有益友系、新共和黨系、小孫系、討論會系、研究系等。

　　益友系以眾院議長吳景濂住宅為聯絡機關，擁有兩院議席約百五十人，重要人物有吳景濂、褚輔成、呂復、劉奇隱、賀贊元、羅家衡、馬驤、劉冠三、陳策、趙世鈺、王觀銘等。初欲聯合政學會舉褚輔成為眾院副議長，但無所成。曹錕賄選期間，改組為民憲同志會，由吳景濂領導為曹錕賄選，而褚輔成一派則主擁黎元洪。及黎元洪為直系所逐，褚率其追隨者南下作反賄選運動。當時吳景濂權勢甚大，曾使財政總長羅文幹入獄。吳原以組閣為交換條件為曹錕包辦選舉，及賄選成功，直系恐吳組閣，另組憲政黨反吳，民憲同志會勢力大衰❼❹。

　　五、六期。

❼❸　一卒，《中國政黨史》，頁68–69；佐藤俊三，《支那近世政黨史》，頁130–131。

❼❹　佐藤俊三，《支那近世政黨史》，頁203；一卒，〈中國政黨概觀〉，《孤軍》二卷五、六期（民國13年10月1日）；*Political Parties in China*, p. 234；楊幼炯，《中國政黨史》，頁139–140。

　　新共和黨系脫胎於一九一三年的新共和黨，國會再復活後以後孫公園十一號為聯絡機關，重要份子有張伯烈、彭漢遺、鄭人康、鄭江灝、胡祖舜、駱繼漢、邱冠棻、孔慶愷等，多兩湖人士。獲政學會與小孫系支持，張伯烈得被選為眾院副議長。曹錕賄選期間改組為新民社，雖反吳景濂，但擁曹。後駱繼漢、胡祖舜、袁麟閣、范鴻鈞等另組誠社，與新民社接近；彭漢遺、黃贊元、張玉堂等另組頤園，係由新民社分裂而出。後孫公園十一號之鄭江灝等亦由新民社分裂而出❼❺。

　　小孫系為孫洪伊一派之政團，其成員多來自舊國民黨。小孫系的主要政團有二，一為民治社，成立於一九二二年十一月，有社員二百餘人，佔議席三十餘人，以王湘、牟琳、王乃昌、吳宗慈等為中堅，有政務委員會的組織。一為全民社，由溫世霖、景耀月等人合組而成，擁有議席近百人，重要人物另有谷芝瑞、史澤咸等。因溫世霖與曹錕有舊交，故擁曹。後林繩武自全民社分出，另組廣譽社；錢崇愷等自全民社分出，另組均社❼❻。

　　憲法討論會係江天鐸、司徒穎、孫潤宇等所組，重要人物另有賀廷桂、溫雄飛等。一九二二年六月以後，由孫潤宇聯合，有新舊交通系份子加入，有適廬、東園兩處為機關。張國淦任閣員時，此系人數近百，後減少至四、五十人❼❼。此派原為勢利集團，時論指其「孫旺附孫，袁旺附袁，段旺附段，曹旺附曹」❼❽。吳佩孚對其兩面態度很

----

❼❺　一卒，《中國政黨史》，頁73–75。

❼❻　同上，頁75。

❼❼　佐藤俊三，《支那近世政黨史》，頁204；一卒，《中國政黨史》，頁72，76。

❼❽　一卒，〈中國政黨概觀〉，《孤軍》二卷五、六期（民國13年10月1日）。

不滿，直到二次直奉戰後，吳失敗退居岳州，此派人才與吳建立好的關係。一九二六年夏，吳將馮玉祥逐出北京，憲法討論會的人，張國淦任內務總長，江天鐸為其次長**❼❾**。

憲法研究會系是一九一六年以後憲法研究會分裂以後的新結合，重要人物有蒲伯英、藍公武、王家襄等，以實話報社為聯絡機關，初欲擁蒲伯英為眾院副議長，無所成就。一九二二年十二月末，合籍忠寅一派重組憲法研究會，到會者四、五十人，由林長民起草會章，標明「以促成並實行發揚民治、尊重人道、鞏固國本之憲法為宗旨」，對國家組織主以地方分權為基礎，謀行政大體之統一。然此派承立憲派及進步黨之舊，向謀依附政府，故「始則附段，繼則附徐，終則附曹」。曹錕賄選期間，除林長民南下外，僅劉以芬等數人不投票。另鄧毓怡等所組之憲法學會，會員亦多出身研究系，與直隸保定系（擁曹）的劉夢庚有關**❽⓿**。

除前述五大政團外，擁曹政團尚有：㈠王毓芝、張英華、趙時欽、劉彥、王佔鰲、劉輔同、宋汝梅等一派，多一九一六年平社及一九一九年石行會館份子，以石駙馬三號為機關。㈡裴廷藩、黃明新、王法岐、周克昌等一派，以宣外二百號為機關。㈢劉夢庚、彭占元等一派，以化石橋五十六號為機關。㈣余紹琴、裴廷藩、邊守靖、王承斌、黃雲鵬、錢崇愷、孟昭漢等一派，多一九一六年平社及一九一九年石行會館份子，有六、七十人，初以順治門大街為機關，後改組為王戌俱樂部。㈤許峭嵩、董慶餘、易仁善等一派，以觀音堂十號為機關，屬

---

❼❾ *Political Parties in China*, p. 236.

❽⓿ 一卒，《中國政黨史》，頁72，76–77；佐藤俊三，《支那近世政黨史》，頁204；一卒，〈中國政黨概觀〉，《孤軍》二卷五、六期（民國13年10月1日）。

直系中的保定系。㈥陸錦、王謝家、李鍾麟等所組，稱憲友俱樂部。
㈦王毓芝、張鼎彝、馬英俊、仇玉珽等一派，以報子街十八號為機關，
屬直系。㈧諾門達賴、恩和布林、金永昌等所組，稱漢南寄廬，多保
定系蒙古議員。㈨熙鈺、訥謨圖等蒙古議員所組蒙古議員俱樂部，成
立於一九二二年八月十五日，為國會再復活時期擁曹賄選總統的第一
個政團。㈩董士恩等所組之西北議員俱樂部，屬保定系，多甘新兩省
議員。㈡傅夢羲等所組之浩園。㈢賈庸熙等所組之果園。㈣于元芳
等所組之明德學社。㈤廣東議員王欽宇、楊詩浙、范殿棟等所組之南
廬。㈥傅師說等所組之大中俱樂部。㈦周珏等所組之聯社。㈧恆詩
峰、李榘、阮性言等所組之政社。㈨浙江議員張復元等一派，以翠花
街十七號為機關。㈩小孫派王試功等所組之地方制度協進會，近直系
的洛陽系（吳佩孚）。㈡劉可均等一派，以順城街三十三號為機關，
屬保定系。王紹鰲等之水月庵七號為其分支。㈢雷殷、辛漢、劉哲、
郭步瀛、李安陸、車林端多布等新補參議員七十餘人所組之群治社。
㈣自治統一會、法治協進社、同社、政德社、憲法社、憲民社、庸盦
等團體**❸**。

　　反曹派的政黨，較為單純，在國會中佔勢力者以由政學系演變而
來的憲政社為主。舊國會再復活時，舊政學系份子假中鐵匠胡同十二
號為機關，走親黎元洪路線。重要人物有谷鍾秀、張耀曾、李肇甫、
章士釗、楊永泰、李根源等。因接近黎元洪，張耀曾得一度組閣，李
根源得任農商總長，彭允彝得任教育總長，擁有國會議席四、五十名。
該系富妥協性，目的在爭官位，有「閣員黨」之稱。一九二三年三月
二十五日，更新組織，定名憲政社，分政務、事務兩部，每部分股任
事。政務部計法制股王侃、張耀曾等十二人，外交股張端、谷鍾秀等

---

❸　一卒，《中國政黨史》，頁71–73，78–80。

八人，財政股王源瀚、楊永泰等十九人，內務股王吉言、王有蘭等十一人，社會股鄭際平、張魯泉等十一人，經濟股陳鴻鈞、李根源等九人，交通股張大義、金兆梂等五人，教育股孫光庭、劉楚湘等十人，軍事股李安陸、韓玉辰等五人，邊務股車林桑都布、張樹桐等三人；事務部計文牘股楊擇、谷鍾秀等六人，交際股張魯泉、周之翰等三十人，編輯股丁文瑩、楊永泰等六人，宣傳股符鼎升、張耀曾等八人，游藝股陳祖烈、王侃等九人，會計股李為綸、李根源等八人。勢力可謂極一時之盛。及黎元洪被直系所逐，憲政社人相率南下，但曹錕賄選期間，亦有北上投票者。與憲政社接近者有匡廬，由湯漪、王有蘭、王侃等組成，成員多政學會份子❽。

在反曹派的政黨中，勢力次於政學系者為安福系。此系在直皖戰後，除少數重要人物外，多已歸依曹錕❽，但劉恩格、烏澤聲等仍以笁廬為機關，網羅支持段祺瑞的勢力❽。曹錕賄選總統，據說耗資一千三百萬元，安福系的姚震和姚國楨兄弟則花費三百萬元，賄使人不投曹錕的票❽。安福系的軍事勢力當時僅存浙督盧永祥，原屬益友社的褚輔成拒絕參加賄選，南下後歸依浙盧，有浙系之稱❽。

除政學系、安福系外，在北京反曹的黨派有中國國民黨系的「護法議員聯歡社」等。中國國民黨當時已恢復了革命政黨的本質，準備

---

❽　同上，頁84–87；佐藤俊三，《支那近世政黨史》，頁203–204；一卒，〈中國政黨概觀〉，《孤軍》二卷五、六期（民國13年10月1日）；*Political Parties in China*, pp. 232–233.

❽　一卒，〈中國政黨概觀〉，《孤軍》二卷五、六期（民國13年10月1日）。

❽　一卒，《中國政黨史》，頁83–84。

❽　*Political Parties in China*, p.113.

❽　一卒，《中國政黨史》，頁84。

以廣州為基地統一中國，但其黨員仍有在北京活動者，一派由謝持、
王用賓、焦易堂、周震鱗、田桐、彭養光等主持，結合當年在廣州護
法的議員，名護法議員聯歡社。一派由徐德和、凌毅、梅寶璣等主持，
聯絡護法國會中一九一九年遞補的議員（未獲進入再復活的舊國
會），以南溝沿六十四號為機關❽。

　　此外，三省議員俱樂部，以鄉誼結合東三省的議員，人數約五十
餘名，對外接洽，劉恩格常為代表，與吳景濂立於反對的地位。因有
奉系張作霖從中援助，除一、二人自行活動外，東三省議員大多加入
此俱樂部，堅持反曹態度❽。

　　一九二三年十月五日兩院選舉總統，由於反曹派議員多南下，益
友社之吳景濂大肆活動，終致賄選成功。然賄選成功後，曹錕左右恐
吳景濂得勢（曹以許吳組閣為賄選條件），聯合石駙馬三號的吳蓮矩、
憲友俱樂部的王謝家、憲法學會的鄧毓怡、化石橋五十六號的彭占元
等組憲政黨，以排擠吳景濂的勢力。既而，議員復以憲政黨為中心而
結合，在兩院中佔絕對多數。憲政黨由於勢力龐大，分科辦事，谷芝
瑞、王謝家為審查科正副主任，駱繼漢、賀道元為文書科正副主任，
景耀月、趙時欽為宣傳科正副主任，史澤咸、段大信為會計科正副主
任，胡源匯、郭步瀛為交際科正副主任，王雙歧、周克昌為庶務科正
副主任。然憲政黨的成立，目的在排擠吳景濂，及吳被高凌霨內閣所
逼走天津，繼之孫寶琦組閣，憲政黨遂消散❽。

　　一九二四年十月，奉系張作霖、安福系段祺瑞、以及廣東中國國
民黨的力量聯合以軍事倒直，直系失敗下臺，擁直派的政團也多銷聲

---

❽　同上，頁83。

❽　同上，頁84。

❽　楊幼炯，《中國政黨史》，頁139；《中華民國史事日誌》第一冊，頁762–774。

匿跡。十一月，段祺瑞出任執政，此時賄選國會正式解散，政黨無法定鬥爭場合，無所發展。惟昔日政團，分分合合，不少仍在北京活躍。一派為反對容共的部分中國國民黨人，於一九二五年二月在北京組國民黨同志俱樂部，以彭養光、馮自由等為中堅，選唐紹儀、章炳麟、楊庶堪、彭養光等六十人為理事。此派人與段祺瑞政府取聯絡手段，唐紹儀得任外交總長，楊庶堪得任農商總長。但廣州的中國國民黨則與段不相容❾。

段祺瑞之友黨為安福系。安福系此時大致分為安徽派與福建派兩派，安徽派以王揖唐、許世英為首，福建派以曾毓雋、李思浩、梁鴻志、朱深為首，兩派爭衡於段之左右❺。在段執政府任財政總長的李思浩、任內務總長的龔心湛均為安福系的老人，任外交總長的沈瑞麟（原無黨派背景），則為新附者❾。

其他黨派，政學系此時分為兩派勢力，一派在北京，以褚輔成、章士釗、楊永泰、鍾才宏為首，以馮玉祥的國民軍為後盾，章士釗、楊永泰皆曾入閣。一派以上海為活動中心，倡聯省自治，與雲南的唐繼堯、湖南的趙恆惕、廣東的陳炯明接近。研究系因一九一六至一九一七年間聯段的淵源，續對段表同情，惟未得實權，執政府每月僅送八百元伕馬費給梁啟超。新舊交通系依奉張謀活動，亦無大勢力❾。

一九二四年，南方的中國國民黨容納了新興的中國共產黨實行改

❾　楊幼炯，《中國政黨史》，頁142；佐藤俊三，《支那近世政黨史》，頁228，354。

❺　佐藤俊三，《支那近世政黨史》，頁355。

❾　*Political Parties in China*, p.114.

❾　楊幼炯，《中國政黨史》，頁142；丁文江，《梁任公先生年譜長編初稿》（下），頁679。

組，決心以武力統一中國，謀透過軍政、訓政、憲政三時期，實行其素所懷抱的三民主義。新興一代的進步份子，多集於中國國民黨的旗幟下，舊日政團欲振無力，到國民革命軍北伐乃歸消滅。

三、轉型時期

一九二四年以後，舊日盤桓於國會、內閣之間的政團式微，改組後的中國國民黨，欲透過網羅群眾的形式，以革命的方法統一中國，取得政權，實行政見，使中國政黨的發展，轉向一種新的形態。

實際上，這種轉型，應溯源至一九一四年，時在國民黨二次革命失敗以後，孫中山、胡漢民等東渡日本，在東京成立中華革命黨，以實行民權、民生兩主義並創制五權憲法為宗旨，在軍事上以推倒袁世凱政權為目標。原來以普通政黨形式出現的國民黨，一律改組為中華革命黨，成為祕密組織；惟在國外僑居地，慮外國政府干涉，仍以國民黨名義號召。中華革命黨恢復了同盟會時期的革命精神，將革命建國的程序分為軍政、訓政、憲政三時期。一九一六年六月袁世凱死，舊國會恢復，舊日國民黨員及中華革命黨員，重新組合成許多政團，在國會內外活動，但到一九一九年十月，時舊國會又已停閉，部分議員在廣州所組的護法國會也受到西南軍人的操縱，孫中山認為用和平的方法爭取政權已不可能，將中華革命黨改名為中國國民黨，結合新舊黨員，重新組合革命政黨，準備再舉革命❾❹。

中國國民黨從一九一九年十月正式成立，到一九二四年一月完成改組，除實行三民主義、創立五權憲法的宗旨不變外，內部結構不斷改變。在本部組織方面：總理以下，初有總務、黨務、財務三部，後又增加宣傳部，再後又增加交際部，最後增設中央執行委員會，並將

---

❾❹　張玉法，《中國現代史》，頁355–356。

原有的五部改組為組織、宣傳、青年、工人、農民、婦女、海外七部，後增設實業部及商人部。在地方組織方面：初有總支部及支部二級，後增設分部一級，最後改為省黨部、縣黨部、區黨部、區分部四級。在權力機關方面，初只有全國代表大會，後又增設全省代表大會、全縣代表大會、全區代表大會、區分部黨員大會。在本部職員產生辦法方面：總理由大會選舉，各部長由總理任命，大體沒有改變。在入黨資格方面：初有黨員二人介紹、具誓約、入黨金十元、領得黨證之規定，後又取消入黨金的規定，最後又增加區分部黨員大會之通過、區分部執行委員會之認可、依時繳納黨費的規定**⑮**。

　　中國國民黨之所以不斷調整內部組織及運動方法，乃是為應合國內外的新需要。國外方面，俄國革命成功後，積極向中國示好，欲使中國共產黨加入國民黨，共同推進中國的革命事業；國內方面，孫中山鑒於中國在五四運動以後，崛起了一批激進的年輕人，他們對俄國的革命有狂熱的嚮往，有的且組織共產黨，從事共產主義運動。另一方面，國民革命大業屢告頓挫，孫中山一度借用舊日革命黨人的武力，於一九二○年十一月據有廣州，但至一九二二年六月又因陳炯明叛變而撤退。孫中山乃決定結合國內外的新力量，進一步推動更廣闊的革命運動，遂有聯俄容共之舉**⑯**。

　　中共成立於五四時期，當時中國的社會經濟、文化思想、政治狀況及國際情勢是對共黨的活動有利的。在社會經濟方面，一次世界大戰期間，中國的工業有相當的發展，隨之而來的是工人階層的崛起和工人組織的發展。一種統計顯示，一九一九年中國已有產業工人二百五十五萬人，如上海江南製造局即有工人五、六千人**⑰**。至於工人組

---

⑮　鄒魯，《中國國民黨史稿》，頁321–402。

⑯　張玉法，《中國現代史》，頁363–364。

織，當時有兩類，一為傳統的組織，稱為「幫」，如北京的「金飾職幫」，店主十五人，夥計百人；「成衣業幫」，店主二千五百人，夥計一萬三千三百人。一為近代組織，有「會」、「社」、「俱樂部」等名目，如上海的「中華海員工會」、「上海機器工會」、「駐滬參戰工會」、「上海工商友誼會」、「南洋兄弟煙草公司職工會」、「上海華洋汽船勞働工會」、「中華電氣工會」、「上海中國印刷工會」、「浦東紡織工會」、「製絲女工會」等，漢口的「漢冶萍總工會」、「揚子江工人俱樂部」（揚子江機器廠）、「粵漢鐵路總工會」等，湖南的「安源鐵道礦山工人俱樂部」、「水口山鉛礦工人俱樂部」、「粵漢路長沙工會」等❾⓼。此期間，知識份子也與工人多所接觸，如一九二一年一月國立北京大學學生在長辛店辦「勞働學校」、一九二二年四月國立北京高等師範學校辦「勞動者夜間學校」等❾⓽。而許多工人刊物的創刊，如上海的《上海工人》、《勞働青年》，廣東的《機械工會雜誌》、《海員工會雜誌》，漢口的《武漢工人》，湖南的《苦力週報》、《安源旬刊》等⓾⓪，亦為知識份子與工人接觸的重要媒介。因為中共的活動最初以工人階層為對象，故工人組織的發展，以及知識份子與工人的多方面接觸，是中共成立與發展的一種社會條件。至於中共日後在農民中發展，亦與中國的土地分配不均有關，據一九一七年調查，當時中國佃農所佔的百分比高達百分之四九‧七⓾⓵。

在文化思想方面，在五四時期，傳統思想受到廣泛的攻擊與破壞，

---

❾⓻　鄭學稼，《中共興亡史》上卷，頁346–347。

❾⓼　伊藤武雄，《現代支那社會研究》（東京，1927），頁178–180。

❾⓽　同上，頁187。

⓾⓪　同上，頁188。

⓾⓵　陳登元，《中國土地制度》，頁376–377。

西方各種思想侵入中國，西方社會主義思想填補了部分新知識份子的思想真空。西方社會主義思想傳入中國始於辛亥革命時期，僅就與中共有關的共產主義而論，辛亥革命時期及民國初建時期已陸續有人介紹共產主義，俄國革命成功後，報章雜誌更常有介紹共產主義及俄國革命的文章。許多激進的刊物如《新青年》、《每周評論》等，都常常介紹社會主義，而一些推動社會主義的團體也相繼出現，如社會主義研究會⑩，自然也有助於共產主義的滋長。

　　國內政治狀況及國際情勢兩方面，有強烈的對比。國內政治，灰暗而沈悶。一九一三至一九一四年間，大總統袁世凱把新成立的共和國帶回專制，首先破壞了制憲會議，然後解散了國會和各省省議會。一九一五至一九一六年間，袁世凱謀稱帝，引起各方反對，在眾叛親離的情形下，病發身亡。一九一七年，安徽督軍張勳擁清帝溥儀復辟，僅十餘天，即告敗亡。當時地方政治掌在各省督軍之手，中央政治操於皖系軍人段祺瑞之手。段祺瑞自成立國會為御用機關，在外交上依附日本。自一九一五年日本向中國提出二十一條以後，國人反日情緒日增，段政府因與日本相結，頗不孚眾望。另一方面，清末首倡革命的孫中山，因不滿北京政府毀法亂紀，於一九一七年九月在廣州建立護法政府，此政府雖然屢為南方的軍閥所奪，但大體與北方處於對峙的地位。南北政府間常有戰爭，南方的軍閥間常有戰爭，北方的軍閥間也常有戰爭。中國在軍閥雲擾下，破壞多，建設少，民生日痛。另一方面，國際新潮，波濤洶湧，激使中國作激烈的改變。當時的國際新潮，約有三種：其一、美國威爾遜(Woodrow Wilson)總統，倡民族自決，激起了世界性的民族主義和民主主義高潮，特別在亞洲。其二、一九一七年的俄國革命及芬蘭、德國等國的社會主義風潮，一九一八

⑩　張玉法，《中國現代史》，頁365-369，372-373。

年的日本搶米暴動，一九一九年的朝鮮「三一運動」，都是想借著群
眾的力量，促使政治和社會改變。其三、一九一九年三月，以推動共
產主義世界革命運動為目的的第三國際在莫斯科成立。不斷對共產制
度與社會主義作誇大宣傳，且不斷派人來中國煽動⑩。

在第三國際派人來中國煽動以前，中國一部分知識份子已經有馬
克斯主義的組合。如一九一八年以後李大釗等在北京組馬克斯主義研
究會，周恩來、鄧穎超等在天津組覺悟社等⑩。一九二〇年春夏間，
第三國際派吳廷康 (G. N. Voitinsky) 至上海，初於五月間聯合陳獨秀、
戴傳賢、沈定一等組馬克斯主義研究會，繼又於九月間，由陳獨秀、
李漢俊、沈定一、戴傳賢、李達、俞秀松、施存統等七人發起組織中
國共產黨（戴傳賢旋退出），參加者另有陳望道、楊明齋、張太雷、
周佛海、邵力子等，並成立中共臨時中央，推陳獨秀為書記，旋即向
國內外發展組織，國內相繼成立了北京、上海、武漢、長沙、廣州、
山東六個支部⑩。國外方面，留法學生鄧小平、周恩來等組旅法支部，
留德學生朱德等也有類似的組織⑩。

中共是以無產階級專政相標榜的黨，成立之初，標舉三大政綱：
㈠「以無產階級革命隊伍推翻資產階級，由勞動階級重建國家，至階級
的差別消滅為止。」㈡「採無產階級專政以完成階級鬥爭的目的 —— 廢

---

⑩　同上，頁257–259。

⑩　波多野乾一，《毛澤東》（東京：福地書店，昭和24年），頁21–23；吉川
　　重藏，《中共總覽》（時事通訊社，昭和25年），頁326。

⑩　波多野乾一，《中國共產黨史》第一卷（時事通訊社，昭和36年），頁29；
　　鄭學稼《中共興亡史》下卷，頁509–516；劉珍，《中共史綱》，頁25–28；
　　《中國共產黨之透視》，頁40–42。

⑩　張玉法，《中國現代史》，頁374–375。

除階級。」㈢「推翻資本私有，沒收一切生產工具，如機器、土地、建築物，及半製成品等，悉歸於社會公有。」●其運動對象，初以知識份子、工人、青年和婦女為主。運動方法是辦刊物以宣傳主義、結團體以結合同志，在上海、北京、天津、濟南、廣州、武昌、長沙、重慶、杭州、太原、開封、西安等地都有或大或小的勢力●。

　　第三國際為加強各地中共勢力的聯絡，於一九二一年派馬林(Maring)東來，和吳廷康共同策動，於是年七月在上海舉行第一次全國代表大會，出席代表十三人，代表廣東、上海、北京、武漢、長沙、濟南、日本等七個地區的黨員五十七人，會中選陳獨秀為書記，張國燾為組織委員，李達為宣傳委員，並組織中央局。此後十個月間，中共在第三國際指導下獨立發展，先後成立了二十七個省市支部，黨員發展到四百多人。同時在上海組織中國勞動組合書記部，由鄧中夏任主任；在湖南組全省工團連合會，由毛澤東任總幹事●。有些活動受到地方官的禁止，如一九二一年十月十八日，沈定一在其家鄉浙江蕭山縣東鄉衙前村與同村李成虎發起衙前農民協會，以農人互助為幟，決定還租成數三折，引起田主恐慌，至十二月十八日被軍警取締●。

　　一九二二年一月二十一日至二月二日蘇俄在莫斯科舉行遠東勞動者大會，決定促使中共與國民黨建立「聯合戰線」●。是年七月十六日至二十三日，中共在杭州舉行第二次全國代表大會，通過了反軍閥、

● 王健民，《中國共產黨史稿》第一篇，頁40。

● 同上，頁32-33；鄭學稼，《中共興亡史》下卷，頁522-543。

● 劉珍，《中共史綱》，頁35；鹿島宗二郎，《毛澤東にすけろ人間學》（東京：經濟往來社，昭和46年），頁50-51。

● 新緣文學社編，《名家傳記》，頁183-186。

● 李雲漢，《從容共到清黨》，頁95-96。

反帝國主義的政治綱領，並通過正式加入共產國際，同時決定與國民黨「合作」建立「民主主義的聯合戰線」⑫，要在中國國民黨中自樹一派勢力，最後達到其無產階級革命的目的。

中共「二大」雖決定與中國國民黨組聯合陣線，但孫中山不同意；孫中山只同意共黨份子以個人資格加入國民黨。因此，共產國際乃再度作成決議，讓中共以個人資格加入國民黨，並要中共服從此決議。八月二十二日，中共在杭州舉行中央委員會議，在馬林的堅持下，通過加入中國國民黨案⑬。此案到一九二三年六月中共在廣州召開第三次全國代表大會時被追認，第三次全國代表大會並通過利用國民黨的政治掩護，竭力發展工農運動，以爭取領導國民革命⑭。

中共既決定以個人資格加入中國國民黨，馬林亦請求孫中山容納中共份子。一九二二年九月四日，孫中山在上海召集各省同志五十三人交換意見，遂決定將中國國民黨改組。九月六日，孫中山指派丁惟汾、陳獨秀等九人為國民黨改進方略起草委員，準備改組國民黨，接受共產黨人入黨。十一月十五日，又召集各省同志五十餘人審查全案，並推胡漢民、汪兆銘為宣言起草委員。十二月十六日，再召集同志將宣言稿審查修正。一九二三年一月一日，中國國民黨發表宣言，次日公布黨章⑮。宣言申述國民革命的歷史，強調「以三民主義為立國之本原，五權憲法為制度之綱領」，同時公布民族、民權、民生主義的現行政策。黨章的精神是擴大國民黨的社會基礎，於原有總務、黨務、

---

⑫　蔣中正，《蘇俄在中國》，頁16。

⑬　郭華倫，《中共史論》第一冊，頁10, 26–27, 39–46；Benjamin I. Schwartz, *Chinese Coummunism and the Rise of Mao*, p.41。

⑭　孫福坤，《共產國際擾亂中國記》，頁14。

⑮　李劍農，《中國近百年政治史》，頁615。

財務、宣傳四部以外，另加交際部及法制、政治、軍事、農工、婦女五委員會，地方黨部原有總支部及支部，均直屬本部，至是改為省設總支部、縣設支部、市鄉設分部。另外，為了廣收黨員，取消入黨費的規定（原入黨費為十元）。　特別重要的是黨紀的樹立，原來的黨章只約束黨員不得入他黨，新黨章規定有下列情形之一者均予除名：㈠兼入他黨者，㈡公然背叛本黨者，㈢洩漏本黨應守之祕密者，㈣有妨害本黨名譽之行為者。

在中國國民黨改組的過程中，中共領導份子最早參與國民黨黨務的是陳獨秀，他於一九二二年九月六日被孫中山指定為國民黨改進方略起草委員之一，一九二三年一月一日國民黨改進工作完成後，陳獨秀任國民黨本部參議，但沒辦理入黨手續。在此次改進工作中成為國民黨重要幹部的共產黨員，除陳獨秀外，有林伯渠（祖涵），任總務部副部長；張太雷（春木），任宣傳部幹事；譚平山，任廣東工界宣傳員；李大釗，任北京支部總幹事；夏曦、劉少奇，任長沙第一、二兩分部籌備主任；邵力子，任職於青年委員會；周恩來，任旅歐支部總務科主任❶❶⓲。蘇俄的代表鮑羅廷(M. M. Borodin)於一九二三年十月抵廣州，表示願為國民革命效力，孫中山聘之為中央執行委員會顧問。

一九二四年一月二十日，中國國民黨第一次全國代表大會在廣州開會，代表名額一百九十八人，實際到會者一百六十五人，開會十天。會中決定允許中共黨員加入中國國民黨，但仍可保有原黨籍。李大釗則提出書面意見，保證不做破壞國民黨和國民革命的活動。會中選舉中央執監委員，計中央執行委員二十四人：

　　胡漢民、汪兆銘、張人傑、廖仲愷、李烈鈞、居正、戴傳賢、

⓲　李雲漢，《從容共到清黨》，頁157–163。

林森、柏文蔚、丁惟汾、石瑛、鄒魯、譚延闓、覃振、譚平山、石青陽、熊克武、李大釗、恩克巴圖、王法勤、于右任、楊希閔、葉楚傖、于樹德

候補中央執行委員十七人：

邵元沖、鄧家彥、沈定一、林伯渠、茅祖權、李宗黃、白雲梯、張知本、彭素民、毛澤東、傅汝霖、于方舟、張葦村、瞿秋白、韓麟符、張秋白、張國燾

中央監察委員五人：

鄧澤如、吳敬恆、李煜瀛、張繼、謝持

候補中央監察委員五人：

蔡元培、許崇智、劉震寰、樊鍾秀、楊庶堪

上列中央執監委員名單中，中央執行委員二十四人，共黨份子佔三人：譚平山、李大釗、于樹德；候補中央執行委員十七人，共黨份子佔七人：沈定一、林伯渠、毛澤東、于方舟、瞿秋白、韓麟符、張國燾。中央監察委員與候補監察委員，沒有共黨份子。

　　一九二四年一月三十一日，即大會閉幕後的第一日，孫中山召集中央執監委員及候補執監委員會議，決定中央及地方組織。中央方面，設中央執行委員會於廣州，在廣州任事的中央執行委員有鄒魯、柏文

蔚、林森、譚平山、李烈鈞、戴傳賢、譚延闓，候補委員有鄧家彥、李宗黃、林伯渠、彭素民。在北京執行部任事的執行委員有李大釗、石瑛、于樹德、王法勤、丁惟汾、恩克巴圖，候補委員有于方舟、張葦村、韓麟符、張國燾、傅汝霖、白雲梯。在四川執行部任事的執行委員有熊克武、石青陽。在上海執行部任事的執行委員有胡漢民、汪兆銘、葉楚傖、于右任、張人傑，候補委員有毛澤東、邵元沖、沈定一、茅祖權、瞿秋白。在漢口執行部任事的執行委員有覃振，候補委員有張知本。在哈爾濱執行部任事的執行委員有居正，候補委員有張秋白。中央執行委員會所轄八部，除調查、軍事兩部暫緩設立外，其餘各部幹部人員：計組織部長譚平山（共黨），　祕書楊匏安（共黨）；宣傳部長戴傳賢，祕書劉蘆隱；工人部長廖仲愷，祕書馮驥（菊坡）（共黨）；農民部長林伯渠（共黨），　祕書彭湃（共黨）；青年部長鄒魯，祕書孫甄陶；婦女部長廖冰筠，祕書唐允恭。三月六日，中央執行委員會第三次會議，決議增設海外部，推林森為部長。

　　地方組織方面：三月六日的中央執行委員會議決定，派各省臨時執行委員會籌備員，分赴各省建立組織：計山東王樂平，直隸李永聲、于方舟，山西苗培成、韓麟書（共黨），　內蒙白雲梯、克興額、察哈爾恩克巴圖，綏遠烏勒吉，熱河陳鏡遠、韓麟符（共黨），　湖南夏曦（共黨），福建許卓然，湖北劉伯芬（共黨），江蘇劉雲昭、張曙時（共黨），浙江沈定一，安徽李次宋、曹似冰，江西趙幹（共黨）、鄧鶴鳴（共黨）⑰。

　　國民黨召開第一次全國代表大會後，把注意力集中在培植人才和宣傳主義上，如成立黃埔軍官學校和廣東大學，孫中山並在廣東大學講演三民主義，以訓練學生思想；宣布建國大綱，確定國民政府的建

---

⑰　同上，頁267–271。

國程序。但共黨份子則急急於擴張共黨勢力。其一、組織部為共黨譚平山把持，派往各地發展組織的人員，多為共產黨員。其二、工人部受祕書馮驥（菊坡）的操縱，馮為共黨份子，其辦工會，凡共黨操縱的工會，隨時准其成立，凡非共黨操縱的工會，則多方阻撓。其三、農民部受部長林伯渠、祕書彭湃的操縱，初設農民講習所，招生非共產黨員不取；派出去的農民運動員，皆共產黨員；組織的農民協會、農團軍，皆由共黨份子控制。其四、宣傳部屬下的報刊，北京《新民國》及上海《新建設》二雜誌受共黨控制，中共更以《嚮導》週刊及《中國青年》為其機關，宣傳馬克斯主義，並曲解三民主義。其五、地方黨務，凡負責人為共黨份子者，即發展共黨黨務，如北京支部總幹事李大釗在京、津等地組青年國民俱樂部，即為共黨活動的中心。此外，共黨並滲入軍校和軍隊，黃埔軍校成立之初，代理政治部主任包惠僧、軍法處長周恩來、教授部副主任葉劍英、政治教官惲代英和高語罕等皆共產黨人。國民革命軍編組後，第一軍政治部主任周恩來、第二軍政治部主任李富春、第三軍政治部主任朱克靖、第五軍政治部主任李朗如、第六軍政治部主任林伯渠、海軍局政治部主任李之龍等皆為共產黨員[118]。

在這種情形，中共的勢力有快速的發展。一九二五年一月二十二日，中共在上海舉行第四次全國代表大會，通過設中央政治北方局於北京，以蔡和森為書記；設中央政治長江局於漢口，以張國燾為書記[119]。黨員人數已達九百五十人[120]。外圍組織的發展尤快，成立於一九二〇年八月的中國社會主義青年團，到一九二五年二月召開第三次

[118] 張玉法，《中國現代史》，頁389–392。

[119] 《中華民國史事紀要》，民國14年（上），頁61。

[120] 池田誠，《中國現代政治史》，頁157。

全國代表大會時，改名為中國共產主義青年團，時團員已達約九千名[121]。一九二五年五月，第二次全國勞工大會在共黨份子策動下，在廣州舉行，參加代表二三〇人，代表全國主要都市勞動者五十七萬人，委員長為林偉民，副委員長為劉少奇。同時第一回廣東省農民協會聯合會成立，會員十八萬人，參加代表一百十一人[122]。

　　中共假國民黨旗幟發展自身勢力，引起國民黨的警覺。一九二四年六月十八日，中央監察委員張繼、謝持、鄧澤如等正式向孫中山及中執會彈劾共黨在國民黨內以黨團作用擅自擴張勢力，擅自發表主張。此後，各地國民黨員紛向中執會或孫中山提檢舉書或建議書。八月十五日至二十一日中執會開第二次會議討論彈劾案，決定加強黨紀，並設國際連絡處，謀直接從共產國際了解中共的活動[123]。

　　一九二五年三月十二日，孫中山逝世，中共在國民黨內力謀爭取革命的領導權。五月十八日，中國國民黨中執會在廣州開第三次全體會議，作成兩項決定：㈠接受總理遺囑，以總理遺教為最高指導原則。㈡重申二中全會容共之決議，共黨份子加入國民黨須接受國民黨之主義與政綱，並負有與國民黨員相同之責任與義務[124]。但另一方面，鮑羅廷則利用職權，設法使親共的汪兆銘為黨政領袖，以繼承孫中山在黨中的地位。七月一日，國民政府成立，行委員制，委員十六人，舉汪兆銘為主席；軍事委員八人，亦舉汪為主席。由於中共在國民黨內的氣燄太高，部分反共人士移怨於親共的中央常委兼工人、農民部長

---

[121]　朝日新聞社編，《中國共產黨》（東京，昭和12年），頁102–103。

[122]　鹿島宗二郎，《毛澤東にすけろ人間學》，頁71–72，惟誤為第一次勞工大會。

[123]　李雲漢，《從容共到清黨》，頁300–337。

[124]　《中華民國史事紀要》，民國14年（上），頁528。

廖仲愷，八月二十日廖被暗殺，鮑羅廷借此扶植國民黨中的左派（親共派）、打擊右派（反共派）⑫。在扶植親共派方面：廖仲愷原任各軍及各黨立軍校黨代表，廖逝世後，中央政治委員會推薦汪兆銘繼任，九月十五日，中執會任汪兆銘為各軍及各黨立軍校黨代表⑯。同日，中執會決議：中執委廖仲愷被刺、楊希閔叛亂被開除黨籍，遺缺由候補中委沈定一、林伯渠遞補⑰。在打擊反共派方面，派胡漢民去蘇俄考察，派林森、鄒魯北上宣傳，以便能對廣州的國民黨領導中心作更有效的控制。

鮑羅廷和汪兆銘的做法引起反共派的反擊，鄒魯、林森到北京後，聯合反共派的中執委，於十一月二十三日在西山碧雲寺舉行第四次中央執行委員會議，商討制止共黨份子在國民黨內實施篡竊陰謀的辦法，決議取消共黨份子加入國民黨者之黨籍、解除鮑羅廷的顧問職、彈劾受共黨利用的汪兆銘⑱。會中決定改組中央黨部，選林森、鄒魯、葉楚傖、覃振、石青陽五人為常務委員，居正為組織部長，戴傳賢為宣傳部長，葉楚傖為青年部長，茅祖權為婦女部長，沈定一為工人部長，覃振為農人部長，孫科為商人部長，林森為海外部長，石青陽為調查部長。十二月十四日，在北京重組的中央黨部遷滬辦公，並於一九二六年三月二十四日在滬舉行全國代表大會，正式決議分共⑲。

反共派既別樹一幟，廣州中央黨部乃於一九二六年一月一日召開二全大會，對反共派加以處分，並於一月十六日重選執監委員，中央

⑫　張玉法，《中國現代史》，頁396–397。

⑯　《中華民國史事紀要》，民國14年（下），頁338。

⑰　同上，頁339。

⑱　同上，頁593。

⑲　張玉法，《中國現代史》，頁398。

執行委員三十六人，計：

汪兆銘、譚延闓、胡漢民、蔣介石、譚平山、宋慶齡、陳公博、
恩克巴圖、于右任、程潛、朱培德、徐謙、顧孟餘、經亨頤、
宋子文、柏文蔚、何香凝、伍朝樞、丁惟汾、戴傳賢、李濟琛、
林伯渠、李大釗、于樹德、甘乃光、吳玉章、陳友仁、李烈鈞、
王法勤、楊匏安、惲代英、彭澤民、朱季恂、劉守中、蕭佛成、
孫科。

候補委員二十四人，計：

白雲梯、毛澤東、許甦魂、周啟剛、夏曦、鄧演達、韓麟符、
路友于、黃實、董用威、屈武、鄧穎超、王樂平、陳嘉佑、陳
其瑗、朱霽青、丁超五、何應欽、陳樹人、褚民誼、繆斌、吳
鐵城、詹大悲、陳肇英。

中央監察委員十一人，計：

吳敬恆、張人傑、蔡元培、古應芬、王寵惠、李煜瀛、柳亞子、
邵力子、高語罕、陳果夫、陳璧君。

候補委員八人，計：

黃紹竑、李宗仁、江浩、郭春濤、李福林、潘雲超、鄧懋修、
謝普。⓭

上述執監委及候補執監委七十九人，中共佔十六人，計譚平山、林伯渠、李大釗、于樹德、吳玉章、楊匏安、惲代英、朱季恂、毛澤東、許甦魂、夏曦、韓麟符、董用威、屈武、鄧穎超、高語罕。

當時國民黨員總計九萬七千三百人，計屬省黨部者，廣東四萬八千人、湖南九千人、湖北一千三百人、直隸一千五百人、山東二千人、河南三千人、察哈爾二百人、綏遠五百人、內蒙古七百人、江西二千六百人、江蘇三千七百人；屬於特別市黨部者，廣州二萬二千人、北京二千六百人、哈爾濱二百人、漢口不詳❸。此期間，中共的黨員人數不過千餘人。

一月二十二日，第二屆中央執行委員會第一次會議，舉汪兆銘、譚延闓、譚平山、蔣介石、林伯渠、胡漢民、陳公博、甘乃光、楊匏安為常委，譚平山為組織部長，汪兆銘為宣傳部長，胡漢民為工人部長，林伯渠為農民部長，宋子文為商人部長，甘乃光為青年部長，宋慶齡為婦女部長，彭澤民為海外部長❸。

廣州二全大會增加了中共在國民黨中央的勢力，蔣介石力勸汪兆銘「革命實權不可落於俄人之手」，但無結果。三月十八日晚，傳言中共陰謀挾持蔣介石登中山艦，送往俄國，蔣乃斷然對中共及俄國顧問採取制裁措施。汪兆銘不懌，隱匿不出，中執會推譚延闓為政治委員會主席，蔣介石為軍事委員會主席，以接替汪兆銘所留下的兩個缺位❸。六月一日，中常會通過蔣介石任組織部長（後由陳果夫代），邵

❸　同上，頁235。

❸　池田誠，《中國現代政治史》，頁234。

❸　《中華民國史事紀要》，民國15年，頁101。

❸　張玉法，《中國現代史》，頁400–401。

元沖任青年部長，顧孟餘代宣傳部長，甘乃光任農民部長，葉楚傖任
祕書長❿。六月四日，中執會全體會議通過「剋期北伐」案，並推蔣
介石為國民革命軍總司令。其後，中執會於七月五日任命蔣介石為軍
人部長，七月六日推蔣為常務委員會主席❿。

　　一九二六年七月九日北伐開始，中共乘機在各地發展勢力，鮑羅
廷更在武漢建立政權。蔣介石為免國民黨黨統為中共所篡，於一九二
七年四月與早先反共在上海建立中央黨部的國民黨人聯合，斷然實行
清黨，在南京成立國民政府。時汪兆銘已自法返國，復任國民政府主
席，不贊同清黨之舉。武漢與南京間一度分裂，到這年七月，汪兆銘
在武漢亦實行分共，國民黨復歸統一。一九二八年二月二日至七日，
二屆四中全會在南京舉行，通過制止共產黨陰謀案，並通過于右任、
戴傳賢、丁惟汾、蔣介石、譚延闓為常務委員，同時議決改組中央黨
部，取消農、工、商、青年、婦女等部，停止民眾運動❿。

　　國民黨在京滬等地區實行清共後，中共於一九二七年五月一日在
武漢舉行第五次全國代表大會，到會代表八十人，代表黨員五萬七千
九百人，陳獨秀五度被選為總書記。及武漢地區實行清共，中共乃採
取武裝暴動的路線。是年八月南昌暴動失敗，瞿秋白繼陳獨秀為總書
記，繼續於湖南、廣東、江蘇、浙江等省推行暴動，皆歸失敗。到一
九二八年七月九日，中共在莫斯科召開第六次全國代表大會，向忠發
繼瞿秋白為總書記❿。

　　在中國國民黨重建為革命政黨以及中共建為革命政黨的同時，中

---

❿　《中華民國史事紀要》，民國十五年，頁441。

❿　同上，頁506。

❿　張玉法，《中國現代史》，頁402–411。

❿　同上，頁412–417。

國尚有其他政黨出現，即中國青年黨。中國青年黨，起源於少年中國學會，一九一九年七月一日，曾琦、李大釗、王光祈等在北京組少年中國學會，標榜「本科學的精神，為社會的活動，以創造少年中國。」嗣以會員中分成國家主義與共產主義兩派，乃告分裂。一九二一至一九二二年間，李大釗、周佛海、鄧中夏、毛澤東等加入共產黨。一九二三年十二月二日，留歐少年中國學會會友曾琦、李璜等在巴黎聯絡國家主義人士，組國家主義青年團，以「本國家主義之精神，標全民革命的手段，以外抗強權，力爭中華民國之獨立自主；內除國賊，建設全民福利的國家」為宗旨。推曾琦為總幹事，李璜、張子柱、周道等分任內務、財務、交際幹事。一九二四年四月二十日在巴黎舉行第一次黨員全體大會，當時登記黨員八十六人，到會黨員五十二人。發起的十二人均被推為中央委員，並推曾琦為委員長，創《先聲周報》，宣傳國家主義，對共產主義作猛烈的抨擊。

一九二四年九月，曾琦、李璜等返國，約集少年中國學會的左舜生、陳啟天、余家菊等十餘人，於十月十日在上海創《醒獅周報》，宣揚國家主義，故有「醒獅派」及「國家主義派」之稱。隨之在國內外各地積極發展組織，如上海的商界青年同志會、大夏青年團、國家教育協進會，南京的暢社，浙江的愛國青年社、保華青年團，北京的國魂社、救國會、中國少年衛國團，廣州的獨一社、獅聲社，湖南的固中學會、少年中國自強會，河南的光華學會，四川的惕社、起舞社，江蘇的國光社、自強團，雲南的復社，湖北的鋒社，安徽的青年社，山西的愛國青年社，美國的大江會、大神州社，法國的先聲社，德國的工人救國團、國防同志會，日本的獨立青年社、華魂社、江聲社等，皆為此派的組織。除社團外，尚有報刊，如《香港時報》、《申江日報》、《霹雷報》、《先聲周報》、《醒獅周報》、《國魂周報》、《長風半月

刊》、《國防線半月刊》、《少年中國月刊》、《國光旬刊》、《青年生活》、《青年中國》、《青年陣線》等，皆為此派的刊物。

一九二五年春，國家主義青年團在上海召開第二屆代表大會，曾琦仍被推為委員長。當時國家主義青年團除宣揚反共外，並反對國民黨聯俄容共。是年十二月五日，時國民黨部分中執會委員在北京西山召開會議，討論清除黨內共產黨員，曾琦發表〈國民黨之清黨運動與共產黨之篡奪陰謀〉，建議以孫中山的三民主義測驗黨員的真偽。十二月三十一日，國家主義青年團本部由巴黎遷回上海。

一九二六年北伐開始，國民政府通令改用青天白日滿地紅之旗為國旗，國家主義青年團假借擁護五色國旗及聯省自治為名，與直系軍人孫傳芳有所聯繫，在南京、上海等地舉行擁護五色旗市民大會，並組織擁護五色旗大同盟，在北京舉行反赤大會。及北伐軍底定京滬，該團首要人物北走天津及東北，受奉系軍人張作霖的庇護。一九二七年七月五日，曾在北京舉行第三屆代表大會。及北伐軍底定平津，東北張學良亦易幟歸順中央，該團仍在華北、東北暗中活動。一九二九年八月二十日，在瀋陽召開第四屆代表大會，鑒於原有組織不足號召，乃將國家主義青年團正式改組為中國青年黨，團的組織仍然存在，隸屬於黨，用以訓練預備黨員❸。

中國青年黨創黨期間，美國舊金山有新中國黨的成立，該黨在上海設有辦事處。宣言基於新中國主義，用新中國主義的方法，創造新中國。主張政治民主、信仰自由、民族平等。在政治上主張行政、立法、司法、考試權獨立，在經濟上主張重工業國有、徵收累進稅及所

---

❸ 孫子和編，《民國政黨史料》，頁253–255, 267, 270–271；《中華民國史事紀要》，民國14年（上），頁321–324, 683；李璜，《學鈍室回憶錄》，頁120。

得稅，社會上主張男女平等、保護工人[139]。

　　在美洲的中國政黨，除新中黨外，尚有中國憲政黨。該黨脫胎於清末康有為所領導的帝國憲政會，民國建立後，康有為、梁啟超歸國，舊帝國憲政會的勢力改組為中國憲政黨，先後由徐勤、伍憲子等領導[140]。在中國國民黨改組後，中國憲政黨續作為國民黨的反對派，初反對國民黨聯俄容共，後反對國民黨實行訓政，曾於一九二九年八月一日發布〈中國憲政黨對時局之嚴重宣言〉，抨擊國民黨[141]。

　　中國青年黨、新中國黨、和中國憲政黨，皆為民主政黨，其聲勢較以革命為號的國共兩黨相差甚遠。需要說明的是，革命政黨很難推行民主政治，國民黨、共產黨先後在中國大陸執政，對中國民主政治的發展有不利的影響。

第二節　國會與選舉

　　民國初年的國會，歷經波折。就制度而論，有民選的國會，扮演三權政治中的立法角色；有官派的諮議機構，作為民主政治的點綴。本節首論民初國會制度的演變，其次分別論述第一、第二屆國會及其選舉。

一、國會制度的演變

　　民國初年的國會，並諮議機構在內，依存在的時間先後，有以下

---

[139]　佐藤俊三，《支那近世政黨史》，頁222–227。

[140]　孫子和編，《民國政黨史料》，頁395。

[141]　1929年8月1日中國憲政黨駐美國總支部發布《中國憲政黨對時局之嚴重宣言》，小冊。

九種：㈠各省都督府代表聯合會：存在於一九一一年十二月至一九一二年一月。㈡臨時參議院：存在於一九一二年一月至一九一三年四月。㈢第一屆國會：存在於一九一三年四月至十一月、一九一六年八月至一九一七年六月、一九一七年九月至一九二二年六月（曾有停頓，且不足法定人數）、一九二二年八月至一九二四年十月。㈣政治會議：存在於一九一三年十二月至一九一四年五月。㈤約法會議：存在於一九一四年二月至五月。㈥參政院及其代行立法院：存在於一九一四年五月至一九一六年六月。㈦參議院：存在於一九一七年十一月至一九一八年八月。㈧第二屆國會：存在於一九一八年八月至一九二〇年八月。㈨臨時參政院：存在於一九二五年七月至一九二六年四月。綜上所述，從一九一二年一月至一九二六年四月間，絕大部分的時間都有國會或諮議機構，僅就北京政府而論，沒有國會或諮議機構的時間不過兩年。

㈠各省都督府代表聯合會

一九一一年十月武昌革命爆發後，獨立各省謀組臨時政府，由江蘇都督府代表雷奮、沈恩孚，浙江都督府代表姚桐豫、高爾登發起，於同年十一月十二日通電各省都督府或諮議局，派遣代表至上海，共同磋商臨時政府組織問題，定名各省都督府代表聯合會。先後參加者有滬軍都督府代表袁希洛、俞寰澄、朱葆康，福建都督府代表林長民、潘祖彝，鎮江都督府代表馬良、陳陶遺，山東都督府代表謝鴻燾、雷光宇，湖南都督府代表宋教仁，江西都督府代表王照、陳宧彥、徐鐘，浙江都督府加派代表湯爾和，湖北都督府代表居正、陶鳳集。會始開於一九一一年十一月十五日，嗣以湖北為首義之區，理應為中央政府所在地，與會代表於一九一一年十一月二十五日決定在漢口集會。十一月三十日漢口會議開始，各省新派代表者先後又有湖南都督府代表

譚人鳳、鄒代藩，湖北都督府加派代表孫發緒、時象晉、胡瑛、王正廷，安徽都督府代表王竹懷、許冠堯，廣西都督府代表張其鍠，直隸諸議局代表谷鍾秀，河南諸議局代表黃可權，浙江都督府加派代表陳時夏、陳毅、黃群，安徽都督府加派代表趙斌，四川都督府代表周代本。十二月三日，通過中華民國臨時政府組織大綱❿。規定臨時政府為總統制，設臨時參議院為立法機構。

　　另一方面，部分代表滯滬未赴漢開會，包括湖南宋教仁，福建林長民，湖北居正、陶鳳集，奉天吳景濂，吉林趙學臣，他們於十二月一日通電各省，謂漢陽失守，湖北軍務緊急，已電催在武漢開會的代表回滬，擬在上海設立統一機關。十二月四日，蘇督程德全、浙督湯壽潛、滬督陳其美，以及宋教仁（代表歐陽振聲）、章炳麟、章駕時、蔡元培、王一亭、黃中央、趙竹君、顧忠琛、袁錫範等在上海開會，舉黃興為大元帥、黎元洪為副元帥，定南京為臨時政府所在地。十二月六日，黎元洪來電，告知漢口代表會議的議決案，並囑滯留上海的代表於十一日赴南京與漢口代表會議❿。

　　漢口和上海兩地的代表，至十二月十三日止，先後到南京者有江西吳鐵城、林森、趙士北、王有蘭、俞應麓，浙江湯爾和、陳時夏、黃群、屈映光，湖北馬伯援、楊時傑、居正、陶鳳集、時象晉，湖南廖名搢、鄒代藩、劉揆一、宋教仁（代歐陽振聲）、奉天吳景濂，河南李盤、黃可權，山西仇亮、喬義生、景耀月，福建林長民、潘祖彝，江蘇雷奮、陳陶遺、馬良、袁希洛，廣西馬君武，廣東王寵惠、鄧憲甫，四川周代本、蕭湘，直隸谷鍾秀，安徽趙斌、王竹懷、許冠堯，

---

❿　《民初議員列傳》附〈中華民國議會史〉，頁1–2；谷鍾秀，《中華民國開國史》，頁33–35。

❿　同上，〈中華民國議會史〉，頁3。

計十四省三十九人。十四日開議，選湯爾和為議長、王寵惠為副議長，潘祖彝為書記。其間，南京代表會議曾追認漢口會議所決定的臨時政府組織大綱，並增加大總統選舉前其職權由大元帥任之、大元帥不在臨時政府所在地時其職權由副元帥行之等條。由於黃興辭大元帥職，南京會議又於十七日選黎元洪為大元帥、黃興為副元帥，黎暫住武昌，其職由黃興代理。二十四日會議代表以孫中山歸國抵滬，派人去上海歡迎。二十九日舉行總統選舉會，出席代表十七省四十三人，規定每省一票。推孫中山、黎元洪、黃興為大總統候選人，孫中山以十六票當選**❹**。

　　南京代表會於選舉孫中山為臨時大總統後，一面派人赴上海迎孫中山至南京就任，一面通電各省，並請每省各派參議員三人組織臨時參議院，在臨時參議員抵京前，原代表留一至三人代行其職權。一九一二年一月二日，南京代表會改選趙士北、馬君武為正副議長，並決定代行參議院職權。一月三日，選黎元洪為副總統。在代行參議院職權期間，南京代表會議曾議決中央各部權限，對任用國務員行使同意權，議定參議院議事規則及軍需公債規則，而政府之例行向代表會提出施政報告、大總統向代表會提出諮詢案、以及代表向政府提出質詢案等**❺**，皆表示南京代表會實具有議會的性質。

㈡臨時參議院

　　各省都督府代表聯合會代表參議院在南京集議時，曾於一九一二年一月十八日通電各省，限各省所派參議員於一月二十八日前到南京，並定一月二十八日為臨時參議院開院日。一九一二年一月二十八日上午十一時，臨時參議院正式在南京開幕**❻**，到會議員計廣東、湖北、

---

❹　同上，頁4。

❺　同上，頁4–8。

湖南、浙江、江蘇、安徽、江西、山西、福建、廣西等十省三十人，未到而以代表會代表代理者計雲南、貴州、陝西、四川、奉天、直隸、河南等七省十二人❹。

依照臨時政府組織大綱的規定，參議院以各省都督府所派之參議員組織之，參議員每省三人為限，其派遣方法由各省都督府自定之。實際上，參議員的來源不外三種：㈠都督府指派，㈡舊諮議局指推，㈢民選❹。

臨時參議院的職權有八：㈠議決宣戰、媾和、締結條約及議決設立臨時中央審判所之權；㈡對大總統任用各部長及派遣外交專使的同意權；㈢議決臨時政府之預算；㈣檢查臨時政府之出納；㈤議決全國統一之稅法、幣制及發行公債事件；㈥議決暫行法律；㈦議決臨時大總統交議事件；㈧答覆臨時大總統諮詢事件。參議院議決事件，由議長具報，經臨時大總統蓋印，發交行政各部門執行。臨時大總統，對於參議院議決事件，如不以為然，得於具報後十日內，聲明理由，交令覆議，參議院對於覆議事件，如有到會議員三分之二以上之同意，仍執前議時，應仍照前條辦理❹。此點有類美國制度，行政首長有審議之機會，立法機關仍保有最後決定權。

一月二十九日，參議院正式開議，選林森為議長，陳陶遺為副議長。嗣陳陶遺辭職，三月十五日補選王正廷為副議長。

臨時參議院在南京開會期間，重要的成就凡三：㈠制定臨時約法；㈡接受孫中山、黎元洪辭臨時大總統、副總統職，補選袁世凱為臨時

---

❹　同上，頁7-8。

❹　錢端升等，《民國政制史》，頁5。

❹　董霖，《戰前中國之憲政制度》，頁21。

❹　谷鍾秀，《中華民國開國史》，頁37-38。

大總統，重選黎元洪為副總統；㈢決定國都地點，初在北京，嗣改南京，旋又決定權設北京。他如否決女子參政請願案、通過華比銀行借款案、同意第一屆內閣閣員人選案等❿，亦皆為犖犖大者。此期間臨時參議院中重要的衝突事件凡三：㈠臨時參議院開幕前一日，有議員提出，未獨立省分之代表，代理參議員者，無有表決權，引起很大衝突。先是，各省代表集於武漢時已有是項決議，未獨立省分之代表，因組織臨時政府迫切，初不計較，而事實上亦未施行，故宣布臨時政府組織大綱時，共同簽字；臨時大總統、副總統之選舉，國務員任命行使同意權時，亦皆投票。至是發生問題，勢在必爭，於是直隸、奉天兩省代表相繼辭職，其結果，改定一律有發言表決權乃止❺。㈡國都問題，原以二十票對八票決定設於北京，因大總統孫中山咨交覆議，仍主建都南京，議院中爭論甚激，用投票表決，又以十九票對七票決定建都南京❿。㈢參院通過華比銀行借款案時，議決不足法定人數，復未經三讀，而臨時政府又以財政窘急，將漢冶萍公司向日人抵押五百萬元濟急，亦未經參院公決，即行簽訂，於是湖北議員大譁，指政府專斷擅行，辭職回鄂，政府不得已乃將漢冶萍罷押，或謂此事引起湖北方面另擬組織臨時國會，與南京對抗❸。實則，鄂人反對政府以漢冶萍公司抵押借款為一事，鄂人欲另組國會，則起於對臨時約法規定參議員由「各地方選派」一項不滿，認南京參議院非為民選，乃倡議另組。參議院曾兩次通電駁斥湖北方面的越軌行動，皆本議員之選派方法立言❹，可知與漢冶萍公司抵押一事，並無直接關係。

❿　《民初議員列傳》附〈中華民國議會史〉，頁9–10。

❺　顧敦鍒，《中國議會史》，頁61–62。

❿　同上，頁69；沈雲龍，《黎元洪評傳》，頁32。

❸　沈雲龍，《黎元洪評傳》，頁22。

臨時參議院在南京開會僅兩月餘，四月一日，大總統孫中山解職，由袁世凱繼位。四月二日袁向參議院提臨時政府遷北京案，以二十票對六票的多數通過，四月五日，參議院決定七至十五日休會，開始北遷工作，至四月二十九日，正式在北京開院❺。

在北京開院之臨時參議院，係依據臨時約法重新組織。議員來源，每行省及內蒙古、外蒙古、西藏各選派五人，青海選派一人。至於選派方法，由各省自定。惟臨時參議院在南京開院之初，議員多係各省都督派遣，臨時約法公布後陸續補換者，幾全由各省臨時省議會選舉。選舉方法雖各省各行其是，但當選議員資格，則由一九一二年四月一日臨時大總統公布參議院通過之參議院法，予以統一規定，即凡中華民國之男子，年滿二十五歲以上，得為參議員，但如係剝奪公權及停止公權者、吸食鴉片者、現役海陸軍人或現任行政職員或現任司法職員者，即失其資格❻。

參議院在南京開院時，是依臨時政府組織大綱組成，臨時政府組織大綱採總統制，參議院職權較小。臨時約法公布後，政府依臨時約法而改組；臨時約法採內閣制，參議院職權較大。茲將臨時約法所規定之參議院職權列舉如次：

一、立法權：中華民國立法權，以參議院行之；參議院得議決一切法律案。

二、財政權：參議院議決臨時政府之預算決算、全國之稅法幣制、度量衡之準則、公債之募集及國庫有負擔之契約。

三、任免權：臨時大總統任命國務員及外交大使公使，須得參議

---

❺　顧敦鍒，《中國議會史》，頁70–71；谷鍾秀，《中華民國開國史》，頁63–67。

❻　《民初議員列傳》附〈中華民國議會史〉，頁10–11，14。

❻　錢端升等，《民國政制史》，頁15。

院之同意。

四、外交權：臨時大總統宣戰、媾和及締結條約，均須取得參議院之同意。

五、顧問權：參議院答覆臨時政府諮詢事件。

六、受理請願權：參議院受理人民之請願，但請願書非有參議員三人以上之介紹，不得受理。

七、建議權：參議院得以關於法律及其他事件之意見，建議於政府，但建議案非有參議員五人以上之連署，不得提出。

八、質問權：參議院得提出質問書於國務員，並要求其答覆，但此項質問書之提出，須有參議員十人以上之連署。

九、查辦權：參議院得咨請臨時政府查辦官吏納賄違法事件。

一〇、彈劾權：參議院對於臨時大總統，認為有謀叛行為時，得以參議員二十人之連署，可提出彈劾案。但須以總員五分之四以上之出席，出席員四分之三以上之可決，方能成立。對於國務員，認為失職或違法時，得經參議員十人以上之連署，提出彈劾案，但須總員四分之三以上之出席，出席員三分之二以上之可決，方能成立。

一一、大赦同意權：臨時大總統宣告大赦，須得參議院之同意。

一二、選舉臨時大總統及副總統之權。

參議院議決事件，咨由臨時大總統公布施行。臨時大總統對於參議院議決事件有否認時，得於咨達後十日內聲明理由，咨院覆議，但參議院對於覆議事件，如有三分之二以上仍執前議時，仍為有效❺。

一九一二年五月一日，北京臨時參議院正式開會，選吳景濂為議長，湯化龍為副議長。此後迄於一九一三年四月正式國會召開前，臨時參議院制定的法案有國旗統一案、陸海軍旗式案、郵政權收回案、

---

❺　同上，頁16－18。

國慶紀念日案、六厘公債案、國會組織法案、參議院議員選舉法案、
眾議院議員選舉法案等。另外，關於國務員任命同意案、質問案、彈
劾案等等，雖為例行事項，亦常造成政治上的波瀾❸。

先後在北京臨時參議院開會的議員共一百三十四名，計直隸谷鍾
秀、李榘、籍忠寅等，奉天吳景濂、劉興甲等，吉林金鼎勳、李芳等，
黑龍江高家驥、戰雲霽等，江蘇汪榮寶、楊廷棟、王嘉賓等，安徽江
辛、曹玉德等，江西李國珍、曾有瀾、盧士模等，浙江殷汝驪、王家
襄、陳時夏等，福建林森、潘祖彝、鄭祖蔭、連賢基、劉崇祐等，湖
北湯化龍、時功玖、劉成禺等，湖南覃振、彭允彝、劉彥等，山東彭
占元、丁世嶧、周樹標等，河南孫鍾、杜潛、劉積學等，山西李素、
劉盥訓等，陝西趙世鈺、李述膺等，甘肅宋振聲、王鑫潤等，新疆劉
熺、蔣舉清，四川黃樹中、熊成章、李肇甫等，廣東盧信、徐傅霖、
楊永泰等，廣西劉崛、曾彥、鄧家彥等，雲南張耀曾、顧視高、張華
瀾等，貴州平剛、陳國祥、劉顯治等，蒙古阿穆爾靈圭、那彥圖等，
青海唐古色。其中林森、潘祖彝、黃樹中、平剛等七名，因民選議員
到院，中途辭職。楊廷棟、鄭祖蔭、劉懋賞、曾彥、鄧家彥、阿穆爾
靈圭、那彥圖等十五名，因病或其他事故，於開會期間先後辭職。盧
士模於一九一二年十二月三日病死。王立廷、林輅存、龔政等七名為
中途補缺❹。

㈢第一屆國會

開幕於一九一三年四月，其後屢被解散，屢被恢復，斷續開會至
一九二四年十月。因係民選國會，容於本節第二部分詳述。

---

❸　《民初議員列傳》附〈中華民國議會史〉；頁16–22。

❹　同上，頁22–23。

㈣政治會議

第一屆國會於一九一三年十一月四日因國民黨籍議員被剝奪證書而停閉。十一月五日，國務院電各省派員至京，會議地方行政。到十一月二十六日，袁世凱復下令增派中央政府代表，改地方行政會議為政治會議。十二月十二日命李經羲為政治會議議長，十四日命張國淦為副議長⑯，到十二月二十六日政治會議正式開議。

政治會議共有議員七十五名，其來源有五：㈠總統府特派李經羲、梁敦彥、蔡鍔、馬良、楊度等八名。㈡國務院舉派吳貫因、陳懋鼎、顧鼇、徐樹錚、許壽裳等十二名。㈢法官二名：汪義芝、姚震。㈣蒙藏事務局舉派內蒙貢桑諾爾布、外蒙那彥圖、前藏江贊桑布、後藏廈仲阿旺益喜、青海札勒根頓丹增諾爾布等七名。㈤二十三省區每省區二名共四十六名：計湖北夏壽康、奉天張國淦、山西李慶芳、江蘇張一麐、江西梅光遠、河南王印川、安徽孫毓筠、雲南朱家寶等⑯。

政治會議為諮議機構，議員資格定為「年在三十五歲以上，於行政界經驗十年以上，明於世界大勢，品學兼優者」。議事範圍定為民國建設之政治問題，凡行政上應興應革事件，經政府諮詢，得議決之。而其議決事件，係大總統特交或議員建議者，由議長呈候大總統核奪施行；其係國務院咨送者，即咨覆國務院⑯。

政治會議開幕後，袁世凱首於十二月二十二日諮詢救國大計及增修約法程序，政治會議於二十九日正式開會討論，到一九一四年一月九日，政治會議議決停止第一屆國會議員職務，並特設造法機關，重訂臨時約法。袁世凱據此，於次日下令停止國會議員職務，並宣布解

⑯　郭廷以，《中華民國史事日誌》第一冊，頁122-126。

⑯　同❶，附載井上一葉，〈中國政黨史〉，頁44-46。

⑯　錢端升等，《民國政制史》，頁81-82。

散國會。一月二十四日政治會議議決以約法會議為造法機關，並議決約法會議條例，袁世凱即開始組織約法會議。其他如袁世凱向政治會議提出祭天祀孔案，政治會議予以通過，袁世凱即規復祭天祀孔典禮；袁世凱交政治會議議決解散省議會案，政治會議亦予通過，袁乃解散省議會❸。可以看出，政治會議為袁世凱的御用機構。一九一四年二月十八日約法會議成立後，政治會議漸失效用，至是年五月二十六日參政院成立時，始下令停止政治會議。

(五)約法會議

如前所述，約法會議的由來係袁世凱於一九一三年十二月二十二日向政治會議諮詢增修約法程序後，政治會議於一九一四年一月九日呈請特設造法機關而來。原呈云：

> 本案已經會議一再討論，兩度審查，僉謂臨時約法成於南京臨時參議院，彼時兵事甫息，民氣不伸，且起草各員，倉卒竣事，故實行以來，障礙叢生。又依臨時約法之規定，大總統有提議增修約法之權；現國事日棘，非刷新政治，無以救國家之危，非增修約法，無以立刷新政治之本。本會議以為約法之應行增修，與增修案之得由大總統提出，揆之法理事實，均屬毫無疑義。至議決此項增修案之機關，本會依據法理，參之時勢，僉以為宜於現在之諮詢機關及普通立法機關外，特設造法機關，以改造民國國家之根本法，既可示天下以尊重約法之意，且與前兼領都督黎元洪等電，以時勢造法律之意相符。且有此一造法機關，將來約法修定後，凡附屬於約法之各種重要法案，即

---

❸　郭廷以，《中華民國史事日誌》，第一冊，頁127–135。

可由之制定。本會議討論至再，全體議決，並希望此種造法機
關如果設立，應請召集各地方富於學識經驗，聲望素著者之員，
妥慎組織，以符尊重造法機關之本旨焉[164]。

一月十一日，袁世凱再諮詢政治會議組織造法機關方法，政治會
議乃指定蔡鍔、許鼎霖等為審查員，於十九日、二十三日兩次開會，
擬定約法會議組織條例，並於二十四日開正式會議議決[165]。

依照約法會議組織條例及約法會議議員選舉順序施行細則，議員
由選舉產生。對選舉權的規定為有中華民國國籍年滿三十歲以上的男
子有下列資格之一者：㈠曾任或現任高等官吏而通達治術者，㈡曾
由舉人以上出身而夙著聞望者，㈢在高等專門以上學校三年以上畢業
而精研科學者，㈣有萬元以上之財產而熱心公益者。對被選舉權的規
定為有中華民國國籍年滿三十五歲以上的男子有下列資格之一者：㈠
曾任或現任高等官吏五年以上而確有成績者；㈡在國內外專門以上學
校習法律政治之學三年以上畢業，或曾由舉人以上出身習法律政治之
學而確有心得者；㈢碩學通儒，富於專門著述，而確有實用者。選舉
之方法，由各選舉會用記名單記投票法，以得票較多者為當選[166]。

約法會議共有議員六十人，其來源有四：㈠京師選出程德樹等四
人。㈡各省每省選二人共四十四人，計直隸李榘、奉天袁金鎧、吉林
齊耀珊、黑龍江施愚、江蘇馬良、安徽孫毓筠、江西李盛鐸、浙江蔣
尊簋、福建嚴復、湖南夏壽田、湖北張國溶、山東柯劭忞、河南王印
川、山西田應璜、甘肅顧鼇、四川傅增湘、廣東梁士詒、雲南朱家寶、

---

[164] 《三水梁燕孫先生年譜》（上），頁167-168。

[165] 錢端升等，《民國政制史》，頁82。

[166] 同上，頁83-84。

貴州任可澄等。㈢蒙藏青海共選八人：那彥圖、許世英、錢能訓等八人。㈣全國商會共選張振勳等四人⑯。

約法會議以議決增修約法案及附屬於約法之重要法案為其職權。但約法會議議決事件，須咨由大總統裁可公布，方為有效⑱。

約法會議於一九一四年三月十八日正式開會，選孫毓筠為議長、施愚為副議長。三月二十日，袁世凱以增修約法大綱案咨約法會議，至四月二十九日，約法會議予以通過。五月一日，袁世凱即根據約法會議的決議，廢止一九一二年三月制定的臨時約法，公布新約法，並布告約法增修的經過。舊約法為內閣制，新約法為總統制，袁於公布新約法的當日，即廢國務院，置國務卿⑲。約法會議於完成此任務後，續制定有關法規，至一九一五年三月十八日始解散。

㈥參政院及其代行立法院

參政院是依據一九一四年五月一日公布的新約法而設立，參政院的組織法，則由約法會議制定，而由袁世凱於五月二十四日公布。

五月二十六日，參政院成立，袁世凱任命黎元洪為參政院院長、汪大燮為副院長。參政員徐紹楨、孫多森、姚錫光、蔣尊簋、梁士詒、趙爾巽、梁啟超、王家襄、李經義、熊希齡、呂海寰、孫毓筠、陳國祥、王印川、饒漢祥、那彥圖、王揖唐、王闓運、嚴復、馬良、施愚、蔡鍔、袁樹勛、勞乃宣、柯紹忞、薩鎮冰、張振勳、于式枚、陸徵祥、宋小濂、嚴修、李家駒、樊增祥、周學熙、丁振鐸、瞿鴻禨、錫良、唐景崇、阿穆爾靈圭等，共七十人⑰。

⑯　同⑯，頁48–49。

⑱　錢端升等，《民國政制史》，頁85。

⑲　郭廷以，《中華民國史事日誌》第一冊，頁137，140–141。

⑰　《民國五年中國年鑑》，頁149–151；同⑯，頁49–50。參政員頗多變動，

　　參政院的議員，皆由大總統簡任，其標準凡五：㈠有勳勞於國家者，㈡有法律政治之專門學識者，㈢有行政之經驗者，㈣碩學通儒有經世著述者，㈤富於實業之學識經驗者。

　　參政院為諮詢機關，應大總統之諮詢，審議重要政務，頗有類於日本實行君主立憲時期的樞密院，其職權約可分為三方面：

　　其一、為交議者：下列各款，由大總統交參政院議決之：㈠依新約法所定，須經參政院同意事件：1.大總統之解散立法院；2.大總統在不能召集立法院時，發布與法律有同等效力之教令；3.大總統之財政緊急處分；4.組織憲法起草委員會起草憲法，並由參政院審定憲法案；5.不公布立法院通過兩次之法律案。㈡新約法及附屬於新約法各法律疑義之解釋事件。㈢行政官署與司法官署之權限爭議案件。

　　其二、為諮詢者：凡下列各款，大總統得諮詢參政院，徵集其意見：㈠關於締結條約事件，㈡關於設置行政官署事件，㈢關於整理財政事件，㈣關於振興教育事件，㈤關於擴充實業事件，㈥其他特交事件。

　　其三、為建議者：參政院對於上述諮詢事件中，㈠至㈤項，得提建議案於大總統，但須有參政十人以上之連署。

　　參政院不僅有上述職權，依照約法規定：「立法院未成立前，以參政院代行其職權。」一九一四年六月二十九日，袁世凱令參政院代行立法院職權，直至一九一六年六月二十九日，參政院被取銷，所代行立法院職權自亦取消。

　　　先後辭職者有張蔭棠、勞乃宣、馮煦、柯紹忞、嚴修、毛慶蕃、瞿鴻禨、渠本翹、錫良、梁啟超，補任者有楊度、錢恂、高增爵、秦望瀾、孟繼笙、增韞、劉師培，免職者有汪大燮，見郭廷以《中華民國史事日誌》第一冊，頁146-233。

　　立法院為新約法中所規定的立法機關，規定由選舉產生，雖曾宣布籌備，但始終未及成立，其職權則由參政院代行。立法院的職權約有十項：

　　㈠立法權：立法院本身可以提出法律案，並議決法律。議員提出之法律案，如大總統不公布時，同會期內不得再行提出。

　　㈡財政權：立法院議決預算，並議決或承諾關於公債募集及國庫負擔之條件。

　　㈢外交權：大總統締結變更領土或增加人民負擔之條約，須經立法院之同意。

　　㈣顧問權：答覆大總統諮詢事件。

　　㈤受理請願權：受理人民請願，但人民請願書，必須有議員五人以上之介紹，方可接受，非經審議，不得受理。

　　㈥建議權：立法院得提出關於法律及其他事件之意見，建議於大總統。

　　㈦質問權：立法院得提出關於政治上之疑義，要求大總統答覆。

　　㈧彈劾權：立法院對於大總統有謀叛行為時，得提起彈劾之訴訟於大理院。

　　㈨大赦同意權：大總統宣告大赦，須經立法院之同意。

　　㈩決定議員資格：立法院議員到院後，發現議員之資格有疑義時，經審查會審查，交院議定之⓫。

　　參政院自一九一四年五月二十六日成立後，到六月二十九日奉令代行立法院職權。惟參政院與立法院職權及會期均不同，參政院在代立法院時，職權和會期都照立法院的規定；未代理立法院時，職權和

⓫　錢端升等，《民國政制史》，頁99–112；董霖，《戰前中國之憲政制度》，頁43–44。

會期都照參政院的規定；確實是一個機構扮演兩個機構的角色。從一九一四年六月二十九日至十二月二十八日，參政院代行立法院期滿（第一會期）閉會，此期間參政院的重要議事有修正大總統選舉法（總統任期十年）、　為日軍侵占膠濟鐵路向政府提出質詢案等。一九一五年二月五日，參政院第二屆會期開幕，到九月一日又代行立法院開會。此期間，參政院曾推舉憲法起草委員，議定憲法起草程序。自九月一日代行立法院開會，到一九一六年二月二十九日代行立法院閉會，此期間，參政院曾接受請願，討論變更國體問題；議決以國民代表大會，解決國體問題，並制定國民代表大會組織法；彙查國民代表決定國體票數一千九百九十三票，一致推戴袁世凱為皇帝，並將推戴書奏達袁氏，請登皇帝位。一九一六年三月二十二日，袁世凱因受多方反對，撤銷承認帝制案，並召集代行立法院開臨時會。三月二十五日，代行立法院因推戴皇帝案喪失效力，議決各法令仍舊回復其效力。六月六日袁世凱死，次日黎元洪繼為總統。六月二十九日，黎元洪申令恢復舊國會，並撤銷參政院及代行立法院等機構❼。

　　參政院與代行立法院之狀況，當時記者黃遠庸曾加論述。略謂參政院為總統之最高諮詢機構，開會時不准旁聽；代行立法院為立法機構，准許旁聽。參政院及代行立法院中無黨爭，會場一團和氣，不若國會時期之怒目相視。參政員衣著新舊不同，新派多穿皮鞋西裝，舊派多穿官靴馬褂。開會時到場議員及旁聽者均不多，討論法律案時，先由法制局人員說明，再由參政員質詢，然後即付審查，井井有序，不若國會時期之紛亂❽。參政院及代行立法院，不過為形式上的民意機構，與行政機構自無衝突可言。

❼　郭廷以，《中華民國史事日誌》第一冊，頁144–250。

❽　《遠生遺著》卷二，頁258–261。

㈦參議院

參政院及其所代行的立法院，是袁世凱企圖恢復帝制期間的諮議機構。袁世凱死後，黎元洪繼為大總統，恢復舊國會，然未及一年，即因張勳陰謀復辟，恢復的舊國會又被強迫解散。一九一七年七月十二日復辟事平，時馮國璋為大總統，段祺瑞為國務總理，本應尊重臨時約法，再恢復國會，但段祺瑞以舊國會前曾與之為難，頗耿耿於懷；其研究系閣員，亦以國會中本系人數太少，不能伸其主張，尤不以恢復為然。彼等以為中華民國既經一度之復辟推倒，復生之中華民國為現政府所手造，則舊國會斷無恢復之理。又以為舊國會不良，乃由於國會組織法不善，應先組織一種過渡機關，將國會組織法修改，然後再選舉國會❼。

研究系的意見，為政府所接納，政府乃謀組織臨時參議院，修改國會組織法，一九一七年九月二十九日有令云：

> 國會組織法暨兩院議員選舉法，民國元年係經參議院議決，咨由袁前大總統公布，歷年以來，累經政變，多因立法未善所致，現在亟應修改，著各行省蒙藏青海各長官仍依法選派參議員，於一個月內到京，組織參議院，將所有應行修改之組織選舉各法，開會議決❼。

此即組織臨時參議院之由來。時護法國會已在廣州召開，孫中山頗不以北京政府重組國會為然，發電痛斥之，然亦無可如何。

十一月十日，臨時參議院舉行開院式，除雲南、廣東等護法省分

---

❼　顧敦鍒，《中國議會史》，頁145。

❼　錢端升等，《民國政制史》，頁153。

未派代表外，各省參議員一百一十五人，包括直隸王振垚、高凌霨、奉天陳瀛洲、劉恩格，吉林齊忠甲、烏澤聲，山西田應璜、梁善濟、李慶芳，江蘇孫潤宇、藍公武，安徽王揖唐、光雲錦，浙江陸宗輿、蔡元康，新疆王學曾、楊增炳，四川羅綸、鄧鎔，蒙古那彥圖、阿穆爾靈圭等[176]。

十一月十四日，參議院選舉正副議長，王揖唐當選為議長，那彥圖當選為副議長，研究系梁善濟競選議長失敗。其後，參議院進行有關國會法規修訂工作，至一九一八年二月十七日完成公布國會組織法、參議院議員選舉法、眾議院議員選舉法、蒙古回部西藏第二屆眾議院議員選舉施行法。再其後，依據修訂的法規選舉國會，至八月十二日新國會成立，參議院即於前一日閉幕[177]。

㈧第二屆國會

第二屆國會於一九一八年八月十二日成立，至一九二○年八月三十日閉幕，因係選舉產生的國會，容於本節第三部分論述。

㈨臨時參政院

第二屆國會閉幕後，新得勢的直系謀另選國會，但受到各方面的牽制，到一九二一年八月間有十一省選出眾議員，稱為「新新議員」，然終未召集。一九二二年直奉戰後，直系恢復舊國會；到一九二四年十月，舊國會又因直系失敗而停閉。其後段祺瑞組臨時執政府，段執政府之國務會議，於一九二五年四月七日通過設立臨時參政院，以輔佐臨時執政。同月十三日，頒布臨時參政院條例；五月一日，頒布修正臨時參政院條例各條；同月三日，頒布各省區法定團體會長互選參

---

[176] 《民國八年中國年鑑》，頁408-410。

[177] 顧敦鍒，《中國議會史》，頁148；郭廷以，《中華民國史事日誌》第一冊，頁339-393。

政程序令。

依據上述法規，參政院係由下列各代表組成：㈠各省軍民長官各派代表一人；㈡京兆、熱河、察哈爾、綏遠、西康及蒙、藏、青海長官各派代表一人；㈢邊防督辦、宣撫使、各總司令及指定之各總司令或各軍最高將領各派代表一人；㈣內外蒙古、西藏、青海、滿旗、回部及華僑，由臨時執政共派十六人；㈤各省省議會議長一人，各區有議會者亦同；㈥各省區法定各團體之會長互選一人；㈦由臨時執政派充二十人。參政院設正、副議長，均由臨時執政就參政中特派。

參政院之職權凡二：㈠議決權： 1. 關於省自治之促成及在國憲並省憲未施行前應先規定之省自治暫行條例案； 2. 關於善後會議財政善後委員會及軍事善後委員會議決之執行事項； 3. 關於消弭及調停各省間或各省內部相互之紛爭事項； 4. 關於與外國宣戰媾和或與締結之條約案； 5. 關於募集內外公債及增加租稅事項； 6. 其他臨時執政認為應行諮詢事項。議決以後，如臨時執政認為可行，則分別發交各主管官署執行；認為不可行時，得於接受後二十日內交付覆議，覆議通過，即予執行。㈡建議權：於議決權之 1. 至 3. 項，得提建議案於臨時執政 **⑱** 。

臨時參政院於一九二五年七月三十日舉行開院式，議長為趙爾巽，副議長為湯漪，參政有陶保晉、溫壽泉、袁金鎧、任可澄、馬君武、馬良、馬福祥、馮自由、徐紹楨、周學熙、江朝宗、屈映光、王印川、張廣建、陸宗輿、呂公望、言敦源、彭養光、烏澤聲、鄧漢祥等，共一七八人 **⑲** 。

⑱ 錢端升等，《民國政制史》，頁178–179；董霖，《戰前中國之憲政制度》，頁63–64。

⑲ 劉壽林，《辛亥以後十七年職官年表》，頁529；同上錢書，頁179，謂參

臨時參政院成立後，總理北京政府的立法工作，如一九二五年十月曾通過關稅國定稅率條例，菸酒進口稅條例，皆於是月二十四日公布。參政的任期原以正式政府成立之日為止，但臨時執政府結束，未有正式政府成立之事。到一九二六年段祺瑞失勢後，臨時參政院也就無形中消散[180]。

二、第一屆國會及其選舉

民國建立後，第一屆民選的國會，開幕於一九一三年四月。其籌備選舉的工作，在一九一二年就開始進行。根據一九一二年臨時參議院所制定的國會組織法，國會由參眾兩院組成。參議院議員由各省省議會選出，每省十名，全國二十二省，共二百二十名，加上蒙古二十七名，西藏十名，青海三名，中央學會八名，華僑六名等配額，共二百七十四名。眾議院議員數，原規定每人口八十萬選議員一名，因來不及調查人口，各省眾議員名額，以清末諮議局議員數的三分之一為定額，共五九六名[181]。兩院議員總額共八七〇名。

選民資格，需年滿二十一歲的男子，在選區內居住兩年以上，年納直接稅二元以上，或有不動產值五百元以上，或在小學以上學校畢業。候選人的年齡，眾議員需二十五歲以上，參議員須三十歲以上。凡褫奪公權尚未復權、宣告破產而尚未撤銷、有精神病、吸食鴉片、不識字者，不得有選舉權與被選舉權。蒙、藏及青海地區與華僑，不

<hr>

政總額一九三人，開院時出席者一一四人。

[180]　《合肥執政年譜》，頁125；William L. Tung: *The Political Institutions of Modern China*, p. 81.

[181]　許秀碧，〈民國二年的國會〉，民國66年國立政治大學政治研究所碩士論文，頁68–69。

通曉漢語者，不得為候選人。現役軍人、行政及司法官吏、巡警、僧道及其他宗教師，皆無選舉權與被選舉權，但蒙、藏、青海之行政司法官、巡警、僧道，不適此規定。小學教員、學生，於其選區內辦理選舉人員，不得為候選人，然監察員、調查員、及蒙、藏、青海之辦理選舉人員，不在此限[182]。

依照上述資格規定，各省區編造選民名冊。然因人民缺乏認識，不少人甘願放棄選舉權利；又以戶口不清、財產及教育程度無登記、以及調查經費和人力不足，無法做切實的調查；加上調查員工作不力、隨意捏造，無論多報、少報、或作其他不實的造報，皆使選民名冊與實際選民有很大的距離[183]。故不僅各省選民人數的百分比有極大的差距，而平均每若干人口選一眾議員，也有極大的差距。如直隸選民佔人口的百分之三十五，而吉林只佔百分之二；四川每一百三十七萬五千人選一眾議員，而新疆每二十萬人即可選一眾議員[184]。

第一屆國會是由間接選舉產生，參議員由省議會選出，眾議員是由選民選出五十倍的初選當選人，再由初選當選人互選產生眾議員。無論初選複選，皆有競選活動。在競選活動中，有助選團體和政黨參與其中，政見多較空洞，不過內閣制、總統制、抨擊政府、擁護政府、攻擊其他候選人、炫耀自己或己黨。其競選方法，或開設夜塾，教授選民寫候選人姓名；或預印候選人名片，以便選民攜入選舉場內摹寫；或張貼海報、標語，吸引選民注意；或以報刊宣揚己黨候選人之長、攻擊他黨候選人之短；或以各種優待方法（如免繳黨費）， 拉初選當

---

[182] 同上，頁71–72。

[183] 同上，頁76–80。

[184] 張朋園，〈從民初國會選舉看政治參與〉，《國立臺灣師範大學歷史學報》第七期，頁367，369。

選人入黨；或旅行各地，發表演說。在競選的過程中，舞弊的行為很普遍。舞弊的方法之一是賄選，包括以金錢買票、設酒宴款待、備船轎迎送，以及贈送金徽章、燕尾服、鴉片等。初選票價由一角至數十元不等，複選票價由數十元至千元不等。除賄選外，冒名頂替之風相當盛行，而官吏、政黨的控制選舉也很嚴重，甚至武力衝突，亦時有所聞❽。

　　實際選舉情形，除蒙、藏、青海等區，由王公、世爵、世職選舉，採直接選舉；華僑因散居世界各地，可以委託他人代理投票外，其餘均以複選方式進行，不能委託投票，亦不能通訊投票。投票權的獲得，凡有選民資格者，調查員來調查時，即交選舉人資格證書一紙，選舉之日，至投票所核對姓名並簽到後，可領票一張，自填所選候選人姓名，而後投入票櫃中。投票秩序，一般尚稱良好，但部分選區，或因投票場地狹小，爭先恐後，亂成一團者；有因籌備不周，檢查選民名冊費時，引起衝突，投票場被搗毀者；有因選民不諳投票規則，重複投票，甚至搶票者；或有欲操縱選舉，代人寫票，甚至強制選民投票某人者。因此選舉訟案，層見疊出，甚至有控候選人不付賄款者。選民之熱心投票，多係受賄或請託而來，有些選區，投票率可高達百分之六十、七十七，甚至九十❽。

　　眾議院於一九一二年十二月十日初選，一九一三年一月十日複選。稍後，各省區參議員亦陸續選出，計眾議員定額五九六人，參議員定額二七四人❽，眾議院議員五九六人，計❽：

---

❽　許秀碧，〈民國二年的國會〉，頁88–104；同上張朋園文，頁370–373。

❽　許秀碧，〈民國二年的國會〉，頁113–122。

❽　張玉法，《中國現代史》，頁95。

❽　此據張玉法，〈民國初年的國會〉，《中央研究院近代史研究所集刊》，第

直隸：溫世霖、孫洪伊、谷鍾秀、李景濂等，共四十六人。

奉天：吳景濂、曾有翼、劉恩格等，共十六人。

吉林：齊耀瑄、莫德惠等，共十人。

黑龍江：關文鐸、孟昭漢等，共十人。

江蘇：茅祖權、孟森、陶保晉、楊廷棟、凌文淵等，共四十人。

安徽：凌毅、汪彭年、曹玉德等，共二十七人。

江西：吳宗慈、羅家衡、李國珍、徐秀鈞等，共三十五人。

浙江：褚輔成、徐象先、陳敬第、殷汝驪等，共三十八人。

福建：高登鯉、劉崇佑等，共二十四人。

湖北：時功玖、張伯烈、田桐、湯化龍等，共二十六人。

湖南：陳家鼎、彭允彝、覃振、席綬、劉彥等，共二十七人。

山東：周廷弼、于恩波、丁惟汾、周樹標等，共三十三人。

河南：凌鉞、杜潛、王印川等，共三十二人。

山西：景定成、梁善濟、李慶芳、景耀月等，共二十八人。

陝西：楊銘源、王鴻賓等，共二十一人。

甘肅：張廷弼、張國鈞等，共十四人。

新疆：陳世祿、米家驥等，共十人。

四川：李肇甫、黃雲鵬、蒲殿俊、蕭湘等，共三十五人。

廣東：葉夏聲、徐傅霖、鄒魯、伍朝樞、伍漢持等，共三十人。

廣西：王乃昌、蕭晉榮、蒙經、龔政等，共十九人。

雲南：張華瀾、張耀曾、李根源等，共二十二人。

貴州：牟琳、陳國祥、蹇念益等，共十三人。

蒙古：林長民、張國溶、汪榮寶、克希克圖等，共二十七人。

十三期。劉壽林，《辛亥以後十七年職官年表》，頁493-512；《民國五年中國年鑑》，頁9-102，及❸，文、附錄等所載名單，皆與此有出入。

　　西藏：江天鐸、康士鐸、恩華、阿旺根敦、薛大可等，共十人。

　　青海：顆祿、楞住布、花力旦，共三人。

參議院議員二六六人，計：

　　直隸：王法勤、籍忠寅、張繼等十人。

　　奉天：龔玉崑、陳瀛洲等十人。

　　吉林：齊忠甲、金鼎勳等十人。

　　黑龍江：楊喜山、高家驥等十人。

　　江蘇：藍公武、解樹強等十人。

　　安徽：張我華、丁象謙、高蔭藻等十人。

　　江西：湯漪、朱念祖等十人。

　　浙江：王正廷、王家襄、陸宗輿等十人。

　　福建：林森、潘祖彝等十人。

　　湖北：劉成禺、居正、胡秉柯等十人。

　　湖南：周震鱗、胡瑛等十人。

　　山東：丁世嶧、徐鏡心等十人。

　　河南：劉積學、段世垣等十人。

　　山西：王用賓、田應璜等十人。

　　陝西：焦易堂、趙世鈺、李述膺、陳同熙等十人。

　　甘肅：文登瀛、魏鴻翼等十人。

　　新疆：蔣舉清、哈得爾等十人。

　　四川：王湘、趙時欽、謝持等十人。

　　廣東：楊永泰、溫雄飛、周廷勘等十人。

　　廣西：馬君武、曾彥等十人。

　　雲南：呂志伊、王人文、朱家寶等十人。

　　貴州：姚華、張金鑑等十人。

蒙古：熙凌阿、曹汝霖、阿穆爾靈圭、金永昌等二十七人。

西藏：龔煥辰、王賡、孫毓筠、江贊桑布等十人。

青海：山住布、扎細、洛藏達吉，共三人。

華僑：唐瓊昌、吳湘、蔣報和、朱兆莘、謝良牧、盧信，共六人。

中央學會：定額八人，全缺。

兩院議員實有八六二人。

　　議員的背景資料已無法完全查得，此處僅就已得的四九九人的資料作分析。就年齡而論，參院平均三六‧六歲，眾院平均三六‧三歲，兩院平均三六‧四五歲。若以每五歲做一分組，三〇～三四歲者人數最多，次為三五～三九者，再次為四〇～四五者，五十歲以上者很少。

　　就教育背景而論：百分之五一‧五的人有傳統功名，百分之四八‧五的人為完全新式教育出身。在具有傳統功名者中，百分之二二‧五七的人又在國內接受新式教育，百分之四〇‧八六的人又出國留學，百分之一五‧五七的人未再受新式教育。在完全新式教育出身的人當中，百分之三六‧七八的人在國內受教育，百分之六三‧二二的人曾出國留學。

　　就社會出身而論，來自議員者佔百分之三四‧二七，來自各級官吏者佔百分之三〇‧二四，來自教育界者佔百分之二一‧三七，來自清末革命黨者佔百分之一一‧二九，來自新聞、工商界及律師業者佔百分之二‧八一。

　　就黨派背景而論，國民黨佔百分之五二‧一五，進步黨及其他佔百分之四七‧八五❶❽❾。

　　一九一三年四月八日，國會正式開幕。二十五日參議院選舉議長、副議長，分別由張繼、王正廷當選。二十六日，眾議院選舉議長、副

<hr>

❶❽❾　張朋園，〈從民初國會選舉看政治參與〉，頁377-389。

議長，無結果，至三十日選湯化龍為議長，五月一日，選陳國祥為副議長。參眾兩議院開會期間，討論的重要議案，以宋教仁被暗殺案、善後大借款案，和俄蒙協約案最為熱烈。就一般議案而論，眾院的重要議案可如下表⑩：

議　　案　　題　　目	提　出　者	可決或否決
關於蒙古事件中俄協約咨請同意案	大　總　統	可　決
中華民國二年一月至六月預算案	大　總　統	否　決
浦信鐵路五厘借款案	大　總　統	可　決
擬任施肇基為駐美公使咨請同意案	大　總　統	否　決
擬任熊希齡為國務總理咨請同意案	大　總　統	可　決
禁烟公約咨請同意案	大　總　統	可　決
眾議院議長副議長互選規則案	本　　　院	可　決
憲法起草委員眾議院選舉規則案	本　　　院	可　決
議院法案	參　議　院	可　決
眾議院規則案	本　　　院	可　決
咨請政府查辦奉天北路洮南各縣官吏違法案	本　　　院	可　決
關於內亂罪之嫌疑者應歸大理院審判建議案	本　　　院	可　決
南方亂事已平請政府迅即宣告解嚴建議案	本　　　院	可　決
對於豫楚兩省剿辦白匪善後事宜建議案	本　　　院	可　決
關於蒙古事件中俄協約建議案	本　　　院	可　決

參議院重要議決案，可如下表⑪：

案　　由	提出者或移付者	提付院議日期	議決日期
議院法	起草委員會提出	一九一三年六月九日	一九一三年九月十一日

---

⑩　《民初議員列傳》附〈中華民國議會史〉，頁27；谷鍾秀，《中華民國開國史》，頁117–144。

⑪　同上，頁25–26。

參議院議事細則	起草委員會提出	一九一三年六月十一日	一九一三年十月十三日
參議院議長副議長互選規則	預備會提出	一九一三年四月廿四日	一九一三年四月廿四日
參議院委員會規則	起草委員會提出	一九一三年八月六日	一九一三年十月十三日
參議院旁聽規則	起草委員會提出	一九一三年五月三日	一九一三年六月十三日
憲法起草委員互選細則	起草委員會提出	一九一三年六月廿三日	一九一三年六月廿五日
國會議員內亂外患罪逮捕法	眾議院提出	一九一三年九月五日	一九一三年九月五日
戒嚴法施行法	議員陸宗輿提出	一九一三年九月八日	一九一三年九月廿三日
浦信鐵路借款合同	大總統提出，眾議院移付	一九一三年十月二十日	一九一三年十月廿九日
咨請政府速將本年預算提交國會議決	議員袁嘉穀提出	一九一三年八月六日	一九一三年八月十三日
政府以任命熊希齡為國務總理求同意	大總統提出，眾議院移付	一九一三年七月三十日	一九一三年七月三十日
政府以禁烟公約求同意	大總統提出，眾議院移付	一九一三年十月二十日	一九一三年十月二十日
眾議院以先行議定關於選舉正式總統方法求同意	眾議院提出	一九一三年九月八日	一九一三年九月八日
查辦河南都督張鎮芳違法溺職	議員段世垣提出	一九一三年七月二日	一九一三年七月十六日
查辦湖北民政長夏壽康違背約法	議員鄭江灝提出	一九一三年八月六日	一九一三年八月十五日
建議美國承認民國應先派專使赴美答謝	議員朱兆莘提出	一九一三年六月廿三日	一九一三年六月廿三日
建議南方亂事既定請政府勿事株連	議員陳銘鑑提出	一九一三年九月廿三日	一九一三年九月廿三日

　　在參眾兩院議事的過程中，尚有議定憲法與選舉總統等事。臨時約法規定制憲大權操諸國會，國會開幕後，兩院於七月初選舉成立憲法起草委員會，開始憲法起草工作。嗣因國民黨發動二次革命，部分議員南下，部分議員被捕，憲法起草委員會每因不足法定人數而流會，加以國民、進步兩黨主張不一，致憲法起草工作未能順利進行。一九一三年九月，國民黨二次革命失敗，進步黨議員以憲法一時不易完成，提出先選大總統、後定憲法案。國民黨議員以武力競爭既告失敗，欲藉政治上的競爭圖謀挽救，又懼袁世凱對國民黨議員有所處置，權贊同先選大總統之議。國會遂決定先起草憲法中的大總統選舉法。十月四日，憲法會議公布大總統選舉法。十月六日選袁世凱為大總統，次日選黎元洪為副總統。

　　大總統選舉完畢後，在國民黨與進步黨的合作下，憲法起草委員會迅速議定憲法草案全文一百十三條。袁世凱對大總統任免國務員須經國會同意、大總統對國會無解散之權等款，甚不滿意，希望加以修訂，但為憲法起草委員會拒絕。十月二十五日，袁世凱乃通電指責憲草不當及國民黨誤國，各省都督、民政長、鎮守使、護軍使、都統等紛紛發電，主張撤銷憲法草案，解散國民黨。國會及憲法起草委員會不為所動，十月三十日憲草委員會將憲草三讀通過，十一月三日提出於兩院合組的憲法會議。袁世凱見憲法將行通過，乃於十一月四日下令解散國民黨，追繳國民黨議員證書，卒致國會不能開會，憲法草案乃被擱置。

　　袁世凱解散國民黨，一方面在剷除政治上的大敵，並懲治其「暴亂」；另一方面在使國會停閉，解除行政權的約束力。自國民黨議員資格被取消後，參眾兩院因不足法定人數，一直未能開會。到一九一四年一月十日，袁世凱乃正式宣布停止國會議員職務⓫。

一九一六年六月六日袁世凱死，次日副總統黎元洪繼為大總統，並任命段祺瑞為國務總理。六月二十九日，黎元洪申令恢復一九一三年十一月四日以後停閉的國會。八月一日，國會重開，議員較一九一三年國會已略有變動。參議院方面，變動四十五人，如直隸：張繼易為江浩；湖南：胡瑛易為章士釗；山東：徐鏡心易為馬蔭榮；蒙藏：阿穆爾靈圭易為訥謨圖。眾議院方面，變動八十三人，如直隸：孫洪伊易為張良弼，谷鍾秀易為錢崇塏；江西：徐秀鈞易為陳友青，曾有瀾易為邱珍，文群易為張嶧；河南：王印川易為徐繩曾；廣東：伍朝樞易為黃元白，伍漢持易為王欽宇；雲南：張耀曾易為李華林，李根源易為萬鴻恩；青海：原選三人顆祿、楞住布、花力旦皆缺❸。

重開的國會，稱第二次常會，王家襄為參院議長（一九一三年國會後期，張繼辭職，補選）、王正廷為參院副議長、湯化龍為眾院議長、陳國祥為眾院副議長如故。國會於九月初旬追認段祺瑞內閣之閣員任命案，十月三十日選馮國璋為副總統。

此次國會的主要工作，除選舉副總統外，為對於憲法草案和對於對德參戰問題的討論。憲法草案定於一九一三年國會時，稱天壇憲草，因國會遭袁世凱停閉，未能完成立法手續。此次國會恢復，九月五日、八日及十三日開三次憲法會議，由原任憲法起草委員會委員長湯漪說明草案內容旨趣，是為草案在憲法會議之初讀。迨進入二讀，有關地方制度一章，大起爭端。蓋國會中代表舊進步黨之憲法研究會，主張省制須以普通法律定之，萬不可參入憲法中，並反對省長民選；而代表舊國民黨之憲政商榷會，則主張非在憲法上規定省制大綱不可，並

---

❸ 張玉法，《中國現代史》，頁101-105 李守孔，《民初之國會》，頁118-141。

❸ 《辛亥以後十七年職官年表》，頁493-512。

贊成省長民選。計自一九一六年十月二十日起至一九一七年一月十日
止，先後舉行審議會九次，討論省制，無如兩方相持，久無結果，始
則有表決方法之爭執，繼則有投票舞弊之衝突，其間在十二月八日且
於會場中發生研究會與商榷會兩派議員之大鬥毆，叫罵之聲四起，墨
盒與椅子齊飛，研究系議員籍忠寅、劉崇佑等皆受傷，於是雙方通電
全國，要求懲戒，並向法庭提起訴訟。自後研究系以不出席為抵制，
使憲法會議不足法定人數而流會❿。

　　對德宣戰案起於一九一七年二月德國採行無限制潛艇政策。初眾
參兩院應段內閣之請，已於三月十日、十一日分別通過對德絕交案。
五月七日，段內閣復咨送對德宣戰案於眾院，眾院於十日討論參戰案
時，段祺瑞因預知院內有人反對，派公民團數千人包圍議院，欲脅迫
通過參戰案，公民團甚至進入院內毆辱議員，有議員鄒魯、呂復、田
桐等十餘人受傷。五月十九日，眾院議決緩議宣戰案，段乃嗾使督軍
團呈請解散國會，而以所議憲法不良為主要藉口。二十三日，大總統
黎元洪下令免段祺瑞國務總理及陸軍總長兼職，擁段督軍乃紛紛宣布
獨立。時安徽督軍張勳因密謀擁宣統復辟，攪動政局，頗能左右各督
軍的視聽，黎元洪乃請張勳出面調停。張則以限日解散國會為調停時
局條件，黎不得已，於六月十二日下令解散國會❿。於是復活不足一
年的舊國會，又告停閉。

　　一九一七年六月十二日國會被解散後，部分議員南下上海。及張
勳復辟事起，大總統黎元洪以身在京畿，不能施令，命副總統兼江蘇
督軍馮國璋代行總統職務，並命段祺瑞再出而組閣，收拾殘局。段祺
瑞自天津號召討伐張勳，七月十二日即把復辟事件平定。復辟事平後，

❿　沈雲龍，《黎元洪評傳》，頁99–100。

❿　同上，頁103–109；《三水梁燕孫先生年譜》（上），頁360–365。

馮國璋、段祺瑞執政，採梁啟超「民國再造」之說，不恢復舊國會，
聲言組織臨時參議院為過渡，然後再選舉正式國會。舊國會議員在上
海發表宣言，要求恢復舊國會，未被接受。為擁護法統，孫中山於七
月十七日率部分議員至廣州護法。八月二十五日，兩院議員約一百三
十餘人在廣州開會，因不足法定人數，兩院合開，稱為「國會非常會
議」。 八月三十一日議決軍政府組織大綱，九月一日選孫中山為大元
帥，廣西督軍陸榮廷、雲南督軍唐繼堯為元帥。九月十日經孫中山提
名，通過財政、外交、內務、陸軍、海軍、交通六部部長，十八日議
決對德宣戰❿。

　　護法軍政府成立後，護法國會中的議員發生政爭。政學會一面結
合兩廣軍人，一面圖利用國會擴張勢力，一九一八年五月十日，政學
會議員聯合益友社議員議決修訂軍政府組織大綱，將大元帥制改為七
總裁合議制。五月二十日，選唐紹儀、唐繼堯、孫中山、伍廷芳、林
葆懌、陸榮廷、岑春煊七人為總裁（孫中山次日離粵赴滬）， 六月五
日宣布改組軍政府，六月十九日推岑春煊為主席總裁。在軍政府宣布
改組後，六月十二日又宣布遞補議員，承一九一七年之續，開正式國
會第二次常會，但因同一常會，不便立即除名未到之議員，實際議員
遞補，到一九一九年才實行❿。

　　護法國會自一九一七年八月至一九二二年六月斷續在廣州召開，
由於許多議員並未南下廣州，為得法定人數，大量遞補議員，加上缺
席者，議員較一九一七年國會變動頗多，參議院方面，變動一一九人，
如直隸：籍忠寅易為李廣濂；江蘇：藍公武易為趙師鼎，解樹強易為

---

❿　《革命文獻》第七輯，頁12-16；顧敦鍒，《中國議會史》，頁165-169。

❿　同上顧書，頁169-172；《革命文獻》，第七輯，頁22-24；劉荔翁，《民國
　　政史拾遺》（下），頁46-48。

楊天驥；浙江：王家襄易為王文慶，陸宗輿易為沈鈞儒；山東：丁世嶧易為張敬承；蒙古：曹汝霖易為宋汝梅；西藏：廈仲阿旺益喜、巫懷清、劉文通、孫江東、王澤放、江贊桑布皆缺。眾議院方面，變動二四一人，如奉天：王蔭棠易為蓋彤誥；江蘇：陶保晉易為劉欽諶，楊廷棟易為劉如麟，凌文淵易為王贊臣；江西：李國珍易為許森；浙江：陳黻宸易為呂耀璣；湖北：湯化龍易為萬葆元，胡鄂公易為沈維周，鄭萬瞻易為陳應昌；新疆：張瑞、楊應南缺，又原缺蔡福生、繼孚、劉雋佺，仍缺；四川：李肇甫易為黃翼，黃雲鵬易為陳宗常，蒲殿俊易為余汸；蒙古：林長民易為白瑞；青海：原缺三人，仍缺⑱。

　　在廣州恢復召開的國會二次常會，仍分為兩院，補選林森為參議院議長，副議長仍為王正廷；補選褚輔成為眾議院副議長，議長吳景濂仍舊。一九一八年八月十九日發表宣言，不承認北京政府一切作為，九月四日再發表宣言，否認北京新選的國會（安福國會），並指其無權選舉大總統（擬選徐世昌）。十月八日再發表宣言，主張由廣州軍政府攝行大總統職務，反對北京政府新選之徐世昌大總統於十月十日就職。惟第三次發表宣言時，護法國會對北方的態度已不能一致，有二五九位議員表示宣言之議決不足法定人數。護法國會在與北京政府以言論對抗的同時，另已於九月二十八日開始續議憲法草案，爭論的最大問題之一仍為省長民選抑官派問題，民友社和益友社主張民選，政學會主張官派。嗣護法政府在政學會運動下與北京政府在上海議和，政學會怕制憲影響議和，藉口反對省長民選，全部缺席，以為抵制。因國會法定人數常不足，憲法會議遂告停頓。及議和無成，憲法會議復於一九一九年十一月十八日重開，但政學會份子仍加杯葛，至一九二〇年一月二十四日議長遂宣布暫停議憲。民友社與益友社議員一面

⑱　《辛亥以後十七年職官年表》，頁493-512。

反對與北方議和，一面欲速定憲法，改組政府，以排岑春煊。岑乃扣留國會經費，派兵監視議員行動，並圍搜兩院祕書廳。民友社與益友社議員以無法在廣州開會，自一九二〇年四月一日起，遂相率離粵赴滬，四月九日電斥岑與北京政府勾結圖取消舊法統，四月二十一日電謂七總裁中孫中山、唐繼堯、伍廷芳、唐紹儀均不在粵，不能召開政務會議，軍政府的命令不合法。他們原欲在滬集會，但浙督盧永祥倡新舊國會聯合制憲之說。他們旋即於六月一日轉往昆明，至七月十日在昆明集會。嗣因唐繼堯不表歡迎，又於八月十七日決議轉往重慶集會，及至重慶，四川軍閥方內訌，乃於一九二〇年十月離川轉滬。另一方面，留在廣州的政學會議員已於一九二〇年四月六日推孫光廷為參院臨時主席、陳鴻鈞為眾院臨時主席，開非常會議，照常議事。

一九二〇年九、十月間，駐漳州之粵軍陳炯明在孫中山的督促下，率軍返粵，驅逐桂系軍人及政學會政客。其後，孫中山返粵，與唐繼堯、伍廷芳、唐紹儀三總裁共同執行政務。一九二一年一月十二日，民友社議員回廣州，益友社議員因為孫中山公言革命，未返廣州，政學會議員亦已離粵，國會議員不及二百，乃開非常會議。四月七日議決中華民國政府組織大綱，並舉孫中山為非常大總統。孫中山此次回粵，受粵軍陳炯明支持，然陳主粵省自治，孫主以武力統一全國，雙方理想不同。一九二二年六月，時北方直奉戰爭結束，直系勝利，直系主張恢復舊國會，陳炯明部葉舉以護法成功為由，迫孫下野，並於六月十六日炮轟總統府。孫在陳炯明的壓力下，於八月初離粵北上。另一方面，滯留廣州和上海的議員亦已陸續北上，參加恢復的舊國會⑱，護法國會遂正式結束。

---

⑱　顧敦鍒，《中國議會史》，頁161–181；《中華民國史事紀要》，民國9年，頁81–85，171，175，196–197，206–209，228，236–237，271–272，

一九二二年四、五月間，第一次直奉戰爭結束，奉系失敗，直系操持北京政局。直系軍人欲擁其首領曹錕（直魯豫巡閱使）為大總統，但曹若欲為大總統，必須借重國會的選舉，因此有恢復舊國會的倡議。此議原起自舊國會的眾院議長吳景濂、參院議長王家襄，王未被選入安福國會，亦未參加護法國會；吳原參加護法國會，因不贊同孫中山的革命而離廣州北上。彼等之目的在恢復舊國會，而恢復舊國會對直系也有好處：其一、大總統徐世昌擅長操縱之術，又復結合奉系排直，頗令曹錕、吳佩孚不滿，若舊國會恢復，為舊國會選出之黎元洪總統必復位，而為安福國會選出之徐世昌必去位。其二、藉此可消滅西南護法的口實，便利直系完成統一中國的心願。其三、安福國會已解散，舊國會恢復，可為曹錕謀選總統鋪路❷。

一九二二年四月二日，時在直奉戰爭正式開戰之前，吳景濂、王家襄等集議，主張恢復舊國會，七日吳佩孚門客張紹曾（北洋元老，與吳為兒女親家）通電贊同。五月十四日，時直奉戰爭已結束，吳佩孚通電各省徵求恢復舊國會之意見，得十餘省區贊同。五月二十日，王家襄、吳景濂等於天津成立第一屆國會繼續開會籌備處。其後數日，長江上游總司令孫傳芳、江蘇督軍齊燮元（皆直系），以及吳景濂、王家襄等皆電迫徐世昌下野，而上海、漢口等地都設了招待所，協助國會議員北上。在這種情形下，徐世昌於六月二日辭職，黎元洪於六月十一日復職。十三日，黎元洪明令撤銷一九一七年六月十二日之解散國會令。被停閉的安福國會，選舉中的新新國會，以及廣州的護法國會，原均反對一九一七年舊國會恢復，前二者的呼聲不受重視，護

276, 312, 353, 399, 403–404, 411, 413。

❷　曾華璧，《民初時期的閻錫山》，頁76；沈雲龍，《黎元洪評傳》，頁127；
Andrew J. Nathan: *Peking Politics, 1918–1923*, pp. 182–183。

法國會後亦因陳炯明叛變而結束⑳。

　八月一日，舊國會正式恢復開會。此次國會恢復，部分議員資格發生問題。因為一九一八至一九一九年間，廣州護法國會曾將一九一七年國會議員未赴廣州護法者除名，另外遞補三百餘名議員。因有一九一九年國會與一九一七年國會之爭，究應恢復一九一九年國會抑一九一七年國會？黎元洪下令撤銷一九一七年六月十二日的解散國會令，則所恢復者應為一九一七年國會，但支持一九一九年國會的人，包括孫中山、孫洪伊在內，認為國會恢復，係一九一七年以來護法之結果，自應恢復護法國會。由於北京政府拒絕承認一九一九年遞補議員之資格，一九一九年遞補議員迭次鬧議院，闖議場，恢復開會之一九一七年國會則請巡警站崗，嚴密禁止一九一九年遞補之議員入內。後政府為安置一九一九年遞補議員，特別為他們組織了政治討論會。

　恢復以後的舊國會，與一九一七年國會、一九一九年國會之爭同時發生的，為兩院議長選舉問題。在護法國會時代，舊國會之眾院副議長陳國祥病故，曾改選褚輔成為副議長，今既恢復一九一七年國會，護法國會所選之副議長自歸無效。重選結果，張伯烈當選。其間曾引起護法議員之爭鬧與杯葛，卒歸無效。至於眾院議長，一九一七年和一九一九年皆為吳景濂，不發生重選問題。參議院方面，原議長王家襄未參加護法國會，護法國會補選林森為議長。此次國會恢復後，林森資格被取消，王家襄仍為議長。至於參院副議長，一九一七年和一九一九年皆為王正廷，不發生重選問題。至一九二二年十月，第一班參議員任期屆滿（參議員任期六年，第一屆議員以抽籤方法分三班改選，第一班滿二年改選，第二班滿四年改選，第三班滿六年改選。參

---

　⑳　方惠芳，〈曹錕賄選之研究〉，民國71年2月國立臺灣大學歷史研究所碩士論文，頁72–77；Andrew J. Nathan, pp. 184–185。

議員任期，一九一三年四月至一九一四年一月，共約九個半月；一九一六年八月一日至一九一七年六月十二日，共約十個半月；一九二二年六月十三日至十月約四個月；共二年），王家襄、王正廷依法退職，二人雖在改選時仍當選為參議員，但議長、副議長資格已喪失。在重選議長時，研究會支持王家襄，政學會支持楊永泰，雙方旗鼓相當，始終未能選出，不得已組行政委員會，代理議長執行會務⓴。

　恢復的舊國會雖為一九一七年之舊，但議員出缺遞補者多，已非盡一九一七年國會之舊。參議院方面，改變一一五人，如奉天：陳瀛洲易為臧景祺；安徽：丁象謙易為李靖國，高蔭藻易為桂殿華；浙江：陸宗輿易為沈鈞儒；福建：林森易為范毓桂，潘祖彝易為陳之麟；湖北：劉成禹易為葉蘭彬，居正易為廖輔仁；山東：丁世嶧易為陳名豫；廣西：曾彥易為林炳華，華僑：劉芷芬易為馮自由，盧信易為鄭宗榮。眾議院方面，改變一一八人，如江蘇：楊廷棟易為陳中，凌文淵易為祝光樨，孫潤宇易為姚文枬；浙江：陳黻宸易為沈椿年，陳敬第易為孫世偉；湖北：湯化龍易為劉礐元；貴州：陳國祥易為曾昭斌；青海：顯祿易為南木勒，楞住布易為札木蘇，花力旦易為多爾吉⓺。

　此次國會恢復後的大問題，除一九一七年和一九一九年議員之爭，以及議長選舉之爭外，主要的還有直系謀制憲及選舉總統等事，這受到反直系議員的杯葛。兩院國會議員定額八七○人，制定憲法須五分之三出席，即五二二人出席；選舉總統須三分之二出席，即五八○人出席。在這種情形下，二九○人不出席即可杯葛選舉總統，三四八人不出席即可杯葛制憲。反直系的議員，包括擁護孫中山的一派、擁護

⓴　顧敦鍒，《中國議會史》，頁186–188。民國8年遞補議員數，見《辛亥以後十七年職官年表》，頁493–512。

⓺　《辛亥以後十七年職官年表》，頁493–512。

張作霖的一派、擁護盧永祥的一派、段祺瑞的舊安福派、和擁護黎元洪的一派，合共約二七五人。因此擁護直系的一派與反對直系的一派即展開議員爭奪戰。反直系的一派以上海為大本營，宣言議員至上海開會者可得五百元旅費和每月三百元津貼。在一九二三年七月十四日當議員在上海湖北會館集會的時候，有將近三百議員出席，日後且不斷增加。到八月十四日，在北京和在上海的議員幾乎相等，都在三八五人左右。擁曹派為爭取上海的議員，一面於八月二十四日開始舉行兩院聯合會，每週一次，每次發出席費一百元；一面派張魯泉前往上海運動。雖然如此，到九月十二日吳景濂想開總統選舉會的時候，只到了四一〇人，仍不足法定人數。但到十月四日兩院開制憲會議時到了五五一人，次日選總統時到了五九〇人，最後留在上海的只有二七五人。曹錕為選總統耗資一千三百五十六萬元。下面再分別論述，北京的國會，在憲法制定、黎元洪被迫辭職、和曹錕賄選三方面的表現：
㈠憲法的制定：此次國會撇開護法國會對憲草的討論不談，續對一九一七年國會對憲草的討論加以審議。一九二二年八月二十六日審議會通過將省憲原則列入憲法，使新憲草富聯邦性質。十二月三十日正式開憲法會議，至一九二三年六月十二日完成一讀會。六月十三日，直系軍人以索餉為名，迫黎元洪離京，為曹錕賄選總統鋪路。部分議員不滿於直系所為，走往上海，倡國會移滬之說，部分議員則欲留京繼續制憲。適直系賄使議員留京謀為曹錕選總統，國會遂繼續在京開會。十月四日，憲法會議復會，至十月八日在二〇二次憲法會議中，將憲法三讀通過，而於十月十日公布，全文共十三章一四一條，為中國第一部正式憲法，但並未實行。㈡對黎總統被迫離京的反應：一九二三年六月十三日大總統黎元洪被迫離京赴津，並向兩院辭職。十四日兩院開聯合談話會，由眾院議長吳景濂主持。擁曹派議員提議先由國務

院攝行大總統職務，即準備總統選舉，褚輔成等主張就大總統被迫事件向政府抗議，擁曹派阻其發言，並於強行議決後，即紛紛出場。十六日兩院又開聯合會，仍由吳景濂主持，議決自十三日起黎元洪所發命令概不生效。擁曹派議員對軍警脅迫大總統事不加追究，且片面做成不利於大總統之議決，反曹派議員不以為然，褚輔成等二〇一人於六月二十二日通電不予承認，並運動國會南遷，以杯葛曹錕賄選。於是民友社、政學會、安福系之議員，紛紛赴津轉滬，先後到者三百餘人，部分又被賄款誘回，所謂「時而南下，時而北來，故示奇貨可居」，卒未能阻止國會續在北京開會。㈢選舉曹錕為大總統：為防反曹派議員南下杯葛，一面派軍警監視議員，勸阻其離京，一面以每票五千元誘使議員投票。議員方面分為兩派，一派主先選總統，一派主先定憲法，最後決定分頭進行。如前所述，十月四日憲法會議恢復讀會。十月五日兩院聯合開大總統選舉會，到會五九〇人，曹錕以四八〇票當選。此次選舉，反曹派曾以三千元誘使南下上海的議員不北返投票，卒未能阻曹錕當選[204]。

　　曹錕任總統後，直系勢力大張，引起奉系、皖系及廣州革命政府的聯合倒直。一九二四年十月，直系失敗，此舊國會即告停頓。參與賄選之議員，政府一度欲加逮捕，並未實行；未參加賄選之議員，政府每月給予二百元之津貼（國會未停頓前，議員月領四百元）。一九二五年二月一日善後會議開幕，未參加賄選之議員多被延攬為善後會議會員，津貼始停止[205]。

---

[204]　Andrew J. Nathan, pp. 211–220；顧敦鍒，《中國議會史》，頁183–197；劉叕翁，《民國政史拾遺》（上），頁62–65，按劉為議員，足資作證，所謂「時而南下，時而北來」即其語。

[205]　同上劉書，頁69–71。

三、第二屆國會及其選舉

　　第二屆國會存在於第一屆國會移廣州開會期間。第一屆國會移廣州，是因為受到國務總理段祺瑞的破壞；第二屆國會為段祺瑞於一九一八年至一九二〇年當政期間所御用的國會。

　　緣第一屆國會在張勳復辟前被迫解散，段祺瑞平定復辟後，感於前次國會與之為難，堅持不恢復舊國會，研究系要人梁啟超則獻策召集臨時參議院，以改選國會。梁氏主張改選國會的理由，是「中華民國已為張勳復辟滅亡，今國家新造，應倣照第一次革命先例，召集臨時參議院，重定國會組織法及選舉法後，再行召集新國會。」 一九一七年七月二十日，國務會議通過梁氏改選國會的意見，並推梁啟超起草通電，徵求各省當局對召集臨時參議院的意見。二十四日國務院致各省的通電發表後，除西南五省堅決反對外，北洋派軍人紛紛表示贊同。北京政府於九月二十九日下令各省區選派議員，組織臨時參議院，到十一月十日臨時參議院開幕。此後迄於一九一八年二月十七日間，臨時參議院議決修訂中華民國國會組織法、參議院議員選舉法、眾議院議員選舉法，同時內務部籌備國會事務局即轉令各省依法進行兩院議員選舉[206]。

　　修改以後的國會組織法規定國會仍設參眾兩院。參議院的議員來自兩方面：由地方選舉會選出者，每省五名，每特別行政區一名，蒙古十五名，青海二名，西藏六名，共一百三十八名；由中央選舉會選出者三十名，共分六部（見下文）， 第一部十名，第二部八名，第三部五名，第四部四名，第五部二名，第六部一名。參議員的選舉權，

---

[206]　李慶西，〈段祺瑞與民初政局〉，民國66年7月國立臺灣師範大學歷史研究所碩士論文，頁114–117。

一般的規定是：凡有中華民國國籍的男子，年滿三十歲以上，而無下列情事之一者：㈠褫奪公權尚未復權者；㈡受破產之宣告，確定後尚未撤銷者；㈢瘋癲或有癈疾者；㈣不識文義者。特殊的規定，地方選舉會與中央選舉會不同，地方選舉會規定有下述資格之一者得為選舉人：㈠曾在高等專門以上學校畢業及與高等專門以上學校畢業有相當資格任事滿三年者，或曾任中學以上學校校長及教員滿三年者，或有學術上之著述及發明經主管部審定者；㈡曾任薦任以上官滿三年，或曾任簡任以上官滿一年，或曾受勳位者；㈢年納直接稅百圓以上或有不動產值五萬圓以上者。但蒙古、青海之地方選舉會，以各蒙旗王公世爵世職組織之；西藏地方選舉會，則由駐藏辦事長官會同達賴喇嘛及班禪喇嘛組織之。中央選舉會分部組織之：第一部為曾在國立大學或外國本科畢業，以其所學任事滿三年者，或曾任國立大學校長及教員滿三年以上者，或有學術上著述及發明經主管部審定者；第二部為退職大總統、副總統、國務員及曾任特任官滿一年以上，或曾受三等以上勳位者；第三部為年納直接稅一千圓以上者，或有一百萬圓以上之財產，經營農工商業，經主管官廳證明者；第四部為華僑有一百萬圓以上之財產，經駐在領事官證明者；第五部為滿洲王公，具有政治經驗者；第六部為回部王公，具有政治經驗者。被選舉權的一般規定：凡有中華民國國籍之男子，年滿三十五歲以上，而無前述選舉權中之四種情事者。但蒙古、西藏、青海、回部、華僑之被選舉人，以通曉漢語、漢字者為限。又有四類人停止其選舉權和被選舉權：㈠現任官吏及巡警，㈡現役海陸軍人，㈢各學校肄業生，㈣僧道及其他宗教師（此項不適用於蒙古、西藏、青海）。又小學教員停止其被選舉權。

　　參議員選舉的方法，各省區地方選舉會，以縣為初選區，各縣選

舉人每三十人互選初選當選人一名，但選舉人少過三人之縣，亦得選出初選當選人一名。初選監督以縣知事充任之。初選當選人選出後，再在各省區最高行政長官所在地舉行複選，以各該省區行政長官為複選監督。中央選舉會於中央政府所在地舉行之，第一部以教育總長為選舉監督，第二、五部以內務總長為選舉監督，第三、四部以農商總長為選舉監督，第六部以蒙藏院總裁為選舉監督。

眾議員名額以各省區人口之多寡定之，每人口滿一百萬選出議員一名，但人口不滿七百萬之省，亦得選出議員七名，不滿一百萬之特別行政區亦得選出議員一名。各省區應選名額分配如下：直隸二十三名，奉天十一名，吉林七名，黑龍江七名，江蘇二十七名，安徽十八名，江西二十四名，浙江二十六名，福建十六名，湖北十八名，湖南十八名，山東二十二名，河南二十二名，山西十七名，陝西十四名，甘肅十名，新疆七名，四川二十二名，廣東二十名，廣西十三名，雲南十五名，貴州九名，京兆四名，熱河三名，察哈爾二名，歸綏一名，川邊二名，蒙古十九名，西藏七名，青海二名，共四〇六名。眾議員選舉權的規定：有中華民國國籍之男子，年滿二十五歲以上，於編造選舉人名冊以前，在選舉區內住居滿二年以上，而有下列資格之一者：㈠年納直接稅四百圓以上者，㈡有值一千圓以上之不動產者（此項規定於蒙古、西藏、青海得就動產值計算），㈢在小學校以上畢業者，或有與小學校以上畢業之相當資格者。眾議員被選舉權的規定：凡有中華民國國籍之男子，年滿三十歲以上者，但蒙古、西藏、青海之被選舉人，以通曉漢語者為限。取消選舉權、被選舉權，以及停止選舉權、被選舉權的規定，同參議員的選舉。

眾議員的選舉，分初選、複選兩步，初選舉以縣為選舉區，複選舉以道或特別行政區為選舉區，各省設選舉總監督，以該省行政長官

充之；初選舉設初選監督，以縣知事充之；複選舉區設選舉監督，以道尹或特別行政長官充之。其他有關選舉方法，與一九一三年眾議員選舉同[207]。

參眾兩院的選民人數不同，參院共十七萬二千四百六十九人，眾院共三千六百五十萬八千六百四十七人，各省區的情形，參院選民，如江蘇省二七、三二一人，甘肅省六六五人；眾院選民，如湖北省五、九二三、三四六人，新疆省二二、八六〇人[208]。

參眾兩院的選舉，分兩期舉行，初選眾院在五月二十日，參院在六月五日；複選眾院在六月十日，參院在六月二十日。國會選舉之初，段祺瑞的安福系與梁啟超的研究系競爭，安福系操縱國會選舉的辦法有二：其一、由安福俱樂部的負責人徐樹錚假藉國務總理段祺瑞的名義，分電各省區長官，令照所開議員候選人名單，設法選出；同時並囑中央要員之隸各省籍者，電各該省有力人士，從旁協助。其二、對於研究系之忠實份子而曾任舊國會議員者，則另開一單，密令各省區特別注意，不許選出。安福系為達成包辦選舉的任務，除赴各省設立支部從事運動遊說外，更不惜以金錢和政治勢力兼施，圖達目的。眾議員的複選票價，約為一五〇至五〇〇圓，參議員的選舉，一人有花至四萬圓者[209]。

以山西省的選舉為例，一九一八年五月十日安福系要員王揖唐致電山西督軍閻錫山，請其設法選出志同道合議員，電云：「參眾院選舉，關係國家前途至鉅，皖奉均積極進行，冀達目的。我公督晉最久，

[207]　錢端升等，《民國政制史》，頁154–158。

[208]　Andrew J. Nathan, p. 94.

[209]　同上，頁96–98；李慶西，〈段祺瑞與民初政局〉，頁117–118；劉荔翁，《民國政史拾遺》（上），頁18–19。

威德兼隆，務使當選議員，志同道合，將來與吾輩執同一步調。」 六月七日，安福俱樂部負責人徐樹錚正式向閻錫山提出參眾兩院議員人選，請其支持，並謂這些人「如蒙鼎力扶持，幸得入轂，於國於晉，兩俱神益」。 在這種蓄意安排下，山西參議員五名，安福系佔四名；眾議員十七名，全由安福系囊括⑩。

此次國會選舉，粵、桂、滇、黔、川五省，因反對而未舉辦⑪；實際舉辦者共十七省、各特別行政區、蒙古、西藏、青海，以及中央選舉會，茲將各省區及中央選舉會選出之議員名額列下。參議員共一三九人，計直隸九人，奉天八人，吉林五人，黑龍江五人，江蘇十人，安徽十二人，江西七人，浙江七人，福建九人，湖北七人，湖南五人，山東六人，河南六人，山西八人，陝西五人，甘肅五人，新疆一人，四川一人，廣東七人，廣西一人，京兆一人，熱河一人，察哈爾一人，綏遠一人，蒙古九人，西藏二人。眾議院三三一人，計直隸二十四人，奉天十一人，吉林八人，黑龍江五人，江蘇二十七人，安徽二十五人，江西二十四人，浙江二十七人，福建十八人，湖北十八人，湖南十八人，山東二十二人，河南二十五人，山西十七人，陝西十五人，甘肅十一人，新疆八人，四川三人，雲南一人，貴州一人，京兆五人，熱河三人，察哈爾四人，綏遠一人，歸化城一人，西藏二人，蒙古七人⑫。西南護法五省，並未舉辦議員選舉，上列廣東、廣西、雲南、貴州、四川五省之議員，應為中央選舉會所選。

此次議員選舉，安福系志在必得，囊括大部議員，在四七〇個席位中，安福系佔三四二席，其餘一二八席中，交通系佔五〇至八〇席，

⑩ 曾華璧，《民初時期的閻錫山》，頁52–53。

⑪ 李慶西，〈段祺瑞與民初政局〉，頁118。

⑫ 《辛亥以後十七年職官年表》，頁524–526。

研究系佔約二十席，其餘為無所屬❷❸。

　　第二屆國會議員的年齡、教育及職業背景，資料不全。就年齡而論，參議院平均四五‧一七歲，眾議院已知的一〇八人中，若以每五歲年齡群分組，三五～三九歲者最多，佔四〇人。就教育背景而論，參議院可查者七十五人，純受新式教育者佔二十四人，具傳統功名者三十三人，具傳統功名而又受新式教育者十八人；眾議院可查者九十三人，純受新式教育者三十八人，具傳統功名者二十人，具傳統功名而又受新式教育者三十五人。就職業背景而論，在已知的兩院二三三人中，出身議員者一〇九人，出身政府官吏者一〇〇人，其他二十四人❷❹。

　　第二屆國會於一九一八年八月十二日在北京開幕，二十日眾院開會選舉議長、副議長，王揖唐以二六三票當選為議長，劉恩格以一七六票當選為副議長，二人均安福系份子。二十二日參院開會選舉議長、副議長，梁士詒以一一九票當選為議長，朱啟鈐以一一四票當選為副議長，二人均屬交通系。其後梁、朱先後辭職，補選李盛鐸、田應璜為正副議長，李、田二人皆屬安福系❷❺。

　　安福國會成立後的第一件大事為總統選舉，因為馮國璋代理大總統的任期，到一九一八年十月十日屆滿（一九一三年國會制定的大總統選舉法，大總統任期五年。一九一三年十月五日選袁世凱為大總統，袁於十日就職。一九一六年六月袁死後，由副總統黎元洪繼其職，並補選馮國璋為副總統。一九一七年七月張勳復辟，黎元洪委馮國璋代

❷❸　Andrew J. Nathan，頁102–105。

❷❹　李南海，〈安福國會之研究〉，民國七十年六月私立東海大學歷史研究所碩士論文，頁64–79，82，89–109。

❷❺　同上，頁83–84。

大總統職。從一九一三年十月十日到一九一八年十月十日，實為一個大總統的任期，共五年）。 當時馮段相爭，馮為大總統，段為內閣總理。馮為直系首領，主要靠直督曹錕及長江三督的支持；段為皖系首領，因勢力較盛，不欲馮為總統。但段若自為總統，一方面怕引起直系的武力對抗，一方面也不受舊交通系的支持（舊交通系初擁段，後反段）， 遂決定擁北洋元老徐世昌為大總統。九月四日，兩院議員開總統選舉會，出席者四三六人，徐以四二五票當選，亦有金錢運用其間。九月五日選舉副總統，段祺瑞原欲以此位置予曹錕，因其部屬吳佩孚正率第三師征湖南，執行其武力統一政策。但段的意圖受到舊交通系和研究系的杯葛。舊交通系擁護徐世昌的南北議和政策，希望將副總統的位置給予廣州軍政府的首席總裁岑春煊，以達到南北統一。在這種情形下，九月五日的副總統選舉會未開成，到會者只八十八人。此後雖經多方面的運動，安福系議員在太平湖總部集會，王揖唐親自為曹錕拉票，甚至欲以金錢賄使議員出席投票，十月九日、十月十六日的副總統選舉會均又不足法定人數，到十二月，各省督軍在天津集議，欲勸使舊交通系協助曹錕競選，亦無結果，對副總統的選舉，只好宣布無限延期❷⓰。

　　此次副總統選舉，曹錕聯絡長江各督，聲言團結北洋勢力，故軍人助之者頗多。舊交通系首領梁士詒旰衡時勢，以徐世昌膺選總統，西南方面已感不悅，若再選一北洋軍人為副總統，將更招西南猜忌。預料徐世昌就任後，將謀南北和平，不如留副總統之位以待南方，故堅主緩選副總統。梁士詒的主張，頗影響國會視聽，議員中主張緩選者甚眾，故副總統選舉會無法開成，曹錕及直系軍人為此頗恨梁士詒，

───────────
❷⓰　同上，頁111–117；劉荔翁，《民國政史拾遺》（上），頁21–22；Andrew
　　J. Nathan, pp. 116–124。

亦恨國會及段祺瑞，日後直皖戰爭之起、安福國會之被解散，以及梁士詒組閣之受直系反對，皆種因於此。梁士詒曾為緩選副總統之事致書北洋各軍人云：

> 夫主張速選者，本謂選出曹使，則北洋系團結可期。士詒忝廁北洋有年，北洋系之團結，邇年來竭力經營，未嘗稍懈。然士詒愛北洋系，而尤愛國家；且愛國家，即所以愛北洋系也。夫主張速選，以團結北洋系者，惟知團結北洋系，而不知因此足令國家分裂。曷言乎足令國家分裂？今日大總統已下令勸和，全國士商，多求罷戰，是和平統一已為全國心理所同趨，苟無意外之阻力發生，則和平統一，當可告成。今若速選曹使為副座，則全國士商，不免大起猜疑，將謂中央又復主戰，而西南人士，必以為故表對敵之意，是使已熟之和平，終亦無果。此足令國家分裂之理由一也。西南對於主座之個人，本是同欽共仰，惟對於主座之選舉，猶以違法相攻，今若選曹使為副座，則彼等必合個人與選舉而並攻之，其終也必至危及主座，若是則政局愈紛，去和平統一愈遠矣，此足令國家分裂之理由二也。副座未選之前，則西南猶懷或歸己得之望，此望未絕，則和平統一之機尚存；若一旦選出，則此望遂絕，而彼等必自行選舉，若是則南北分立之局以成，而和平統一，終於無望，此足令國家分裂之理由三也。有此三理由，故士詒終始主張緩舉為有益於時局也[217]。

梁士詒以南北和平統一為重，寧得罪北洋軍人。但南北和平之阻力，

[217]　《三水梁燕孫先生年譜》（上），頁432。

非常複雜，非讓副總統給南方所可能解決。

繼總統選舉之後，國會所關切的問題為南北議和。南北議和是徐世昌任大總統以後的主要目標，當時主戰的段祺瑞總理下臺，由錢能訓繼任（主和）。 一九一九年二月二十日，和議開於上海，北方總代表朱啟鈐（舊交通系，主和），南方總代表唐紹儀（總裁，堅持法統，對和議無信心，只奉命行事）。 會議中討論到南北統一的障礙之一是廣州的舊國會和北京的新國會孰為法統的問題，舊國會原指斥新國會為非法，和會中有人主張南北兩國會同時解散，恢復一九一七年的憲法會議，制定憲法後重選國會。安福國會懼被解散，於四月十七日通電反對南北和會討論國會問題。嗣以五四運動爆發，和議停頓，錢內閣瓦解。代總理龔心湛受安福系控制，於八月十二日改派王揖唐（安福系的首領，自不會犧牲安福國會）為北方議和總代表。由於南方代表在孫中山的影響下堅持恢復舊國會，和議無所進展。南方桂系軍人以舊國會為和平障礙，曾將反對議和的民友社、益友社議員脅迫離粵，留粵者多主和的政學會人。徐世昌和直系欲聯合西南桂系軍人統一全國，不惜主張解散南北兩國會重新選舉，代表安福系利益的王揖唐不贊同。不過，南方民友社一派在被桂系驅逐後主張恢復一九一七年舊國會，不奉徐世昌為總統，並不承認為桂系所操縱的殘餘國會，安福系認為民友社的態度有益於廣州國會的取消，又有益於打擊與直系聯合主和的徐世昌，願與民友社支持的唐紹儀繼續議和。南方軍政府發覺此種議和對廣州不利，乃撤換總代表唐紹儀而易以溫宗堯。徐世昌怕和會中決議恢復一九一七年國會，使其總統的位置不保，也對和議表示冷淡[218]。南北議和遂不了了之。

安福國會除選總統及捲入南北議和的糾紛外，另一件大事是對一

---

[218] 李海南，〈安福國會之研究〉，頁123–132。

九一九年預算的議決。一九一九年的預算案是在一九一九年六、七月間分兩次提出，歲入約四萬萬，歲出約五萬四千餘萬，不足一億五千餘萬。歲出中中央及地方軍費佔一億零二百萬，國會乃決定裁減軍費二成，以節開支，論者謂為在軍費日增之際，受皖系控制的國會能裁減軍費難能可貴，然是否當政的皖系可以作為減少他系軍費的藉口，如直系的吳佩孚攻擊靳雲鵬內閣不發軍餉❹，若如是，所謂裁減軍費，亦不過政治上之運用而已。

一九二〇年，吳佩孚自衡州撤防北歸，痛斥皖系亂政，終於這年七月激起直皖戰爭。皖系在此戰爭中失敗，第二屆國會於是年八月三十日開完第三次常會、通過九年度預算案後停閉❹。其後，徐世昌欲重選國會，無所成。在直系支持下，第一屆國會再恢復，使國家的立法機構得以續貂。

第三節　內閣的遞嬗

近代以來，民主先進國家以內閣為行政中樞。其內閣之進退及活動，不由於元首一人之意思，而聽命於國會之意旨者為內閣制，如英國及第三共和時期的法國皆然。若美國及歐戰前的德國，內閣為元首之僚屬，國會對之無用捨之權者為總統制❹。中國於民國初年試行西方式的民主，中央政府或為總統制，或為內閣制，搖擺不定，一視國家元首的實際權力及其所被信任的程度為轉移。本節論述北京政府時期內閣的遞嬗，先論述內閣制度的演變，次檢討歷屆內閣的組成與瓦

❹　顧敦鍒，《中國議會史》，頁152–154。

❷　《中華民國史事紀要》，民國9年，頁429。

❹　王恒，《現代中國政治》，頁131。

解。

一、內閣制度的演變

我國古代官制，無所謂內閣。至明成祖時，始有內閣之名。成祖
以武力奪政權，由藩王登帝位，任用私人參預機務，講讀編檢等官，
常侍天子殿閣之下，故名內閣。當時閣臣的職務，僅是輔佐皇帝，處
理政務，與近代民主國家的內閣制不同㉒。

一九一一年五月，滿清政府在多年憲政運動的要求下，創行君主
立憲的內閣制，為我國近代內閣制之開端。同年十月武昌革命爆發，
迄於南北統一以前，革命黨人組織的南京臨時政府所實行的是民主共
和的總統制。至南北統一後，民主共和體制下的內閣制才正式組織。

君主立憲的內閣制，是清末憲政運動的產物。一九一一年五月，
清廷仿日本君憲之制，頒布內閣官制十九條、內閣辦事章程十四條，
並即日組織內閣。依照內閣官制及內閣辦事章程，內閣由國務大臣組
成。國務大臣輔弼皇帝，擔負責任，以內閣總理大臣為首，下轄外務
大臣、民政大臣、度支大臣、學務大臣、陸軍大臣、海軍大臣、司法
大臣、農工商大臣、郵傳大臣、理藩大臣。國務大臣由皇帝特旨簡任，
法律敕令及其他關於國務之諭旨，其涉各部全體者，由國務大臣會同
署名，專涉一部或數部者，由內閣總理大臣會同該部大臣署名。清末
的內閣只有兩屆，第一屆內閣總理為奕劻，第二屆內閣總理為袁世凱。
袁世凱任內閣總理時，武昌革命已經爆發，清廷在各方壓力下，於一
九一一年十一月三日頒布憲法十九信條。憲法十九信條規定總理大臣
由國會公選，皇帝任命之，其他國務大臣由總理大臣推舉，皇帝任命

㉒　徐炳憲，〈段祺瑞的三次組閣〉，張玉法編，《中國現代史論集》第五輯，
　　頁169。

之；又規定總理大臣受國會彈劾時，非解散國會，即内閣辭職。十九信條的基本精神，可與英國憲法相比，一切政權在内閣，皇帝僅留虛名。惟憲法未及制定，國會未及選舉，清廷即被迫退位，英國式的内閣制度終未實行❷。

當清帝退位前試行日本君主立憲式的内閣制度時，南方革命黨人在南京所組織的臨時政府實行總統制，孫中山任臨時大總統。實行此一制度的依據是一九一一年十二月革命各省都督代表在武昌所訂定的〈臨時政府組織大綱〉，該大綱規定臨時大總統為行政首領，以參議院之同意，得任命國務員；大總統發表有關國務之文件，無須各部總長之副署。〈臨時政府組織大綱〉最初規定行政部門分為外交、内務、財政、軍務、交通五部，但未實行。一九一二年二月二日修正大綱時僅規定：「行政各部設部長一人為國務員，輔佐大總統辦理各部事務。」由此一修正，行政部額無定，部長則有國務員之名。臨時政府成立，共設陸軍、海軍、外交、司法、財政、内務、教育、實業、交通等九部。陸軍部管理陸軍，經理軍事教育、衛生、警察、司法，並編制軍隊事務，監督所轄軍人軍佐。海軍部管理海軍一切軍政事務，監督所轄軍人軍佐。外交部管理外國交涉，及關於外人事務並在外僑民事務，保護在外商業，監督外交官及領事。司法部管理關於民事、刑事、訴訟事件，戶籍、監獄、保護出獄人事務，並其他一切司法行政事務，監督法官。財政部管理會計、庫帑、賦稅、公債、錢幣、銀行、官產事務，監督所轄各官署及府縣與公共會所之財產。内務部管理警察、衛生、宗教、禮俗、戶口、田土、水利、工程，舉辦公益及行政事務，監督所轄各官署及地方官。教育部管理教育、學藝及曆象事務，監督所轄各官署學校，統轄學士、教員。實業部管理農、工、商、礦、漁、

---

❷　張玉法，〈民國初年的内閣〉，《復興崗學報》第十四期，頁1–3。

林、牧、獵及度量衡事務，監督所轄各官署。交通部管理道路、鐵路、航路、郵信、電報、航舶，並運輸、造船事務，統轄船員。各部設總長、次長各一人，總長掌理各該部所轄事務，次長輔佐總長，整理部務，監督各廳、處、局、司職員。海軍部設一處四局，實業部設一處四司，外交部設一處四司，陸軍部設二處七局，交通部設一廳四局，司法部設一廳二司，內務部設一廳四局，財政部設一廳五司，教育部設一廳三司❷❷。

南京臨時政府行總統制，約有兩個原因：其一、在革命時期，事權需要統一，總統制較內閣制更為有效。其二、孫中山的領導能力和無私的胸懷，獲得南方革命各省的信任。惟在孫中山任臨時大總統之初，南北議和正在進行。清內閣總理袁世凱有意贊同共和，迫使清帝退位，以獲取民國臨時大總統的職位。革命各省為謀清帝退位，南北統一，對袁世凱寄望甚深，但對袁世凱是否忠心共和，並不信任。故當議和漸成，袁世凱即將繼孫中山為臨時大總統時，南京方面已逐漸覺得有實行內閣制的必要，以縮小大總統的權力。南京臨時政府法制院院長宋教仁，原主行內閣制，至是乃於一九一二年二月七日至三月八日之間，草成內閣制的〈臨時約法〉七章五十六條，以取代〈臨時政府組織大綱〉的總統制。其間，清帝於二月十二日退位。二月十三日，孫中山向臨時參議院辭職，二月十五日臨時參議院選袁世凱為臨時大總統，三月十日袁就職。

袁世凱就職以後所組織的臨時政府，依照〈臨時約法〉，行內閣制。臨時約法第四條規定：中華民國以參議院、臨時大總統、國務院、法院，行使其統治權。國務院官制第一條規定，國務院以國務員組織之。

----

❷❷　錢端升等，《民國政制史》，頁4，6-8；教育部官制，見陶英惠，《蔡元培年譜》(上)，頁317-320。

臨時約法第四十三條規定，國務總理及各部總長，均稱為國務員。第四十四條規定，國務員輔助臨時大總統，負其責任。第三十四條規定，臨時大總統任命國務員須由參議院同意。第十九條規定，參議院得提出質問書於國務員，並要求其出席答覆。第四十六條規定，國務員及其委員，得於參議院出席及發言。第四十七條規定，國務員受參議院彈劾後，臨時大總統應免其職。第四十五條規定，國務員於臨時大總統提出法律案、公布法律及發布命令時須副署之㊗。此類規定，使國務員與臨時大總統同負政治責任，並增加參議院對國務員的直接監督，政治體制與「臨時政府組織大綱」所規定者大異。北京政府時期所行的內閣制，除幾個短時期政治上的改變以外，可以說都是根據「臨時約法」而實行。

國務院的組織，除祕書廳、法制局、銓敘局、印鑄局、蒙藏事務局、臨時稽勳局、法典編纂會、全國水利局以外，初設外交、內務、財政、陸軍、海軍、司法、教育、農林、工商、交通等十部，與南京臨時政府的九部比較，僅把實業部分為農林、工商二部。農林部管理農務、水利、山林、畜牧、蠶業、水產、墾殖事務，監督所轄各官署。工商部管理工、商、礦事務，監督所轄各官署。一九一三年十二月，修正各部官制，合併農林、工商二部為農商部。農商部管理農林、水產、牧畜、工、商、礦事務，監督所轄各官署，實與南京臨時政府時期的實業部無異。各部仍置總長、次長各一人，各部除設總務廳外，設三司至八司不等。一九一三年修正各部官制時，將內務、財政二部的次長改為二人，各部除設司之外，並可加設局。一九一三年的官制，各部司局數，有較一九一二年官制簡化的傾向㊗。

㉕　谷鍾秀，《中華民國開國史》，頁84–91。

㉖　錢端升等，《民國政制史》，頁26–30。

　　前述的內閣制，本於一九一二年所制定的〈臨時約法〉。臨時約法
原係革命黨人為防止袁世凱專制而制定，久為袁所不喜。一九一三年
十一月國民黨被解散後，袁世凱即著手召集約法會議，制定〈新約法〉。
新約法於一九一四年五月一日公布實施，使中國的政治體制由內閣制
變為「超級總統制」。所謂超級總統制，是新約法特別加重總統的職
權，總統制定官制官規及任免文武職官，甚至宣戰、媾和、締結條約，
均無須議會的同意。新約法公布後，袁氏依照該法第三十九條規定，
改變中央官制，於五月三日廢國務院，組政事堂，設國務卿一人，襄
贊大總統料理政務，國務卿之下，設左右丞。至七月十日，原隸國務
院各部，一律改為直隸於大總統●。

　　政事堂除設國務卿、左右丞及參議外，有法制局、機要局、銓敘
局、主計局、印鑄局、司務所，及外交、內務、財政、司法、陸軍、
海軍、教育、農商、交通各部。各部設總長一人，次長則內務、財政、
陸軍、交通等四部一律改為二人，其他各部仍為一人。各部除總務廳
仍舊外，取消往昔之設局，僅有司之存在。計外交部三司，內務部五
司，財政部五司，司法部三司，陸軍部八司，海軍部六司，教育部三
司，農商部四司，交通部六司●。總共四十三司，編制較一九一三年
的官制為大。

　　當時袁世凱既欲行帝制，力謀恢復古制。釐定官制，文官分卿、
大夫、士三等，每等又分三級，如上卿、中卿、少卿之類。各部總長
都授中卿，亦有少卿；次長都授上大夫，亦有授少卿的●。

　　袁世凱恢復帝制的計畫，推行並不順利。原已於一九一五年十二

　　● 張玉法，《中國現代史》，頁132–133。

　　● 錢端升等，《民國政制史》，頁93–98。

　　● 曹汝霖，《一生之回憶》，頁87。

月三十一日下令改一九一六年為洪憲元年，並籌備登極，但因唐繼堯、蔡鍔在雲南起兵，以及各方面的反對，乃於一九一六年三月二十二日宣布撤銷帝制[230]，次日並下令恢復民國年號，企圖保留大總統的位置。然各方反對之聲仍未平，袁知大事不易解決，謀以修改政制，以緩和各方的壓力。四月二十一日下令恢復責任內閣制，以國務卿領責任內閣，令云：

> 自來行政宜於統一，責任貴有攸歸，曩以庶政待理，本大總統總攬政務，置國務卿以資襄贊。兩年以來，竭力經營，成效尚未顯著，揆厥原因，皆由內閣未立，責任不明，虛擁治權，難饜眾望。久宜幡然變計，力圖刷新。茲依約法第二十一條制定政府組織令，委任國務卿，總理國務，組織政府，各部總長，皆為國務員，同負責任。樹責任內閣之先聲，為改良政治之初步，尚其群策群力，共濟時艱，有厚望焉。

同日，公布〈政府組織令〉及〈政府直屬官制〉。五月四日，又加以修正，將國務卿改為國務員，將政事堂改為國務院[231]。五月八日，令設國務院為國務總彙之所，所有民國現行法令稱政事堂者，均改為國務院。自是以後，各部總長復副署命令。六月二十九日，時袁世凱已死，黎元洪繼為大總統，令廢國務卿，以段祺瑞為國務總理[232]。

黎元洪所以在一九一六年六月二十九日令廢國務卿，以段祺瑞為國務總理，因為這天他同時下令恢復實行一九一二年所制定的〈臨時

---

[230]　張玉法，《中國現代史》，頁154–155。

[231]　錢端升等，《民國政制史》，頁133–135。

[232]　吳廷燮，《合肥執政年譜》，頁31、33。

約法〉。　此臨時約法，自一九一四年五月一日袁世凱頒行新約法而中斷，自是恢復實行，臨時約法中的內閣制也因此復活。自黎元洪恢復了一九一二年的內閣制以後，此後經馮國璋、徐世昌、黎元洪（再任）、曹錕歷屆總統，均未變更，直到一九二四年十一月才終止實行。終止的原因，是第二次直奉戰後，直系的曹錕政府倒臺，反直系各派廢棄了臨時約法，以及依據臨時約法而行的國會制和內閣制。一九二四年十一月十五日，奉系首領張作霖、國民軍首領馮玉祥等推段祺瑞為臨時執政。二十四日，段就臨時執政職，並公布臨時政府條例❷⓼，自此以後，一九一二年約法中的內閣制即根本廢棄。

依照臨時政府條例所制定的臨時政府制，一共六條，要點如下：㈠中華民國臨時政府，以臨時執政總攬軍民政務，統率海陸軍，對於外國，為中華民國之代表。㈡臨時政府設國務員，贊襄臨時執政，處理國務，臨時政府之命令及關於國務之文書，由國務員副署，並由臨時執政命國務員分長外交、內務、財政、陸軍、海軍、司法、教育、農商、交通各部。㈢臨時執政召集國務員，開國務會議❷⓽。

依照臨時政府制，臨時執政集原屬總統和內閣總理的權力於一身，但在各方實力派的支配下，所謂權力，亦無由充分運用。至一九二五年十二月二十六日，又頒布修正臨時政府制，增設國務院和國務總理，以許世英為國務總理。國務總理和各部總長均為國務員，贊襄臨時執政，決定政策，處理國務。修正臨時政府制又規定：國務會議由國務員組織之，以國務總理為主席；臨時政府之命令及凡關係國務之文書，由國務總理及各部總長全體或分別副署❷⓺。自是，內閣制又恢復，惟

---

❷⓼　郭廷以，《中華民國史事日誌》第一冊，頁843、845。

❷⓽　民國13年11月25日《政府公報》。

❷⓺　吳廷燮，《合肥執政年譜》，頁132–133。

國家元首仍稱臨時執政，不稱大總統。

臨時執政府雖然恢復內閣制，以專責成。但在一九二五至一九二六年間，由於當初推戴段祺瑞的奉系和國民軍系又成水火，使段頗感左右為難。一九二六年四月，國民軍因段祺瑞手下有通奉嫌疑，圍繳執政府衛隊軍械，段氏逃匿東交民巷。及國民軍退出北京，段重行執政，但不為奉軍所歡迎。一九二六年四月十九日，段令准國務總理兼陸軍總長賈德耀辭職，以胡惟德兼署國務總理，並令國務院攝行臨時執政職權，段退居天津。或謂執政府乃宣告消滅⑱，其實不然。惟其制稍有變更。當執政府成立時，是臨時執政與國務總理合一，即臨時執政兼攝國務總理職權。到一九二五年十二月二十六日，臨時執政一度與國務總理分開，即分設國務總理掌管內閣事。至是，則國務總理兼攝臨時執政職權，中央行政部門權限益小。當時奉系張作霖已與直系吳佩孚聯合，把國民軍的勢力逐出北京，北京政局實由張作霖和吳佩孚聯合控制。

自段祺瑞去職，中央政府由國務總理攝政，而由奉、直兩軍控制。先後以國務總理攝政者有胡惟德、顏惠慶、杜錫珪等。到一九二六年十二月，時因國民革命軍已自廣州北伐，吳佩孚趕往湖北抵禦，張作霖在天津就安國軍總司令職。張旋用國務院攝行大總統令，以顧維鈞署國務總理。一九二七年六月十八日，張作霖受北方各地軍人推戴，在北京就海陸軍大元帥職，成立軍政府。此後直到一九二八年六月，張作霖以大元帥攝政，雖設內閣，徒具形式。

依據軍政府組織令，大元帥代表中華民國行使統治權，大元帥之命令須經國務總理副署，關係各主管部務者，須各部總長連帶副署。軍政府以下所設之國務院，以國務員組織之，國務總理與各部總長為

⑱ 錢端升等，《民國政制史》，頁184；吳廷燮，《合肥執政年譜》，頁142。

國務員。國務總理得發院令,主持國務會議。國務院除設祕書廳、法制局、銓敘局、統計局、印鑄局外,仍設九部,惟將原來的陸軍部、海軍部合為軍事部,原來的農商部分為實業、農工兩部。各部設總長一人,次長一人,但軍事部設次長四人,分掌參謀、陸軍、海軍、航空各署;財政部設次長三人,其中二人分掌鹽務署及菸酒署。各部除總務廳外,外交部有四單位,軍事部有四單位,內務部有六單位,財政部有九單位,司法部有三單位,實業部有三單位,農工部有四單位,交通部有四單位,教育部不詳⑳,若以三單位計,總計三十九單位,與民初內閣制初建時,編制差不多。

民國初年的內閣制,從一九一二年建立,到一九二八年六月消滅。其間雖曾行總統制(一九一二年一月到三月間)、 超級總統制(一九一四年五月到一九一六年六月間)、 臨時執政制(一九二四年十一月到一九二六年四月間)、 內閣總理攝政制(一九二六年四月到一九二七年六月間)、 大元帥制(一九二七年六月到一九二八年六月間),但大體在形式上,都仿照西方民主國家的總統制或內閣制。

二、歷屆內閣的組成與瓦解

為了解民初中央行政權力的轉移,此處論述內閣的遞嬗,亦包括總統制的內閣在內。如前所述,在民國建立之初,南京臨時政府時期,行總統制。一九一二年一月一日,孫中山於南京就臨時大總統職,並於三日正式任命各部總長,開始組織臨時政府。臨時政府分為九部,陸軍總長為黃興,海軍總長為黃鍾瑛,司法總長為伍廷芳,財政總長為陳錦濤,外交總長為王寵惠,內務總長為程德全,教育總長為蔡元

---

⑳　錢端升等,《民國政制史》,頁184-190;《中華民國史事紀要》,民國16年(上),頁1265-1266,民國16年(下),頁87-90。

培，實業總長為張謇，交通總長為湯壽潛❷。此一總統制的內閣，僅存在於南京臨時政府時期。南北和議告成，清帝退位，袁世凱於二月十五日被選為臨時大總統。袁於三月十日在北京就職，即依照〈臨時約法〉建立內閣制，於十三日得臨時參議院的同意後任命唐紹儀為內閣總理。

唐內閣共設外交、內務、財政、教育、陸軍、海軍、司法、農林、工商、交通十部。一九一二年三月二十五日，唐紹儀為組閣事至南京。三月二十九日列席參議院發表政見，並提出閣員名單請求同意。除交通總長梁如浩外，餘均獲通過，唐復提施肇基為交通總長，四月六日獲臨時參議院同意，唐內閣人選遂完全決定。外交總長為陸徵祥，內務總長為趙秉鈞，財政總長為熊希齡，交通總長為施肇基，陸軍總長為段祺瑞，海軍總長為劉冠雄，教育總長為蔡元培，司法總長為王寵惠，農林總長為宋教仁，工商總長為陳其美。唐內閣同盟會色彩很濃，但仍為一混合內閣。趙秉鈞、劉冠雄雖列籍同盟會，實係袁派人物；陸徵祥無所屬，施肇基為唐紹儀姪婿，段祺瑞為袁派軍人，熊希齡屬統一黨。由於份子複雜，步調頗難一致。陳其美、施肇基始終未就職，陸徵祥於唐內閣瓦解前數日始抵京視事❷。段祺瑞、趙秉鈞以親袁故，熊希齡以列籍共和黨故，皆杯葛唐紹儀，唐與袁世凱的權力衝突尤為致命傷，導火線則為王芝祥督直一案。直隸諮議局舉王芝祥為都督，唐依法請袁任命，袁本答應，突又中變，欲使王赴南京接收軍隊，持

❷　自南京臨時政府成立，到1913年7月的熊希齡內閣，除特別註明者外，見張玉法：〈民國初年的內閣〉，《復興崗學報》，第十四期。

❷　陸徵祥於6月10日到任，唐紹儀於6月17日請假後即不視事，見《辛亥以後十七年職官年表》，頁149。按請辭實在6月15日，17日袁給假，並委陸徵祥暫代，見民國元年7月1日《天鐸報》，為唐紹儀寫真。

任用令強唐副署，唐堅拒之，袁即以未副署之委任狀交王。唐乃於六月十五日留辭呈赴津。

　　唐紹儀辭職後，各方欲挽留不得。袁世凱接受財政總長熊希齡的推薦，於六月十七日以外交總長陸徵祥代唐職。時各黨派對內閣組成有不同的意見，或主張政黨內閣（內閣由一黨組成），或主張超然內閣（內閣由名流組成，不用黨中人物），或主張混合內閣（網羅各方人才，組織內閣），或主張超然總理混合內閣（總理無黨籍，閣員包括各方人才）。袁世凱傾向於超然總理混合內閣，六月二十七日准唐紹儀辭職，並以任命陸徵祥為國務總理求同意案提出於參議院。同盟會議員雖因主張政黨內閣加以杯葛，共和黨與統一共和黨則表贊同，結果以七十四票對十票通過❷⓿。六月二十九日，陸被任命為國務總理。

　　七月十八日，陸徵祥到臨時參議院提擬任之國務員名單，除內務、陸軍、海軍三部仍舊，外交部由陸自兼外，新提六名。因無適當政見發表，參議院對陸不信任，次日表決國務員時一律予以否決。七月二十一日，總統府宴集參議員疏通情款。時陸徵祥請假，七月二十三日陸軍總長段祺瑞代陸出席參議院，提出重新擬訂之六國務員名單，除工商總長蔣作賓外皆獲通過。七月三十一日陸徵祥提名劉揆一為工商總長，八月二日由海軍總長劉冠雄代陸出席參院說明理由，亦獲通過，陸內閣遂完全成立。外交總長陸徵祥兼，內務總長為趙秉鈞，財政總長為熊希齡，陸軍總長為段祺瑞，海軍總長為劉冠雄，司法總長為許世英，教育總長為范源濂，農林總長為陳振先，工商總長為劉揆一，交通總長為朱啟鈐。

　　陸徵祥自六月二十九日受命為國務總理，因第一次閣員名單被否決，於七月二十日開始請假，不理政務，至八月二十二日辭職，袁以

❷⓿　佐藤俊三，《支那近世政黨史》，頁77。

趙秉鈞代國務總理。九月十八日，袁命梁如浩為外交總長。二十二日，准陸徵祥辭職，二十五日任命趙秉鈞為國務總理❹。

趙秉鈞之得出任國務總理，乃因其受袁信任，也因受國民黨的支持。趙曾列名同盟會，又取得國民黨籍。袁世凱提出趙秉鈞組閣案時，在參議院安然通過。九月二十五日任趙為國務總理，其餘閣員仍舊❹。

當時國民黨繼續推展其政黨內閣的理想，趙內閣既成，黃興乘勢遍說各國務員加入國民黨，免再蹈混合內閣的覆轍。於是司法總長許世英、農林總長陳振先、工商總長劉揆一、交通總長朱啟鈐皆填寫入國民黨願書。財政總長周學熙、外交總長梁如浩雖未填願書，亦以加入國民黨為言。教育總長范源廉原為共和黨，不願遽行加入他黨，亦稱病辭職，其職先後由劉冠雄、陳振先兼署，於是趙內閣閣員，除陸軍段祺瑞、海軍劉冠雄因受軍人不入黨的限制，不列名黨籍外，皆掛名國民黨。

趙秉鈞任國務總理七個多月，至一九一三年五月一日，因涉嫌宋案辭職，七月十九日，其職由段祺瑞代理。至七月三十一日由熊希齡出任國務總理。在段祺瑞代理國務總理期間，閣員可以說沒有變動❹。

---

❹　唐內閣之財政總長熊希齡於7月14日辭，一度由趙秉鈞代；司法總長王寵惠於7月14日辭，一度由王式通代；教育總長蔡元培於7月14日辭，一度由范源廉代；農林總長宋教仁於7月14日辭，一度由陳振先代；工商總長陳其美於6月29日辭，一度由王正廷署。見《辛亥以後十七年職官年表》，頁150。

❹　陸徵祥於1912年11月15日繼梁如浩為外長，梁士詒於1913年5月16日代理周學熙為財長，見《遠生遺著》卷一，頁39–42。言敦源於1913年5月2日代趙秉鈞為內長，見《合肥執政年譜》，頁24–26。

❹　僅向瑞琨代理劉揆一的工商總長，王治馨繼言敦源代理內政總長，見《辛

　　熊希齡內閣組於國民黨起兵反袁聲中，袁世凱為爭取各方面的支持，著意網羅名流。國務總理，袁世凱原屬意張謇，張謇則推熊希齡。熊原為共和黨人，國民黨既無組織內閣之望，又懼袁組軍人內閣（時段祺瑞代總理），遂對熊表示支持，結果兩院以六百十九票表決，同意票高達五百九十票。七月三十一日，袁任命熊希齡為國務總理，八月二十八日，熊就國務總理職。九月十一日，袁得國會同意，正式任命閣員。外交總長為孫寶琦，內務總長為朱啟鈐，司法總長為梁啟超，財政總長熊希齡兼，教育總長為汪大燮，工商總長為張謇，交通總長為周自齊，陸軍總長為段祺瑞，海軍總長為劉冠雄。

　　十二月十日，段祺瑞兼代鄂督，十九日由周自齊兼代陸軍總長；十二月二十四日，農林、工商兩部合為農商部，以張謇為農商總長；一九一四年二月九日熊希齡辭財政總長，調周自齊署財政總長，朱啟鈐兼交通總長。至二月十二日，熊希齡因受湖南都督湯薌銘、安徽都督倪嗣沖反對，辭國務總理職，以孫寶琦兼代國務總理❷❷。其間，國會於一九一三年十一月四日停閉，一九一四年一月十日解散，改組內閣，無須國會同意。

　　孫寶琦臨時內閣，始於一九一四年二月十二日，止於五月一日。閣員初不變。二月二十日，梁啟超辭司法總長職，袁任命章宗祥為司法總長；同日，汪大燮辭教育總長職，袁任命嚴修為教育總長。四月一日，農商總長張謇南下，袁命章宗祥代理其職務。此時袁正運動帝制，不僅任命國務員已無須立法機關同意，至五月一日，且公布總統制的新約法，改國務總理為國務卿，改國務院為政事堂，由總統直接任命國務卿及各部總長❷❺。

　　　　亥以後十七年職官年表》，頁152。

❷❷　郭廷以，《中華民國史事日誌》第一冊，頁125–128，132–133。

　　五月一日，袁世凱任命徐世昌為國務卿，徐本無意出山，迫於友誼，義不容辭[245]。或謂係出於袁子克定的勸駕，世昌與克定，實父執而兼師保，克定勸駕，亦有可能[246]。袁任命國務卿的同時，並任命各部總長：外交總長孫寶琦，內務總長朱啟鈐，財政總長周自齊，陸軍總長段祺瑞，海軍總長劉冠雄，司法總長章宗祥，教育總長湯化龍，農商總長張謇，交通總長梁敦彥[248]。

　　此內閣組成後，因當時已無國會和政黨牽制，初時相當穩定。一九一五年一月二十七日，袁以陸徵祥代孫寶琦為外交總長，以應付中日二十一條交涉。但是後由於帝制運動加緊進行，部分閣員不慊於袁氏之所為，相繼辭職。首先農商總長張謇辭職出京，袁於三月五日調財長周自齊署農商總長，另以周學熙署財政總長。四月二十七日准張謇辭職，周自齊、周學熙皆真除。其次，陸軍總長段祺瑞於五月三十日請假，袁令王士珍署陸軍總長，至八月二十八日真除。再次，教育總長湯化龍於十月五日辭職，袁命張一麐為教育總長。最後，國務卿徐世昌於十月二十六日稱病，袁以外交總長陸徵祥兼代國務卿[249]。

　　在陸徵祥兼代國務卿的時期，各方反帝制的聲浪愈來愈高，一九一六年三月二十一日，袁世凱召徐世昌自天津來京，決定撤銷帝制。次日再任命徐為國務卿，撤銷帝制令同時發布。然各方反帝制聲浪不

[245]　同上，頁134，138，140–141。

[246]　曹汝霖，《一生之回憶》，頁80。

[247]　沈雲龍，《徐世昌評傳》，頁214–216。

[248]　此後至1928年6月止，歷屆閣員名單見《辛亥以後十七年職官年表》，頁155–194，不再註明。

[249]　郭廷以，《中華民國史事日誌》第一冊，頁174–175，178–179，182，186，198，202；沈雲龍，《徐世昌評傳》，頁260。

稍緩。徐出而謀和不成，辭職。袁為緩和各方反對，於四月二十一日公布制定政府組織令，以國務卿總理國務，組織政府，各部總長皆為國務員，樹立責任內閣的先聲。次日特任段祺瑞為國務卿❷。當段奉命組閣時，以曾反對帝制，慮袁世凱懷疑莫釋，乃先徵詢徐世昌的意見，徐謂袁氏無他意，時局亟宜收拾，促其速任，以固北洋團體，保持袁氏威信，祛除反袁派凤嫌，為根本要圖❷。

袁任段為國務卿次日，發布各部總長人事命令：特任段祺瑞兼陸軍總長，王揖唐為內務總長，孫寶琦為財政總長，張國淦為教育總長，金邦平為農商總長，曹汝霖為交通總長，其他外交陸徵祥、海軍劉冠雄、司法章宗祥仍舊。

此一內閣組成不久，到五月八日，政事堂改為國務院，段祺瑞復稱國務總理。五月十七日，外交總長陸徵祥病辭，令曹汝霖兼署外交總長。五月十九日，財政總長孫寶琦請假，次日令周自齊署財政總長❷。六月六日袁世凱死，副總統黎元洪繼任為大總統。六月二十九日，黎元洪下令恢復一九一二年三月十一日公布的臨時約法，定於八月一日恢復舊國會，並特任段祺瑞為國務總理。其間，六月六日，以章宗祥兼署農商總長，代金邦平；六月二十三日，以陳錦濤為財政總長，代孫寶琦❷。

袁死後的第一屆段內閣，因其時國會尚未召開，閣員仍由大總統直接任命。六月三十日，以唐紹儀為外交總長，許世英為內務總長，陳錦濤為財政總長，程璧光為海軍總長，張耀曾為司法總長，孫洪伊

---

❷ 《中華民國史事日誌》第一冊，頁228，233-234。

❷ 《徐世昌評傳》，頁284。

❷ 《合肥執政年譜》，頁30-31。

❷ 《中華民國史事日誌》第一冊，頁244，248-250。

為教育總長，張國淦為農商總長，汪大燮為交通總長，段祺瑞兼陸軍
總長。此一任命發表後，外長唐紹儀未到任（由陳錦濤兼署）；　內長
於七月十二日易為孫洪伊；司法總長張耀曾未到任（先後由張國淦、
江庸兼代）；　教長於七月十二日易為范源廉；農長於七月三十一日易
為谷鍾秀；交長於七月十二日易為許世英❷。八月一日國會開幕。八
月二十一日，眾議院通過段祺瑞為國務總理案，二十三日參議院通過
段祺瑞為國務總理案。九月一日，眾議院通過全體國務員案；九月四
日，參議院通過全體國務員案。段內閣始正式成立，外交總長為唐紹
儀，內務總長為孫洪伊，財政總長為陳錦濤，陸軍總長段祺瑞兼，海
軍總長為程璧光，司法總長為張耀曾，教育總長為范源廉，農商總長
為谷鍾秀，交通總長為許世英❷。

　　此閣員名單為眾參兩院通過後，外交總長一職發生波瀾。九月二
十五日，張勳等三十三人通電反對唐紹儀為外交總長；唐辭職。十月
三日，政府任命陸徵祥為外交總長，眾院不同意；十七日以汪大燮為
外交總長，眾院否決；十一月七日以伍廷芳為外交總長，始獲國會通
過❷。外交總長風波平後，內務、財政、交通三總長亦發生風波。十
一月二十日內務總長孫洪伊為裁員訟案免職，由范源廉代理，黎元洪
先後提任可澄、張國淦為內務總長，皆未獲國會通過❷。一九一七年

❷　《丙辰》第一期（民國5年12月）備乘欄，頁3-4。

❷　《新青年》二卷二號（民國5年10月1日），〈國內大事記——段內閣成
　　立〉；《中華民國史事日誌》第一冊，頁255，258-259；徐炳憲，〈段祺
　　瑞的三次組閣〉；張玉法編，《中國現代史論集》第五輯，頁172-178。

❷　《丙辰》第二期（民國6年1月），民國5年大事記欄，頁5-7；《丙辰》第
　　一期（民國5年12月）備乘欄，頁13-25。

❷　《丙辰》第二期，民國5年大事記欄，頁7-8；備乘欄，頁23-27。

四月十八日，財政總長陳錦濤因受煉銅廠商人控告（調令其借墊股款，勒寫字據）被免職，政府以李經羲為財政總長，於四月二十七日及五月一日獲兩院通過。五月三日，交通總長許世英辭職，令次長權量暫代❷。

此次段內閣的大事為府院之爭和對德宣戰案。當時段祺瑞及國會中憲法研究會一派的議員等主張參加協約國，對德宣戰；大總統黎元洪及國會中部分舊國民黨一派的議員反對參戰。一九一七年五月十日眾議院討論參戰案時，段唆使公民團示威，並毆打議員，外交總長伍廷芳、司法總長張耀曾、農商總長谷鍾秀、海軍總長程璧光為此辭職，國會決定迫段辭職，段則嗾使督軍團呈請解散國會。黎元洪為杜軍人干政，五月二十三日下令免段國務總理及陸軍總長職，並令外交總長伍廷芳暫代國務總理，張士鈺代陸軍總長❷，第一次段內閣因此瓦解。

伍廷芳代國務總理是臨時性質，先後不過二十天，閣員仍舊。其間黎元洪物色國務總理人選，初擬請徐世昌，徐不允，再請王士珍，王亦謝絕，薦李經羲自代。五月二十五日黎元洪向國會提出任命李經羲為內閣總理案，兩院於二十六、七兩日先後通過，二十八日黎正式任命李經羲為國務總理，然李遲遲不就職。時各省督軍續支持段祺瑞，紛紛向中央宣布獨立，圖迫解散國會，黎元洪不得已，欲下令解散國會，伍廷芳拒絕副署，六月十二日黎免伍廷芳職，以步兵統領江朝宗代國務總理，副署解散國會令。國會解散後，各省督軍或主段祺瑞組

---

❷ 《丙辰》第四期（民國6年6月）備乘欄，頁11–12；《中華民國史事紀要》，民國6年，頁291，305；《合肥執政年譜》，頁46–47。

❷ 《丙辰》第四期備乘欄，頁14，22，24；《中華民國史事紀要》，民國6年，頁339–340，375；徐炳憲，〈段祺瑞的三次組閣〉，張玉法編，《中國現代史論集》第五輯，頁186–189。

閣，或主王士珍組閣，或促李經羲就任。六月二十四日，李經羲就國務總理職。時國會既解散，大總統可自由任命閣員，二十四日以李經羲兼財政總長，王士珍為陸軍總長，薩鎮冰為海軍總長。二十九日特任江庸署司法總長，李盛鐸署農商總長，龍建章署交通總長，教育總長已於六月二日由袁希濤代理部務●。外交總長伍廷芳、代內務總長范源廉仍舊。

　　此一內閣，形同虛設。外交總長伍廷芳自六月十二日辭職，並未發表新人選，新發表的總長，僅財政、陸軍、海軍三部，財部且為總理兼任。其餘總長，非代即署，署農長李盛鐸且未就職。尤有進者，李經羲就職不過一個星期，張勳擁宣統皇帝復辟，陸軍總長王士珍且參與其事。一九一七年七月二日，北京政府將李經羲免職，特任段祺瑞為國務總理●，李內閣瓦解。

　　七月四日，段祺瑞宣布就國務總理職，並在馬廠誓師討伐張勳。討伐張勳的部隊於十二日進入北京，十四日段入京視事，是日黎元洪辭職，副總統馮國璋繼為總統。十五日特任汪大燮為外交總長，段祺瑞兼陸軍總長，劉冠雄為海軍總長。十七日特任湯化龍為內務總長，梁啟超為財政總長，林長民為司法總長，張國淦為農商總長，曹汝霖為外交總長。十九日范源廉由內務總長回任教育總長。段內閣完全組成●。

●　《中華民國史事日誌》第一冊，頁302-311；《中華民國史事紀要》,民國6年，頁381，391，393，436，437，452，459，461，471。

●　《合肥執政年譜》，頁48；《中華民國史事紀要》，民國6年，頁489，491，520。

●　《合肥執政年譜》，頁52-54；曹汝霖，《一生之回憶》，頁30；徐炳憲，〈段祺瑞的三次組閣〉，張玉法編，《中國現代史論集》第五輯，頁190-

閣員除劉冠雄外，多與憲法研究會或其前身的進步黨有關，張國淦、曹汝霖亦與憲法研究會接近，段祺瑞所以大量引用憲法研究會的人入閣，乃因彼等佐段討平復辟之故。

復辟平定以後的段內閣，受到廣東、廣西、雲南等方面的反對。段祺瑞決定推行武力統一政策，準備由四川進攻雲貴，由湖南進兵兩廣。但由於屬於直系的長江三督（蘇督李純，鄂督王占元，贛督陳光遠）通電主和，一九一七年十一月十四日在湖南前線作戰的王汝賢、范國璋通電停戰，段恐北方軍人分裂，辭國務總理職，經馮國璋慰留，段再於十七日視事。但十七日直督曹錕以及長江三督聯名通電，主張與西南和平解決，廿二日段再遞辭呈。馮國璋原主和，至是令准段免職，以汪大燮代國務總理，段祺瑞第二次所組織的內閣，至是結束 ❷。

汪大燮代國務總理只有九天，除陸軍總長先已於十一月十九日易為王士珍（段為緩和直系反對而安排，但無效果）外，其餘閣員仍舊。到十一月三十日，馮國璋特任王士珍署國務總理，次日又任命陸徵祥為外交總長，錢能訓為內務總長，王克敏為財政總長，江庸署司法總長，劉冠雄為海軍總長，田文烈為農商總長，曹汝霖為交通總長，十二月四日任命傅增湘為教育總長。王士珍以此組織一臨時內閣 ❷。此一臨時內閣，受馮國璋的影響，擬推行和平統一政策，並受到蘇督李純、贛督陳光遠、以及十六混成旅旅長馮玉祥的響應。但段的武力統一政策受到張作霖等的支持，張以段的股肱徐樹錚為奉軍副司令，引奉軍入關，直、奉等十五省並電馮國璋要求以段組閣，馮國璋被迫，

194; Harold M. Vinacke, *Constitutional Development in China*, p. 251.

❷ 李劍農，《中國近百年政治史》，頁510；徐道鄰，《徐樹錚先生文集年譜合刊》，頁200–201。

❷ 《中華民國史事紀要》，民國6年，頁975–976，986。

於一九一八年三月二十三日令署國務總理王士珍辭職，再請段祺瑞出面組閣❿。二十九日並發表閣員名單：外交總長為陸徵祥，內務總長為錢能訓，財政總長為曹汝霖，陸軍總長為段芝貴，海軍總長為劉冠雄，司法總長為朱深，教育總長為傅增湘，農商總長為田文烈，交通總長為曹汝霖。

段祺瑞第三次組閣後，續推行武力統一政策，吳佩孚部一路自岳州南下，三月二十六日陷長沙，四月二十六日下衡陽，段且一度去漢口督師。但直系不欲為段氏過於伸張勢力，吳佩孚下衡陽後屯兵不進，到是年八月，蘇督李純通電攻擊段內閣的親日政策，並提出「息爭禦侮」的口號。段為消除馮國璋及長江三督的不平，九月，北京安福國會選徐世昌為總統，欲選曹錕為副總統，則受到交通系和研究系的杯葛。十月十日徐就職。初段祺瑞有與馮國璋同時下野之諾言，馮既去總統位，徐世昌又謀和平統一，段乃於十月十日奉准辭去國務總理職，以錢能訓暫代國務總理職，閣員不變❿。

錢能訓暫代國務總理後，曹錕、張作霖、倪嗣沖等不同意，要求徐世昌仍以段祺瑞組閣，但由於曹錕選舉副總統不成，段囑安福國會，主張通過由錢能訓組閣。於是眾參兩院分別於十二月十四、十八兩日通過錢能訓任國務總理案，二十日徐世昌並加以正式任命。一九一九年一月七日及九日，眾參兩院又分別通過錢內閣的閣員名單❿：外交總長陸徵祥，內務總長錢能訓兼，財政總長龔心湛，陸軍總長靳雲鵬，

---

❿　徐炳憲，〈段祺瑞的三次組閣〉，張玉法編，《中國現代史論集》第五輯，頁203–206；《中華民國史事日誌》第一冊，頁362–370。

❿　同上徐炳憲文，頁206–212；《中華民國史事日誌》第一冊，頁371，374–375，404；《徐樹錚先生文集年譜合刊》，頁222。

❿　《中華民國史事日誌》第一冊，頁411–418。

海軍總長劉冠雄，司法總長朱深，教育總長傅增湘，農商總長田文烈，交通總長曹汝霖。

此次閣員，僅財長龔心湛、陸長靳雲鵬為新任，餘均仍舊。錢能訓為徐世昌的舊屬，徐任東三省總督時，錢任參議。任總理後，對徐甚效忠，曾組己未俱樂部與安福俱樂部對抗。錢內閣的主要課題為主持南北議和及參加巴黎和會，二事皆不順利。因上海南北和會中討論到安福國會的存廢問題，錢能訓在眾院受到嚴詞質詢。巴黎和會因未能爭回山東主權，北京學界爆發了五四運動，接著全國學界及工商界響應。五月五日，教育總長傅增湘辭職，交通總長曹汝霖亦因早年參與中日交涉損害中國利權為輿情不容而辭職。六月十日，北京政府為平眾怒，應遊行示威者的要求，將曹汝霖免職。十一日，國務總理錢能訓辭職，次日內閣閣員全體辭職，大總統徐世昌亦通電辭職。十三日以龔心湛兼代國務總理⓸，錢內閣瓦解。

龔心湛臨時內閣共約一百天，閣員大體不變。錢能訓原兼之內務總長由司法總長朱深署。九月五日，龔心湛辭代理國務總理。九月十九日曹錕電徐世昌，主由靳雲鵬組閣，二十二日張作霖表贊同，交通系也表擁靳。二十四日，徐世昌特任靳雲鵬代國務總理，閣員不變。十月三十一日及十一月四日，眾參兩院通過靳雲鵬組閣案，十一月五日實授靳雲鵬國務總理。關於閣員人選，安福系主以吳炳湘長內務，李思浩長財政，姚震長司法，朱深長交通，靳則欲提田文烈長內務，周自齊長財政，並擬提張志潭長農商。由於安福系反對，財政易為朱深，後經段祺瑞協調，眾參兩院於十一月二十八日和十二月三日分別通過閣員人選，惟教育總長夏壽康、農商總長張志潭被否決。十二月

⓸ 同上，頁434–449；Jermyn Chi-Hung Lynn , *Political Parties in China*, p.103.

三日徐世昌正式任命閣員，外交為陸徵祥，內務為田文烈，財政為李思浩，陸軍為靳雲鵬，海軍為薩鎮冰，司法為朱深，交通為曾毓雋，教育由次長傅嶽棻署代，農商由內務田文烈兼❽。

靳雲鵬本為段祺瑞的親信，因與徐樹錚爭權，段每左徐而右靳，故靳對段不滿。時直皖交惡，徐世昌命張作霖入關調停，曹錕恐張祖段，極力拉攏，張作霖謁段，語多祖曹錕，段冷遇之，張作霖益親曹，靳知戰事難免❼，心懷危懼。另一方面，河南督軍一職，段原屬意吳光新，國務會議原已通過，徐世昌怕刺激直系，不允發表，此事段對靳頗不諒解。職是之故，靳於一九二〇年二月二十七日、三月三十日、五月七日、五月九日等一再辭職或請假，至五月十四日徐世昌命海軍總長薩鎮冰兼代國務總理，陸軍部次長羅開榜代理陸軍總長，其餘閣員初不變❼。

薩鎮冰代理國務總理不足三月，這期間發生直皖戰爭，皖系失敗。徐世昌於七月二十四日將安福系之財政總長李思浩、司法總長朱深、交通總長曾毓雋免職，令財政次長潘復、司法次長張一鵬代理部務，內務總長田文烈署交通總長。七月二十九日，曹錕、張作霖、靳雲鵬等在天津會議，決定解散安福國會，請靳雲鵬再出而組閣。八月三日，徐世昌令解散安福俱樂部，八月九日特任靳雲鵬署國務總理。當時安福國會已解散，徐世昌擬另選國會❼。

由於直系謀恢復舊國會，徐世昌擬選的國會並未得實行。八月十一日，徐世昌以行政命令任命了各部總長，皆以「署」的名義❼：署

❽　《中華民國史事日誌》第一冊，頁461–474。

❼　曹汝霖，《一生之回憶》，頁170。

❼　《中華民國史事日誌》第一冊，頁485，490，498，499。

❼　同上，頁510–518，543。

外交總長顏惠慶，署內務總長張志潭，署財政總長周自齊，署陸軍總長靳雲鵬，署海軍總長薩鎮冰，署司法總長董康，署教育總長范源廉，署農商總長王迺斌，署交通總長葉恭綽。

靳雲鵬既早對段不滿，時值段在直皖戰爭中失敗，乃一意效忠徐世昌和直系[273]。靳內閣的主要課題是整理國內公債，救濟華北旱災，停止帝俄使領待遇，廢除中日軍事協定，參加華盛頓會議。當時內閣一切進行順利，但仍不免改組。改組的原因，一方面，總理需一親信之人掌管財政，財長周自齊原係金融界耆宿，與總理誼屬同鄉，且係老友，只以財政困難，關稅收入除支付賠款及外債本息外，所餘無幾，不足供應政軍開支。同時交通總長葉恭綽違反閣議，對外簽立某種合同，增加了總理的困擾，於是財政、交通兩總長不得不聯袂出閣[275]。改組內閣，實際上是由兩湖巡閱使王占元、奉天督軍張作霖、直隸督軍曹錕和內閣總理靳雲鵬於一九二一年四月二十五日至五月四日在天津開會決定的，除讓財長周自齊、交長葉恭綽出閣外，內長張志潭調長交通（與靳接近），內長易為奉系的齊耀珊；財政原委李士偉，以親日遭反對，由次長潘復（與靳接近）代；陸軍易為蔡成勳，海軍易為李鼎新；外交顏惠慶、司法董康、教育范源廉、農商王迺斌（奉系）不變。此次改組，大體為直、奉兩系共同支持，造成內閣幾個月的安定[276]。

華盛頓會議討論中國海關除照原稅率徵收進口稅外，可以增抽百

---

[273]　姚崧齡譯，《顏惠慶自傳》，頁105。

[274]　Jermyn Chi-Hung Lynn, *Political Parties in China*, p. 109；曹汝霖，《一生之回憶》，頁174。

[275]　《顏惠慶自傳》，頁105–110。

[276]　同上，頁110；《中華民國史事日誌》第一冊，頁566–570。

分之二‧五的附加稅，中央稅收，因此增加很多。一般失意政客，遂群集奉天，煽動張作霖爭取己派的內閣席位。奉系當時僅佔兩個閣席，而總理復偏袒直系，財、交兩部均屬直系。張作霖遂在北京約見曹錕，並正告總統，彼對現內閣人選殊不滿意，力促改組內閣⑳。另一方面，靳雲鵬與徐世昌之間也發生了衝突，煙酒公署督辦張壽齡係徐之私人，為靳不滿，張作霖亦電請罷斥；鹽務公署署長潘復係靳之私人，因吳佩孚之抨擊去職，靳擬以潘復代張壽齡，徐力持不可，最後以接近直系的汪士元繼任煙酒公署督辦，而以接近奉系的鍾世銘為鹽務公署署長⑳。靳內閣的動搖在一九二一年十月，代理財政總長潘復因財政困窘去職，奉系閣員齊耀珊、王迺斌推薦素與直系接近的高凌霨繼之。高於財政亦無辦法，由於經費無著，各部不僅無法展開業務，薪俸幾都無法按時發出，這也是靳閣瓦解的一個原因。靳內閣維持一年零四個月，在民國初年的內閣中是不多見的。所以然之故，當時直奉兩系大體和諧，大總統徐世昌依違直奉之間以自固，而靳則於直、奉、徐之間保持平衡。最後由於奉、徐皆不滿，靳閣乃無法維持⑳。十二月十七日靳雲鵬辭職赴津，次日徐世昌准靳辭職，命外交總長顏惠慶暫代國務總理，閣員不變。

顏惠慶代國務總理只有一週，關於新國務總理人選，當時以朱啟鈐、王士珍、梁士詒呼聲最高。朱近徐世昌，王近曹錕，梁近張作霖。

---

⑳ 《顏惠慶自傳》，頁111。

⑳ 《中華民國史事日誌》第一冊，頁604、607；民國10年12月12日《上海商報》，一週間國內外大事述要——㈡府院衝突；民國10年12月16日《上海商報》，府院風潮中之北京政局。

⑳ 民國10年10月18日《上海商報》；國慶以後之北京政局；民國10年11月18日《上海商報》，財政狀況與金融界之危機。

徐推王士珍，士珍不應，張作霖推朱、梁，徐世昌贊同⑳；終由梁士
詒出組內閣。十二月二十四日，特任梁士詒為國務總理，其內閣成員：
外交總長顏惠慶，內務總長高凌霨，財政總長張弧，陸軍總長鮑貴卿，
海軍總長李鼎新，司法總長王寵惠，教育總長黃炎培，農商總長齊耀
珊，交通總長葉恭綽。

　　司法王寵惠和教育黃炎培未就任，分別由董康及齊耀珊代理。此
次內閣，奉系色彩很濃，引起直系不滿。兩湖巡閱使吳佩孚於梁就職
後電索軍餉，梁未應。時梁急欲解決魯案中之膠濟鐵路問題，主張籌
款贖回自辦。由於與日使小幡有所接觸，吳佩孚指其允日使要求，借
日款贖路，為賣國行為。自一九二二年一月五日，吳佩孚初則連電攻
擊，繼則迫梁下野，到一月十九日，蘇、贛、鄂、魯、豫、陝六省督
軍省長亦電請罷斥梁士詒，否則與梁斷絕關係。一月二十三日，梁士
詒請假赴津，二十五日徐世昌准梁請假，特任顏惠慶暫代國務總理㉑，
閣員不變。

　　顏惠慶代理國務總理兩月餘，華盛頓會議中的山東問題獲得解決，
但直奉間的衝突愈來愈烈。二月二十五日，徐世昌曾擬以鮑貴卿繼梁
士詒組閣，張作霖不表同意。四月九日，徐世昌以周自齊署教育總長
兼署國務總理，謀藉此調和奉直之爭，並無效果。

⑳　民國10年12月19日《上海商報》，一週間國內外大事述要──㈠北方政
　　局；20日《上海商報》，新內閣總辭職矣。《三水梁燕孫先生年譜》
　　（下），頁177，謂徐世昌請梁組閣，梁不應，徐乃電直曹、奉張入京開
　　會強迫之。

㉑　《三水梁燕孫先生年譜》（下），頁177-195；《中華民國史事日誌》第一
　　冊，頁608-618；《顏惠慶自傳》，頁112-113；曹汝霖，《一生之回憶》，
　　頁169。

周自齊署國務總理兩月餘，其間奉直雙方於四月底五月初開戰，奉系失敗，奉系閣員梁士詒、葉恭綽、張弧、鮑貴卿等相繼被免職或辭職。直系諸督一度欲擁王士珍組閣，但無結果。另一方面，直系謀恢復舊國會以倒徐世昌，舊國會議員且在天津先行集會。徐世昌睹此情形，於六月二日辭職出京，將總統職務交國務院攝行。署國務總理周自齊當即宣稱，總統職權奉還國會，暫以國民資格維持一切，聽候接收。同時，直系諸督及舊國會議員即請黎元洪復職。六月十一日黎元洪由津入京暫行大總統職權，即任顏惠慶署國務總理，次日國會移北京，黎元洪任命以顏惠慶兼署外交總長，譚延闓署內務總長（譚未就，由張國淦代），董康署財政總長，吳佩孚署陸軍總長（吳未就），李鼎新署海軍總長，王寵惠署司法總長，黃炎培署教育總長（黃未就，由高恩洪兼），張國淦署農商總長，高恩洪署交通總長 **㉘**。

直系迫徐世昌下臺，讓黎元洪復職，可以說是一次政變。黎元洪復職後，所以讓顏惠慶署國務總理，是因為顏在外交界有聲望，希望藉此使列強對此次政變加以承認。然當時國會已恢復，閣員任命需國會同意，顏知以眾議院議長為首的一批眾議員不容易應付，在國際關係稍微穩定後，即於七月底提出辭職 **㉙**，黎元洪以教育總長王寵惠代國務總理。顏此次署國務總理不足兩月。

王寵惠代國務總理不過五天，內閣改組。八月五日，黎元洪發表唐紹儀署國務總理，顧維鈞署外交總長，田文烈署內務總長，高凌霨署財政總長，張紹曾署陸軍總長，李鼎新署海軍總長，張耀曾署司法總長，王寵惠署教育總長，盧信署農商總長，高恩洪署交通總長。唐紹儀時居廣州，事前並未與聞，亦未去北京就職，仍由王寵惠代理。

㉘　《中華民國史事日誌》第一冊，頁618–649；《顏惠慶自傳》，頁113–117。

㉙　《顏惠慶自傳》，頁117–118。

直系將領吳佩孚、蕭耀南等先後通電反對唐紹儀組閣，孫傳芳則通電擁護王寵惠組閣。九月十三日，眾議院將唐紹儀內閣同意案退回，黎元洪不得不再改組內閣。九月十九日，特任王寵惠署國務總理，顧維鈞署外交總長，孫丹林（接近吳佩孚）署內務總長，羅文榦（接近吳佩孚）署財政總長，張紹曾署陸軍總長，李鼎新署海軍總長，徐謙署司法總長（未就，由次長石志泉代），　湯爾和署教育總長，高凌霨署農商總長，高恩洪（接近吳佩孚）署交通總長。時吳佩孚謀與孫中山聯合，閣員中用了幾位與孫接近的人，孫丹林係舊同盟會員，王寵惠、徐謙皆與孫有淵源。此一內閣有「好人內閣」之稱⓮。

　　王寵惠內閣，是吳佩孚為結合孫中山而組織的，自始受到國會、曹錕（直系時分保定、洛陽兩派，吳佩孚為洛派，曹錕為保派）、　甚至黎元洪的不滿。十月五日，王寵惠因國會責難辭職，但未獲准。十一月十八日，眾議院議長吳景濂、副議長張伯烈私用眾議院名義向黎元洪密告財政總長羅文榦十一月十四日訂立奧國借款展限合同，有納賄情事。時吳景濂與王寵惠不和，黎元洪亦以王寵惠從事孫中山、吳佩孚之聯合，於己不利。羅文榦為王內閣的中堅，黎亦欲藉羅文榦受賄案倒閣，既得密告，即手諭捕羅文榦並轉送地方檢察廳拘押。十九日，內閣因羅文榦被捕，責黎元洪違法；吳景濂等亦率議員入總統府，不准黎元洪下令釋羅。二十一日，王寵惠、顧維鈞、孫丹林、李鼎新、湯爾和、高恩洪電告，議員包圍總統，責任內閣已被破壞，待羅案解決即行辭職。二十二日，黎元洪派孫寶琦、汪大燮等迎羅文榦到總統府，吳景濂則率議員三十餘人至總統府要求免王寵惠、羅文榦職。時曹錕憤交通總長高恩洪以鉅款接濟吳佩孚，亦通電攻擊財政總長羅文榦，指其喪權辱國，納賄瀆職，主張徹底追究。而另一直系將領直隸

　⓮　同上，頁131；《中華民國史事日誌》第一冊，頁661–672。

省長王承斌亦電請黎元洪逮捕與羅案有關人犯，並譴責吳佩孚為王寵惠內閣保鑣。吳佩孚早年為曹錕部將，向奉曹錕為直系首領，見曹錕、王承斌等攻擊羅文榦，乃通電擁護黎元洪，服從曹錕，對羅案不再置喙。二十五日，王寵惠、顧維鈞、孫丹林、李鼎新、湯爾和、高恩洪通電辭職，羅文榦還押北京地方檢察廳看守所。二十九日，黎元洪准王寵惠辭職，以汪大燮署國務總理❷⁸⁵。

　　汪大燮臨時內閣，閣員有所調整：外交王正廷，內務高凌霨，財政汪大燮兼，陸軍張紹曾，海軍李鼎新，司法許世英，教育彭允彝，農商李根源，交通高恩洪。此一內閣，為各個派系的混合內閣，除未就任的許世英外，高恩洪接近吳佩孚；彭允彝、李根源屬政學系，此時政學系擁黎元洪，反對曹錕，在國會中約有五十名席位，故得佔兩個閣席；王正廷、高凌霨、張紹曾、李鼎新都接近曹錕；汪大燮屬憲法研究會，為梁啟超一派的人物。汪大燮雖資深望重，但勢單力孤。十二月一日眾院正副議長吳景濂、高恩洪通電反對汪大燮，次日，曹錕通電反對汪大燮組閣，並攻擊許世英、高恩洪。至十二月十一日，汪大燮辭職，黎元洪以外交總長王正廷兼代國務總理❷⁸⁶。

　　自黎元洪復任大總統以後，因鑒於軍人橫暴，著意組織文人政府，自周自齊以後，先後用顏惠慶、唐紹儀、王寵惠、汪大燮、王正廷組閣，然皆不穩定，半年之間，五度改組內閣，顏惠慶內閣不足兩月，唐紹儀內閣（未就，王寵惠代）只有月餘，王寵惠內閣只有兩月餘，汪大燮內閣不足半月，王正廷內閣不足一月。最後請出身軍人的張紹

---

❷⁸⁵　《中華民國史事日誌》第一冊，頁675，685–688；《顏惠慶自傳》，頁131–132。

❷⁸⁶　佐藤俊三，《支那近世政黨史》，頁215；《中華民國史事日誌》第一冊，頁688–691。

曾組閣，才暫獲穩定。

在王正廷代理國務總理期間，黎元洪向國會提出張紹曾為國務總理案，於十二月十八日及二十九日先後為眾參兩院通過。一九二三年一月四日，黎元洪特任張紹曾為國務總理，並發表暫時閣員：施肇基署外交總長，高凌霨署內務總長，劉恩源署財政總長，張紹曾兼署陸軍總長，李鼎新署海軍總長，王正廷署司法總長，彭允彝署教育總長，李根源署農商總長，吳毓麟署交通總長。此一閣員名單，王正廷未就任，旋代以程克；施肇基未為國會通過，即代以黃郛⓸。

張紹曾內閣，一開始即介入羅文榦案，引動了學潮。一九二三年一月十一日，北京地方檢察廳宣告羅文榦案證據不足，免予起訴，羅文榦出獄。署教育總長彭允彝為買好於國會，以便國會審查其任命案時能獲通過，於內閣會議上提議將羅案交法庭再議，羅又被捕入獄。一月十八日，北京大學校長蔡元培宣布教育總長彭允彝干涉司法，蹂躪人權，羞與為伍，辭職出京。之後北京學界曾運動驅逐彭允彝，懲辦眾院議長吳景濂；國會表決閣員同意案時，卻將於閣議中反對再拘羅文榦的外交總長施肇基否決，而彭允彝則安然如故。施肇基被否決後，黎元洪以黃郛署外交總長。是年三月，北京政府決定取消一九一五年和日本簽訂的二十一條，黃郛向日本提出交涉，日本不允，黃辭職，外交總長由顧維鈞署。時直系軍人及部分國會議員欲驅逐大總統黎元洪，推曹錕為大總統，謀先造成中央政府的真空，乃進行倒閣。四、五月間，眾參兩院先後通過對張內閣不信任案，到六月六日內閣總辭。次日，陸軍檢閱使馮玉祥等藉口內閣已辭，向總統府索餉，繼之警察總監薛之珩令警察撤去黎之守衛，並斷其電話。六月十二日，馮玉祥及北京衛戍司令王懷慶向黎元洪辭職。次日，黎元洪以軍警滋

鬧不已，下令免國務總理張紹曾職，離北京走天津。十四日，擁曹的國務員高凌霨、程克、吳毓麟、李鼎新、張英華（五月十二日繼劉恩源為財長者）宣告攝行總統職權。八月二十八日，高凌霨被推為攝行內閣的主席❷。

高凌霨攝閣，是曹錕奪取總統職位的工具。閣員變動無多，農商至九月四日由李根源易為袁乃寬，教育至九月四日由彭允彝易為黃郛，財政於七月十六日由張英華易為王克敏，八月十四日又由王克敏易為張弧。李、彭為政學系，原擁黎元洪，黎既被排，乃去職。王克敏、張弧皆為直系，張弧較接近曹錕。

高凌霨攝政內閣，依法只能行使職權三個月，起於六月十三日，止於九月十二日。這期間，曹錕賄選總統運動加強進行，國會方面由眾院議長吳景濂出面聯絡，內閣方面由高凌霨以金錢加以支助。但由於反直派的杯葛，九月十二日的第一次總統選舉會流會，到十月五日才將曹錕選出，十月十日曹錕就大總統職。

曹錕就職後，於十月十二日發表命令，仍以高凌霨兼代國務總理，乃引起政爭。吳景濂努力為曹錕賄選，原欲組閣，至是乃與高爭；而吳佩孚則欲擁顏惠慶出而組閣。十月三十日，曹錕正式向眾院提出孫寶琦組閣的案子。當時吳景濂的議長任期已滿，眾院中的反吳派醞釀逐吳，曹錕系的高凌霨且於十一月十八日組憲政黨抗吳。十二月十八日，眾院吳系議員以金佛郎案攻擊高凌霨，高代閣總辭。二十一日，吳景濂攜眾議院印信潛赴天津，北京地方檢察廳對吳妨礙公務，毀壞文書，提起公訴。一九二四年一月九日，國會通過孫寶琦組閣案，十二日曹錕准高凌霨、張紹曾等辭職，以孫寶琦為國務總理，並發表閣員名單（教長原任范源廉，未就，改任張國淦；司法王寵惠未蒞任，

❷　《中華民國史事日誌》第一冊，頁696–729。

由馮玉祥的代表薛篤弼代)： 外交總長顧維鈞，內務總長程克，財政
總長王克敏，陸軍總長陸錦，海軍總長李鼎新，司法總長王寵惠，教
育總長張國淦，農商總長顏惠慶，交通總長吳毓麟❷。

　　孫寶琦內閣，為時五月餘，財政總長王克敏為曹錕的私人，每月
可籌集三百五十萬元以應軍政需要，對國務院每月經費五萬元則多方
剋扣❹。加以孫洪伊的民治社運動倒閣，五月三十一日孫寶琦一度辭
職，六月十一日再度辭職，至七月二日，曹錕准孫辭職，以顧維鈞兼
代總理❹，孫內閣解體。

　　顧維鈞代內閣只是過渡，七月五日曹錕即向眾院提出顏惠慶組閣
案。但由於國會對顏惠慶組閣同意案一波三折，直到九月十二日才獲
同意，顧代閣延長二月餘。九月十四日，顏內閣正式成立，其內閣成
員❹：外交總長顧維鈞，內務總長顏惠慶，財政總長王克敏，陸軍總
長陸錦，海軍總長李鼎新，司法總長張國淦，教育總長黃郛，農商總
長高凌霨，交通總長吳毓麟。

　　顏惠慶組閣的時候，直系與奉系之間的衝突已經表面化，此後月
餘的時間，雙方陳兵山海關、喜峰口，直系苦戰失敗，到十月二十三
日，負責熱河一路的馮玉祥又倒戈回京，包圍曹錕，迫曹免吳佩孚本
兼各職❹。當戰爭開始時，顏內閣自然在財政上竭力支持直軍，但教
育總長黃郛卻常與馮玉祥密謀馮軍班師回京的事。馮軍既班師回京，
要求內閣發表命令處分吳佩孚，內閣只好照辦。時顏惠慶向總統提出

❷　同上，頁747，752–755，759–762，770–771，774–775。

❹　《顏惠慶自傳》，頁133–134。

❹　《中華民國史事日誌》第一冊，頁798，800，805。

❹　同上，頁806，812，821–822。

❹　同上，頁822–837。

辭職，曹錕已不自由，馮玉祥初欲請顏續為總理，但須更換直系閣員。顏拒絕，並建議由黃郛兼代國務總理，馮表示同意❷。

十月三十一日，黃郛代顏惠慶為國務總理，並組織內閣。十一月二日，曹錕宣告辭職，黃郛宣告攝行大總統職務。黃郛攝閣於十月三十一日至十一月十日間組成，其成員：外交總長王正廷，內務總長王永江，財政總長王正廷兼，陸軍總長李書城，海軍總長杜錫珪，司法總長張耀曾，署教育總長易培基，農商總長王迺斌，交通總長黃郛兼。

內務王永江未到任，由薛篤弼（馮系）代；海軍杜錫珪未就；農商王迺斌未到任，由劉治洲（馮系）代。內閣九個總長，到任者只六個，其中王正廷兼兩總長，黃郛又代國務總理，專職總長實只四人，加上兩個代總長、一個代國務總理，共同維持攝政內閣❷。此一內閣，幾乎全由馮系控制，奉系不過為點綴，直系閣員全部撤換。

黃郛攝閣不足一月，最大的成就是修正清室優待條件，廢除皇帝尊號，將溥儀遷出清宮，時在十一月五日。黃郛另一方面謀減政、禁煙、正俗，因政局變化，多未付諸實施。黃組閣時，馮玉祥的國民軍控制京畿，內閣閣員又多為馮系，此頗引起奉系的不滿。另一方面，直系吳佩孚雖於山海關戰敗，但手下尚有勁旅，且正回攻楊村。而直系在長江中下游尚有勢力，為阻直系援軍北上，需拉攏山東督軍鄭士琦，鄭屬皖系，因此馮系和奉系軍事巨頭在天津開會時，便提議請段祺瑞出山，以安撫鄭士琦，奉系且假以抑制國民軍❷。十一月二十二日，段祺瑞入京，二十三日，攝政內閣宣告總辭。二十四日，段祺瑞就臨時執政，公布臨時政府條例，以唐紹儀為外交總長，龔心湛為內

❷　《顏惠慶自傳》，頁135–138；《亦雲回憶》，頁190–202。

❷　《亦雲回憶》，頁202–203。

❷　《亦雲回憶》，頁203–213。

務總長，李思浩為財政總長，吳光新為陸軍總長，林建章為海軍總長，章士釗為司法總長，王九齡為教育總長，楊庶堪為農商總長，葉恭綽為交通總長❿。

外交總長唐紹儀未到任，部務由次長沈瑞麟代理，至一九二五年二月二十一日唐奉准辭職，遺缺由沈瑞麟升任❿。財政總長李思浩自就任以後，因中法金佛郎案之簽定，與關稅會議之召開等重大事件處理失當，迭遭各方指責。一九二五年十一月二十八日，北京民眾且曾包圍李宅，促其辭職謝罪。至十二月三日，段祺瑞令李思浩辭去本兼各職，改由陳錦濤繼任，以緩和各方對政府因財政處理不當之責難❿。陸軍總長吳光新為段祺瑞原配夫人之弟，自一九二五年八月二十四日馮玉祥部屬鹿鍾麟出任京畿總司令後，鹿、吳衝突時起，使段左右為難。段不得已，於九月二十三日派吳往日本觀操，而以接近馮玉祥之次長賈德耀代部務以作緩衝。未幾，段又派吳赴奉天、張家口、河南、湖北與各方接洽聯絡。吳原率之執政府衛隊三旅，於十一月十六日改歸馮玉祥節制，並以賈德耀任司令，使奉軍在京之勢力全被排除。至十二月一日，令准陸軍總長吳光新辭職，以賈德耀繼任❿。教育總長王九齡至一九二五年四月十四日請假，段令司法總長章士釗兼署。農商總長楊庶堪，自一九二四年十一月二十四日發表後，至一九二五年七月二十八日始就任，但楊到職時未先與段執政聯絡，段不准其參加國務會議，並於當晚調署司法總長❿，農商總長由其德惠代。交通總

---

❿　《合肥執政年譜》，頁86；《中華民國史事日誌》第一冊，頁845。

❿　《中華民國史事紀要》，民國14年，（上），頁138。

❿　《中華民國史事紀要》，民國14年，（下），頁663。

❿　同上，頁643。

❿　同上，民國14年，（上），頁171。

長葉恭綽至一九二五年十一月二十八日辭職，段以內務總長龔心湛兼署❸。

段執政內閣共一年零一個月，應能有一番作為，但因受各方面的牽制，成就無多。段就臨時執政後，曾宣布九條大政方針：㈠制定國憲，㈡促成省憲，㈢改革軍事，㈣整理財政，㈤發展教育，㈥振興實業，㈦開拓交通，㈧救濟民生，㈨實行屯墾❸。為了徐圖開展，段祺瑞計劃召開善後會議和國民會議，善後會議於一九二五年二月一日開幕，四月二十一日閉幕，共舉行大會廿二次，主要成就是議定國民代表會議條例、軍事善後委員會條例、和財政善後委員會條例❸。雖有條例，多未執行；國民會議沒有召開。當初段得任臨時執政，部分建基在奉、段、粵三角同盟聯合倒直的基礎上，國民黨對段出任臨時執政原表支持，但因段召開善後會議而不召開國民會議，使國民黨與段的聯盟關係因而決裂，段也以此深受輿論的攻擊。

受輿論攻擊更烈的是段祺瑞的對外政策，執政府於一九二五年四月十二日與法國訂約，完全接受法國政府的要求，結束了金佛郎案的爭執。接著發生上海五卅慘案和廣州沙基慘案，引起了全國反抗英、日帝國主義的浪潮，執政府卻無法進行強有力的交涉。十月二十六日約集英、美、日、比等十二個國家召開關稅會議，雖然討論了關稅自主問題，但由於學生、工人遊行促段下野，使段不得不改組政府，另設國務總理，總理國務❸。

當時反對的勢力主要來自國民黨，段為了安撫國民黨，於一九二

---

❸ 同上，民國14年，（下），頁631

❸ 佐藤俊三，《支那近世政黨史》，頁230。

❸ 《中華民國史事紀要》，民國14年，（上），頁439–440。

❸ 《顏惠慶自傳》，頁141–148。

五年十二月二十五日令增設國務院，次日並命與國民黨較為接近的許世英為國務總理。關於國務總理的人選，段的股肱徐樹錚本推薦龔心湛，但未為段接受❸。段不僅以接近國民黨的許世英組閣，閣員中亦安排了幾位國民黨人。許內閣的成員❼：外交總長王正廷，內務總長于右任，財政總長陳錦濤，陸軍總長賈德耀，海軍總長杜錫珪，司法總長馬君武，教育總長易培基，農商總長寇遐，交通總長龔心湛。惟于右任、馬君武、杜錫珪皆未就職，陳錦濤旋亦請假。海軍由次長吳紉禮代，財政由許世英兼署。

許世英內閣不滿兩個月，由於許因病辭本兼各職，到一九二六年二月十五日，段執政令陸軍總長賈德耀兼代國務總理，財政次長嚴璩兼代財政總長。三月四日，正式改組內閣，令准許世英、王正廷、陳錦濤、賈德耀、杜錫珪、寇遐、馬君武、易培基、龔心湛辭職，以賈德耀為國務總理，顏惠慶為外交總長，屈映光為內務總長，賀德麟為財政總長，賈德耀兼陸軍總長，杜錫珪為海軍總長，楊文愷為農商總長，盧信為司法總長，馬君武為教育總長，龔心湛為交通總長❽。其中馬君武、顏惠慶皆未就，三月二十六日以胡惟德為外交總長，三月三十一日以胡仁源為教育總長。到四月十七日又令免司法總長盧信職，十九日令次長王文豹代理❾。

許世英內閣和賈德耀內閣都是段執政下面的內閣，段執政是在直系曹錕、吳佩孚於二次直奉戰爭中失敗後，受張作霖、馮玉祥支持而

---

❸　《中華民國史事紀要》，民國14年，（下），頁704。

❼　《合肥執政年譜》，頁133。

❽　《中華民國史事紀要》，民國15年，頁144，177；《合肥執政年譜》，頁137–138。

❾　《合肥執政年譜》，頁140，142。

得以組織政府的。但到一九二五年下半年，由於直系吳佩孚等對奉軍進行反擊，受奉系排擠的馮玉祥亦起而攻擊奉軍。當時國民黨實行聯俄容共，受蘇俄支持的馮玉祥傾心於南方的國民政府，英國以反對赤化為由，與日本聯合，促使直奉合作，共同打擊馮玉祥的國民軍。一九二六年初，直奉在英、日的支持下，對國民軍採取聯合攻勢，一月十九日奉軍佔山海關，二月二十七日吳佩孚佔開封❿。四月初，當直奉聯軍進逼北京時，國民軍準備退出北京，因段祺瑞陰謀結合奉軍，保持祿位，國民軍於四月九日發動政變，包圍執政府，段率隨員逃入東交民巷。次日賈德耀內閣通電閣員不能行使職權，請各省區長官自維持秩序。十七日段祺瑞返回執政府。二十日段通電下野，並令准賈德耀內閣總辭，以外交總長胡惟德兼署國務總理，攝行臨時執政職權⓫。

　　胡惟德內閣攝行臨時執政職權只是過渡性質，在直奉聯軍進入北京後，曹錕得以恢復自由，一九二六年五月一日，曹錕通電辭總統職，吳佩孚推顏惠慶組閣，攝行大總統職務，張作霖不欲過問。五月八日，吳佩孚電齊燮元請促成顏惠慶組閣事，齊乃約顏惠慶、顧維鈞、王懷慶、潘復等與張宗昌、張學良共商，決定推顏復職。所以稱為復職，因顏為一九二四年曹錕被幽時最後一任國務總理，曹既得恢復自由而辭職，顏自然可以承續此法統。五月十三日，顏正式復職組攝政內閣，用大總統令發表閣員：外交總長施肇基，內務總長鄭謙，財政總長顧維鈞，陸軍總長張景惠，海軍總長杜錫珪，司法總長張國淦（復職），教育總長王寵惠，農商總長楊文愷，交通總長張志潭⓬。

❿　張玉法，《中國現代史》，頁202–203。

⓫　《中華民國史事紀要》，民國15年，頁314, 329, 354；《合肥執政年譜》，頁142。

　　顏惠慶攝閣名單發表後，舊閣員以時局未定，採觀望態度，嗣直奉雙方在天津會議，同意顏為過渡性內閣，吳佩孚力促舊閣員就職。到六月十七日，顧維鈞、張志潭、張國淦等始抵京視事。施肇基、鄭謙、王寵惠則未就任，外交由顏惠慶代。但顏內閣旋即垮臺，六月二十二日，顏惠慶召開第一次內閣會議，陸軍張景惠、財政顧維鈞、農商楊文愷、海軍杜錫珪、司法張國淦、交通張志潭等均出席，會中決定顏內閣改組，由海軍總長杜錫珪兼代國務總理，並任命田應璜署內務總長，任可澄署教育總長。到七月七日，杜錫珪又以攝政名義任命蔡廷幹為外交總長，張國淦為內務總長，羅文榦為司法總長。八月十二日，又命蔣雁行署陸軍總長❸。

　　杜錫珪兼代內閣是由直系吳佩孚支持的，奉系張宗昌等則予以多方杯葛。當時直奉聯軍於南口會攻國民軍（被稱為赤軍），一九二六年七月九日張宗昌電國務院索討赤費四千萬圓，並請切實答覆，財長顧維鈞無法應付，一度於七月十七日表示辭職。張宗昌自索討赤費不成後，曾致函吳佩孚，商改組內閣。八月十五日，杜錫珪致函吳佩孚，請辭攝閣，顧維鈞、張國淦、張志潭、任可澄皆表辭意。時直奉聯軍已將南口攻下（八月十四日），杜錫珪據吳佩孚電保，敍勛酬庸，奉系將領張學良、張宗昌等皆不接受，張宗昌並要求以孫寶琦組閣。八月二十一日，杜錫珪通電辭職。次日，吳佩孚在保定召開軍事會議，曾討論內閣問題，吳主張維持現狀，當時吳佩孚勢盛，奉系未便反對，然內閣危機並未消除。九月十九日，杜錫珪及顧維鈞因發給京師軍警秋節餉項問題，被京師軍警數百人圍困竟日，卒付現款合庫券七十五

❸　《中華民國史事紀要》，民國15年，頁367-368，387-388，396-397，405；《顏惠慶自傳》，頁150-151。

❸　《中華民國史事紀要》，民國15年，頁455，458，508，628。

萬元方得解圍。杜錫珪鑒於處境困難，次日再致電各軍領袖，表示辭意。時國民革命軍已經北伐，吳佩孚在兩湖不敵國民革命軍的攻擊，自也無力再支持杜錫珪內閣。十月一日，杜內閣改組。國務院攝行大總統令，准署外交總長蔡廷幹辭職，特任顧維鈞署外交總長；兼代國務總理杜錫珪准辭兼職，特任外交總長顧維鈞兼代國務總理❹。

　　顧維鈞兼代攝政內閣後，因時局動盪，外交棘手，於十一月九日分電張作霖、吳佩孚、孫傳芳、張宗昌、閻錫山，表示引退讓賢之意。嗣經張作霖、吳佩孚覆電慰留，顧暫打消辭意。但北京政局愈來愈壞，且傳出張作霖擬請趙爾巽或靳雲鵬組閣，十一月二十八日，顧再通電辭職，事無結果。十二月一日，張作霖在天津就安國軍總司令職，十七日顧維鈞第三次向張作霖等發出辭職通電，二十八日張作霖入京與顧等商內閣問題，一九二七年一月七日，張作霖通電維持顧維鈞內閣，並勸顧補充閣員，通籌政費。張原欲請梁士詒出而組閣，因吳佩孚反對不果行，乃於一月十二日正式發表外交總長顧維鈞兼署國務總理，其內閣成員：內務總長胡惟德，財政總長湯爾和，陸軍總長張景惠，海軍總長杜錫珪，司法總長任可澄，教育總長羅文榦，農商總長楊文愷，交通總長潘復❺。

　　顧維鈞兼代攝閣三個多月，兼署攝閣五個多月。到一九二七年六月十六日，北京安國軍幹部會議結束，張作霖被推為中華民國陸海軍大元帥，組織軍政府，將內閣中的陸軍、海軍兩部合為軍事部，農商部改為實業、農工兩部。顧維鈞因北京政局已無可維持，向張作霖提出總辭，並令胡惟德代總理、王蔭泰代外長，靜候交代。六月二十日，

❹　同上，頁559，641，682–683，685，887，911。

❺　同上，頁1017，1067–1068，1194；《中華民國史事紀要》，民國16年，（上），頁52，62–63。

內閣改組，張作霖任命潘復為國務總理，其內閣成員❸⓯：外交總長王蔭泰，內政總長沈瑞麟，財政總長閻澤溥，軍事總長何豐林，司法總長姚震，教育總長劉哲，農工總長劉尚清，實業總長張景惠，交通總長潘復。

　　潘復內閣是北京政府的最後一任內閣，維持將近一年，閣員大體穩定。僅一九二七年十月三日，張作霖因奉天省長莫德惠不肯制止反日運動，改任莫德惠為農工總長❸⓰；一九二八年二月二十四日接受外交總長王蔭泰的辭職，次日任羅文榦為外交總長，改任王蔭泰為司法總長，調原任司法總長姚震為大理院長❸⓱，其他沒有變動。主要原因，是閣員人選大部來自奉系的新進人物❸⓲，而北京政局受奉系控制之故。

　　奉系控制北京政局的時期，正是國民革命軍北伐的時期。一九二八年六月初，國民革命軍迫近北京，六月二日張作霖通電下野，次日內閣解散。六月四日張作霖出關遇炸身死，王士珍、汪大燮、熊希齡事先受張作霖之託，組北京治安維持會，接洽國民革命軍入京事宜。六月八日，國民革命軍入京，次日治安維持會解散❸⓳，北京政府正式結束。

---

❸⓯　《中華民國史事紀要》，民國16年，（上），頁1283。

❸⓰　《中華民國史事紀要》，民國16年，（下），頁622–623。

❸⓱　《中華民國史事紀要》，民國17年，（上），頁295。

❸⓲　《顏惠慶自傳》，頁154。

❸⓳　《中華民國史事紀要》，民國17年，（上），頁993，1065。

第四章

國民政府時期的民主政治

第一節　從訓政到憲政

一、訓政的由來與基本綱領

　　訓政思想，起於同盟會時期，依照一九〇六年同盟會所發布的軍政府宣言，將革命建國的程序分為三期：第一期行軍法之治，從革命軍起兵，至滿清政府被推翻及滿清政府時期的政治積弊完全消除止，預計三年。在此三年中，地方行政由軍政府統攝，竭力掃除滿清政府的壓制、官吏的貪婪、差役的勒索、刑罰的殘酷、抽捐的橫暴、辮髮的屈辱、奴婢的畜養、纏足的殘忍、鴉片的流毒、風水的阻害。此種施政，以縣為單位，辦有成效，解除軍法之治，進入第二期，即約法之治。約法之治定為六年，在此期間，政府公布約法，規定政府與人民的權利與義務。各縣在解除軍法之治以後，軍政府以地方自治權歸其地人民，地方議會議員及地方行政官吏，皆由人民選舉。但中央政權乃操於軍政府。約法之治，實行有效，即解除約法，公布憲法，進入第三期，即憲法之治。憲法之治開始，制定憲法，由國民公舉大總

統（此期主張總統由普選產生，不由國民大會產生），並公舉議員以組織國會（不稱國民大會），軍政府解散。一國的政事，悉依憲法行之。大概說來，第一期為軍政府督率國民掃除舊污的時代，第二期為軍政府授地方自治權於人民而自總攬國事的時代，第三期為軍政府解除政權，由國家各機構分掌國事的時代❶。當時構想的約法之治，實即後來的訓政。所謂訓政，是在實施憲政前由政府指導人民做些準備的工作。當時清朝政府正開始實行預備立憲，預計準備九年以後，再實行憲政。預備立憲即訓政。孫中山的訓政思想可能由此而來。

同盟會在清末革命時代雖有在推翻滿清後先實行訓政、再實行憲政的構想，但到滿清退位後，政權落入袁世凱之手。同盟會並沒有機會依照軍法之治、約法之治、憲法之治的程序建國。國民黨於一九一三年發動二次革命失敗後，部分黨員決心把革命大業從頭做起。一九一四年，孫中山在東京組織中華革命黨。在中華革命黨黨章中，再度規定革命建國的三個程序，此時不稱為軍法之治、約法之治、憲法之治，而稱為軍政時期、訓政時期和憲政時期。在軍政時期，是以武力掃除一切障礙，而奠定民國基礎；在訓政時期，是以文明治理（法治之意）督率國民，建設地方自治；憲政時期，是在地方自治完備後，由國民選舉代表，組織憲法委員會（當時尚無國民大會的構想），創制憲法。憲法頒布之日，即為革命成功之時。自革命軍起事之日，至憲法頒布之時，名曰革命時期。在此時期內，一切軍國庶政，悉歸中華革命黨員完全負責。依照黨章，中華革命黨的黨員分為三種，凡於革命軍未起義之前進黨者，名曰首義黨員；凡於革命軍起義之後、革命政府成立以前進黨者，名曰協助黨員；凡於革命政府成立後進黨者，名曰普通黨員。革命時期內（即軍政、訓政時期內），首義黨員悉隸

❶　鄒魯，《中國國民黨史稿》，頁45–46。

為元勳公民，得一切參政執政之優先權利；協助黨員得隸為有功公民，能得選舉及被選舉之權利；普通黨員得隸為先進公民，享有選舉權利。凡非黨員，在革命時期內，不得有公民資格，必待憲法頒布之後，始能從憲法中獲得之。憲法頒布後，國民一律平等❷。此係一九一四至一九一六年間中華革命黨從事反袁世凱革命期間，孫中山對軍政、訓政、憲政的構想。袁世凱死後，政權又轉人北洋軍人之手，中華革命黨未獲執政的機會，故其軍政、訓政、憲政的革命建國程序，並未能付諸實行。

　一九一九年，孫中山在上海將中華革命黨改組為中國國民黨，再度推展打倒北洋政府的革命大業。是年十月十日所公布的中國國民黨規約，未提及革命建國程序問題，但一九二○年十一月九日修正的國民黨黨章，再把革命建國程序問題列入黨章，只分軍政時期和憲政時期兩期，實際上是把訓政時期與軍政時期合併。軍政時期以武力掃除一切障礙，奠定民國基礎，同時由政府訓政，以文明治理，督率國民建設地方自治；憲政時期是待地方自治完成，由國民選舉代表組織憲法委員會（當時仍無國民大會的構想，國民大會的構想見於一九二四年公布的建國大綱）創制五權憲法。一九二○年十一月九日修正的黨章第四條規定：自革命起義之日至憲法頒布之日總名曰革命時期，在此時期內，一切軍國庶政，悉由中國國民黨負完全責任❸。但此一黨章，在十一月十九日再修訂時，又把革命建國程序的規定刪除。刪除的原因，可能是受俄共黨章的影響，亦可能因為不必把建國程序載入黨章。此後國民黨進行聯俄容共，在一九二三年一月一日所公布的黨章，以及在一九二四年一月三十日所公布的黨章，均不再有軍政、訓

❷　同上，頁166–167。

❸　同上，頁336。

政、憲政等建國程序的規定❹。不過到一九二四年四月，孫中山發布
建國大綱，卻把軍政、訓政、憲政三時期的做法詳加規定。

　　訓政思想真正用於實際政治，始於一九二五年所定的〈中華民國
國民政府組織法〉，該法第一條規定：「國民政府受中國國民黨的指導
及監督，掌理全國政務。」〈中華民國國民政府軍事委員會組織法〉第
一條亦云：「軍事委員會受中國國民黨之指導及監督，管理統率國民
政府所轄境內海陸軍航空隊及一切關於軍事各機關。」一九二五年七
月三日廣東省政府宣言亦云：「自今以後，在中國國民黨指導監督之
下，受國民政府之命令，以處理本省政務。」❺從當時有關政府組織的
條文看來，從中央政府到地方政府，無不受中國國民黨的指導監督。

　　一九二五年七月國民政府在廣州成立後，可以說就開始了軍政與
訓政的措施，但將此措施推行到全國，是在一九二六至一九二八年的
北伐期間，如一九二六年九月，徐謙任大理院院長，提出黨化的革命
化的司法，反對「司法獨立」與「司法官不黨」的觀點，原任大理院
院長趙士北主張司法無黨，因有違以黨治國原則而被免職❻。但當時
只是零星實行，並沒有全國統一的綱領。北伐完成後，國民黨中央執
行委員會於一九二八年十月三日議決〈訓政綱領〉，規定在訓政期間，
中國國民黨領導人民行使政權，國民政府總攬行政、立法、司法、考
試、監察五項治權，至於重大國務之決策及〈國民政府組織法〉之修

---

❹　同上，頁338–341，349–352，388–401。

❺　中國國民黨中央執行委員會上海執行部編，《中華民國國民政府》(上海，
　　民國14年8月) 頁1，7，40。「國民政府」一詞是1906年孫中山在《民報》
　　週年講述〈三民主義與中國民族前途〉中提出的。

❻　王正華，〈國民政府初創時之組織及黨政關係〉，《中國現代史論集》第
　　七輯，頁146。

正與解釋，概由中央執行委員會特設之政治會議行之。這是實施訓政的正式法理依據。一九二九年三月二十一日國民黨第三次全國代表大會通過以其總理所著三民主義、五權憲法、建國方略、建國大綱、地方自治開始實行法為訓政時期中華民國最高根本法案，同時確定訓政時期黨、政府及人民行使政權治權之分際及方略案，規定黨與政府積極訓練人民行使四項政權（選舉、罷免、創制、複決），人民則須擁護中國國民黨，誓行三民主義，努力地方自治，俟憲法開始後，由中國國民黨最高權力機關召集國民大會決定憲法而頒布之。同年六月，國民黨三屆二中全會又制定〈訓政時期國民政府施政綱領〉及〈治權行使之規律案〉，於是訓政之基本法規漸備❼。一九三一年三月二日國民黨中央接受中央執行委員蔣介石、戴傳賢、于右任、丁惟汾、葉楚傖、孫科、朱培德、蔡元培、張人傑、吳敬恆、王寵惠、李煜瀛等十二人的建議，制定訓政時期約法，約法起草委員有吳敬恆、王寵惠、邵元沖、邵力子等十一人，由王寵惠擔任起草初稿。四月二十二日起草委員會通過，二十四日中常會通過，五月二日中央執監臨時全會通過，五月八日即提交國民會議。一九三一年五月，國民政府召開國民會議，制定中華民國訓政時期約法，並於六月一日公布，公布令由國民政府主席兼行政院長蔣介石、代立法院長邵元沖、司法院長王寵惠、考試院長戴傳賢、監察院長于右任署名，中國國民黨黨治始得全國人民代表正式承認❽。

　　訓政的基本綱領是一九二四年四月所發表的〈建國大綱〉二十五條，和一九三一年五月國民會議所通過的〈中華民國訓政時期約法〉

---

❼　董霖，《戰前之中國憲政制度》，頁59–90。

❽　王世杰，《比較憲法》（下），頁192；陸徵麒，〈中華民國中央政制沿革志（九）〉，《食貨月刊》復刊五卷十期，頁471。

八十九條。關於訓政的目的，建國大綱第一條：「國民政府本革命之三民主義、五權憲法，以建設中華民國。」第三條：「對於人民之政治知識能力，政府當訓導之，以行使其選舉權、行使其罷官權、行使其創制權、行使其複決權。」

關於建國程序，建國大綱第五條：「建設之程序分為三期，一曰軍政時期，二曰訓政時期，三曰憲政時期。」第六條：「在軍政時期，一切制度悉隸於軍政之下，政府一面用兵力以掃除國內之障礙，一面宣傳主義，以開化全國之人心，而促進國家之統一。」第七條：「凡一省完全底定之日，則為訓政開始之時，而為軍政停止之日。」第八條：「在訓政時期，政府當派曾經訓練考試合格之員，到各縣協助人民籌辦自治，其程度以全縣人口之調查清楚，全縣土地測量完竣，全縣警衛辦理妥善，四境縱橫之道路修築成功，而其人民曾受四權使用之訓練，而完畢其國民之義務、誓行革命主義者，得選舉縣官，以執行一縣之法律，始成為一完全自治之縣。」第九條：「一完全自治之縣，其國民有直接選舉官員之權，有直接罷免官員之權，有直接創制法律之權，有直接複決法律之權。」第十四條：「每縣地方自治政府成立之後，得選國民代表一員以組織代表會，參預中央政事。」第十六條：「凡一省全數之縣皆達完全自治者，則為憲政開始時期，國民代表會得選舉省長，為本省自治之監督。至該省內之國家行政，則省長受中央之指揮。」第二十三條：「凡全國有過半數省份達至憲政開始時期，即全省之地方自治完全成立時期，則開國民大會，決定憲法而頒布之。」第二十五條：「憲法頒布之日，即為憲政告成之時，而全國國民則依憲法行全國大選舉，國民政府則於選舉完畢之後三個月解職，而授政於民選之政府，是為建國之大功告成。」孫中山所謂建國告成，實係黨治結束，民治開始。黨治結束後，中國即進入民主憲政時代。

　　國民黨領導下的民主憲政，憲法雖由民選的國民大會決定，但憲法的基本架構，已在建國大綱中有明白的規定。建國大綱第二十二條：「憲法草案當本於建國大綱及訓政、憲政兩時期之成績，由立法院議訂，隨時宣傳於民眾，以備到時採擇施行。」　建國大綱中對憲法的基本建構是均權制度和五權制度。關於均權制度，建國大綱第十七條：「在此時期（按指憲政開始到憲政完成），　中央與省之權限採均權制度，凡事務有全國一致之性質者，劃歸中央，有因地制宜之性質者劃歸地方，不偏於中央集權，或地方分權。」　關於五權制度，建國大綱第十九條：「在憲政開始時期，中央政府當完成設立五院，以試行五權之治，其序列如下，曰行政院，曰立法院，曰司法院，曰考試院，曰監察院。」第二十一條：「憲法未頒布以前，各院長皆歸總統任免而督率之。」　由於訓政時期沒有總統的設置，建國大綱第二十一條「憲法未頒布以前，各院長皆歸總統任免而督率之」，　便不適用。到制定訓政時期約法時，即加以變更，訓政時期約法第七十二條：「國民政府設主席一人，委員若干人，由中國國民黨中央執行委員會選任。」第七十四條：「五院院長及各部、會長，以國民政府主席之提請，由國民政府依法任命之。」❾

二、訓政時期的黨政措施

　　軍政時期是「以黨建國」時期，訓政時期是「以黨治國」時期。以黨治國即所謂黨治，即由一黨統治、由一黨獨裁之意，以別於普通獨裁政治的一人獨裁。一黨獨裁的制度是政治取決於一黨全體黨員，以別於民主制度的政治取決於全體公民。一黨獨裁可以不問黨外人民

---

❾　前引建國大綱，見《國父全集》第一集遺墨，頁1-15；引〈中華民國訓政時期約法〉，見《革命文獻》第三十三輯。

的意見，黨的決議事實上或形式上就等於法律❿。黨治時期由一黨獨佔政權，不僅不許他黨過問政治，而且不許他黨合法存在。訓政時期的一個文件〈確定訓政時期黨、政府、人民、政權、治權之分際及其方略案〉中規定：「中國人民須服從並擁護中國國民黨，……始得享受中華民國國民之權利。」可見訓政時期黨政是合一的。

如何推行黨政合一？依照中國國民黨黨章的規定，中國國民黨各級監察委員會，對同級政府之施政方針及政績，有稽核之權。中央及省、縣、市政府，應隨時將施政方針函致同級黨部執行委員會，轉送監察委員會稽核。監察委員會稽核結果，如認為與該黨政綱政策不合者，得附具意見，函由執行委員會轉請同級政府修改，如有疑義並可要求解釋。各級監察委員會對於同級政府之施政，如發現有違背該黨政綱政策者，得提出彈劾案於同級執行委員會，呈報上級執行委員會轉請同級政府辦理。在縣級和省級，為了減少黨部與縣、省政府之間的衝突，同級黨部不能彈劾同級政府，必透過上級黨部轉上級政府，由上級政府處分下級政府。中央級因無上級黨部和上級政府可以呈報，於國民政府與中央執行委員會之間設一政治委員會，作為居間聯繫的機構⓫。

一九二六年七月四日，國民黨中執會臨全會決定政治委員會改稱政治會議。一九二七年三月六日二屆三中全會通過恢復政治委員會名義。四月寧漢分裂，寧方仍沿用政治會議之名。九月寧漢合作，其後至十二月間，以中央特別委員會代行中執會職權，政治會議或政治委員會不存。一九二八年三月一日，中常會通過決議，恢復政治會議⓬。

---

❿　王世杰，《比較憲法》（下），頁205。

⓫　董霖，《抗戰前之中國憲政制度》，頁79。

⓬　同上，頁81-84；王世杰，《比較憲法》（下），頁209-212。

政治委員會或政治會議的成員多為中央執行委員、中央監察委員、和國民政府委員，因人數眾多，每遇國家發生重大外交及國防問題時，常增設特殊機關。九一八事變後設外交委員會。一九三三年長城戰役發生，設國防委員會；國防委員會由行政院長兼委員長。一九三五年十一月（因汪兆銘遇刺），國防委員會停頓。一九三七年八月，中常會為應付抗戰需要，決定設立國防最高會議，以取代政治委員會。一九三八年十二月，國防最高會議副主席汪兆銘因主和出走，到一九三九年一月，五屆五中全會決議改國防最高會議為國防最高委員會。國防最高委員會設委員長，由黨總裁擔任，以中央執監兩委員會常務委員、五院正副院長、軍事委員會委員、及經委員長提名中常會通過之若干人員為委員。委員長就委員中指定十一人為常務委員❸。此國防最高委員會為戰時最高決策機構。

訓政時期國民黨代表人民行使政權，行使治權的是國民政府。國民政府並不是一開始就實行五權之治。一九二五年七月一日國民黨中執會通過的國民政府組織法全文十條，要點有三：

㈠實行以黨御政：第一條明定國民政府受中國國民黨之指導，掌理全國政務。

㈡採取合議制：國民政府設委員十六人，選舉一人為主席，五人為常務委員，處理日常事務，但重要國務皆由委員會議決執行之。

㈢組織單純化：國民政府行使中央統治權，僅設軍事、外交、財政三部❹，並無五院的組織。

北伐初期，國民政府移武漢，一九二七年三月十日，國民黨二屆三中全會決定以武漢為首都，並修正國民政府組織法，國民政府委員

❸　王世杰，《比較憲法》（下），頁215–216。

❹　董霖，《戰前之中國憲政制度》，頁95。

增至二十八人，不設主席，由常務委員五人主持國政。嗣寧漢分裂，
南京亦設國民政府。一九二七年九月寧漢合作後，南京國民政府改組，
由中央特別委員會（代中委會，由各派推舉）選舉國府委員四十三人。
一九二八年二月，二屆四中全會重訂國民政府組織法，委員名額增至
四十六人，常務委員五至七人，除行政部門的各部外，組織法中有監
察、考試兩院的規定，但當時並未設立❺。

　　一九二八年六月北伐完成，軍政結束而訓政開始。是年九月，胡
漢民、孫科提議成立五院制度，以為五權憲法奠定基礎。十月三日，
政治會議制定國民政府組織法，採五院制，全文共四十六條，要點如
下：㈠國民政府設主席一人，委員十二至十六人，國務由國府委員組
織國務會議處理，法律與命令之發布，由主席會同五院院長署名行之，
合議制的精神雖濃，但主席為中華民國陸海空軍總司令，權力很大。
㈡國民政府設行政、立法、司法、考試、監察五院，院長、副院長由
中央執行委員會就國府委員中選任；各院彼此獨立，凡院與院間不能
解決事項，由國務會議議決之。㈢行政院為國府最高行政機關，下置
各部會，首長均由行政院長提請國府任命之；立法院為國府最高立法
機關，設委員四十九至九十九人，任期二年，由立法院長提請國府任
命之；司法院為國府最高司法機關；考試院為國府最高考試機關；監
察院為國府最高監察機關，設委員十九至二十九人，由監察院長提請
國府任命之❻。此五院制度，並非五權主義，仍是一權主義，因國務
會議可以支配五院的一切決定❼。各院成立日期：行政院為一九二八
年十月二十五日，立法院為一九二八年十二月五日，司法院為一九二

---

❺　同上，頁96。

❻　同上，頁96-97。

❼　王世杰《比較憲法》（下），頁182。

八年十一月十六日，考試院為一九三〇年一月六日，監察院為一九三一年二月十六日❶。

　　訓政時期的行政院，組織法公布於一九二八年六月二十日，法中原規定設內政、外交、軍政、財政、農礦、工商、教育、交通、鐵道、衛生十部，建設、蒙藏、禁烟、僑務、勞工五委員會。其後勞工委員會未成立，建設及禁烟委員會改隸國民政府，只餘二委員會。一九三〇年六月修正公布的行政院組織法，設海軍部。一九三〇年十一月二十四日經三屆四中全會修正公布的行政院組織法，農礦、工商兩部合為實業部，衛生部併入內政部❶。後併入內政部的衛生部又獨立為署，故行政院的組織為九部一署二委員會：㈠內政部：原設於一九二八年三月。㈡外交部：原設於一九二五年七月。㈢軍政部（掌陸海軍行政事宜，有如國防部）：設於一九二八年。㈣海軍部：設於一九二九年四月十二日，至一九三〇年六月始修訂行政院組織法追認。㈤財政部：原設於一九二五年七月。㈥實業部：一九三〇年十月二十四日由設於一九二八年三月的農礦部和工商部合併而成。㈦教育部：一九二八年由大學院改設。㈧交通部（管電政、郵政、航政）：設於一九二六年十一月。㈨鐵道部（管鐵路、國營公路）：設於一九二八年十一月。㈩衛生署：一九二八年六月行政院組織法原為部，但未成立，一九三〇年十一月修訂的行政院組織法併入內政部，俟又設署，由內政部改隸於行政院。㈢蒙藏委員會：依一九二八年十月二十日公布的行政院組織法設立。㈢僑務委員會：依一九二八年十月二十日公布的行政院組織法設立❷。另外行政院直轄的各委員會尚有：全國財政委員

❶　錢端升等，《民國政制史》，頁261–319。

❶　陸徵麟，〈中華民國中央政治沿革志（九）〉，《食貨月刊》復刊五卷十期，頁47。

會、整理內外債委員會、賑務（賑款）委員會、技術合作委員會、全國稻麥改進監理委員會、舊都文物處理委員會、國立北平故宮博物院、行政效率研究會、國民經濟設計委員會❷。

　　五院設立以後，迄於行憲前，五院的組織變化很小，但國民政府主席及行政院長的職權則時高時低，大多因人制法。一九三〇年九月行政院院長譚延闓病逝，至十一月二十四日其職由國民政府主席蔣介石兼，國府組織法於三屆四中全會修正，於是年十一月二十四日公布，修正之要點有二：㈠行政院會議改稱為國務會議，原來之國務會議改稱國民政府會議。㈡公布法律由國民政府主席署名，以立法院院長之副署行之；發布命令由國民政府主席署名，以主管院院長之副署行之。修正後之國府組織法，國務不復由國府委員合議執行，行政院長地位提高；五院院長僅對主管事項負責（一九二八年十月三日制定之國民政府組織法，法律與命令之發布，由國府主席會同五院院長署名行之），主席職權加重❷。至一九三一年六月一日訓政時期約法頒行，國民政府組織法又於六月十三日經三屆五中全會修正，六月十五日公布，修正之要點有四：㈠國民政府主席兼中華民國陸海空軍總司令（三軍原由國府統率）。㈡五院院長、副院長、陸海空軍副司令、及直隸於國民政府之各院部會長，由主席直接提請國府依法任免；各部會長及立法、監察二院委員則由主管院院長提出人選後，呈由主席提請國府任免。㈢國府委員擴充為十六至三十二人，國民政府主席、五院院長及副院長為此數以外之當然委員，即最多可達四十三人。㈣公布法律與發布命令，不須經國民政府會議議決。國府組織法經此番更動後，已

---

❷　錢端升等，《民國政制史》，頁263–264。

❷　同上，頁267–268。

❷　同上，頁98–99。

由一九二五年七月以後的合議制改為主席集中制㉓。

　　此次國民政府組織法公布之日，兩廣已因胡漢民被扣事件宣布獨立，於一九三一年五月二十七日另組國民政府。是年九月十八日，瀋陽事變發生，日本侵略中國日亟。寧粵雙方在上海會議，同意合作，粵方要求減低國府主席的權力，四屆一中全會遂對國民政府組織法加以修訂，於十二月三十日公布，其要點：㈠國府主席不負實際政治責任，不得兼任其他官職，無提請任免五院院長及指揮五院之權（主席及五院院長改由中常會選任，向中常會負責）。㈡國府委員定為二十四至三十六人，不得由各院部長官及現役軍人充任，國民政府會議改稱國民政府委員會議，行政院之國務會議改稱行政會議。㈢立法、監察委員由中央執行委員會選任，名額定以半數民選（民選未行，到一九三二年十二月二十六日又修訂組織法，恢復以前委員完全由院長提請國民政府主席任命的辦法）。　因國府主席不負實際政治責任，行政院長總攬行政大權，司法行政部亦由司法院劃歸行政院（一九三四年十月十七日修改組織法，仍隸司法院），論者比之為責任內閣制㉔。實則，行政院原是秉承國民政府之命，現在是秉承國民黨中央政治會議之命，並沒有獨立的職權㉕。一九三一年十二月二十八日四屆一中全會末次會議，選林森為國府主席，唐紹儀等三十三人為國府委員㉖。

　　國民政府主席不負實際政治責任的國民政府組織法，到一九四三年八月林主席逝世，中常會選行政院院長蔣介石為代理國府主席後加

㉓　董霖，《戰前之中國憲政制度》，頁99。

㉔　同上。

㉕　陳受康，〈我國行政院的政治責任〉，原發表刊物待查。

㉖　沈雲龍，〈廣州非常會議的分裂與寧粵滬四全代會的合作〉，《中國現代史論集》第八輯，頁151。

以修改：㈠國民政府主席及國民政府委員，均仍由中央執行委員會選任。㈡五院院長、副院長由主席於國民政府委員中提請中央執行委員會選任。㈢主席為中華民國元首，對外代表中華民國（「不負實際政治責任」一句刪去）。㈣主席任期三年，連選得連任。㈤主席由中執會選舉，對中執會負責，五院院長對主席負責。組織法修訂後，中執會選蔣介石為國府主席。此種以黨治國的國民政府組織法，到一九四七年四月十七日，由於準備行憲，又加以修改：㈠增設副主席，主席、副主席均由中執會選任。㈡國府委員四十人，不限國民黨人。㈢五院院長、副院長由國府主席選任。㈣提高國府委員會職權，採合議制。之後，選蔣介石為主席，孫科為副主席❷❼。

在國民黨掌政權、國民政府掌治權的訓政過程中，黨政機構訓練人民行使選舉、罷免、創制、複決四權，透過以縣為單位的地方自治辦理。地方自治，縣及省轄市為一級，縣及省轄市以下為一級。

在市方面，一九二八年公布、一九三○年修訂的市組織法，均有市參議會的規定。一九三三年三月十二日，又公布市議會組織法及市參議員選舉法，同年七月六日又公布市參議會議事規則。依照上述法規，市參議會為全市人民代表機關，有議決下列事項之權：㈠關於籌備區長民選及完成市自治事項，㈡關於市單行規則事項，㈢關於市預算、決算事項，㈣關於整理市財政收入、募集市公債及其他增加市民負擔事項，㈤關於經營市公有財產及公有營業事項，㈥關於市民生計及救濟事項，㈦關於促進市教育及其他文化事項，㈧市公民行使創制權提交審議事項，㈨市長交議事項，㈩其他應興應舉事項。市參議員由市公民直接選舉之，任期一年，其名額在人口二十萬之市

❷❼ 王世杰，《比較憲法》（下）補充手稿，藏中央研究院院史室（近代史研究所）。

為十五名，超過二十萬者每人口五萬增加一名。凡中華民國人民，無論男女，在市區域內繼續居住一年以上，或有住所達二年以上，年滿二十歲，經宣誓登記後，為各該市公民，有選舉市參議員之權。市參議員之被選舉權，則限於市公民之年滿二十五歲且具有下列資格之一者：㈠曾在初級中學以上學校畢業者，㈡經自治訓練及格有證書者，㈢曾任職業團體職員一年以上者，㈣曾辦地方公益事務著有成績者。惟褫奪公權者、禁治產者及吸食鴉片或其代用品者不得有選舉權及被選舉權，現任本市區內之公務員及現役軍人或警察停止其選舉權及被選舉權。當時地方不靖，準備未週，地方官對地方自治亦不熱心，全國依市參議會組織法而成立市參議會者，在戰前只北平一市。北平市早於一九二八年冬即著手籌備自治，城、郊共劃為十五區，一九三三年三月十五日起，開始區坊自治職員民選，同月二十三日辦理完竣。同月二十六日舉行市參議員選舉，選出參議員各三十七人。八月一日市參議會成立，開始議事。一九三四年八月一日，第一屆參議會閉幕，因華北局勢變遷（日本進行華北特殊化，排除國民黨的勢力），未續辦理市參議會選舉❷❸。

　　市自治在抗戰前雖未完成，抗戰勝利後繼續舉辦，有的市且已完成。如上海市，曾於一九三○年劃為四十個自治區，正擬著手坊閭鄰之劃分，適有一二八事變發生，停頓。一九三二年七月再開始籌備，先後成立四十個區公所，坊以下未辦。抗戰爆發後，自治停頓。抗戰勝利後分為三十區，至一九四六年七月二十五日各區代表會均成立，至一九四七年一月至二月十七日區長選舉竣事。上海市在戰前設有臨時參議會，參議員由市長聘請，純屬諮詢性質。抗戰爆發，亦停頓。一九四六年八月十三日民選議會成立，區域代表一百二十七人，職業

❷❸　董霖，《戰前之中國憲政制度》，頁149–152。

代表五十四人，共一百八十一人。初選杜月笙為議長，杜辭，補選潘公展為議長❷。

市以下的行政區，分為區、坊、閭、鄰，五戶為鄰，五鄰為閭，二十閭為坊，十坊為區。區的自治組織設區民大會、區公所、區民代表大會及監察委員。區民大會為全區最高權力機關，以本區市公民出席投票行使選舉、罷免、創制、複決四權，每年舉行一次，由區長召集之。區公所為區之行政機關，置區長一人，由區民大會選舉，任期一年，為無給職，得連任，如有違法失職情事，得由區民大會罷免之。區民代表會為全區立法機關，由區民大會選舉之代表組織之，每坊二人（十坊為一區，共二十人），每年改選一人，為無給職，如有違法失職情事，由各坊罷免之。區民代表會設主席一人，由互選產生。監察委員二人，由區民代表會選舉之，任期一年，為無給職，得連任，如有違法失職情事，由區民代表會罷免之。坊的自治組織設坊民大會、坊公所及坊監察委員會，坊民大會為全坊最高權力機構，由全坊市公民組織之。坊公所置坊長一人，由坊民大會公選，下設調解委員會，委員若干人，由坊民大會公選。另置監察委員會，委員三至五人，亦由坊民大會公選。閭、鄰各以居民會議為權力機關，閭設閭長一人，鄰設鄰長一人，均由居民會議選舉產生，任期一年，為無給職，得連任，如有違法失職情事，由閭、鄰居民會議罷免之❸。

在縣方面，一九二八年公布、一九二九年修訂的縣組織法，均有設置縣參議會的規定。一九三二年又公布縣參議會組織法及縣參議員選舉法，縣參議會之組織、職權及縣參議員之選舉與被選舉權，與市略同，惟縣參議員任期為二年（市參議員為一年）。縣參議員的名額，

在人口未滿十五萬之縣為十五名，超過十五萬者每人口三萬增加參議員一名。一九三四年一月，內政部通咨各省依法組織縣參議會，但各省並未舉辦。廣東各縣曾舉辦，但係依西南政務委員會所頒布的自治法規❸。西南政務委員會為一半獨立的機構，一九三二年一月五日廣州中央黨部及國民政府撤銷後，於黨設西南執行部，於政設西南政務委員會，於軍設西南軍分會，實則仍為半獨立狀態❷。

西南政務委員會所修訂的縣市自治法規，頒布於一九三三年底，規定縣市參議會為縣市的民意機關，由選舉產生，任期兩年。縣市以下設區，五戶為鄰，五鄰為里，四里至十里為一鄉鎮，四十至五十鄉鎮為一區。區有區民代表大會，鄉（鎮）有鄉（鎮）民會議，里有里民會議，鄰有鄰民會議。至一九三五年底，全省九十四縣已有自治組織，計七八六區，一、四〇三鄉，七八四鎮，一八五、四六八里。不僅縣設參議會，省亦設參議會。一九三三年六月西南政務委員會頒布廣東省參議會規程及選舉規則。一九三四年六月委派民政廳長兼任選舉總監督，負責辦理選舉事宜，並由各縣市長兼任縣市選舉監督。同時成立選舉總監督事務所及縣市事務所，積極指導人民從事選舉。至八月上旬，各縣市及各界團體與華僑之省參議員，均次第選出，乃定於八月十五日為省參議會成立之期。省參議會成立後，曾議決重要議案八十七宗，備政府採行❸。似廣東省的地方自治較其他地區辦理為佳。

其他省區不僅沒有選舉的省參議會，也沒有選舉的縣參議會，縣

❸　董霖《戰前之中國憲政制度》，頁152。

❷　同❷。

❸　王萍〈廣東省的地方自治〉，《中央研究院近代史研究所集刊》第七期，頁494，502-503。

以下的自治單位亦與廣東不同。規定縣以下的自治單位為區、鄉（鎮）、閭、鄰，各縣按戶口及地方情形劃為若干區，每區以十鄉鎮至五十鄉鎮組織而成。凡縣內百戶以上的村莊為鄉（或聯合數村莊為一鄉），百戶以上之街市為鎮。鄉、鎮均不得超過一千戶。鄉鎮居民以五戶為鄰，五鄰為閭。區的自治組織設區民大會、區公所、區調解委員會、區監察委員會。與市不同的是不設區民代表會為立法機構，另於區公所設區務會議，由區長、區助理員、鄉長、鎮長組織之，討論區的行政與立法事務。鄉（鎮）的自治組織設鄉（鎮）民大會、鄉（鎮）公所、鄉（鎮）務會議、鄉（鎮）調解委員會、鄉（鎮）監察委員會。鄉鎮以下之閭鄰自治組織，與市同。規章雖然如此，各縣多未實行❸。

　　國民黨中央鑒於地方自治不易推行，政治會議於一九三四年二月二十一日通過〈改進地方自治原則〉，將地方自治之進行分為三期：第一期為扶植自治時期，即實行訓政時期，縣、市長由政府任命，縣市參議員由縣市長聘任，鄉、鎮、村長由各鄉、鎮、村人民選舉三人，由縣、市長擇一委任。第二期為自治開始時期，即官督民治時期，縣市長由政府任命，縣市議會議員及鄉、鎮、村長由人民選舉。第三期為自治完成時期，即憲政開始時期，縣市長、縣市議會議員及鄉、鎮、村長一律民選，人民開始實行選舉、罷免、創制、複決各權。至一九三四年八月十一日，國民政府公布〈扶植自治時期縣市參議會暫行組織辦法〉，是後貴州、甘肅、察哈爾、雲南等省即由縣市長聘任縣市參議員，成立縣市參議會❸。不久，抗日戰爭爆發，地方自治又陷於停頓，直到抗戰勝利，為了準備憲政，才又大力推行地方自治。一九四五年底全國自治組織成立者，計縣市局參議會七九二個，鄉鎮民代

❸　董霖，《戰前之中國憲政制度》，頁155-156。

❸　同上，頁156-157。

表會二一、一四六個，保民大會二四六、七三五個，至一九四六年底又增加三分之一強。在省參議會方面，在一九四六年底建立完成者有二十四省市，成立臨時參議會者七省市❸。

戰前國民政府推行地方自治，在一九二八至一九二九年間採激進政策，一九三四年以後改採緩進政策，可能的原因有兩個：㈠開幕於一九三三年八月一日、閉幕於一九三四年八月一日的北平市參議會，紛雜混亂，與黨部和市政府不協。㈡地方自治的準備工作未能如期完成，如自治人才不足、自治經費不足、戶口調查未清、地方治安不寧等。

三、制憲國民大會的召開

中國國民黨於一九二八年完成北伐，依照革命建國程序，開始實行訓政，原定在一九三五年召開制憲國民大會，制定憲法，然後進入憲政時期。但訓政工作的推行並不順利，各省地方自治工作因受戶政、經費、人才、治安等影響，大多無法辦理。依照建國大綱規定，須全國有過半數的省份完成地方自治時，才能召開制憲國民大會，議定憲法，如是訓政勢需延長。

一九三二年四月，由於九一八事變與一二八事變相繼發生，政府在洛陽召開國難會議，邀請全國各界富有學識、經驗和資望的人參加，會中關於政治問題，決議兩點：㈠切實辦理地方自治，如期結束訓政；㈡憲法未實施前，提前設立民意機構，定名為國民參政會，並定於一九三二年十月十日以前成立。國民黨中央不贊同立即成立國民參政會作為議政機構（不合訓政時期約法），到十二月十五日四屆三中全會決議三點：㈠繼續推展地方自治工作；㈡定於一九三五年三月召開

❸　李時友，〈中國國民黨訓政的經過與檢討〉，《東方雜誌》四十四卷二號。

制憲國民大會，議定憲法；㈢立法院從速起草憲法草案，並發表之，以備國民研討 ❸。此一決定，原欲於一九三三年七月一日召集全國臨時代表會加以認可，但因黨內糾紛，未能召集，即預定於一九三三年十一月召開的五全大會，亦延至一九三五年十一月舉行。此期間，立法院雖進行起草憲法，但因國民黨中央及朝野各方面對憲草屢生意見，致遲遲不能定案，制憲國民大會亦未能如期召開。一九三五年一月底，立法院將憲法草案修訂完成，十一月國民黨五全大會議決於一九三六年內召開國民大會，制定憲法，國民黨中央乃於是年十二月決定一九三六年五月五日頒布憲法草案，一九三六年十一月十二日召開制憲國民大會 ❸。

一九三六年五月五日憲草頒布後，立法院即制定〈國民大會組織法〉及〈國民大會代表選舉法〉，於是年五月十四日公布，七月一日施行。七月十五日起依次成立國民大會代表選舉總事務所及各區域、職業、特種選舉事務所，開始辦理制憲國大代表選舉事務。原定於十月十日以前辦理完竣，但因中日關係緊張，部分省區又不接受中央政令，各地代表多未能按時選出。一九三六年十月十五日，國民黨中央決定延期召開國民大會。接著發生西安事變（十二月十二日），亦影響各地選舉事務的進行。西安事變後（十二月二十五日），各方認為應從速召開國民大會，制定憲法，以定人心。國民黨中央乃於一九三七年二月二十日議決，除了督促國民大會代表選舉事務所繼續辦理選舉外，並決定於一九三七年十一月十二日召開國民大會，制定憲法。至一九三七年夏，全國除河北、察哈爾、北平、天津、遼寧、吉林、黑龍江等地因情形特殊外，其餘各地選舉皆辦理完竣。嗣以抗日戰爭

---

❸　陳新鋕，《國民政府制憲之史實與成就》，頁1-2。

❸　同上，頁4-5；王世杰，《比較憲法》（下），頁200-201。

全面爆發，沿海各省先後淪為戰場，國都南京淪陷，國民政府播遷，因此選舉工作暫停，選舉機構緊縮，國民大會延期召開❸。

一九三八年七月，國民政府為集中全國之意見，以利國策之決定與實行，約集全國名流學者與各黨派重要領袖，在漢口組織國民參政會。目的在結合全國力量，共同抗日。但所謂團結，是接受國民黨的主義與國民黨的領導，參加抗戰建國工作，並不含有共同執政的意思。參政員的來源有二：㈠由國民黨中央黨部遴選；㈡由各省臨時參議會選出。其職權為：㈠政府之重要施政方針，於實施前應提交國民參政會議；㈡國民參政會得提出建議案於政府；㈢聽取施政報告及向政府提出詢問案❹。茲將歷屆國民參政會召開的地點、時間，表列如下❺：

屆　別	會議次別	地　點	開　　幕　　日　　期
第一屆	第一次會議	漢　口	一九三八年七月六日
	第二次會議	重　慶	一九三八年十月八日
	第三次會議	重　慶	一九三九年二月十二日
	第四次會議	重　慶	一九三九年九月九日
	第五次會議	重　慶	一九四〇年四月一日
第二屆	第一次會議	重　慶	一九四一年三月一日
	第二次會議	重　慶	一九四一年十一月十七日
第三屆	第一次會議	重　慶	一九四二年十月二十二日
	第二次會議	重　慶	一九四三年九月十八日
	第三次會議	重　慶	一九四四年九月五日
第四屆	第一次會議	重　慶	一九四五年七月七日
	第二次會議	重　慶	一九四六年三月二十日
	第三次會議	南　京	一九四七年五月二十日

一九三八至一九四七年的十年中，國民參政會，共召開四屆十三次會

---

❸ 同上引陳書，頁6-7。

❹ 上引陳書，頁7；王世杰書，頁206。

❺ 散見《國民參政會史料》一書。

議，每年集會一至二次，每次十日左右。

國民參政會起源於國防參議會，國防參議會條例由國防最高會議於一九三七年八月十日制定，國防參議會原只有二十五人參加，青年黨黨魁曾琦建議擴充為七十五名，未果行。但旋擴大為國民參政會，第一屆國民參政會，其名額初定為一百五十名，最後乃增為兩百名。此兩百名之參政員中，屬國民黨者八十名，屬各黨派者約五十名，無黨派者約七十名。國民黨雖然人數最多，但未超過半數，頗可實驗民主政治。但自第三屆以後（一九四二年三月十六日修訂的組織條例），名額增加四十名（總額二百四十人，一百八十人為區域代表，由各省市臨時參議會選出；六十人為文化界、經濟界、政治界代表，由遴選產生），增加者大半為國民黨員，於是國民黨可佔國民參政會的多數❷，其他黨派的制衡力量減弱。抗戰勝利後，在一九四七年一月七日修訂的組織條例，名額增加為三六二人，其中二四三人代表區域，一一九人代表文化界、經濟界、及從事政治活動者❸，黨派分配情形不詳。

國民參政會的性質雖與國民大會不同，但對制憲國民大會的召開和憲法的制定有促成作用。一九三九年九月九日至十八日在重慶所召開的第一屆第四次大會中，國民參政會議決請政府明令定期召集制憲國民大會，制定憲法，實行憲政，結束黨治，並由議長蔣介石指定參政員若干人，組織憲政期成會❹。憲政期成會委員二十五人：張君勱、

---

❷ 曾琦，〈五年來朝野協力之回顧〉，胡春惠編，《民國憲政運動》，頁974；王世杰，《比較憲法》（下），頁242–243。

❸ 王世杰，《比較憲法》（下）增訂手稿，藏中央研究院院史室（近代史研究所）。

❹ 陳新鋕，《國民政府制憲之史實與成就》，頁8。

張瀾、周炳琳、杭立武、史良、陶孟和、周覽、李中襄、章士釗、黃炎培、左舜生、李璜、董必武、許孝炎、羅隆基、傅斯年、羅文榦、錢端升、褚輔成、梁上棟、胡兆祥、章伯鈞、馬亮、王家楨、李永新，召集人為黃炎培、張君勱、周覽❹。

　　憲政期成會於一九三九年九月二十日成立，是日第一次會議，即決議請政府早日頒布召集國民大會、公布憲法與實施憲政之明令。一九三九年十一月，國民黨五屆六中全會在重慶舉行，決定於一九四〇年十一月十二日召開制憲國民大會，並恢復因抗日戰爭爆發而停止工作的選舉總事務所，俾繼續進行國大代表的選舉，此選舉總事務所並開始在重慶復興關興建國民大會堂。嗣以戰時交通受阻，國民大會召集匪易，到一九四〇年九月十五日，即預定召集國大前將近兩月，國民黨中常會決定延期召集制憲國民大會。但所有一切未完選舉事項，仍由國民大會代表選舉總事務所積極進行❻。至國民大會堂建築及代表招待等事宜，則增設國民大會籌備委員會辦理之。是年十月二十二日，政府頒布國民大會籌備委員會組織條例，是月三十一日派蔣作賓、葉楚傖、陳立夫、王世杰、張群、魏懷、周鍾嶽為委員，蔣作賓為主任委員，葉楚傖為副主任委員，張道藩為祕書長。同年十一月，籌備委員會成立，先設祕書處，以洪蘭友為處長。一九四〇年十二月二十八日國民大會堂工程完成，但至一九四一年八月九日為日本飛機炸毀。到一九四二年四月以戰事吃緊，國大召開無期，國大籌備委員會奉令暫時結束❼。惟當時憲政運動激烈❽，到一九四三年九月八日國民黨

---

❹　胡春惠編，《民國憲政史料》，頁953。

❻　陳新鋕，《國民政府制憲之史實與成就》，頁8–11。

❼　遲嗣祖，《國民大會全貌》，頁2–3。

❽　抗戰期間憲政運動雖甚蓬勃，但也有反對意見，認為人民程度不足，訓

五屆十一中全會再議決於戰爭結束一年內召集國民大會、制頒憲法，並於是年十一月十二日由國民黨中央委員和國民參政會員合組憲政實施協進會，以國防最高委員會委員長蔣介石為會長㊾，以孫科、王世杰、黃炎培為召集人。憲政實施協進會組成份子有四類：㈠國民參政會主席團：張伯苓、莫德惠、吳貽芳、李璜、王寵惠、王世杰、江庸，為當然委員。㈡由國防最高委員會委員長就中國國民黨中央執行委員會中指定者：孔祥熙、孫科、吳鐵城、陳布雷、張厲生、張群、熊式輝、朱永誥、張道藩、梁寒操、洪蘭友、吳經熊、宋子文、吳鼎昌。㈢由國防最高委員會委員長就國民參政員中指定者：褚輔成、張君勱、黃炎培、胡霖、邵從恩、王雲五、江恒源、左舜生、陳舜天、許孝炎、李中襄、周炳琳、錢端升、董必武、江一平、傅斯年、錢公來、薩孟武、達浦生、喜饒嘉錯、李永新、梁上棟、孔庚、范予遂。㈣國防最高委員會委員長就其他富政治學識經驗或對憲政有特殊研究之人中指定者：吳尚鷹、林彬、黃右昌、樓桐蓀、王造時、梁漱溟、周恩來、蔣夢麟、燕樹棠、張公讓、蕭公權㊿。

　　憲政實施協進會自成立至一九四六年三月結束，曾開全體會議五次（共五十六人，經常到者三、四十人），常務委員會十一次㉛，對修改憲草，促使制憲國大的召開，貢獻良多。一九四五年三月國民政府主席蔣介石以憲政實施協進會會長資格宣布於是年十一月十二日召集國民大會，五月十四日，國民黨六全大會復對此事加以決定，國民大

政工作未完，軍事時期不宜施行憲政，但倡行者皆一一予以駁斥，見胡春惠編，《民國憲政運動》，頁916–923載曾琦文。

㊾　陳新鉻，《國民政府制憲之史實與成就》，頁11。

㊿　胡春惠編，《民國憲政運動》，頁982。

㉛　陳新鉻，《國民政府制憲之史實與成就》，頁12。

會籌備委員會亦於是年八月二十日奉令恢復工作，派葉楚傖、邵力子、吳鼎昌、張厲生、張道藩、陳立夫為委員，葉楚傖為主任委員，洪蘭友為祕書長，並重建大會堂❺❷。

抗日戰爭勝利後，國共雙方於一九四五年雙十節前夕在重慶舉行會談，即所謂雙十會談。關於國民大會，中共主張延期舉行，重選代表；政府主張已選之代表有效，但可增加名額，由各黨派分配選出。因為未獲協議，雙方決定召開多黨派參加的政治協商會議解決❺❸。一九四六年一月十日政治協商會議在重慶開幕，參加者三十八人，代表名單如下❺❹：

> 中國國民黨代表八人：孫科、張群、吳鐵城、陳立夫、王世杰、
> 　　邵力子、張厲生、陳布雷。
> 中國共產黨代表七人：周恩來、董必武、吳玉章、葉劍英、鄧
> 　　穎超、王若飛、陸定一。
> 民主同盟代表九人：張瀾、張君勱、張東蓀、沈鈞儒、黃炎培、
> 　　梁漱溟、張申府、章伯鈞、羅隆基。
> 中國青年黨代表五人：曾琦、陳啟天、余家菊、常乃惪、楊永
> 　　浚。
> 社會賢達代表九人：邵從恩、莫德惠、王雲五、傅斯年、胡霖、
> 　　錢新之、郭沫若、李燭塵、繆嘉銘。

開幕禮由國民政府主席蔣介石致辭，與會代表致詞者有中共代表周恩

---

❺❷　遜嗣祖，《國民大會全貌》，頁3。

❺❸　陳新鋙，《國民政府制憲之史實與成就》，頁21–24。

❺❹　張玉法《中國現代史》，頁693。政治協商會議秘書長為雷震。

來、青年黨代表曾琦、民盟代表沈鈞儒、社會賢達代表邵從恩❺。

代表的黨派之一民主同盟，是合諸小黨而成，其中最大者為國家社會黨。國家社會黨的創黨人是張君勱（一八八六～一九六九）， 張為江蘇寶山人，日本早稻田大學畢業，民初留學英、德，一九一六年歸國，曾任蘇州東吳大學、上海光華大學等教授，一九三〇年赴德講學，一九三一年歸國任燕京大學教授，與燕大老友張東蓀聯絡，於一九三二年四月十六日在北平創立國家社會黨，並辦《再生》雜誌，宣傳國家社會主義。國家社會黨組織時，國民黨正實行一黨訓政，不允許其他黨派活動，故國家社會黨在當時祕密成立，祕密活動，受到國民黨的制壓，列名國社黨的蔣勻田，即曾於一九三四年七月十九日在浦口被捕，監禁五十八天，始獲釋放。國家社會黨的創黨人早年多與康有為、梁啟超有關係，康梁餘黨在海外尚有民主憲政黨的組織，由伍憲子領導。到一九四六年八月十五日，民主憲政黨與國家社會黨合併，改名為中國民主社會黨❻，簡稱民社黨。

政治協商會議中，民盟代表章伯鈞反對戰前原選國大代表的合法性，其一、國大代表舊定任期六年，當時距選出已逾十年。其二、十年中計增有選舉資格的選民約有三千萬人。其三、十年前的選舉只有國民黨一黨，其他各黨均沒有參加選舉的機會。青年黨黨魁曾琦也以戰前的選舉係一黨包辦，不合民主原則，謂知名者如胡適，在國代選舉中只得兩票。中共代表、社會賢達代表，均以戰前的選舉為不合理，但像青年黨代表一樣，贊同由政治解決，即由各黨分配席位的方法，增加代表名額。只有民盟堅持重選。中共支持民盟爭民主、爭自由，當時並不堅持自己的主義和政治理念❼。在政治協商會議中，民盟所

---

❺ 蔣勻田，《中國近代史轉捩點》，頁9，170。

❻ 同上，頁88，168。

以較為激烈，原因有三點：㈠民盟因與中共較接近，受到國民黨的壓制較多，爭自由的意念較強。在政治協商會議開始時，民盟代表梁漱溟強調將督促實施雙十會談紀要中之人民自由、黨派合法、限制特務、釋放政治犯等項列於議程中。國民黨代表張厲生等持異議，以為當局已經宣布實施，可不必再談，而梁則堅持謂：去年亦曾宣布保護人身法令，至今毫無動靜，為使宣布之事不致落空，必須督促之❺❼。㈡依據蔣与田的了解，民盟代表羅隆基為謀在政府任官曾不惜脫離民社黨，但任官之事終不成，遂使羅隆基惱羞成怒。蔣稱：在政治協商會議召開前夕，國社黨人羅隆基從昆明到重慶，國民黨人張道藩宴請之，席間（另有吳國楨、浦薛鳳等）張道藩勸羅脫離國社黨，謂如是至少可被任命為外交部次長。羅乃聲明脫離國社黨，但政府並未給予官位。故羅隆基在政治協商會議中，攻擊國民黨最烈，遠超過中共代表❺❾。㈢政治協商會議，分配給民盟的代表原只七人，民盟再三向政府主其事者要求增加二名，未獲允許。嗣周恩來當眾允讓中共九名代表中的二名給民盟，始得解決，民盟以此益同情中共❻⓪，而攻擊國民黨。

　　政治協商會議，共開會三週，對於國民大會的決議如下：㈠一九四六年五月五日召開國民大會。㈡第一屆國民大會之職權為制定憲法。㈢憲法之通過，須經出席代表四分之三同意為之。㈣依選舉法之區域及職業代表一千兩百名照舊。㈤臺灣及東北等新增各該區域及職業代表共一百五十名。㈥增加黨派及社會賢達代表七百名，其分配另定之。㈦總計國民大會代表為兩千零五十名❻❶。另一方面，國民大

❺❼　同上，頁29–32。

❺❽　同上，頁11。

❺❾　同上，頁23。

❻⓪　同上，頁6。

會籌備處亦積極展開工作，先整修戰前原建的國民大會堂，並為代表
準備宿舍，此期間籌備處主任委員葉楚傖病逝，其職由邵力子繼任⓰。

　　當時國民黨內部對於中共的態度分為兩派，ＣＣ系主戰，主戰者
包括陳立夫、陳布雷、張厲生等人；政學系主和，主和者包括邵力子、
孫科、吳鐵城等人。政治協商會議是在政學系的主持下進行的，但Ｃ
Ｃ系反對，當協商完畢後，政學系的張公權（張君勱之弟，君勱方本
政治協商的原則，協助政府起草憲法）代表國民政府接收東北經濟設
施，在蘇俄駐軍東北的總司令馬林諾夫斯基 (Bodin Malinovsky) 要求
下，擬讓蘇俄入股參加東北的礦產開發，國民政府主席蔣介石一度同
意，且曾派蔣經國去東北交涉。但在一九四六年二月十一日，ＣＣ系
由陳立夫坐鎮社會部指揮，在重慶發動七千餘學生舉行反蘇示威，要
求將蘇俄勢力盡逐出東北。三月二十二日第二次遊行示威，搗毀了中
共在重慶的《新華日報》和《民主日報》，實則欲藉此破壞政治協商
的成果，對中共實行強硬政策⓱。雖然如此，因為政治協商會議決定
五月五日召開國民大會，政府乃於三月間通告各當選代表，自四月二
十五日起到南京報到⓲。另一方面，國共雖於政治協商會議開幕之日，
在馬歇爾調停下宣布停戰，但雙方軍隊並不遵守停戰約束，國共軍在
中國東北進行大規模的戰爭。共軍於三月十七日攻下四平街、四月十
八日攻下長春，到五月十九、二十三日，四平街、長春又為國軍克復。
其間，中共及民盟於一九四六年四月二十七日要求延期召開國大，政
府也認為國民大會無法在五月五日召開，乃決定延期⓳，並續在東北

⓰　陳新鎔，《國民政府制憲之史實與成就》，頁33–34。

⓱　逯嗣祖，《國民大會全貌》，頁3。

⓲　蔣勻田，《中國近代史轉捩點》，頁65–68。

⓳　戴君曠，《行憲述要》（臺北：正中書局，民國39年），頁11。

對共軍進行反擊。一九四六年五月二十八日，羅隆基、史良、吳晗等八十九人在重慶《民主日報》發表告國人書，反對延長內戰，認為「武力不能用以解決黨爭，政治問題必用政治方式解決」，實係針對五月二十二日共軍退出長春後國軍揚言必以武力收復哈爾濱、齊齊哈爾、安東等城而發，認為國民黨「一意孤行，擴大延長內戰」**⑥**。到六月六日，在馬歇爾的調停下，國共達成第二次停戰。七月三日國防最高委員會決定於一九四六年十一月十二日召開國民大會**⑥**，次日宣布，並於十月十二日要求各黨派提出國民大會代表名單，俾便公布。但當時國共軍續在各地衝突，中共一面要求停戰，一面要求先改組政府，希望在四十名國府委員中，能與民盟合佔十四名，即超過三分之一，而擁有否決權。待此聯合政府組成後，再提代表名單。時政府力謀和平，欲以停戰換取中共提國大代表名單，中共不應**⑥**。民盟、青年黨及無黨無派人士為促使國共停戰，及國民大會能在一九四六年十一月十二日召開，於是年十月二十七日開會，推張君勱、羅隆基、繆雲台三人見中共代表，推張君勱、左舜生、莫德惠、黃炎培四人見政府代表，推羅隆基、繆雲台、李璜三人見馬歇爾及司徒雷登大使。其他奔走者尚有胡霖、張申府、陳啟天、曾琦、蔣勻田、沈鈞儒、章伯鈞等。是後又連日開會，連日奔走，到十一月八日政府下達無條件停戰令，定於十一月十一日中午十二時起生效，希望中共能提國大代表名單，俾使國民大會能於十一月十二日如期召開**⑥**。但中共卻提出兩點要求：

---

⑥ 陳新銘，《國民政府制憲之史實與成就》，頁39。

⑥ 蔣勻田，《中國近代史轉捩點》，頁86-87。

⑥ 陳新銘，《國民政府制憲之史實與成就》，頁39-40。

⑥ 同上，頁40-48。

⑥ 蔣勻田，《中國近代史轉捩點》，頁119, 135, 139, 144, 151。

㈠將侵入解放區之軍隊撤出。㈡下令停開一黨包辦之國大，按照政協決議的內容，在各黨派協商之基礎上召開民主國大。到十一月十一日，國大召開前夕，政府應第三方面之要求，宣布國大延期三日召開，以待各方開送國代名單，但中共不提國代名單，並於十一月十二日在延安召開動員大會，準備訴於戰爭❼。在這種情形下，政府一面為共黨及民盟代表二百六十四人保留席位（共黨一百九十名，民盟一百二十名，原共三百一十名，但民盟中的民社黨四十六名已提出，故共餘二百六十四名），一面於一九四六年十一月十五日在南京舉行國民大會的開幕禮。論者謂國民大會的籌開，計自一九三二年到一九四六年，先後五次籌備，七次延期，歷時十五年始開幕❼，得來誠非易事。

制憲國民大會開幕時，應有代表總數為二千零五十人。其名額總數是依據一九三六至一九四六年間不同的法規、不同的協議案累增而成的，其產生亦是在一九三六至一九四六年間陸續產生的，有的是來自民選，有的是來自官派。依據一九三六年公布的國民大會代表選舉法規定，本屆代表名額原為一千四百四十名，分區域選舉（由各省按人口比例，劃分選區，進行投票）、職業選舉（農工商職業團體分省市舉辦；自由職業包括律師、會計師、醫劑師、新聞記者、工程師、教育會、大學等選舉，則不分省市）、特種選舉（東北、蒙藏、僑民、軍隊，由遴選的方法產生）、政府指定（黨派代表如此產生）四項方法產生。其中由區域選舉產生六百六十五名，職業選舉產生三百八十名，特種代表一百五十五名，政府指定二百四十名，共一千四百四十名❼。

---

❼　陳新鎔，《國民政府制憲之史實與成就》，頁49–50。

❼　李時友，〈中國國民黨訓政的經過與檢討〉，《東方雜誌》四十四卷二號，頁11。

❼　陳新鎔，《國民政府制憲之史實與成就》，頁59。

　　這些代表的選舉方式複雜，就選舉資格而論，中華民國公民年滿二十歲經公民宣誓者均有選舉權。被選舉權為年滿二十五歲，如為職業團體的候選人需有三年以上會員資格，軍人候選人需有五年以上服務資格。選舉用無記名單記法，且為直接選舉。但候選人需由各省市及蒙藏選區內的鄉長、鎮長、坊長，各職業團體和各華僑團體的職員，各軍隊軍校的長官推薦。東北四省、被日本佔領的蒙古各旗、散居其他省份的藏民，候選人由國民政府指定。候選人人數，在各省市及蒙藏選舉區內，應十倍於各區應出代表名額；職業團體、東北四省、被日本佔領蒙古各旗及散居其他各省區的藏民候選人，則應三倍於應出代表的名額。如為十倍者，由國民政府指定三倍的人數為候選人；如為三倍者，由國民政府指定二倍的人數為候選人。軍隊及軍校的三倍候選人，全由國民政府指定[73]。此一產生辦法，到一九四六年一月各黨派代表開政治協商會議時有所變更，即原規定之區域代表（六百六十五人）、職業代表（三百八十人）、特種代表（一百五十五人）共一千二百名繼續有效，政府指定之二百四十名黨派代表取消，改為由政府遴選各黨派代表七百名，合共一千九百名。又以抗戰勝利，東北及臺灣光復，增加東北九省、臺灣省及其他地區，以及婦女代表、軍隊代表共一百五十名，全部名額為兩千零五十名[74]。

　　這兩千零五十名代表，除未選出或未遴派者外，有的產生於一九三六至一九三七年間，有的產生於一九四六年。產生於一九三六年秋至一九三七年七月者，係依據一九三六年五月十四日公布的國民大會組織法及國民大會代表選舉法產生。區域代表、職業代表及特種代表多產生於此時，區域、職業及特種代表一千二百名，其中九百五十名

[73]　王世杰，《比較憲法》（下），頁202-203。

[74]　陳新鉎，《國民政府制憲之史實與成就》，頁59。

於一九三六至一九三七年間選舉產生，到一九四六年國民大會開幕時出缺二十八名，實存九百二十二名，為國民大會原選代表❼。

　　產生於一九四六年者，除河北、察哈爾、北平、天津四省市戰前未及選出補選者，其他省區戰前未及選齊補選者，以及出缺遞補者外，有兩類：一類為依政治協商之結果，由政府直接遴選之黨派代表七百名；一類為依一九四六年三月十一日頒布的選舉補充條例，對省市區域（包括省市內之農工商職業團體）及特種代表增補之代表一百五十名❼。兩類代表定額八百五十人，就黨派代表的七百人而論，共黨及民盟佔三百一十人，可知者共黨代表一百九十人未提代表名單，民盟代表一百二十人中只民社黨為完成制憲提四十六名，國民黨提二百二十名，青年黨提一百名，無黨無派實選六十九名，黨派代表產生四百三十五名。至區域補選臺灣省定額十七名、實選十八名，東北十二省市定額七十七名、實選八十八名，特種代表，實選八十三名，另自由職業代表五十八名，軍隊代表四十名，婦女代表二十名。江蘇、浙江、安徽、江西、湖北、湖南、四川、西康、河北、山東、山西、河南、陝西、甘肅、青海、福建、廣東、廣西、雲南、貴州、察哈爾、綏遠、寧夏、新疆、熱河、南京、上海、北平、天津、青島、西安、重慶等三十二省市，戰前選出及戰後補選之代表共一千零一人。以上合計，政府公佈之代表名單共一千七百四十三人。但在一九四六年十一月十五日國民大會開幕時，選出之代表只一千五百八十人，截至當日上午十時報到者只一千四百二十人，而當日到會者只一千三百五十五人❼。

---

❼　同上，頁59–63。

❼　同上，頁63–66。

❼　同上，頁63–66，85，謂公布代表名單一、七四三人。戴君曠，《行憲述要》頁12謂政府公布之代表名單一、七四五人，出席大會者一、七〇一

　　制憲國民大會開幕典禮，由吳敬恆任主席，國民政府主席蔣介石致開幕詞。國大開幕後，休會二日，等待共黨及民盟代表名單，不得，乃於十八日開第一次預備會議。次日上午通過主席團選舉辦法。二十一日通過為民盟保留主席團四名，為中共保留主席團五名。二十二日選蔣介石、孫科、白崇禧、于右任、曾琦、胡適、李璜、左舜生、李宗仁等四十六人為主席團，推定洪蘭友為大會祕書長，陳啟天、雷震為副祕書長。十一月二十五日，民社黨代表報到，主席團增二人。制憲國民大會的組織乃告完成❼❽。

　　制憲國民大會，開會四十一天，共舉行預備會議四次，憲草審查會十二次，大會二十次，至十二月二十五日通過中華民國憲法，並定一九四七年十二月二十五日為行憲日。

四、中華民國憲法的制定

　　中國國民黨領導行憲，所要行的是五權憲法，與西方民主國家所實行的三權憲法不同。孫中山對憲法的構想，與後來國民黨所制定的憲法也有很多差距。孫中山對憲法的主張有二：㈠以直接民權匡救代議制度的偏失：人民除有間接民權（選舉權）外，尚有直接民權（創制、複決、罷免），以為制裁政府的手段。對直接民權的行使，縣可由人民直接行使，全國則委託於民選的國民大會。㈡中央政府五院皆對國民大會負責：⒜全國各縣各選代表一人組織國民大會，司憲法之修改，及制裁公僕之失職，關於憲法制定機構，孫中山未詳說，似由制憲國民大會制憲，行憲國民大會修憲。行憲國民大會不僅修憲，依據建國

　　人；王世杰，《比較憲法》（下）補充手稿亦謂政府公布之代表名單一、七四五人，出席大會者一、七○一人。

❼❽　同上陳書，頁85-88；逯嗣祖，《國民大會全貌》，頁5。

大綱，且對中央法律有創制權與複決權。關於制裁公僕之失職，一方面可以裁決監察院的彈劾案，另一方面，據建國大綱，對中央政府官員，且有選舉權、罷免權。(b) 行政院的總統，由各縣人民投票產生，對國民大會負責，並受監察院的監督。(c) 立法院的委員，由各縣人民投票產生，對國民大會負責。(d) 司法、考試、監察三院院長，由總統得立法院同意而委任，皆對國民大會負責，不對總統及立法院負責。各院人員失職由監察院向國民大會彈劾之，而監察院人員失職，則國民大會自行彈劾而罷黜之。考試制度的適用，不僅以任官為限，被選為議員資格的取得，亦必經過考試，所謂以考試制度救選舉制度之窮❼❾。此即所謂五權憲法。五權憲法的制定，初由孫科於一九三二年四月屢於報端發表意見提出呼籲，並主張由立法院草擬憲法。是年十二月，國民黨四屆三中全會通過孫科等的提案，擬於一九三五年三月召開國民大會，議決憲法；立法院應速起草憲法草案發表之，以備國民之研究。一九三三年一月，孫科任立法院院長，一月十二日❽⓿立法院組憲法起草委員會，以立法院長孫科兼委員長，吳經熊、張知本為副委員長，委員有馬超俊、黃季陸、馬寅初、陳茹玄等，合共四十二人，推吳經熊、張知本、馬寅初、焦易堂、陳肇英、傅秉常、吳尚鷹七委員主稿。一九三三年二月九日至四月二十日議決起草程序及起草委員，初稿由吳經熊草定，共二百四十條。草成後，吳經熊於一九三三年六月八日以私人名義發表，徵求意見。嗣立法院收到各方意見及評論二百餘件，乃據以修訂成一百六十六條。嗣立法院又收到意見二十七件，立法院又據以修訂成十章一百六十條❽❶，成為中華民國憲法

---

❼❾　王世杰，《比較憲法》（下），頁175–177。

❽⓿　同上頁，195。

❽❶　胡春惠編，《民國憲政運動》，頁674，1028–1029；陳新銘，《國民政府

草案初稿，於一九三四年三月一日以立法院的名義在報端發表。內容大體採責任內閣制，權在行政院，總統不負責任。立法院訂三月一日至四月三十日為公開討論時間，並派傅秉常等三十六人為憲法草案初稿審查委員，到七月九日發表中華民國憲法草案初稿審查修正案，共十二章一百八十八條，內容大體採總統制，立院於十月六日三讀通過成為中華民國憲法草案，變為十二章一百七十八條。即呈送國民黨中央❷。國民黨中央審核經年，到一九三五年十月十七日，對憲草發出指示，使削減立法院權力，增加總統權力。立法院乃據以修訂成八章一百五十條，於十月底再送至國民黨中央。是年十一月，國民黨中央召開五全大會，會中通過有關憲法草案之提案，國民黨中央據此，指定葉楚傖等十九人為憲法草案審議委員會，提出二十三項修正案，再交立法院將草案修訂。立院交由傅秉常等八委員整理條文，一九三六年五月二日通過，再由國府及五屆一中全會通過，到一九三六年五月五日乃正式公布，習稱五五憲草。五五憲草共八章一百四十八條，規定總統對國民大會負責❸，立法、司法、考試、監察各院亦對國民大會負責。國民大會之職權凡六：㈠選舉總統、副總統、立法院院長及副院長、立法委員、監察院院長及副院長、監察委員。㈡罷免總統、副總統，和立法、司法、考試、監察各院院長及副院長以及立法委員、監察委員。㈢創制法律。㈣複決法律。㈤修改法律。㈥憲法所賦予之其他職權。總統物色人選組織行政院，立法院本身無提案立法之權，法案須由行政院提出。總統得召集五院院長會議，解決各院爭端。看來五院為總統之僚屬，權在國民大會。但另一方面，國民大會每三年

　　制憲之史實與成就》，頁2。

❷　王世杰，《比較憲法》（下），頁195–197。

❸　陳新鋕，《國民政府制憲之史實與成就》，頁3–6。

集會一次，集會時間為一個月，對國家大政亦無暇過問，總統實負國家大政的總責。薩孟武認為五五憲草有三個性質：㈠一黨專政，㈡總統獨裁，㈢社會政策❽。

　　五五憲草頒布後，原應召集制憲國民大會以議定憲法，但因國民大會的召開一再延期，五五憲草一直無法定案。從一九三六年五月五日公布五五憲草，到一九四六年十一月十五日制憲國民大會召開，十年之間五五憲草曾經多次修訂。一九三九年十一月二十四日國民參政會中的憲政期成會召開第二次會議，決定徵集各方對五五憲草的意見。嗣各方意見十餘起到會，一九四〇年三月二十日憲政期成會召開第三次會議，討論五五憲草的修訂問題，會期十天，將五五憲草的八章一百四十八條改為八章一百三十八條，名曰「國民參政會憲政期成會提出中華民國憲法草案（五五憲草）之修正草案」， 該修正草案主張設立「國民大會議政會」，由國民大會選舉議政員一百五十至二百人（不以國大代表為限）， 任期三年，作為國民大會的常設機構（當時規定國民大會三年召集一次）， 議政會在大會閉會期間享有下列職權：㈠議決戒嚴、大赦、宣戰、媾和、條約各案。㈡複決立法院所議決之預算案、決算案。㈢創制立法原則並複決立法院之法律案。㈣受理監察院之彈劾案。㈤對行政院院長、副院長，各部部長、各委員會委員長得提出不信任案。該院長、副院長及部會長經議政會通過不信任案時，應即去職。總統對院長、副院長不信任案如不同意，應召集臨時國民大會為最後之決定。如國民大會維持議政會之決議，則院長、副院長必須去職，否則應另選議政會議政員改組議政會。㈥對總統及各院部會長得提出質詢， 並聽取報告。㈦接受人民請願。㈧議決總統

---

❽　薩孟武，〈中華民國憲法草案的特質〉，《東方雜誌》三十三卷十二號；
　　羅典榮，〈國民大會存廢問體〉，《東方雜誌》四十四卷第九號，頁2。

交議事項。⑼國民大會委託之其他職權。國民大會議政會，執行有類
英國之議會的立法權，使總統徒居元首之名（五五憲草為元首獨裁），
立法院亦成為立法技術的專門機構。此一修訂是民主憲政派的一大勝
利，但未獲國民參政會的通過(時國民參政會中國國民黨員佔大多數)，
一九四〇年四月六日，國民參政會將正反兩方面的意見，一併送請政
府參考⑧。

　　憲政期成會對五五憲草修訂不成後，即未見有進一步的活動，到
一九四三年十一月十二日部分國民參政會議員又與部分國民黨中央委
員會組憲政實施協進會。憲政實施協進會成立的目的，在「發動全國
人民研究中華民國憲草」，自成立至一九四四年十月，將近一年間，
共收到各方對五五憲草的意見二百六十九件，經討論後提出三十二項
意見，題名〈國民參政會憲政實施協進會對五五憲草之意見〉。此一
修訂意見，大體維繫五五憲草之精神，否定國大於開會期間有設置議
政會的必要⑧。

　　抗戰勝利後，於一九四五年雙十節前夕，國共舉行國是會談，中
共主張修改五五憲草。對於修改的內容，則於一九四六年一月所召開
的多黨派的政治協商會議中加以討論，政治協商會議決定的憲法修改
原則是⑧：

　　㈠在未實行總統普選制以前，總統由縣級、省級及中央議會合組
選舉機關選舉之。

　　㈡各級法官須超出於黨派之外，考試委員超出於黨派之外。

　　㈢行政院對立法院負責，立法院對行政院全體不信任時，行政院

---

⑧　陳新鎔，《國民政府制憲之史實與成就》，頁8–11；同上羅典榮文，頁2–3。

⑧　同上陳書，頁12–16；王世杰，《比較憲法》（下），增訂手稿。

⑧　蔣勻田，《中國近代史轉捩點》，頁35–37。

長或辭職,或提請總統解散立法院(立法權由國民大會轉入立法院)。

㈣省為地方自治最高單位，省長民選，省得制定省憲，但不得與國憲牴觸。

㈤關於人民自由如用法律規定，須出之於保障自由之精神，非以限制為目的。

㈥全國陸海空軍需超出個人、地方及黨派關係之外。

㈦憲法修正權，屬於立法、監察兩院聯席會議，修改之條文，應交選舉總統之機關複決。

政治協商會議閉幕後，國民政府即依照協議，組織憲法草案審議委員會，由參加政治協商會議的各黨派代表各推五人及公推會外專家十人組成，根據決定的原則，起草修正案❸。憲法草案審議委員會以孫科為召集人，委員有邵力子、王世杰、董必武、秦邦憲、周恩來、張君勱、陳啟天、曾琦、余家菊、傅斯年、王雲五、莫德惠、章伯鈞、雷震等，會外專家有王寵惠、史尚寬、林彬、吳尚鷹、戴修瓚、吳經熊等。自二月十四日舉行首次會議，歷經商討，所有憲草修改原則的重要問題，均有決定。國民黨中央對政協憲草的若干原則表反對，於三月十六日的六屆二中全會通過若干修正案，提出憲草審議委員會，與各黨代表達成協議者三點：㈠國民大會為有形組織，行使四權；㈡取消立法院對行政院的不信任權，及行政院對立法院的解散權。㈢取消省憲，改為「省得制定省自治法」。未能達成協議的有兩點：㈠立法院對總統任命行政院長的同意權，㈡監察院對總統任用高級法官及考官的同意權。至是乃置起草小組❸，並決定由民盟的張君勱負責起草憲法草案修訂案，以免國共兩黨猜疑。

❸ 戴君曠，《行憲述要》，頁9。

❸ 王世杰，《比較憲法》(下)，增訂手稿。

張君勱，如前所述，於一九三二年在北平創立國家社會黨。其後，因在上海辦《新路》雜誌，批評政府，被上海警備司令楊虎逮捕幽囚，由其弟妹多方設法，不久獲釋，於是停辦新路，攜眷赴德講學。抗戰末期返國，因政治嫌疑，在渝被軟禁於汪山，達三年有餘❾⓪。抗戰勝利後被釋。張君勱起草憲法修訂案時，在重慶民盟總部與民盟人士羅隆基、章伯鈞、沈鈞儒，共黨代表周恩來、董必武、陸定一、秦邦憲相商，不邀國民黨代表❾①。但審議時則有各黨各派代表參加，包括國民黨、青年黨、中共、民盟及無黨無派人士。主要爭議之點有二：其一、為內閣制，民盟及青年黨皆主之，國民黨不贊同。各黨代表討論憲草時，在國民黨代表王世杰的折衝下，乃改為變相的內閣制，即中華民國憲法中所規定者：行政院對立法院之決議，得經總統核可，移請立法院覆議。覆議時如經出席立法委員三分之二維持原決議，行政院長應即接受該決議或辭職。不同於內閣制之點有二：㈠請求覆議權需經總統核可，行政院不能自主；㈡行政院無解散立法院之權，惟有遵行或辭職❾②。其二、為地方法官民選，此為中共代表的主張，國民黨及民盟皆反對，因此未能成立。到一九四六年四月末憲法草案審議委員會通過對張君勱所起草的憲草修訂案❾③。此處有一插曲，即在各黨代表議憲的過程中，中共代表秦邦憲、王若飛，以及釋放未久的新四軍將領葉挺，乘美國大使館的飛機回延安，中途飛機失事，無一幸免❾④。

---

❾⓪ 蔣勻田，《中國近代史轉振點》，頁170。

❾① 同上，頁53–54。

❾② 同上，頁57–58。

❾③ 同上，頁62–63。

❾④ 同上，頁59。

　　一九四六年十一月十五日制憲國民大會召開，十一月十八、十九兩日，國民政府與青年黨代表左舜生、民盟代表張君勱、及社會賢達代表吳經熊等兩次會商，根據政治協商會議對五五憲草的修正案加以審定、整理和補充，完成中華民國憲法草案修正案，經國防最高委員會通過，並於十一月二十二日經立法院完成立法程序。十一月二十八日，國民政府主席蔣介石正式向國民大會提出中華民國憲法草案，由當日主席胡適代表接受。此後於十一月二十九日至十二月五日間，國民大會一面連續舉行六次大會廣泛討論憲草內容，曾對憲草提出四百二十餘件批評意見；一面推出八個審查委員會分別對憲草內容進行審查，另推出擁有二百個委員的綜合審查委員會。綜合審查委員會的任務是解決各審查委員會爭論不決之事項，並彙編各審查委員會審查之結果。十二月六日起，各審查委員會開始工作，至十七日次第完成，十二月十八、十九日各審查委員會向大會提出審查報告。二十日綜合審查委員會向大會提出審查報告。十二月二十一日上午憲法草案完成一讀程序，部分疑議留在二讀中討論。二十一日下午至二十四日下午，憲草完成二讀程序。二十五日上午完成三讀程序，出席代表一千四百八十五人，一致起立通過〈中華民國憲法〉，並決定於一九四七年十二月二十五日為憲法實行日期❾❺。二十五日下午大會舉行閉幕典禮，大會主席吳敬恆將憲法致送國民政府主席蔣介石❾❻。

　　中共未參加制憲國民大會，對中華民國憲法的制定，非常忌恨。雖然憲法內容百分之九十以上本於政治協商會議所產生的憲草，而政治協商會議中共是參加的。但中共的目的，只在從中製造矛盾，並不在制憲。及中共無法阻止制憲國民大會的召開，便決定以武力與國民

----

❾❺　陳新鎔，《國民政府制憲之史實與成就》，頁91–121。

❾❻　戴君曠，《行憲述要》，頁14。

黨爭政權。一九四七年初，制憲國大剛結束，蔣主席派張治中赴延安見毛澤東，欲繼續和談，毛澤東以廢除中華民國憲法為條件。此後國共從事全面軍事鬥爭，國民黨在軍事上節節失利，一九四九年一月十四日毛澤東提出八項條件向國民黨逼和，其第二項即為廢除中華民國憲法❾。可以看出中共是要破壞中華民國的憲政體制，這樣才能完成共產革命，並實行共產黨一黨專政。

五、憲政政府的建立

一九四六年十二月二十五日制憲國民大會通過中華民國憲法後，十二月三十一日由國民政府主席簽署和五院院長副署，一九四七年元旦由國民政府明令公布，定於同年十二月二十五日施行。

憲法公布後，政府即作行憲的準備。一九四七年三月二十一日公布國民大會組織法（此為行憲國民大會）、國民大會代表選舉罷免法、總統副總統選舉罷免法、立法委員選舉罷免法、監察委員選舉罷免法及五院組織法❾。四月改組國民政府，邀請青年黨、民社黨人士參加政府，俾共同作行憲準備❾。五月一日公布國民大會代表選舉罷免法施行條例，五月五日公布國民大會代表、立法委員選舉總事務所組織條例，五月二十八日公布監察院監察委員選舉罷免法施行條例，六月十六日公布立法院立法委員選舉罷免法施行條例，六月二十五日國大代表、立監委員選舉總事務所成立。七月十日選舉總事務所通過國大代表及立法委員選舉日期，十一月二十一日政府特派孫科為國民大會籌備委員會主任委員，洪蘭友為祕書長❿。

❾ 蔣勻田，《中國近代史轉捩點》，頁152-153。

❾ 劉紹唐，《民國大事日誌》第二冊，頁766。

❾ 戴君曠，《行憲述要》，頁19。

此期間，國民黨黨魁蔣介石、民社黨黨魁張君勱、青年黨黨魁曾琦、以及社會賢達代表莫德惠、王雲五等曾於四月十六日在南京簽署一項協商施政方針十二條，要點如下：㈠改組後之國民政府，由參加之各黨各派及社會賢達共同負責。㈡以「政治民主化」及「軍隊國家化」為合作基礎。㈢中共問題仍以政治解決為基本方針。㈣行政院長人選，應先徵求各黨之同意。㈤凡因訓政而頒設之法制與機關，應予廢止或裁撤。㈥嚴格保障人民各種自由。㈦各省市縣參議會，儘量由各黨派人士參加❿。

十一月二十一日，全國各地舉行國民大會代表選舉，參加的選民約二億五千萬人。全國四十七省市（三十五省十二院轄市）、 蒙古十八盟旗、西藏三選區與國內各職業團體，規定均於十一月二十三日前投票完畢⓬。選舉期間，各地亦有競選活動，有些地區則徒具形式。投票時，用寫票方式，不用圈選，軍人亦可投票⓭。共選出代表三千零四十五人。計江蘇七十五，浙江七十九，安徽六十七，江西八十二，湖北七十一，湖南八十七，四川一百五十一，西康五十二，河北一百三十四，山東一百一十，山西一百零六，河南一百一十一，陝西九十三，甘肅七十二，青海二十一，福建六十九，臺灣十九，廣東一百零三，廣西一百零四，雲南一百二十九，貴州八十，遼寧二十六，安東二十，遼北十九，吉林二十，松江十七，合江十八，黑龍江二十六，嫩江十九，興安八，熱河二十，察哈爾二十，綏遠二十三，寧夏十四，新疆八十二，南京二，上海十，北平三，天津三，青島一，重慶二，

---

❿　劉紹唐，《民國大事日誌》第二冊，頁769，772，774，775，776，787。

⓫　《張君勱先生九秩誕辰紀念冊》（下）《張君勱先生年譜初稿》，頁71–72。

⓬　劉紹唐，《民國大事日誌》第二冊，頁787。

⓭　《第一屆國民大會專輯》扉頁。

大連一，哈爾濱一，廣州二，漢口二，瀋陽二，西安一，蒙古五十七，西藏四十，各民族在邊疆地區三十四，僑居國外國民六十五，全國性職業、婦女團體二百九十一，地方性職業、婦女團體三百六十四，內地生活習慣特殊國民十七，共三千零四十五人❿。

　　監察委員由各省市議會選舉，一九四七年十二月二十六日各省市議會開始選舉監察委員⓫。監察委員在訓政時期原為七十四人，由委派產生。此次選舉產生的代表共二百十九人，每省五人，三十五行省共一百七十五人；每市二人，有十市選出，共二十人；蒙、藏、華僑各八人，共二十四人。合計二百十九人⓬。

　　立法委員的選舉，原定在一九四七年十二月二十一日至二十三日，但因國民黨、青年黨、民社黨三黨提名名額分配問題未解決，乃延至一九四八年一月二十一日舉行。依據立法委員選舉罷免法的規定，立法委員是由下列的名額規定選出：

　　㈠全國各省各直轄市選出者，其人口在三百萬以下者五名，其人口超過三百萬者，每滿一百萬人增選立委一名。

　　㈡蒙古各盟選出者，共二十二名。

　　㈢西藏選出者，共十五名。

　　㈣各民族在邊疆地區選出者（四川、西康、雲南、貴州、廣西、湖南各一人），共六名。

　　㈤僑居國外國民選出者，共十九名。

　　㈥職業團體選出者（農業十，漁業三，工人十八，工商業二十，教育十五，記者、律師、會計師、技師、醫師等自由職業十五），　共

⓵　戴君曠，《行憲述要》，頁21–26。

⓶　劉紹唐，《民國大事日誌》第二冊，頁790。

⓷　杜光塤，〈行憲後的監察院〉，《東方雜誌》四十四卷二號。

八十九名。

　　全國各省各直轄市共分一百十四個選區，選出六百二十二名，計：

區　分	名　額	區　分	名　額	區　分	名　額	區　分	名　額
江　蘇	三八名	廣　東	三三名	嫩　江	五名	哈爾濱	五名
浙　江	二三名	廣　西	一六名	興　安	五名	廣　州	五名
安　徽	二五名	雲　南	一四名	熱　河	八名	漢　口	五名
江　西	二二名	貴　州	一二名	察哈爾	五名	西　安	五名
湖　北	二八名	西　康	五名	綏　遠	五名	瀋　陽	五名
湖　南	三三名	青　海	五名	寧　夏	五名	西　藏	一五名
四　川	五三名	臺　灣	八名	新　疆	六名	蒙　古	二二名
河　北	三一名	遼　寧	一三名	南　京	五名	各民族在邊疆地區	六名
山　東	四〇名	安　東	五名	上　海	七名		
山　西	一六名	遼　北	五名	北　平	五名	僑居國外國民	一九名
河　南	三六名	吉　林	九名	天　津	五名		
陝　西	一三名	松　江	六名	青　島	五名	全國性職業、婦女團體	八九名
甘　肅	八名	合　江	五名	重　慶	五名		
福　建	一四名	黑龍江	五名	大　連	五名		

　　當時有婦女保障名額的規定，就是各省市立法委員名額，在十名以下者有婦女保障名額一名，超過十名者，每滿十名應有婦女當選名額一名。選舉結果，在總額七百七十三名中，有婦女名額八十二名。其情形如下：

類　別	應選名額	婦女所佔名額
各省市立委	六二二	六八
蒙古各盟旗	二二	二
西藏	一五	一
邊疆地區各民族	六	一
僑居國外之國民	一九	〇
職業團體	八九	〇
總計	七七三	八二

　　至於黨派提名的分配，當時國民黨力謀與青年黨、民社黨合作，允許青年黨推出候選人八十名，民社黨七十五名，共一百五十五名。但選舉結果，兩黨只得二十二名，另有六十人為候補。民青兩黨對此選舉的結果極不滿意，國民黨中央為安撫民青兩黨，勸令部分當選的黨員將位置讓給民青兩黨，但因各不相讓，無法貫徹。到四月二十二日，國民黨中央第三次臨時會議決定增加職業團體立委名額一百五十名，以期容納政黨提名而落選的候選人，以及讓位給友黨的國民黨當選人。但新成立的立法院不贊同此議。民青兩黨議員一度欲對立法院進行杯葛，在五月八日立法院開始集會時，民青兩黨立委並不報到，直到七月二日，翁文灝、陳布雷、吳鐵城函民青兩黨負責人勸促參加政府，並發表聲明，強調三黨合作，以宏憲治，事情才有轉機。七月四日，青年黨舉行中常會，會後發表聲明，決定參加政府及立法院，民社黨繼之，糾紛才算解決❿。

　　國民大會、監察院、立法院既先後選出，乃陸續召集。首先召集的是國民大會，因為要先由國民大會選舉總統，才能組織政府。行憲國大，原定於一九四七年十二月十五日召開，嗣因各地選出的代表尚不足三分之二的法定人數，乃延期至一九四八年三月二十九日召開⓫。一九四八年二月十日政府命令國民大會代表於三月十九日開始報到。到三月二十九日第一屆國民大會正式在南京揭幕⓬。此次大會，三月二十九日開幕，五月一日閉幕，歷時三十四日，計開預備會六次，大會十六次，總統選舉大會一次，副總統選舉大會四次，其間並舉行

---

❿　陳玉祥，〈立委之選舉糾紛及法定配額〉，《東方雜誌》四十四卷八號（民國37年8月），頁9–14。

⓫　《第一屆國民大會專輯》扉頁。

⓬　劉紹唐，《民國史事日誌》第二冊，頁792–793。

分組審查會三天。出席代表二千八百四十一人❿。

國大開幕後，先將主席團人數由二十五人調整為八十五人（因三千餘代表，代表六十多單位，不易分配）。四月五日選舉于右任等八十五人為主席團，推定洪蘭友為大會祕書長。接著大會要求國民政府及行政院各部報告施政，憲法雖無此規定，但國民政府主席蔣介石及行政院各部都作了施政報告。接著部分國大代表認為憲法所給予國民大會的權力太少，醞釀修憲，但為反對派（張知本等）所抑止⓫。

此次國民大會召集的目的在選舉總統、副總統。關於總統、副總統的選舉，政黨不提名，自由參加競選。四月十六日，國民大會依據代表連署提名（按規定須有一百人以上連署），正式公告蔣介石（國府主席）、居正（司法院長）為第一屆總統候選人。十九日投票，蔣介石以二千四百三十票當選為總統。國代總數三千零四十五人，報到二千八百四十一人，當日出席者二千七百六十五人，蔣介石得二千四百三十票，居正得二百六十九票。是日，國民大會公布第一屆副總統候選人，依簽名推薦人數多寡順序為孫科、于右任、李宗仁、程潛、莫德惠（無黨派）、徐傅霖（民社黨）。六人公開競選，活動頻繁而激烈。譬如湖南旅京同鄉會曾舉行會議，為程潛助選，到者有國大代表趙恒惕、賀耀組、曾寶蓀、立法委員魯蕩平、蕭贊育，以及同鄉黃杰、何健、劉斐、鄧文儀、蕭同茲、何浩若等。一般競選，在意見的表達上，除口頭的以外，也借用報刊。于右任只說自己的好處，不攻擊他人。互相攻訐最烈的是孫科和李宗仁。四月二十三日上午進行投票，無人超過半數票，李宗仁七百五十四票，孫科五百五十九票，程潛五百二十二票，于右任四百九十三票，莫德惠二百十八票，徐傅霖二百

❿ 戴君曠，《行憲述要》，頁27。

⓫ 朱文光，〈第一次國民大會的經過和感想〉，《東方雜誌》四十四卷六號。

十四票。此期間，南京《救國日報》因擁程潛而攻孫科，為廣東代表搗毀，此舉對孫科不利。二十四日，就得票最多之三人再選，李宗仁得一千一百多票，孫科得九百多票，程潛得六百多票，仍無人超過半數票。二十八日第三次投票，李宗仁得一千一百五十六票，孫科得一千零四十票，程潛得五百十五票，仍無人過半數票。二十九日由李宗仁、孫科二人決選，規定以得票較多者當選⑫，結果李宗仁以一千四百三十八票當選，孫科以一千二百九十五票落選⑬。李宗仁以革新政治來號召，當時頗受擁護。總統、副總統選出後，於五月二十日宣誓就職。

　　此次國民大會除選舉總統、副總統外，曾於四月十八日通過〈動員戡亂時期臨時條款〉，並於四月三十日以後的歷次會議中通過下列各案：㈠請大會通電全國全世界聲討共產黨並揭發其暴行案；㈡請大會通電全國，號召全體同胞，一致擁護戡亂建國總動員國策案；㈢請以大會名義通電全國，號召全國人民共起戡亂案；㈣請以大會名義通電全國及海外同胞，一致擁護動員戡亂國策並責成民選政府，督飭全國文武官兵整肅紀綱，激勵士氣案⑭。

　　另一方面，新選出的立法委員於五月八日開始集會。立法委員總額為七百七十三人，至台開會議時選出七百四十四人，報到者七百三十七人。國民黨中央已於五月三日推定孫科、陳立夫為立法院正副院長候選人。十七日，由立法委員投票選舉孫科、陳立夫為正副院長。此行憲後的立法院，與行憲前的立法院不同。行憲前的立法院，立法委員是由立法院長提請國民政府主席任命的，故立法院為五種治權機

⑫　朱文光，〈第一屆國民大會的經過和感想〉，《東方雜誌》，四十四卷六號。

⑬　劉紹唐，《民國大事日誌》第二冊，頁798–799。

⑭　戴君曠，《行憲述要》，頁29–30。

構之一。行憲後的立法院，立法委員由人民選舉產生，故立法院成為
代表人民行使政權的機關。總統提名行政院長，需由立法院通過，而
行憲前的立法院無此權⑮。六月五日，新選出的監察院由總統召集開
會，出席委員一百三十六人，九日及十日選于右任為監察院長，劉哲
為副院長⑯。行憲後的三個民意機構，至是完全成立。

　　在立法院與監察院相繼成立之際，蔣介石總統亦著手物色行政院
長、司法院長、考試院長人選。關於行政院長人選，最初以原來的行
政院長張群，以及何應欽呼聲最高。五月二十一日國民黨籍立委投票
中，以何應欽得票最多，張群次之。但張、何二人於二十一、二兩日
分別向當局力辭提名。蔣總統於二十四日咨立法院，正式提名翁文灝
為行政院長，同日下午經立法院以四百八十九票（出席六百二十四人）
之多數通過，次日總統明令發表⑰。翁文灝（一八九一～一九七一）
浙江鄞縣人，一九一二年比利時魯汶大學博士，習地質，回國後從事
學術工作垂二十年。一九二二年任北京地質調查所所長，一九二八年
任清華大學教授。九一八事變以後，任行政院祕書長。其後又曾任經
濟部長、戰時生產局長等職。抗戰勝利後任資源委員會委員長，至是
任行憲後第一任行政院長（不久辭職，李宗仁代總統時任總統府祕書
長）。　翁文灝於五月二十五日接獲任命後，即開始籌組行憲後第一屆
內閣，閣員於三十一日發表，六月一日就職⑱。其後到六月二十三日，
蔣總統提名王寵惠為司法院長，石志泉為副院長；張伯苓為考試院長，

⑮　孫科，〈行憲後之立法院〉，《第一屆國民大會專輯》，頁2；王世杰，《比
　　較憲法》（下）補充手稿謂立法院報到委員六四八人。

⑯　戴君曠，《行憲述要》，頁31。

⑰　《東方雜誌》四十四卷六號，現代史料。

⑱　劉紹唐，《民國大事日誌》第二冊，頁801-802。

賈景德為副院長；次日均獲監察院通過⑪，中央五院組織完成。

五院以行政院為中心。第一任行政院長翁文灝至一九四八年十一月因剿共戰爭惡化辭職（任職僅半年）。 蔣總統提孫科任行政院長，於十一月二十六日在立法院以二百二十八票（出席二百七十五人）獲通過。孫科任行政院長不足四個月，到一九四九年三月辭職，時蔣總統已（於一月二十一日）退職，代總統李宗仁提何應欽任行政院長，於三月十二日在立法院以二百零九票（出席二百四十人）獲通過。何應欽任行政院長不足三個月，到一九四九年五月辭職，時政府已遷廣州，李代總統初提居正，但在五月三十一日的立法院會中以一百五十一票（出席三百零三人）被否決，再提閻錫山，在六月三日的立法院會中，以二百五十四票（出席三百二十人）通過。

第二節 反對黨的發展

一、戰前十年

當國民黨於北伐結束以後集中全力建立訓政模式從事建國工作時，全國上下及黨內黨外並沒有較為協同的意見。影響最大的異議來自國民黨左派，以汪兆銘為中心。他們於一九二七年九月寧漢合作後，未能在南京國民政府獲得權力，乃企圖另建勢力。一九二八年五月，陳公博發表第一篇宣傳國民黨改組的文章。此期間，陳公博、顧孟餘等先後創刊《革命評論》和《前進》等宣傳改組的文章，揭露了國民黨腐敗墮落的種種現象，主張恢復一九二四年國民黨改組的精神，重新改組中國國民黨。是年十二月，他們正式成立中國國民黨改組同志

---

⑪ 戴君曠，《行憲述要》，頁31。

會，主要人物除汪、陳、顧外，有王樂平、朱霽青、王法勤等。他們
主張提高黨的權威、實行黨的專政、嚴密黨的組織和紀律，但卻反對
蔣介石的獨裁統治。他們認為，在蔣介石的主導下，黨的職員只有委
派、沒有選舉；黨的決議只見少數有力者包辦，未見多數黨員發言；
他們認為國民黨已變成蔣介石的御用黨。他們透過寫文章、發通電、
製造輿論，抨擊蔣介石獨裁。改組派也反對共產黨，他們認為國民黨
容共只是一時的政策，共產黨卻於一九二六年十二月將容共改為聯共，
並將聯俄、聯共、扶助農工謂為孫中山的三大政策（按三大政策是一
九二六年十二月中共中央在漢口舉行的特別會議上提出的，共黨加以
宣傳，當時武漢國民政府受共黨控制，部分受武漢國民政府控制的地
區以為此政策來自國民黨中央，遂以訛傳訛）。改組派認為中國土地
問題不嚴重，反對階級鬥爭，更反對共產黨採取暴力，到處殺人放火；
改組派認為第三國際與帝國主義都妨害國民革命。在政治和社會上，
改組派有些改良主義的主張，重要的有：① 實行黨的民主化和民眾化；
② 恢復民眾組織，但工運和農運由國民黨控制；③ 組織農村合作事
業；④ 健全農民協會組織；⑤ 執行百分之二十五的減租；⑥ 建立工
會和地方合作事業；⑦ 促進工人的紅利制；⑧ 建立商會組織，獎勵
商人投資；⑨ 獎勵私人資本，建設國家資本；⑩ 屬於中央的財政，
地方不得把持；⑪ 加強軍隊政治訓練；⑫ 裁減軍備，以救國家財政；
⑬ 取消政治分會（⑫、⑬ 的目的在壓抑軍權）。改組派的改良主義，
多來自國民黨的主義與政策，並無特殊之處；改組派批評共產黨的地
方，共產黨正在各地受到壓制與圍剿，亦無暇反駁；真正在政治上造
成影響的，還是改組派利用國民黨的各級地方組織，在全國各省市和
海外建立了地方基層組織，以及對蔣介石的批評與反抗。改組派第一
次大反抗是一九二九年三月利用蔣介石指派和圈定國民黨三全代表，

發動一場反獨裁、爭民主的反蔣政治運動和軍事反抗。當時規定三全代表一半由各省市選舉、一半由黨中央圈定和指派，汪兆銘等認為如是則改組派人士必遭排擠，乃發表宣言，指斥三全大會代表產生辦法是「以個人之私意，蹂躪黨員與民眾之公意」；各地改組派份子亦紛紛對蔣的獨裁做法展開攻擊。蔣為反擊改組派，於三全大會通過給予汪兆銘以書面警告，顧孟餘開除黨籍三年，陳公博、甘乃光永遠開除黨籍。另因桂系結合改組派以軍事反抗中央，李宗仁、白崇禧、李濟琛均永遠開除黨籍。桂系失敗後，改組派繼續聯合實力派作倒蔣活動，而以一九三〇年的中原大戰及擴大會議聲勢最大。是年二月，改組派要員王樂平被暗殺；是年十月，中原大戰結束、擴大會議被驅散。一九三一年一月，汪兆銘在香港宣布解散改組派。是年五月，由於蔣、胡約法之爭，改組派人士復結合兩廣實力派在廣州另組國民政府。九一八事變後，在共同抗日的口號下，透過談判，寧粵統一，汪蔣合作。此後一段時間，汪兆銘任國民黨中央政治會議主席、行政院長兼外交部長，顧孟餘任鐵道部長，陳公博任實業部長，改組派至是不存[120]。改組派人士對國民黨的訓政建國，雖時生意見，已沒有組織的力量。

　　改組派是與國民黨當權派較接近的左派，第三黨則是與共產黨較接近的國民黨左派，它的創始人是鄧演達和譚平山。早在一九二六年十一、二月間，在武漢的共產黨人及左派國民黨人受到以蔣介石為中心的國民黨人不滿之際，左派國民黨人鄧演達代表共產黨在莫斯科共產國際會議中，即曾提出捨棄國民黨，另組第三黨。一九二七年四月蔣在京、滬一帶實行清黨後，鄧演達正式提出組織第三黨問題。是年

---

[120]　張圻福，〈國民黨改組派探析〉，《江海學刊：文史哲版》，1985年第六期，頁71–77；郭文亮，〈國民黨改組派性質新探〉，《湘潭大學學報：社科版》，1990年第一期，頁39–43。

七月十五日武漢分共以後，一批堅持聯俄、聯共、農工政策的國民黨左派和一些自共產黨游離而出的人，企圖尋找第三條道路。是年十一月，宋慶齡、鄧演達、陳友仁在莫斯科發表宣言，成立中國國民黨臨時行動委員會，欲以革命的手段中止南京、武漢兩政權，由臨時行動委員會作為指導革命的機構，以實現三民主義。同月，中共中央以譚平山主張與鄧演達等組第三黨而取消共產黨，將譚平山開除黨籍。是年底譚平山由澳門到上海，知被開除黨籍，乃積極籌組第三黨，最後定名為中華革命黨，係恢復中國國民黨討袁時期的名稱。一九二八年三月，中華革命黨在上海開成立大會，推鄧演達為總負責人，鄧回國前，職務由譚平山代理。大會宣言反對國際資本主義、實行土地革命，在勞動階級的領導下，建立民族獨立國家，從事社會主義建設。中華革命黨成立後，先後創辦《突擊》、《燈塔》等周刊，宣揚反帝、反封建主張，揭露國民黨屠殺共產黨的行為，並在上海、北平等地大學吸收黨員。到一九三○年春，有黨員千餘人。第三黨成立後，共產黨指其在反帝運動和群眾運動中猶豫和妥協，國民黨指其為共產黨的工具，國民黨中的改組派則指第三黨奪他們的群眾。一九三○年五月，鄧演達自海外經香港抵上海，對黨的名稱和理論重新斟酌，認為孫中山的革命任務沒有完成，仍應用中國國民黨臨時行動委員會的名稱，並以三民主義為指導革命的理論基礎。是年八月九日，中國國民黨臨時行動委員會在上海開成立大會，推鄧演達為總幹事。會後發表政治主張，宣言以平民群眾建立平民政權，先建立平民群眾組織，如工會、農會、學生會、婦女會、士兵會等，由群眾組織選舉代表組織國民大會為最高權力機關。對外進行反帝鬥爭，爭取民族平等；對內實行國家資本主義、實行土地國有。行動委員會以《革命行動》半月刊和《革命行動日報》為宣傳機關，有不少文章攻擊國民黨和蔣介石的專制，批評

共產黨的土地革命和暴動是「盲動亂動」，對國家主義派和改組派也有很多指摘。其直接行動則為網羅支持者，企圖推翻蔣介石的統治。鄧演達做過黃埔軍官學校教育長，他於一九三〇年十一月在上海組織黃埔革命同學會，與支持蔣介石的黃埔同學會相對抗；他也聯絡一些對國民黨中央不滿的軍人，包括第十九路軍軍長陳銘樞、第二集團軍總司令馮玉祥、以及駐守西安的楊虎城。他又在上海辦幹部訓練班，調訓各地幹部。一九三一年八月十七日，鄧演達在訓練班作結業報告時被補，宋慶齡等營救無效，到十一月二十九日被殺，年三十六歲。鄧遇害後，臨時行動委員會由黃琪翔、章伯鈞等負責**⑫**。

　　鄧演達死後，臨時行動委員會有分裂和解體的現象，農工黨、中華農民勞動黨、中華農工黨等皆係由其分出。一九三二年八月，臨時行動委員會在天津成立各省市聯合辦事處，對黨務加以整合。其後即逐漸響應中共的號召，初則反蔣抗日，繼則逼蔣抗日，並投入各種反蔣抗日或逼蔣抗日的運動。一九三二年上海一二八事變爆發，擔任京滬警戒的十九路軍奮起抵抗。黃琪翔與十九路軍軍長陳銘樞有舊。北伐時，陳銘樞任第四軍第十師師長，張發奎任第十二師師長，黃琪翔為十二師之團長。黃在一二八事變之前，即與十九路軍將領陳銘樞等有所聯絡，一二八事變發生後，臨時行動委員會成員即以義勇軍名義參戰。十九路軍於三月二日被迫撤出上海後，臨時行動委員會更發表宣言，指南京國民政府賣國，主張建立農工平民民主革命政權，立即對日宣戰。一九三三年春，日軍進攻察哈爾，馮玉祥、方振武等受共產黨等黨派抗日宣傳的影響，於五月二十六日在張家口建立察哈爾民

---

⑫　張軍民，《中國民主黨派史》，頁35–95；邱錢牧，《中國政黨史》，頁617–624；王元年，〈南京國民黨政權建立後各中間黨派對中國出路的探索〉，《遼寧大學學報：哲學社科版》，1990年3月，頁110。

眾抗日同盟軍，章伯鈞等在北平動員臨時行動委員會成員和青年參加了同盟軍的抗日工作。這兩起抗日戰爭，都是國民政府不欲擴大的，因此先後都在很短的時期內結束。一二八之役結束後，十九路軍於一九三二年七月調福建剿共，蔣光鼐任福建省府主席，蔡廷鍇任福建綏靖公署主任。臨時行動委員會的許多幹部和黨員都進入十九路軍及福建各級機構工作。他們在閩西實行計口授田，由政府沒收土地，計口分給耕種的農民，以對抗中共的階級鬥爭。一九三三年一月十七日，中共宣言在下述三條件下，願與全國各軍共同抗日：① 停止進攻蘇維埃地區，② 保證民眾的民主權利，③ 武裝民眾創立抗日義勇軍。十九路軍及臨時行動委員會受其影響，即擬與中共合組反蔣抗日同盟軍，臨時行動委員會並參與聯絡。到是年十月二十六日，在瑞金簽訂了反日反蔣的初步協定。此期間，陳銘樞、黃琪翔、章伯鈞等先後在香港、福州開會，決定建立人民革命政府。是年十一月二十日約集各黨各派、各省市及華僑代表百餘人開會，推李濟琛、黃琪翔等十一人為人民革命政府中央委員，取消青天白日滿地紅的國旗，改用上紅下藍中嵌黃色五角星的國旗。會後發表宣言，對外打倒日本帝國主義、取消不平等條約，對內打倒蔣介石和南京政府、取消黨治。福建人民革命政府的主張大半來自臨時行動委員會，但參加這次事變的，尚有蔡廷鍇的改造社、陳銘樞的社會民主黨、胡秋原的神州國光社、國家主義派的翁照垣等。為集中力量，陳銘樞等於十一月二十四日發起組織生產人民黨，要求取消各黨，臨時行動委員會表示支持。到一九三四年一月底，閩變失敗，首事諸人多逃香港，生產人民黨在香港存在一個時期即解體，臨時行動委員會又逐漸恢復活動。一九三五年八月一日中共發表宣言，號召抗日救國；臨時行動委員會決定改組，並和中共聯繫，共同推動抗日救國工作。是年十一月十日，臨時行動委員會在香港召

開改組大會，將黨名從中國國民黨臨時行動委員會改名為中華民族解
放行動委員會，主張建立抗日民主政權，實行土地革命，以馬克斯列
寧主義作為黨的思想武器，並同共產黨合作，實行聯共、抗日、反蔣
政策。會中選黃琪翔為總書記，實際由章伯鈞主持。解放行動委員會
辦有《政治通訊》半月刊、《草原月刊》等，宣傳主張。當時中共在
各地發動學生運動，宣揚反蔣抗日，解放行動委員會皆加支持；一九
三六年上半年發生反蔣抗日的兩廣事變，解放行動委員會也參與策動。
是年九月中共中央發出「逼蔣抗日」的指示，解放行動委員會又響應
中共的號召，派人去西安聯絡楊虎城和張學良。西安事變逼使蔣介石
抗日之後，中共決定聯蔣抗日，解放行動委員會亦響應中共，為建立
抗日民族統一戰線而盡力⓬。從第三黨活動的歷史看來，在九一八事
變前以反蔣為主，九一八事變後以抗日為主；基本政綱，從土地革命，
到平民政權，都與國民黨的建國方向不同。

　　除國民黨左派以外，一般民主黨派，在一九二八至一九三七年間，
其較有建國或建設理想者，可以青年黨、國家社會黨、職業教育派、
鄉村建設派為代表。青年黨係一九二三年十二月二日由李璜創於巴黎，
標榜國家主義。國家主義的內涵，據一九二三年十、十一月間李璜解
釋，是要恢復或表現國家人格、振起或團結國民精神、發展或豐富國
民生計。青年黨的「對外政策是仗著全民自家的力量，以期完成獨立
的自決，而不贊成依人為活的國際主義的解決」；「對內政策為團結全
民共有的志願，以求真正的自治，而不贊成任何階級的專制」。青年
黨成立之初，即標榜反共，並反對國民黨容共，主因國家主義與共產
主義背道而馳。據一九二五年八月陳啟天分析：國家主義以國家為前

⓬　上引張書，頁106–116, 154–167, 181–191；上引邱錢牧書，頁719–
　　729。

提，共產主義以階級為前提；國家主義主張物心並重，共產主義主張
唯物史觀；國家主義主張本國政治革命，共產主義主張世界經濟革命。
是年十月，青年黨成立國家主義青年團，其宗旨為：「本國家主義的
精神，以外抗強權，力爭中華民國的獨立與自由；內除國賊，建設全
民福利的國家」。時在英、日製造五卅慘案之後，青年黨將一九一九
年五四時期「內除國賊，外抗強權」的口號標舉出來，目的在對抗英、
日帝國主義，以及依附英、日帝國主義的軍閥。一九二六年八月青年
黨一大發表宣言，強調全民政治，以反對國民黨的一黨專政和共產黨
的階級專政，認為「只有全民政治，才能實現全國國民政治機會的均
等、經濟生活的均等」。一九二七年元旦，青年黨發表宣言，認為國
民黨以一黨的青天白日旗取代五色國旗，是叛國舉動。但到是年四月，
國民黨實行清黨，青年黨對之大加讚揚，認為國民黨的真正朋友是國
家主義派而非共產黨。一九二九年八月，青年黨正式公開黨名，將其
標舉的國家主義，與國民黨的三民主義、共產黨的共產主義，鼎足而
三，並宣言「打倒殺人放火的共產黨」、「打倒一黨專政的國民黨」。在
政策大綱中，仍標榜全民政治，內容包括：擁護五族共和、反對一黨
專政、保障人民政治權利及自由、以職業代表制及地方代表制選舉兩
院國會、民選總統、責任內閣、司法獨立、考試用人、男女平等、蒙
藏自治、保護僑民等。由於青年黨受張學良的歡迎，在北平教育界獲
得部分行政權（一九三〇年中原大戰時，東北邊防軍總司令張學良派
兵進入北平）。由於青年黨出版《東方公論》等刊物宣傳其黨義，攻
擊國民黨一黨專政、壓迫言論自由，河北國民黨地方黨部人員曾向國
民黨中央檢舉，認為國民黨的敵人，重要者一為共產黨，一為國家主
義派；共產黨猖獗於南方，國家主義派滋長於華北。自是，國民黨對
青年黨的活動，即依反革命治罪法，嚴密查緝。青年黨攻擊國民黨如

故，如一九三一年五月五日國民黨召集國民會議，青年黨指參與國民會議選舉的團體，皆國民黨指定，國民黨以外的政黨均未參加選舉，因此呼籲打倒國民黨的黨治，否認國民黨御用的國民會議。大體說來，從一九二三年成立到一九三一年九一八事變前，青年黨的主要活動為宣傳主張、建立理論、充實組織、培養人才、發動民眾；批評的重點集中在國民黨的黨治與獨裁上。九一八事變以後，宣傳及活動的重點在抗日，反對國民黨對日妥協，亦反對國民黨迫害抗日民眾。曾發動民眾組織義勇軍赴東北抗日，更直接投入一九三二年的上海一二八戰役。青年黨與其他聯共抗日的黨派不同的是：青年黨主張國民黨應切實有效剿共，並繼續與俄絕交；與國民黨安內攘外政策不同的是：國民黨主張先安內後攘外，青年黨主張安內攘外並重。在諸多與國民黨為敵的黨派中，與共產黨、改組派、第三黨比較，青年黨是比較溫和的，而且是希望在國民黨的憲政架構之下參政的。另一方面，其國家主義和反共政策，雖是獨行其是，亦為國民黨所歡迎。到一九三五年國民黨準備結束訓政、實行憲政之後，兩黨的關係好轉，但青年黨的反共態度未變。當一九三六年西安事變以後，國民黨再度聯俄容共、一致抗日時，青年黨仍主張滅共拒俄，要求對共產黨的一切出版、集會、結社，嚴厲制裁❽。

　　中國國家社會黨於一九三二年四月十六日成立於北平，主要負責人為張君勱、張東蓀，其重要成員多舊研究系份子。五月二十日創刊《再生》為機關刊物，發表宣言及有關文件。宣言中以絕對的民族主義、修正的民主主義、和國家社會主義的經濟，為中華民族復興的新方案。絕對的民族主義，目的在對抗國際化的階級鬥爭；修正的民主

---

❽　中國第二歷史檔案館編，《中國青年黨》，頁15-196；上引邱錢牧書，頁
　　624-636，662-675，739-744。

主義，將政權分為立法、行政、司法三權；國家資本主義的經濟，在確認私有財產、確立公有財產，使全國經濟在國家制度之統一計劃下，由國家與私人分別經營。一九三二年六、七月間，張君勱發表國家社會黨的理論與主張，一方面標明國家社會主義與馬克斯主義不同，謂馬克斯主義在求分配平均，國家社會主義以造產為出發點；馬克斯主義強調各國無產者聯合，國家社會主義以民族生存為第一要義。另一方面，則對國民黨的一黨專政或以黨治國大加批評，謂國民黨以一黨把持政權，剝奪人民之言論結社自由，為俄國與意大利之制度。一九三四年七月十四日國社黨在天津召開第一次全國代表大會，發表宣言，進一步對國民黨的內政外交政策提出批評，謂國民黨勇於內戰，怯於外戰；一夕喪失東三省，一週拋棄熱河；謂國民黨一黨專政，國為黨所私有，黨外人士有國而不能愛，苟有言論即目為反動，苟有活動即誣為不軌。呼籲舉國一致對外，由各黨派合作，再授予政府以大權❹。當時國社黨成立不久，初期的目的不過要求抗日與參政。不久國民黨準備行憲、抗日，國社黨活動的空間加大，國民黨對國社黨的活動雖時加限制，雙方亦尋求合作的途徑。

　　職業教育派始於一九一七年五月黃炎培在上海所創立的中華職業教育社，初期的目的在提倡職業教育，使無業者有業、有業者樂業。一九二六年二月，職教社在蘇州召開專家會議，明確提出「本社以後應加入政治活動，以增實力，並與職業社會做實際聯絡，以期合作」。一九二九年，職教社又提出「富教合一」的主張，即通過組織農民自治和普及文化知識，以解決農民生計，使農民富強。其後，職教社即對國民黨一黨訓政，大加批評，如一九三二年二月十四日，黃炎培等以中國國難救濟會的名義，要求國民黨廢止一黨專政，禁止各級黨部

---

❹　中國第二歷史檔案館編，《中國民主社會黨》，頁2-3，8-40。

干涉人民集會結社，限期召集國民代表大會制憲。當時國民黨實行黨
化教育，職教社亦不滿意，認為「把三民主義當作聖經看待，不許人
批評，不容人討論，硬強迫麻醉一般青年去信仰、去服膺」，同他們
理想中教育應有的精神衝突。職教社對時局的最大反應還是九一八事
變後的抗日要求，黃炎培等不僅要求政府立即抗日，並從事各種抗日
宣傳、支持各種抗日運動⑫。

　　鄉建派是指以梁漱溟為中心的一些從事鄉村建設活動者。但在一
九三〇年代，從事鄉村建設的團體有數百個，實驗區千餘個，遍及全
國十九個省市的幾十個縣和成千上萬的農村；有官辦的、有民辦的、
有官民合辦的，非梁漱溟的活動所能概括。當時從事鄉村建設運動，
除行政院農村復興委員會外，影響最大的當為梁漱溟。梁於一九二四
年以後在山東曹州，提倡鄉村自治。一九二七年十二月赴廣州，一九
二八年春向國民黨中央提議設鄉治講習所，認為「要想消滅共產黨的
農民運動，必須另有一種農民運動起來替代才可以」。一九二九年受
河南省主席韓復榘之邀，辦理河南村治學院。是年十月韓調山東省主
席，梁又往山東，於一九三一年六月在山東鄒平開辦山東鄉村建設研
究院。他認為中國唯一的出路是進行鄉村建設、恢復法制禮俗、維持
社會秩序。他所推動的鄉村建設是以鄉農學校為核心，並辦理鄉村合
作社、鄉村自衛，欲透過復興農業，以發展工業。梁漱溟的鄉村建設
研究院，直辦到一九三七年抗戰爆發，鄒平淪陷，始停止。他在各縣
所辦的鄉農學校，培養了不少地方幹部。與梁漱溟的鄉建派齊名的，
有晏陽初的平民教育派，此派始於一九二四年在北京成立的中華平民
教育促進會，初期的活動是在城市推廣識字活動，從一九三〇年起，
在河北定縣從事鄉村建設活動，並開辦河北縣政建設研究院，訓練縣

⑫　前引邱書，頁692–702；前引王元年文，頁110–111。

級幹部。這些鄉村建設的努力，可以說都是協助國民政府解決農村問題，論者謂為是「站在政府一邊來改造農民，而不是站在農民一邊來改造政府」⓲。儘管如此，由於他們的想法不來自國民黨中央，國民黨對之仍有疑慮。

在一九二八～一九三七年國民黨從事訓政建國時期，改組派從內部爭，第三黨從外部爭，造成連年軍事動亂，影響國民黨的建國進程頗大。青年黨、國社黨、職教派、鄉建派與國民黨的建國方向亦不同，但因不搞武力鬥爭，對國民黨的訓政建國影響不大。對國民黨訓政建國影響最大的是共產黨的建國路線。共產黨的建國路線，吸引了農民、工人和知識大眾；共產黨的武裝革命，帶來了連年的戰爭，從一九二七年，一直到一九三七年才暫時停止。

中共的建國路線，最初是仿照蘇俄的蘇維埃政權，即是以兵農工代表會議為國家最高權力機關。一九二〇年八月十三日，蔡和森在致毛澤東函中，提到「蘇維埃」是「無產階級革命後的政治組織」。一九二一年七月中共一大通過的黨綱中，指明「本黨承認蘇維埃管理制度」。一九二二年七月，中共二大宣言中，提醒工人階級要「預備與貧農聯合組織蘇維埃」。一九二七年下半年開始，中共就在各地建立蘇維埃。一九二七年十一月，彭湃領導建立了海陸豐蘇維埃，此為中國第一個農村蘇維埃；同年十二月蘇兆徵在廣州建立蘇維埃，此為中國第一個城市蘇維埃。城市蘇維埃到一九三〇年長沙暴動時又嘗試一次，即告完全失敗。此期間中共在農村地區建立了許多大大小小的根據地，根據地的政權有些不用蘇維埃的名稱，但政權的性質則略同蘇維埃。一九二九年一月，毛澤東、朱德和陳毅率領紅四軍下井岡山(在贛南遂川縣)，先向贛南進軍、後向閩西進軍，為創建中央革命根據

⓲　上引邱書，頁684–692；上引王文，頁111。

地的開始。到一九三〇年一月，毛澤東在給林彪的信中，即明確指出
要創造紅色區域，實行武裝割據。其他各地的共產黨人，也在農村地
區擁有根據地，如徐向前、張國燾領導的鄂豫皖蘇區，賀龍、蕭克
領導的湘鄂西蘇區，方志敏領導的贛東北蘇區，鄧小平、張雲逸領導
的廣西左右江蘇區等。一九三〇年五月，中共決定召開第一次中華蘇
維埃工農兵全國代表大會，成立中華蘇維埃工農兵共和國臨時中央政
府。到一九三一年十一月七日，代表大會在江蘇瑞金葉坪召開，當時
各地蘇區已有新的發展，到會代表六百一十人，代表中央蘇區、閩西
蘇區、湘鄂贛蘇區、湘贛蘇區、湘鄂西蘇區、豫東北蘇區、瓊崖蘇區。
大會選出毛澤東、周恩來、朱德等六十三人組成中央執行委員會，作
為閉會後國家最高權力機關。中央執行委員會之下組織人民委員會，
作為國家最高行政機關，下設外交部、教育部、糧食部、內務部、勞
動部、土地部、財政部、郵電交通部、人民經濟委員會、革命軍事委
員會、政治保衛總局、工農檢查部、最高法院等。蘇維埃分中央、省、
縣、區、鄉五級，為各該行政單位的最高權力機構。蘇維埃的代表由
選舉產生，依照〈中華蘇維埃共和國憲法大綱〉規定：蘇區的工人、
農民、士兵及一切勞苦民眾和他們的家族，不分男女、種族、宗教，
在十六歲以上，均享有選舉權和被選舉權，直接選派代表參加蘇維埃
代表大會。但軍閥、官僚、地主、豪紳、資本家、富農、僧侶及一切
剝削人的人和反革命份子，沒有權利選派代表參加政權，也沒有政治
上的自由權利。當時中華蘇維埃共和國的行政區劃大致是：在中央蘇
區設置了江西、福建、閩贛、粵贛、贛南五省，和瑞金、西江、長勝、
太雷四個中央直屬縣；在閩浙贛（原贛東北）蘇區設置閩浙贛省；其
他蘇區設置湘贛、湘鄂贛、鄂豫皖、湘鄂西、川陝等省。上述各省縣，
在中央蘇區範圍內的，直接受中央政府管轄；閩浙贛、湘贛、湘鄂贛

等省，與中央蘇區毗鄰，與中央蘇區保持聯絡；而瓊崖、湘鄂西、鄂豫皖、川陝、陝甘等蘇區，因與中央蘇區相隔甚遠，有較大的獨立性⓲。

一九三一年十一月在瑞金召開的全國蘇維埃代表大會，是中共整合各蘇區勢力的一次努力。在一九二七年國民黨分共、共黨在南昌、兩湖、廣州等地暴動失敗以後，黨員和黨軍流竄各地，建立了不少的地區政權，而以毛澤東、朱德等所創建的根據地最有規模。此一根據地，初期只轄江西和福建兩個蘇維埃省和瑞金一個直屬縣。一九三〇年十月，贛西南蘇維埃政府擴大成立了江西省蘇維埃政府；一九三二年三月，閩西蘇維埃政府擴大成立了福建省蘇維埃政府；一九三三年九月六日，成立了粵贛省蘇維埃政府；是年十二月，成立了閩贛省蘇維埃政府。一九三四年七月，又建立贛南省。從一九三三年七月到一九三四年春，是中華蘇維埃共和國轄區最廣的時候，首府初在瑞金縣葉坪，後在沙州壩。所轄江西省，首府在寧都縣七里坪；閩贛省，首府初在黎川縣湖坊，一九三四年五月搬至建寧縣；粵贛省，首府在會昌縣斌壩；福建省，首府在汀州城內；湘贛省，首府在永新縣禾川鎮；湘鄂贛省，首府在萬載縣仙源；閩浙贛省，首府在橫峰縣葛源；贛南省，首府在雩都縣城⓲。其他蘇區的情形不備載。

⓲ 黃少群，〈中央革命根據地創建過程述略〉，《歷史教學》，1986年6月，頁36–40；姜愛東，〈中華蘇維埃共和國政治體制初探〉，《北京師範大學學報：社科版》，1987年4月，頁80–86；尹世洪，〈中華蘇維埃共和國的創立及其偉大歷史意義〉，《江西人大工作》（南昌），1991年10月，頁7–9；易豪精，〈試論中華蘇維埃共和國的政權建設〉，《近代史研究》，1990年3月，頁166–180。

⓲ 雷正良，〈中華蘇維埃共和國的行政區劃〉，《地名知識》，1983年第三期，

　　中共的建國路線，蘇維埃制度和獨立的行政區都有其特徵，其土地政策尤引起國人的矚目。中共的土地政策所以引起國人矚目，主要因為過於激烈。在一九二〇～一九三〇年代，受中共土地政策的影響，在浙江試行「耕者有其田」政策的國民黨、試圖奪取政權的第三黨、山西省主席閻錫山、以及一般學者發表時論，對土地政策都有坐言或起行的表現。從一般學者的言論來看：一九二八年一月高一涵發表〈平均地權的土地法〉一文，主張由國家出錢購買地主的土地，然後分給缺乏田地及無地可耕的農民。一九二九年前後，馬寅初發表〈平均地權〉等文，主張改良租田制度，實行永佃權。吳景超於一九三四～一九三五年間發表〈何時耕者有其田〉等文，主張政府用土地債券收買地主土地分給農民，債券本息由佃方分期償還。一九三四年殷震復出版《中國土地新方案》一書，主張規定私有土地限額，限額以外的土地收歸國有，原地主憑國家發給的田租券，每年向政府機關領取地租二十年；收歸國有的土地分給農民使用，農民直接向國家繳納租稅。閻錫山在山西於一九三五年九月提出「土地村公有制」，是為了對付共黨的土地鬥爭。陝北共黨展開土地革命鬥爭，閻錫山為防止山西農民受其影響，於一九三五年八、九月間在晉西二十一縣召開防共會議時，提出「土地村公有制」的辦法：由村公所發行無利公債，將全村土地收買為村公有，然後分給村民耕種。農民於十八歲領地，五十八歲還地，除照繳田賦外，另納田地收入十分之一的勞動所得稅，用以償還公債。這套辦法，並未能實行。成立於一九三〇年八月的第三黨，主張由國民會議制定土地法，確定農戶佔有耕地的最高額和最低額，及國家收買土地定價法；國家以全國國有土地為抵押，發行五十年長期土地公債，將最高限額以外的私人土地和公共團體的土地收買為國

頁12–15。

有；將軍閥、貪官污吏、土豪劣紳及反革命份子的全部財產收歸國有；將所有收為國有的土地，分配給耕作的農民，農民只有使用權和收益權，土地不得私行買賣。一九三三年第三黨參加閩變前後，曾在福建實行計口授田。改組派、青年黨、國社黨對解決土地問題，沒有具體的計劃⑫。

　　中共的土地政策先後有許多變化。一九二七年八七會議時，中共中央提出只沒收大中地主土地、對小地主（擁有五十畝以下者）土地不沒收的政策。是年十一月中共中央政治局擴大會議決定：「一切地主的土地無代價的沒收、一切私有土地完全歸組織成蘇維埃國家的勞動平民所公有。」一九二八年七月，中共六大決議：「沒收一切地主土地分配給無地或少地的農民。」一九三〇年九月中共公布〈土地暫行法〉。依照土地暫行法：①凡屬地主的土地，一律無償沒收；祠堂、廟宇、教會、官產等佔有的土地，一律無償沒收；積極參加反革命活動者的土地，一律沒收。②沒收的土地，一律歸蘇維埃政府分配給地少及無地的農民使用；禁止一切土地的買賣、租佃、典押。③土地分配以鄉為單位，土地分配的辦法，或一切土地平均分配，或只就沒收的土地分配，原耕農民不動；土地分配的標準，或按人口分配，或按勞動分配；均由各鄉蘇維埃（農民代表會議）按實際情形決定。④對缺乏勞動力的家庭，可不分土地，採社會救濟的辦法。⑤紅軍士兵已分有土地者照舊，尚未分配土地者俟全國蘇維埃成立時再決定分配土地。⑥雇農參加集體農場工作，不分土地。此一土地暫行法，對自耕農土地是否沒收，對富農、中農、貧農土地分配的標準是否相同，對土地分配後的所有權問題等，沒有釐清。到一九三一年十二月，又頒

---

⑫　魯振祥，〈第二次國內革命戰爭時期幾種土地主張評述〉，《北京師範大學學報：社科版》，1984年第六期，頁7–13。

布〈正式土地法〉，明確規定：對中等農民階層的土地不沒收；富農分壞田，中農分中田，貧農、雇農分好田（因為富農反革命，中農是革命同情者，貧農是革命主力軍之一部分，雇農是無產階級的基礎），加入紅軍的農民、苦力、雇農、游擊隊員，優先分配土地；土地分配後可以租借、可以買賣、家人可以繼承。依照此類規定，中共所行的土地政策，不是廢止私有財產制度的土地國有政策，而是樹立新的平均分配的農民土地私有制的政策。在土地政策的推行下，中共所建立的海陸豐、湘贛、湘鄂贛、贛南閩西、湘鄂西、鄂豫皖、閩浙贛、廣西右江、川陝、陝甘、湘鄂川黔等革命根據地，都進行了沒收土地和分配土地的革命鬥爭⓿，對當時的政治和社會造成很大的震撼。

　中共的革命和所提出並試行的建國路線，增加了中國建國方向的爭議性；中共內部，又有托洛斯基派，提出了與中共當權派不同的建國路線和方略，同樣活躍在中國舞臺，益使中國的建國路線趨於複雜。托洛斯基原為蘇俄共產黨中的反對派，他反對史大林與其他階級結盟進行反帝反封建的任務，主張將無產階級的革命進行到底；他也反對中共與國民黨建立統一戰線，主張中共立即退出國民黨，自行搞無產階級革命。當時在莫斯科中山大學和東方大學留學的中國學生中，有些人即信奉托洛斯基主義。一九二七年四月國民黨清黨後，托洛斯基全面否定史大林的中國政策。一九二八年托洛斯基被開除黨籍，並流放到阿拉木圖；一些在俄國的中國托派學生隱蔽身份，於當年秋天建立了托派祕密組織。回到中國的托派學生區芳、梁幹喬等，則於當年冬天在上海成立第一個托派小組織，自稱「中國布爾什維克—列寧主義者反對派」，該組織有百餘人，在上海、華東和華南一帶活動，出

⓿　上引魯振祥文，頁13–16；漆琪生，〈中國赤區的土地政策〉，《新中華雜誌》卷六期十，頁13–22。

版刊物《我們的話》。一九三〇年一月，自俄國回國的托派學生劉仁靜在上海組織「中國共產黨左派共產主義者同盟」，該組織不足百人，出版刊物《十月》。最受人注目的托派是一九二七年國民黨清黨以後被中共開除黨籍的陳獨秀、彭述之等人。托洛斯基宣稱：中國共產黨在農村開展的工農紅軍運動，只是中國共產黨解體和消散的一種形式。彭述之完全贊同托洛斯基的觀點，主張取消中共的民主革命，被稱為取消派。陳獨秀於國民黨清共後，對中共的革命前途感到悲觀，為了不單獨承擔與國民黨建立統一戰線失敗的責任，把中共與國民黨聯合進行民主革命的政策錯誤歸咎於國際共黨的整個政策錯誤。一九二九年八至十月間，陳獨秀連續給中共中央寫信，想用托洛斯基主義改變中共的路線和政策，要求取消中共與其他階級聯合進行民主革命。陳獨秀的要求，受到中共中央的拒絕和批評，陳乃於一九二九年九月，在中共黨內組織「中國共產黨左派反對派」。是年十一月十五日，中共中央決定開除陳獨秀的黨籍，並批准江蘇省委開除彭述之等托派份子的黨籍。是年十二月十五日，陳獨秀等糾合八十一人，發表〈我們的政治意見書〉，要求黨員聚集在「共產國際反對派」的旗幟下，依照托洛斯基的「不斷革命」理論，組織新的政黨；同時成立「無產者社」，選陳獨秀為中央總書記，出刊《無產者》月刊，宣傳批評共產黨、推翻國民黨。一九三一年五月一日，四個托派組織在上海召開統一會議，仍定名為「中國共產黨左派反對派」，選陳獨秀為總書記。大會通過的政綱，強調「中國社會是資本主義佔優勢的社會」、「中國革命的性質是社會主義革命」、「革命的政權是無產階級專政」。托派人士把召集國民會議作為政治上總的策略口號，他們主張在普遍、直接、平等選舉的基礎上，召開國民會議，通過議會講壇，宣傳工人階級主張，提出八小時工作制、沒收地主土地、爭取民族獨立等綱領。

一九三一～一九三二年間，國民黨特務對托派進行三次搜捕，到一九
三二年十月陳獨秀、彭述之等被捕，遂使中國托派組織陷於癱瘓。一
九三六年初，剩餘的托派份子將「中國共產黨左派反對派」改名為「中
國共產主義同盟」，勢力仍然不振。一九三七年七月抗戰爆發後，陳
獨秀、彭述之等被釋，陳不再參加托派活動，彭在托派中主張支持國
民黨抗戰，但也受到反對。抗戰勝利後，托派欲重整旗鼓，但人數愈
來愈少，到一九四九年中共佔據大陸後，始完全消散[131]。

二、抗戰時期

抗戰時期，中共及第三勢力的一些小黨派與國民黨建立抗日聯合
戰線，但仍獨立發展，在許多方面都與國民黨處在對立的地位。國民
黨欲團結中共及第三勢力共同抗日，並假此消除他們獨立發展的企圖，
但無所成。下面即介紹中共及第三勢力在抗戰期間成長的情形。

抗日戰爭時期的中共及其政權，可從黨、政、軍、特及社會方面
加以說明。黨為中共最高的權力機構，權力的來源係全國代表大會，
大會閉幕後為中央委員會，中央委員會不召開時為中央常務委員會，
中央常務委員會的召集人為總書記，下轄各部及有關委員會。決定政
治事務者有中央政治局。中共六全大會於一九二八年七月九日在莫斯
科召開，重要的政治決議案是：①驅逐帝國主義者，②推翻土地私
有制度。大會通過向忠發、李立三、周恩來、項英、張國燾、瞿秋白、
蔡和森、毛澤東等二十八人為中央委員，前述向、李、周、項、張、
瞿、蔡七人為政治局委員。會後召開一中全會，以向忠發為總書記，
周恩來為軍事部長，李立三為宣傳部長。一九二九年六月召開二中全

[131]　劉沛漢，〈中國的托洛茨基主義運動〉，《遼寧師範大學學報：社科版》，
1986年第二期，頁64-70；詳參唐寶林，《中國托派史》一書。

會，通過消滅反對派（指托派）在黨內活動，至十一月十五日開除陳獨秀（托派）黨籍。一九三〇年九月召開三中全會（在廬山），決議停止進行城市武裝暴動。一九三一年一月召開四中全會（在上海），開除李立三等中委，改選陳紹禹、張聞天等為中委，總書記仍為向忠發，陳紹禹任常委，周恩來仍任軍事部長，張聞天任農民部長，秦邦憲任共青團中央總書記，中央政治局常務委員向忠發、陳紹禹、周恩來、趙容（組織部長）、秦邦憲。一九三一年六月向忠發被國民政府逮捕處死，總書記易為陳紹禹。嗣陳紹禹赴俄，是年九月以秦邦憲為總書記。其後由於幹部多人被國民政府逮捕，中共中央於一九三三年一月正式遷瑞金。中央總書記仍為秦邦憲，中央常委改為中央書記處書記，有秦邦憲、張聞天、周恩來、毛澤東、朱德等，中央政治局常委有秦邦憲、張聞天、周恩來、項英、陳雲等。一九三四年一月召開五中全會（瑞金），秦邦憲仍為中央總書記，毛澤東、朱德未當選中央書記處書記，政治局常委仍舊。一九三五年一月中共在遵義召開中央政治局擴大會議，補選毛澤東為政治局委員及常委，協助軍委主席周恩來處理軍事事務。是後至二月五日前後，中央政治局常委開會，決定由張聞天繼秦邦憲在黨內負總責。一九三五年十月，中共中央抵達陝北後，中央職務有所調整，但張聞天仍任總書記，毛澤東仍任軍委主席。一九三七年十月，中共駐共產國際首席代表陳紹禹返回延安，改組中共中央，將總書記取消，通過毛澤東、陳紹禹、朱德、周恩來、張聞天、張國燾、秦邦憲等為書記處書記，毛澤東仍為軍委主席。一九三八年十月，召開六中全會（在延安），在發展路線上，陳紹禹與毛澤東發生爭論，陳主張「一切通過統一戰線」，毛則主張「獨立自主」，最後毛勝利。一九四五年四月，中共召開七中全會（在延安），肯定毛澤東路線之正確。接著召開七全大會，通過政治決議，繼續推動「聯

合政府」，選毛澤東、朱德、劉少奇等四十四人為中央委員。六月十九日召開七屆一中全會，通過毛澤東為中央委員會主席、中央政治局主席、中央書記處主席，中央書記處書記有毛澤東、朱德、劉少奇、周恩來、任弼時（祕書長）五人，中央政治局委員除前述五人外，有陳雲、康生、高崗、彭真、董必武、林伯渠（祖涵）、張聞天、彭德懷⓲。

　　中共的政治組織，在抗戰期間，以實行於陝甘寧邊區者為主。此一邊區，係一九二七年以後，謝子長、劉志丹等加以經營，一九三二年底成立紅二十六軍，到一九三五年九月與自鄂豫皖根據地突圍而來的紅二十五軍會合，成立十五軍團。一九三五年十一月，中華蘇維埃共和國中央執行委員會在陝甘寧蘇區設立中華蘇維埃共和國臨時中央政府駐西北辦事處，主任為秦邦憲，下設七部一局，轄陝北省、陝甘省及關中、神府、三邊三特區。一九三六年五月，中共陝甘寧代表大會改陝甘寧蘇區為陝甘寧邊區。一九三七年九月，中共以實行三民主義、接受蔣委員長領導為條件，正式與國民黨建立民族聯合戰線，設陝甘寧邊區政府，由國民政府任命林伯渠（祖涵）、張國燾為正、副主席，比照省級單位，下設民政、財政、教育、建設四廳。一九三八年七月，陝甘寧邊區定為國民政府行政院直轄行政區之一。陝甘寧邊區政府最初轄十八縣，計陝西十三縣，甘肅一縣，寧夏一縣，面積約十三萬平方公里，人口二百萬。其後不斷擴張，一九三七年十二月，

⓲　王健民，《中國共產黨史稿》第二編，頁2-3, 99-100，第三編，頁130-131, 149, 160, 166-167；郭華倫，《中共史論》第2冊，頁33, 38, 43, 45, 48, 118, 141, 159, 163-164, 182-183, 374-377, 435-437，第3冊，頁13, 18, 98, 247, 257-258；蔡國裕，《中共黨史》第一冊，頁235-240, 282-287。

增至二十三縣；一九四一年十一月，增至二十九縣；一九四六年增至
三十二縣。陝甘寧邊區共選舉三次參議會，第一次在一九三九年一月，
第二次在一九四一年十一月，第三次在一九四六年四月，皆選林伯渠
（祖涵）為邊區政府主席，高崗為邊區參議會議長。直到一九五〇年
一月西北軍政委員會成立，陝甘寧邊區政府始取消❸。除邊區政府的
選舉外，尚有縣級及鄉級的選舉，共舉行三次，第一次在一九三七年
五月至十一月，第二次在一九四一年一月到十一月，第三次在一九四
五年三月至一九四六年三月。當地由於地廣人稀、文化落後，採取十
多種不同的選舉方式，票選的方式主要有：①開會選舉：按自然村開
選民大會，當場投票、開票、宣布選舉結果。②背箱子選舉：在居住
分散、不便召開選民大會的地方，由選委會派人背著加鎖的箱子，挨
戶投票。③不識字的用舉手表決。縣與鄉的參議會選出後，即由縣與
鄉的參議會選出縣長和鄉長。惟聯合數縣的專員區，和聯合數鄉的區，
沒有參議會的選舉，專員和區長皆由上級機關委任。無論邊區、縣、
鄉的選舉，凡年滿十八歲以上，只要沒有賣國行為或經判決有罪被剝
奪公權，皆有選舉權與被選舉權❹。

中共在抗日民族統一戰線時期的選舉，與蘇維埃時期的選舉有許
多不同：其一、在選舉資格上，在蘇維埃時期，地主、富農、資本家
沒有選舉權和被選舉權，在邊區政府時期，則無此限制。其二、蘇維
埃時期的選舉分中央、省、縣、區、鄉（市）五級，每級皆有蘇維埃
大會，選舉其政府；邊區政府的選舉只分邊區、縣、鄉（市）三級，

---

❸ 王自成、胡新民，〈陝甘寧邊區歷史簡述〉，《歷史檔案》，1987年第一期，
   頁122–126。

❹ 任學岭，〈淺談陝甘寧邊區的三三制〉，《延安大學學報》，1981年第一期，
   頁53。

邊區相當於省。其三、蘇維埃時期，鄉（市）蘇維埃大會選出區蘇維埃代表，區蘇維埃大會選出縣蘇維埃代表，餘類推；邊區各級參議會，皆直接由民選。其四、在蘇維埃時期以及邊區政府初期，被選入政權機關的人民代表幾乎都是共產黨員，到一九四〇年三月毛澤東為了統戰的需要，提出三三制的構想，即在選出人員的分配上，代表無產階級和貧農的共產黨員佔三分之一，代表小資產階級的左派進步份子佔三分之一，代表中等資產階級和開明士紳的中間份子及其他份子佔三分之一，漢奸和反共份子則不能參加政權。此一構想，在一九四一年五、六月間的鄉級選舉中，即加實行。全區選出的三萬多鄉級參議員中，共產黨員約佔三分之一，政府委員中，共產黨員佔三分之一強。共產黨員超出的地區，則由黨員申請退出，由落選的非黨員遞補❶❸❺。

　　中共的行政區，除陝甘寧邊區外，尚有不為國民政府所承認、於抗戰時期自我發展出來的所謂「敵後抗日民主根據地」，重要的有：①晉察冀邊區：成立於一九三八年一月，設有晉察冀行政委員會（在冀晉邊境的阜平，平型關東南），一九四三年一月成立邊區參議會。②晉冀魯豫邊區：成立於一九四一年，轄行署四、專署二十六、縣一九八。③山東根據地：自一九三八年以後陸續建立了魯中、濱海、魯南、膠東、渤海五個獨立區，設有十九個專署、九十六個縣政權。④晉綏邊區：於一九三九年以後發展而成，一九四二年選舉參議會，並設專署及縣。⑤華中根據地：一九三八年以後陸續建立了蘇北、淮北、鄂豫皖、蘇中、淮南、皖中、蘇南、浙東八個區，設行署七、專署二十以上、縣政權一四七。另外，一九三八年以後活動於廣東東部的東

---

❶❸❺　李雲峰，〈陝甘寧邊區民主政治的實施及其特點〉，《西北大學學報：哲社版》，1986年第三期，頁90–91；王志民，〈論抗日戰爭時期陝甘寧邊區政權的國體〉，《社會科學》，1989年第六期，頁75–77。

江縱隊、一九三九年以後活動於海南島五指山的瓊崖游擊縱隊等，亦皆建立各級政權⑬。

　　中共的軍隊，抗戰開始時接受國民政府的改編，陝甘寧邊區的共軍主力編為國民革命軍第八路軍，旋改為十八集團軍；散處於長江南北的共軍則改編為新四軍。第八路軍，以朱德為總指揮，彭德懷為副總指揮，下轄三個師：以紅軍第一方面軍和第十五軍團為主編為一一五師，林彪任師長，聶榮臻任副師長；以紅二方面軍為主編為一二〇師，以賀龍任師長，蕭克任副師長；以紅四方面軍為主編為一二九師，以劉伯承任師長，徐向前任副師長。每師兩旅，每旅兩團，每團三營，每營四連，每連三排九班、士兵約七、八十人。總計不過一萬二千人。共軍改編後，開赴山西前線作戰，即由山西向綏遠、河北、河南、山東發展。一九三七年十一月一一五師的一部分成立晉察冀軍區，到一九四〇年冬發展至五萬人。呂正操（原為東北軍五十三軍的團長）號召東北軍舊部，成立冀中軍區，至一九四〇年冬發展到二萬八千人。一九三八年冬一二〇師的一部分成立冀東軍區，一度發展至萬人，後被日軍掃蕩瓦解。一九三八年一二九師的一部分成立冀南軍區，兵力發展到一萬八千人。一九三七年冬一二九師的一部分成立晉冀豫軍區，至一九四〇年冬發展到一萬六千人。一九三八年一二九師的一部分在山東成立山東縱隊，到一九四〇年發展至七萬人。加上陝甘寧邊區的共軍，在一九四〇年底約四十萬人，一九四五年春約六十萬人。長江南北的新四軍，其發展情形亦如八路軍。新四軍在一九三八年一月初編時，不過一萬二千人，在蘇南以茅山（句容縣東南）為中心，在皖東以藕塘為中心，到一九四〇年發展到十萬人，遍及江蘇、安徽、湖北、湖南、浙江、福建、廣東七省。一九四一年一月初，新四軍以抗

---

⑬　王健民，《中國共產黨史稿》第三編，頁331-381。

命被國軍圍殲近萬人，尚餘九萬人，中共重新在蘇北鹽城成立新四軍軍部，將此九萬人整編為七個師，第一師在蘇中，第二師在淮南，第三師在蘇北，第四師在淮北，第五師在鄂贛湘皖，第六師在蘇南，第七師在皖中。到一九四五年春，發展到二十六萬人。另外，廣東的東江縱隊和海南島的瓊崖游擊隊，到一九四五年春也發展到二萬餘人❼。

中共的特務組織初名政治保衛局，到一九三八年十一月以後，改為中央社會部，康生任部長。中央社會部直隸中央政治局，各地之中央局、中央分局、省委、區黨委、特委、地委、縣委，均陸續設社會部，區委設社會幹事，支部設社會委員。中央社會部除部長外，設有五室一處。一九四〇年九月，中共中央又成立敵後工作委員會，由周恩來負責，康生副之，以佈置敵後之情報特務工作為中心。中共軍中之特務工作設在政治部內，政治部內之鋤奸部和敵工部，皆為特務組織。中共陝甘寧邊區政府的情報機構，在一九四二年以前設保安處，縣設保安科，區設保安助理員，鄉設鋤奸主任、鋤奸小組等。據一九三九年一月統計，陝甘寧邊區有七百個以上鋤奸委員會、約九千個鋤奸小組，包含十萬多鋤奸組員。一九四二年以後，保安處改為公安局，縣亦設公安局或公安分局，區設治安員或公安員，鄉設治安委員或治安委員會，重要集鎮或交通要道設派出所❽。

為了嚴整政治和社會秩序，一九四二年二月起，中共開始了全黨的整風運動。此一運動的本質是思想鬥爭和反奸鬥爭，把不滿份子當作國特或托派加以懲處。整風開始時，中共強調民主，號召大膽講話，

---

❼　前引郭華倫書第三冊，頁217–223，第四冊，頁15–23，151–160，221–223。

❽　上引郭華倫書第四冊，頁250–252。

要求「議論紛紛，言者無罪」，為的是發現不滿份子，然後即加以迫害整肅。迄於一九四四年底，有四萬多名共產黨員受到殺害，或謂全部遇害人數達十萬人或數十萬人⑬。

抗戰陣營中的第三勢力，與中共不同，沒有政權，沒有軍隊，沒有特務，雖然大部分加入黨派，黨的組織也很鬆散。他們有些較接近國民黨，被指為右派；有些較接近共產黨，被指為左派。但他們自認站在中間，無論與那一黨派接近，都是為了抗日或民主的理由。抗戰時期第三勢力的活動約可分為兩期，一九三七～一九四一年為第一期，較活躍的有八個黨派，即青年黨、國社黨、村治派、職教派、救國會派、中華民族解放行動委員會（第三黨）、中華民族革命同盟、和致公黨，當時的主要課題是抗日與反共問題。一九四一～一九四五年為第二期，前述最後兩個黨派與國民黨淵源較深，或仍保獨立，或另謀發展；其餘三黨三派組成民主政團同盟，至抗戰結束前後，又有三民主義同志聯合會（民聯）、中國國民黨民主促進會（民促）、九三學社等組合。當時的主要課題是聯合政府和黨派會議問題。在第一個時期，各黨派除主張積極抗日、並在國民黨的建國程序下推動憲政外，與國民黨接近的政黨希望共產黨放棄地盤、放棄軍隊、放棄原有的意識型態，真正在國民政府統一領導下抗日；與共產黨接近的黨派則希望只要抗日就好，誰也不領導誰，國民黨更不應該限制共產黨的發展。在第二個時期，各黨派除主張積極抗日外，多不主張照國民黨的建國程序行憲，而附和共產黨所提，先召開黨派會議、組織聯合政府，再研究行憲方式。戰後國民政府舉行多黨派的政治協商、並引他黨人士入閣，即由此而來。

一九三七～一九四一年的第三勢力：僅述八大黨派的活動情形：

---

⑬ 同上，頁264–284。

①青年黨：一九三七年七月蔣介石以國民黨中央政治會議的名義，在廬山召開黨派及名流談話會，青年黨有代表參加。一九三七年八月，青年黨的曾琦、李璜、左舜生被聘為國防參議會參議員。一九三八年七月，余家菊、陳啟天、常乃悳等被聘為國民參政會參政員。青年黨在成都辦有《新中國日報》、「國魂書店」及《國論》雜誌。左舜生曾於抗戰初起時，組上海教育界抗敵後援會，率青年黨同仁從事宣傳、募捐、救濟等工作。青年黨反共態度較強，但李璜等曾主張與中共接近。②國家社會黨：一九三七年七月張君勱應邀參加廬山談話會。一九三八年八月，張君勱、張東蓀、胡石青、羅隆基、梁實秋、陸鼎揆等被聘為國民參政會參政員。該黨機關報《再生》雜誌，於抗戰時移重慶出版。一九三八年十二月，張君勱曾為文鼓吹軍權統一，要求共產黨取消特別區、將馬克斯主義暫擱一邊。③中華民族解放行動委員會（解委）：一九三七年十月，章伯鈞等自香港回到南京。一九三八年三月在漢口法租界召開第三屆全國幹部會議，到者三十餘人，推章伯鈞為總聯絡人。八月，章被聘為國民參政會參政員。國民黨謀求解散解委，無結果；中共黨人周恩來等則與解委加強聯絡。解委於一九三八年二月、四月先後在武漢創刊《抗戰行動》旬刊及《前進日報》為機關報（一九四五年二月又在重慶創《中華論壇》半月刊），其所宣揚的政治主張，反對抗戰高於一切，認為實現民主才能發揮抗戰力量。新四軍事件發生，解委重要領導人彭澤民聯合宋慶齡、何香凝等向國民黨抗議。一九四一年三月，解委被中共評估為「與我黨最接近、是最同情我們的」。解委於一九三七～一九三八年在河北、山西等地組有抗日游擊隊，多為日本消滅；解委在武漢時期，也曾組織「黎明劇團」，從事抗日宣傳。④村治派：一九三七年七月受邀參加廬山談話會的梁漱溟、晏陽初，先後受聘為國防參議會參議員及國民參政會

參政員。村治派原欲以鄉村建設對抗中共階級鬥爭、土地革命，抗戰期間，則與中共頗接近。一九三八年梁漱溟曾在河南集合自山東撤退之鄉建人員，加以整訓，由政府派回山東從事抗日游擊工作。一九三九年晏陽初、梁漱溟等在重慶籌辦鄉村建設研究院，繼續其鄉建工作。

⑤職教派：一九三七年七月黃炎培受邀參加廬山談話會，次年受聘為國民參政會參政員。職教社人於抗戰開始時協助上海工廠內遷，動員車輛數百為前線運送糧秣彈藥，並辦職業補習學校，訓練電報生、護士等人才，參與抗戰實際工作。職教社於一九三八年九月、一九三九年七月先後遷桂林、重慶，並先後於廣西、四川、雲南、湖南、貴州、香港、西康等地設辦事處。一九四〇年四月，黃炎培在重慶成立「國訊同志會」，但不為國民黨所承認。職教社原以《國訊》為宣傳機關，到一九四三年七月辦國訊書店，一九四五年一月又辦《民主》週刊。職教社的重要參與人有黃炎培、江問漁、錢永銘、盧作孚等。職教派雖與中共多所往來，支援抗戰亦不分國軍、共軍，但由於堅持抗戰第一，並擁護三民主義及國民政府，被中共視為「民族資產階級代表」。

⑥救國會派：一九三七年七月三十一日，救國會七領袖沈鈞儒、鄒韜奮、章乃器、李公樸、沙千里、王造時、史良被釋。八月三日應邀去南京向政府表達其對抗戰的意見，沈鈞儒受聘為國防參議員。一九三八年七月，沈鈞儒、鄒韜奮、陶行知、史良、王造時、張申府受聘為國民參政會參政員。抗戰時期，救國會成員於各地參加抗戰工作，又曾以上海救亡協會、中國抗敵總救亡會、救亡團體聯合辦事處、十七人座談會、蟻社、中國青年救國團等名義從事活動。救國會派的宣傳刊物有《抗戰》三日刊（一九三七年八月十九日創於上海）、《全民週刊》（一九三七年十一月創於武漢）、《全民抗戰》（一九三八年七月創於武漢，是年十月移重慶）、《國民公論》（一九三八年九月創於漢口，

先後移重慶、桂林)、《救亡日報》(一九三八年九月創於武漢)、《大眾日報》(一九三八年創於武漢)等。另於全國各地辦有生活書店五十多家。救國會派也在各地辦生產合作社,分布於八路軍、新四軍根據地及大後方,總計達三千家。救國會派除章乃器曾於抗戰初起時著文,號召只談抗戰、不談政治主張以外,一般均宣傳抗戰需要民主,與中共的方略接近。新四軍事件發生,沈鈞儒等不僅為文批評國民黨破壞抗戰,且在國民參政會中與中共籍的參政員聯合,退席抗議。故一九四一年三月救國會派被中共評估為「與我黨最接近,是最同情我們的」。 到一九四二年七月產生第三屆國民參政員時,救國會派的六位參政員,皆未被遴選。⑦中華民族革命同盟:重要成員多出身軍官,抗戰開始即為國民政府網羅任用,一九三七年八、九月間,蔡廷鍇被任命為大本營參議官,李濟琛被任命為軍事委員會委員、軍事參議院參議官,蔣光鼐被任命為軍事參議院參議官。為促進政治統一,十月即宣布將中華民族革命同盟解散。但這些重要成員仍篤信民主對抗戰的重要性。後來李濟琛、蔣光鼐、蔡廷鍇等在桂林參加了國民黨民主促進會,陳銘樞則在重慶參加了三民主義同志聯合會。⑧致公黨:為美洲及南洋華僑所組,抗戰開始後,除部分華僑回國投入戰場外,主要的抗日活動為宣傳、慰勞及捐款。在宣傳方面,有《華僑日報》、《華星日報》、《星檳日報》等。在慰勞方面,如一九四〇年三月陳嘉庚率領的「南洋華僑回國慰勞視察團」一行五十餘人,先後到了四川、陝西、湖北、江西、雲南、貴州、浙江、福建、甘肅、青海、綏遠等省慰勞視察,對陝甘寧邊區留下良好印象。在捐款方面,陳嘉庚領導的南洋華僑籌賑祖國難民總會,在南洋各地組織了六十八個籌賑分會,從抗戰爆發到一九四二年新加坡淪陷為止,南僑總會捐款金額達國幣二十六億元⓮。抗戰八年,美國華僑共捐款二億美元,其中致公黨領

導人司徒美堂等領導的募款活動，共捐得五千四百多萬美元⓴。

　　一九四一～一九四五年的第三勢力：一九三七～一九四一年間的中間小黨派，個別行動多，聯合行動少，但促成聯合的因素，不斷在增強：①一九三八年國民參政會成立，會內各重要黨派幾乎皆有代表，中間黨派與中共在爭取民主、自由與人權等方面，有較一致的看法，易於採取聯合行動。②中共中央為爭取中間派，於一九四〇年十二月二日發出指示，自中央局至省委或區黨委，必須設立統戰部，負責進行各黨派及地方士紳、各派文人的統戰工作，並規定要把各黨各派、地方實力派及各種友軍，作為統戰工作的主要對象。在這種情形下，一方面由於中共的誘導，一方面為了自身發展壯大的需要，乃逐步走向結合之路。一屆四次國民參政會通過的「召集國民大會實行憲政決議案」於一九三九年九月十九日正式公布，中共於九月二十六日發出號召：「我們號召全國人民積極的起來擁護國民參政會這一正確的決議，展開實施民主政治的全國的運動。」這是中間黨派與中共聯合的重要起點。依照一屆四次參政會決議所組織的憲政期成會於一九三九年九月二十日在重慶召開，參加者有張君勱（國社）、張瀾（無）、史良（救國）、黃炎培（職教）、左舜生（青年）、李璜（青年）、董必武（共產）、羅隆基（救國）、章伯鈞（解委）等二十五人。是年十月一

⓴　張軍民，《中國民主黨派史》，頁220–288。救國會另參考姜平、高華，〈救國會派在八年抗戰中的抗日民主運動〉，《南京大學學報：哲社版》，1985年第四期，頁72–77；彭澤民、宋慶齡等為新四軍事件抗議事，見劉顯才，〈中國各民主黨派在抗日戰爭中的貢獻〉，《廣西大學學報：哲社版》，1986年第一期，頁98–99。

⓵　彭秀珍，〈試述抗戰時期我國中間黨派的政治態度與貢獻〉，《湘潭大學學報：社科版》，1986年第二期，頁33。

日，張瀾、沈鈞儒（救國）、張申府（救國）、章伯鈞、李璜、左舜生、張君勱等二十五人在重慶發起憲政座談會，迄於一九四〇年三月共集會八次。在一九三九年十一月十九日舉行的第四次座談會上，決定成立重慶各界憲政促進會；在十一月三十日的籌備會中，推董必武、沈鈞儒、黃炎培、章伯鈞、左舜生、張申府等二十五人為常委。在各黨派聯合推進憲政運動的過程中，一九三九年九、十一、十二月，黃炎培、梁漱溟（鄉建）、章伯鈞、沈鈞儒、張瀾等在重慶集會，商組統一建國同志會。到十一月二十三日正式成立，選黃炎培、章伯鈞、左舜生、梁漱溟等為常務幹事，黃炎培為主席，基本信約為憲政、民主和反對內戰。在憲政運動的壓力下，國民黨中央於一九三九年十一月決定於一九四〇年十一月召開國大，以安定人心。在此前後，國民黨已對各種不安定的因素加以排除。當時救國會派最活躍，且與中共最接近，自一九四〇年五月後，即傳言救國會派將在重慶暴動，因此國民黨對救國會派的活動特別留意。迄一九四一年二月下旬，各地生活書店分店五十多家先後被關閉，生活書店重慶總店亦遭查封，書店負責人鄒韜奮以此辭去國民參政員，潛往香港。另一方面，到一九四〇年九月，國民黨以交通不便、國大召開困難，將擬於十一月召開的國大延期。一九四〇年十二月下旬，國民參政會第二屆參政員一發表，各黨派人士頻頻聚會，希望能「聯合同心，進而推動（國共）兩黨團結抗敵」，並「與中共積極聯合，以抵抗國民黨的壓迫」。一九四一年一月，發生新四軍事件，不僅使中共有危機感，各中間黨派亦不願見日敵當前、國共操戈。一九四一年二月十日，中共代表周恩來在重慶與黃炎培、張君勱、左舜生、章伯鈞、沈鈞儒等聚談；在此前後，中共黨人周恩來、董必武、林伯渠（祖涵）、鄧穎超等亦廣泛與各中間黨派接觸。中共表示支持中間黨派聯合起來，「莫被各個擊破」。在中

共支持下，各中間黨派在前述統一建國同志會的基礎上，於一九四一年三月十九日在重慶組織中國民主政團同盟。推黃炎培、左舜生、張君勱、梁漱溟、章伯鈞為中央常務委員，黃炎培為主席，左舜生為總書記，章伯鈞為組織部長，羅隆基為宣傳部長。當時參加民主政團同盟的有青年黨、國家社會黨、中華民族解放行動委員會、中華職業教育社、鄉村建設協會。到一九四二年初又有沈鈞儒的中國人民救國會加入，形成三黨三派的政治集團，但各仍保有原來的黨派。政團同盟的基本綱領是貫徹抗日主張、實踐民主精神；標舉「軍隊屬於國家，軍隊忠於國家，反對軍隊中之黨團組織，並反對以武力從事黨爭」。糾正國共兩黨黨政軍不分的弊病，表達了中立的立場⓮。

抗戰時期國民政府限制結社，一九三九年十一月統一建國同志會成立時，國民黨僅懷疑成員之一的「救國會」是中共的外圍，雖不高興，尚能默許。主要原因有二：①當時各黨派團結抗日的陣線結成未久，國共間的衝突不大，中間黨派的偏左立場未顯。②黨名「統一建國」很合當時的需要，而信約中又特別標明「以誠意接受三民主義為抗戰建國最高原則」、「擁護蔣先生為中華民國領袖」⓭。到一九四一年三月中國民主政團同盟成立時，國民黨曾事先設法阻撓，不欲其實現，主要的原因亦有二：①新四軍事件後，國共裂痕擴大，中間黨派大多同情中共。②黨名「民主政團同盟」，有與國民黨對抗之勢。由於國民黨不允許結黨，成立大會乃採祕密方式。成立之後，並未立即在重慶公開，決定派梁漱溟去香港辦報，公開政團同盟的組織及綱領主張，以引起國內外輿論的注意和支援。一九四一年三月二十九日，

⓮ 前引張軍民書，頁307-328；李仲英，〈中國民主同盟與中國共產黨〉，《探索：哲社版》，1981年第5期，頁77-78。

⓭ 上引張軍民書，頁318。

梁漱溟離重慶赴桂林，於五月二十日飛香港，與在港青年黨、國社黨、第三黨（即解委）、中共等方面的人士接洽，最後決定由職教派、國社黨、青年黨、第三黨、鄉建派、中共、以及四川實力派劉文輝（二十四軍軍長）、雲南實力派龍雲（省主席）等共同出資，在香港登記，創辦《光明報》。《光明報》於一九四一年九月十八日創刊，到十月十日以刊登廣告的方式，正式宣告民主政團同盟業經在渝成立，並刊登了政團同盟對時局的主張綱領和成立宣言。另一方面，張君勱、左舜生、黃炎培等於十月九日在重慶接受蔣介石邀宴時，亦將組織政團同盟事面告蔣介石。此事引起國民黨與中間黨派之間的緊張，黃炎培將主席的位置讓給無黨無派的張瀾。十一月十六日，政團同盟的主要負責人在重慶舉行公開組織的茶話會，國民黨的王世杰、邵力子、張群等，中共的周恩來、董必武、鄧穎超等，救國會的沈鈞儒、陶行知、張申府等都參加。國民黨人參加的目的應是觀察而不是祝賀，因為國民黨認定民主政團同盟為反對政府的集團，立法院院長孫科更在香港宣稱：民盟是中共的第五縱隊。另一方面，中共則對民盟的組織大為支持。十月二十八日的《解放日報》社論，指民主政團同盟是「中國民主運動的生力軍」。民主政團同盟在雲南的活動受到雲南省主席龍雲的支持；昆明又為「國立西南聯合大學」等高等院校的所在地，自由派的知識份子甚多；黃炎培、羅隆基等都先後去雲南活動。到一九四三年五月，民主政團同盟即在昆明成立支部，吳晗、聞一多等都先後入盟。民主政團同盟在廣西的活動受到國民黨軍委會桂林辦公廳主任李濟琛的支持，到一九四二年七月間即在桂林組成以梁漱溟為中心的核心小組（一九四一年香港淪陷，梁漱溟等自香港至桂林）。政團同盟在四川的活動受到四川實力派劉文輝（劉為二十四軍軍長，到一九四四年四月任川康邊防總指揮）的支持，張瀾並親自吸收劉文輝等

入盟⑭。

在民主政團同盟發展的過程中，原已決定延期的國大，到一九四三年九月國民黨中央復宣布在戰爭結束一年內召集國大，並聘黃炎培、梁漱溟、王造時、周恩來、董必武等五十四人為憲政實施協進會委員。一九四三年十月五日延安《解放日報》發表社論雖指國民黨籌備憲政為騙人的幌子，中共中央仍決定推動此種憲政運動，「以期吸收一切可能的民主份子於自己周圍」。一九四三年十一月二十三日，職教派的黃炎培聯合中共黨人張志讓等籌辦《憲政》月刊，到一九四四年一月一日正式創刊。《憲政》月刊社與職教社原有的《國訊》社於一九四四年一月至九月間，共舉行了九次座談會，參加座談會者來自各黨各派，中共黨人董必武等在座談會上不僅就憲政問題發表意見，而且還介紹中共佔領區中「政治民主和經濟民主的新氣象」。一九四四年三月十二日，周恩來發表〈關於憲政與團結問題〉一文，要求修改國民大會的組織法和選舉法，並重選國大代表；認為國民黨要實行真正的民主憲政，應該看看中共各抗日根據地實行的結果，並指出在新民主主義（名之為革命三民主義）的原則下，必須承認中央與地方的均權制。一九四四年五月中國民主政團同盟發表〈對當前時局的看法與主張〉，要求在野黨合法存在、民主憲政不可向戰後推宕。此期間，成都有民主憲政促進會的成立，昆明有憲政研究會的成立，均發表主張，要求立即實現民主。一九四四年九月十五日，時國民政府為阻止日軍打通自東北到越南的大陸交通線，對日軍發動的豫湘桂戰役（一

---

⑭　上引張軍民書，頁328–340；李茂盛、宋捷燕，〈論抗戰時期中間黨派政治態度的歷史轉變〉，《山西師大學報：社科版》，1988年第1期，頁69；江峽、曾成貴，〈論抗戰時期我黨對中間派的態度〉，《華中師範大學學報：哲社版》，1988年第二期，頁46。

號作戰）正進行反擊，戰場連連失利，中共籍參政員林伯渠（祖涵）
代表中共中央，在三屆三次國民參政會上提出召開國是會議、結束國
民黨一黨專政、成立民主聯合政府以振奮全國人心的主張，受到各中
間黨派的支持。九月十九日，中國民主政團同盟改組為民主同盟。受
推為民盟主席的張瀾，代表民盟發表談話，贊同中共聯合政府的主張。
他說：「各黨各派與無黨無派共同組織政府，成立聯合政權，實為今
日解決國事、挽救危亡所必需，故中國民主同盟主張聯合政權。」 十
月十日民盟正式發表政治主張，要求「立即結束一黨專政，建立聯合
政府；召集黨派會議，產生戰時舉國一致之政府」。 改組後的民主同
盟，取消三黨三派的限制，每人皆以個人名義加入。張瀾、沈鈞儒、
黃炎培、章伯鈞、左舜生、李璜、羅隆基、梁漱溟、張申府、曾琦、
張君勱、張東蓀、潘光旦等十三人為中央常委，左舜生為祕書長，章
伯鈞為組織委員會主任，羅隆基為宣傳委員會主任，梁漱溟為國內關
係委員會主任，張君勱為國際關係委員會主任。一九四四年十月廣東
省支部在梅縣成立，李章達為代理主任委員；十一月四川省支部在成
都成立，李璜為主任委員；同月，雲南省支部在昆明成立，羅隆基為
主任委員，李公樸、聞一多等為執行委員；一九四五年春，華北總支
部在北平成立，張東蓀為主任委員；是年二月，西北總支部籌委會在
西安成立，杜斌承為主任委員。民盟的迅速發展，對國民黨構成壓力。
從民盟發展的歷史看來，民盟不僅在抗戰和民主問題上，與中共的想
法和做法較為一致，而且許多言行都與中共站在一邊。民盟重要成員
之一的沈鈞儒，一九四二年曾擔任四十三家書店和出版社的常年法律
顧問，當時國民黨特務時有抓捕《新華日報》報童等事，沈即代表《新
華日報》提出抗議。另一方面，華北的民主政團同盟人士，曾於一九
四三年六月與八路軍訂立〈抗日建國同盟互助協定〉， 標舉「協助敵

後抗戰的八路軍」，並建立「三三制政治的新中國」❹。國民黨指民盟
為中共的同路人，不是沒有根據的。

在中共於一九四四年九月正式提出召開黨派會議、組織聯合政府
以前，民盟尚與中共在國民參政會內外支持國民黨的憲政布局，只是
對國民黨不能立即召集國民大會、頒布憲法表示不滿，故掀起一波又
一波的憲政運動。到中共提出召開黨派會議、組織聯合政府的主張以
後，中共和民盟即脫離國民黨的憲政布局，另以中共主導的「聯合政
府」方式，以民主為課題，杯葛國民黨的憲政措施。一九四五年一月
二十五日，周恩來由延安赴重慶，臨行發表聲明，謂此行將代表中共
中央，向國民政府、中國國民黨、中國民主同盟提議，召開黨派會議，
作為國事會議的預備會議，以便正式商討國事會議和聯合政府的組織
及其實現的步驟問題。一月二十八日，周恩來在重慶接到毛澤東的電
示，囑聯合各黨派，召開黨派會議，以抵制國民黨所推動的國民大會。
當晚，周恩來、王若飛與國民黨的王世杰、孫科、邵力子等，以及民
盟的左舜生、黃炎培、章伯鈞等會談，周恩來提出「召集黨派會議，
成立聯合政府」的主張，當即獲得在場人士的贊同。二月二日，周恩
來、王世杰將共同起草的關於召開政治協商會議的建議草案，分別交
給中共中央和國民黨中央。國民黨中央不同意召開黨派會議。三月一
日，蔣介石在憲政實施協進會上發表演講，謂「吾人只能還政於全國
民眾代表的國民大會，不能還政於各黨各派的黨派會議，或其他聯合
政府」；並謂可在十一月十二日召開國民大會。三月二日，王若飛邀
請民盟人士黃炎培、章伯鈞、左舜生等在沈鈞儒住所會談，要求支持

❹　上引張軍民書，頁343–360；前引李仲英文，頁80；前引劉顯才文，頁
　　99–102；前引李茂盛、宋捷燕文，頁70；鄭會欣，〈抗戰後期國統區的民
　　主憲政運動〉，《江西師範大學學報：哲社版》，1986年第二期，頁86–88。

中共的主張，當即得到認可。三月十日，民盟發表主張，反對提前召開國民大會，主張召開黨派會議。此後中共和民盟又發動一連串的運動，呼籲召開黨派會議、組織聯合政府。四月，中共在延安召開七全大會，會中主張組織臨時聯合政府，發布民主政綱；透過自由選舉，召開國民大會；再組織正式聯合政府。五月，國民黨在重慶召開六全大會，拒絕中共聯合政府的要求，堅持於十一月十二日召開國民大會。在這種情形下，中共於六月十六日發表聲明，宣布不參加將於七月七日召開、預計討論國民大會召集事項的四屆一次國民參政會。為了打開國共僵局，民盟的黃炎培、左舜生、章伯鈞、冷遹，國民黨內自由派人士褚輔成，以及學者傅斯年等六參政員於七月一日在王若飛陪同下飛延安訪問，並於二、三、四日與毛澤東、朱德、周恩來等作三次正式商談，最後達成兩點協議：① 停止國民大會進行，② 從速召開政治會議。中共方面並建議，政治會議由國民黨召集，代表人數國民黨、中共、民盟各佔三分之一，討論的主題為民主改革緊急措施、建立民主聯合政府、民主施政綱領、和國民大會之召集。七月五日，六參政員返重慶，七日參加四屆一次國民參政會開幕，並將上述協議要點提交蔣介石。會後，民盟於七月二十八日再次聲明，要求舉行各黨派的政治會議，反對於十一月十二日召開國民大會。事實上，為緩和抗爭，有關國民大會的召開日期，在四屆一次參政會中亦無決定❿。到抗戰勝利後，國共進一步談判，乃有政治協商會議的召開。

三、戰後五年

抗日戰爭結束後，國共兩大勢力分別捲入美蘇兩大陣營。自戰前即陸續出現的民主小黨派，初走中間路線，俯仰於國共兩黨之間，形

---

❿　上引張軍民書，頁387–397。

成第三勢力；一般社會大眾，包括知識份子與學生、工人、農民、商人，除效忠日偽或淪為日偽統治者外，或站在國民黨一邊，或站在共產黨一邊，或同情第三勢力，多以抗日為主要目標。抗日戰爭結束後，國民黨的施政方向有三：①迅速完成受降、接收、復員，謀在美國軍經援助下，重建統一國家，而以制止中共的軍事擴張為入手之方。②依照孫中山的建國程序，結束訓政，實施憲政，並確保黨的執政優勢，而以召開制憲國大為入手之方。③透過選舉，或直接網羅，將中共人士、民主小黨派人士和社會賢達納入各級民意機構和各級政府，而以組織國民黨所能控制的「聯合政府」、使中共交出軍隊，為入手之方。透過上述三方面的施政，完成「政治民主化，軍隊國家化」。中共於戰後的第一期目標，是透過「統一戰線的民主聯盟」，建立一個以中共為領導的政權。鑒於當時國內外和平的呼聲甚高，蘇俄初亦不支持中共武力奪權，中共的做法是以武力為後盾，爭取和平建國。一九四五年八月二十六日，毛澤東對黨內發出通知：謂國民黨「在內外壓力下，可能在談判後，有條件地承認我黨地位，我黨亦有條件地承認國民黨的地位，造成兩黨合作（加上民主同盟等）、和平發展的新階段。假如此種局面出現之後，我黨應當努力學會合法鬥爭的一切方法，加緊國民黨區域城市、農村、軍隊三大工作。」但另一方面，中共於一九四五年八月中旬，即調派十萬幹部和部隊，自熱河、河北、山東等地進入東北，在蘇軍協助下，接受日偽軍投降，並收繳其武器、資財；同時在華北和內蒙佔領了熱河、察哈爾兩省，河北、山東、山西、綏遠的廣大地區，在華中佔據蘇北和皖北的廣大地區，並控制北寧、平漢、津浦等鐵路的重要路段，阻止國民黨受降、接收、復員。如前所述，自一九二〇年代以後，由於國共對峙，一批不滿國共體制的人走不同的第三條道路，雖然沒有軍隊和地盤，亦動關國內外視聽。在這

種情形下，社會大眾或積極或消極，都有不同的依附。由於國共兩黨都積極爭取第三勢力 ⑭，使政治勢力有國共兩極化的趨勢，最後國消共長，國民黨失去大陸。

　　中共與國民黨鬥爭，到一九四六年將以青年學生為先鋒的社會大眾反蔣反美鬥爭定為第二條戰線，以別於軍事鬥爭。事實上，中共的和談、統戰、策反，都是第二條戰線；對任何反對其敵人的言行加以支持，或策動第三者反對其敵人，都是第二條戰線。另一方面，國民黨卻沒有建立第二條戰線，只有些這方面的零星言行，沒有具體化，亦沒有強力推動。因此，國民黨對中共的策略，在表面看來非戰即和。所謂戰，是用軍事方法解決中共問題，以被稱為ＣＣ派的陳立夫等為代表；所謂和，是用政治方法解決中共問題，以被稱為政學系的王世杰等為代表。

　　戰後國共在第二戰場的交綏約可分為兩個階段 ⑭，第一個階段是一九四五年八月到一九四六年十一月，即由抗戰勝利到國民大會的召開。此期間同情共產黨的民主小黨派有三民主義同志聯合會、中國國民黨民主促進會、中國民主建國會等，而以民主同盟影響最大。同情國民黨的民主小黨派，有先後自民盟退出的青年黨和民社黨。至於一般社會大眾，從各種社會運動來看，是以反國民黨獨裁、反國民黨擴大內戰、反美國扶持國民黨等聲勢最為浩大。此期間國共進行的談判有重慶會談、政治協商、停戰、國共軍的裁編與駐地分配等。重慶會

---

⑭　曲家源，〈抗戰勝利後中國政局的走向——歷史的選擇過程〉，《河北師範大學學報：社科版》，1991年第二期，頁61–66。

⑭　艾多，〈試論解放戰爭時期民主黨派的變化發展及其歷史經驗〉，《東北師大學報：社科版》， 1989年第六期，頁6–13，將之分為四階段，實應以1946年11月為界，分為兩階段。

談可以說是抗戰末期美國大使赫爾利調停國共衝突、謀組聯合政府的延續。一方面由於赫爾利的敦促，一方面也由於政學系的建議，蔣介石於一九四五年八月十四日、二十日、二十三日先後三次電邀中共主席毛澤東到重慶共商國家大計。此時蘇俄正忙於本國的復興，對中國事務無暇多顧。蘇俄認為，中國復興的援助大部靠美國，蔣介石是唯一有資格負起統一中國的領袖。史大林在一九四五年八月十五日為中蘇友好同盟條約簽訂撰文時，更明確表示：「蘇俄政府同意予中國以道義上與軍需品及其它物資之援助，此次援助當完全供給中國中央政府，即國民黨政府。」史大林並率直勸告中共：「應與蔣介石締結暫時協定，參加蔣介石的政府，解散軍隊。」 日本投降時，蔣介石原令共軍就地待命，朱德總司令卻連發七道命令，對日軍進行全面攻擊，並要求日偽軍向之投降。據日軍方面的報告，日軍於日本投降後，在徐州、蚌埠、蕪湖等地都受到共軍的攻擊。毛於八月十六日尚拒絕蔣的邀請，但知道史大林的態度之後，即於八月二十四日表示接受邀請。八月二十八日，毛由赫爾利及國民政府軍事委員會政治部部長張治中陪同，率周恩來、王若飛等自延安飛重慶。九月四日至十月五日，雙方舉行正式會談十二次，十月八日、十日，又有兩次會談。參加會談者，國民黨方面主為張群、邵力子、張治中，共產黨方面主為周恩來、王若飛。會談紀要於十月十一日發表，毛澤東亦於當日返回延安。會談紀要可分三大類：第一類雙方完全同意者：和平、民主、統一，在蔣委員長領導下，共同建國，保障人民自由，各黨派合法平等；實行地方自治與普選；嚴禁司法和警察以外機關有拘捕及審罰之權；釋放政治犯。第二類雙方部分同意、尚需進一步會談者：召開政治協商會議，但名額有待分配；國民大會代表問題；奸偽處理問題。第三類雙方未同意者：共方願將共軍縮編為二十四個師，至少二十個師，政府

願考慮給予十二個師，但對共軍駐地之分配等，中共要求進駐北平、天津、濟南、青島等城，無法協議；共方要求以「解放區」為地方政府，可減少為十一個，國民政府未同意，但答應留任部分人員。國共於收復區競爭受降，雙方無法協議。共方最不能讓步者為將共軍縮編，歸中央統一指揮；將「解放區」取消，作為一般地方政府。共軍已於抗戰期間由三個師發展為四十八個師，「解放區」由一個發展為十九個❹。軍事力量為中共與國民黨競爭政權的最大依靠。

重慶會談雖然是國共的第二條戰線中的一個戰場，但在局外人看來未嘗不是國共合作的開端。此事在國際上由美國主導、蘇俄促成；在國內由國民黨主導，共產黨響應。重慶會談達到初步協議，對美國調解國共糾紛是一大鼓舞。對中共及同情中共的人士來說，面對國民黨擁有的廣大土地、眾多人口和龐大武力，自應以兩條戰場相呼應，較能扭轉劣勢。第二條戰線中的第一場群眾大鬥爭發生在一九四五年十一、二月間。一九四五年十一月十九日，民盟人士張瀾、沈鈞儒、黃炎培等在重慶組織「陪都各界反內戰聯合會」，並策動學生運動。十一月下旬，昆明地區各大學民盟人士暨親共師生在西南聯大集會抨擊國民政府並煽動罷課。十二月一日，突有名陳奇達者向學生群眾投擲手榴彈，造成四人死亡、二十五人重傷、三十多人輕傷，引發重慶、上海、廣州、青島、天津、南京、西安等地援助昆明學生的反內戰、爭民主運動。據國民黨方面的資料，兇手陳奇達供認係被中共收買，此事於十二月五日即見於報端，但學潮洶湧如故❺。

<hr />

❹　陳慶，〈重慶會談〉，《近代中國》五十七期，頁128-133；丁永隆，〈重慶談判和雙十協定的簽訂〉，《社會科學研究》，1985年第一期，頁64-67；上引艾多文，頁6；武文斯、李繼民，〈解放戰爭初期的國共談判與中國民主同盟〉，《蒲峪學刊》，1988年第一期，頁17。

　　中共第二條戰線的目標是召開黨派會議，從事政治協商；透過政治協商，組織中共及同情中共人士能夠控制的聯合政府。重慶會談既決定召開政治協商會議，各方面即敦促國民黨與中共及民主小黨派進行政治協商。一九四五年十二月十五日，美國總統杜魯門發表對華聲明，要求國共兩黨停止敵對行動，召開全國主要政治份子代表會議。十二月二十七日，美、英、蘇三國外長在莫斯科舉行會議，會中提議改組國民政府，「必須吸收國內一切民主份子到國民政府的一切機構中」。另一方面，中共及同情中共人士發動反內戰、爭民主的學生運動外，周恩來於十二月十六日即率代表團自延安至重慶，準備參加政治協商會議。是日來華調停國共糾紛的馬歇爾抵北平，二十二日抵重慶。是月底，國民政府主席蔣介石決定一九四六年一月十日召開政治協商會議。會議代表原定三十六人，國民黨、共產黨、民盟、社會賢達各九人。由於青年黨堅持要在民盟中佔五名，民盟其他盟員僅佔四名，中共力謀使其他盟員保有九名，自願讓出兩名，要求國民黨讓出一名，並要求增加代表二名，於是代表增至三十八名，其中民盟九人，社會賢達九人，國民黨八人，共產黨七人，青年黨五人。中共照顧民盟，是在中共七全大會中決定的，目的之一在爭取民盟在政治協商會議中支持中共。民盟自一九四一年成立以後，有四大基本政綱：① 蘇俄的經濟民主，② 英美的政治民主，③ 軍隊國家化，④ 與美、英、蘇加強合作。中共可以全部接受第一個，部分接受第四個。另外民盟

⑮　吳筠，〈中國共產黨與解放戰爭時期的人民民主運動〉，《龍江黨史》，
　　1990年第三期，頁32；郝秋陽、田春發，〈解放戰爭時期的民主黨派與
　　學生運動〉，《吉林師範學院學報：哲社版》，1991年第三、四期，頁18；
　　汪學文，〈中共竊據大陸以前策動學潮之始末〉，《近代中國》三十二期，
　　頁184。

有兩大政略，都來自中共：① 政治協商，② 聯合政府。這是中共拉攏民盟的重要原因，亦是民盟能與中共合作的重要原因。支持中共的民主小黨派，除在政治協商會議中的民盟外，尚有民主建國會、三民主義同志聯合會、中國民主促進會、九三學社籌備會等●。

　　政治協商會議，從一九四六年一月十日至三十一日，共舉行三星期。其間，上海學生於一九四六年一月十三日開會追悼昆明「一二一」事件死難學生，要求立即成立聯合政府；重慶學生於一月二十五日遊行，要求政治民主化、軍隊國家化。另有政治協商會議協進會等的活動。至於會場內部的實際談判，是以軍隊國家化為爭論的焦點。國民黨堅持先實行軍隊國家化，然後才能政治民主化，要求中共交出軍隊，青年黨附和之。中共則堅持政治民主化與軍隊國家化並行，要求國民黨結束一黨專政，使中國變為民主國家，並把國民黨的軍隊變成人民的軍隊。民盟認為兩黨的軍隊都要整編，不能只要求一黨交出軍隊。地方自治問題為爭論的另一焦點，中共主張省長民選，自制省憲；國民黨原則承認，但堅持取消中共的「解放區」；民盟則主張從法律上承認解放區。關於政府改組問題，國民黨主張國民黨在國府委員中佔半數、國府委員會無任免部會首長之權、國府委員會對國民黨中央執行委員會負責、國民政府主席可否決國府委員會的決定。中共及民盟則主張國府委員會有任免部會首長之權，承認國民黨可在國府委員中

● 丁金平等，〈一九四六年政治協商會議紀略〉，《四川大學學報》，1980年第四期，頁59–60；曲青山、田常春，〈論解放戰爭時期的中國民主同盟與中間路線〉，《青海社會科學》，1987年第二期，頁70–73；沙健孫，〈論全國解放戰爭時期的中間路線〉，《北京大學學報：哲社版》，1987年第二期，頁72–73；前引武文斯、李繼民文，頁17–19；筱虹，〈試論解放戰爭時期的統戰工作〉，《史學月刊》，1992年第一期，頁72。

佔半數，但涉及施政綱領變更，需有三分之二國府委員通過；並堅持國民政府主席否決議案，需得五分之三國府委員的同意。獲得協議之後，中共及民盟要求在二十名國府委員中佔十四席，俾有否決權，國民黨則僅給予十三席，未獲協議。在制憲國民大會代表選舉問題上，中共及民盟承認國民黨原選之一千二百名代表，但主張增加黨派代表及社會賢達代表七百名、臺灣和東北代表一百五十名，並堅持憲法的通過須經出席代表四分之三的同意。到一月三十一日，政協於完成政府改組案、國民大會案、和平建國綱領、軍事問題案、憲法草案五項決議案後閉幕。五項決議案，相當程度地接受了中共及民盟的意見；中共及民盟大事慶祝，引起國民黨內強硬派的不滿。二月十日在重慶校場口的慶祝會上，引發衝突，造成六十餘人受傷，引起各地對國民黨的抗議。另一方面，依據政協決議成立的憲草審議委員會，於二月十四日開始舉行會議，委員三十五人，其中國民黨代表、共產黨代表、民盟代表、青年黨代表及社會賢達代表各五人，會外專家十人。此期間，馬歇爾介入調解國共軍事衝突，但由於蘇俄欲壟斷東北利權，並在東北翼護中共發展，國民黨中的強硬派於二月二十二日在重慶發動反蘇遊行，並搗毀中共的《新華日報》營業部和民盟的《民主報》社，引起各地對國民黨的抗議。依據政協決議，而由國、共、美三方代表討論的整軍方案，於二月二十五日達成協議。三月八日，馬歇爾返國述職。國民黨於三月八日至十七日召開六屆二中全會，會中對政協決議多所批評與修改，國共間的軍事衝突亦轉劇，國共間有關改組政府的細節問題無法達成協議，遂使政協決議不能貫徹。一九四六年五月五日，國民政府還都南京，中共代表團及各民主小黨派亦隨政府遷南京❿，協商繼續進行。

---

　❿　上引丁金平等文，頁60–66；上引武文斯、李繼民文，頁19–20。

一九四六年五月至十一月國共之間的協商,透過馬歇爾和新任(七月)駐華大使司徒雷登為中介的協商,以停止軍事衝突為主;透過民主小黨派和社會賢達為中介的協商,以促成國民大會的召開為主。在軍事方面,美國支持國民黨在東北重建勢力,希望在華北方面減緩對共軍的攻擊。國軍於五月十九日佔領四平街、五月二十二日佔領長春,中共及同情中共的小黨派於六月二十三日在上海發動反內戰大會,並派人到南京請願,但至下關即引發群眾衝突,雙方都有人受傷。六月二十五日以後,湖北北部(中共中原軍區司令部在湖北宣化店,司令為李先念)、 江蘇北部、山東各地、和察哈爾各地(懷來、張家口)國共軍事衝突轉劇。七月十一日、十五日同情中共的教育文化界人士李公樸、聞一多先後在昆明被暗殺,中共於各地作反政府的宣傳。在第一條戰線和第二條戰線嚴重衝突的情形下,國共之間的協商繼續進行。七月二日蔣介石要求共軍,依照整軍方案和補充辦法,從五個地區撤退(包括蘇北),七月三日國民黨宣布於十一月十二日召開國大,要求中共及各民主小黨派依照政協決議,交出出席國大名單;中共則要求先改組政府,緩開國民大會。十月二日,蔣介石表示,中共及民盟方面可在二十名國府委員中佔十三名,但需迅速依照軍事協商,規定共軍十八個師的駐地。此時中共則假改組政府、共軍駐地、停戰等問題,推遲國民大會的召開。國民黨採取強硬態度,於十月十一日攻佔張家口,並於當天宣布國民大會於十一月十二日如期召開。十月二十五日,國軍於東北攻佔安東。國共關係極度緊張,周恩來聲稱即回延安,不再談判,民主小黨派要求就地停戰,中共認為國民黨已攻佔大片解放區,不能答應;民主小黨派要求先改組政府,國民黨認為係為中共幫腔,不能答應。十一月十一日,蔣介石宣布國大延期三天召開,要求中共、民盟、青年黨提國大名單。十四日,社會賢達及青年

黨表示參加國大。十五日國大開幕,十六日民盟中的民社黨表示參加
國大。中共杯葛國大的策略至是失敗。十七日周恩來在給郭沫若的信
中說:「政協陣容已散,今後要看前線,少則半載,多則一年,必可
分曉。到時如仍需和,黨派會議,聯合政府,仍為不移之方針也。」十
一月十九日,中共代表團返延安;到一九四七年三月七日,中共在南
京、上海兩地的辦事處關閉❸;國共之間進入軍事大決鬥時期。

在一九四六年十一月中旬國共協商破裂之後,第二條戰線進入第
二階段。在此階段中,國共在軍事戰線(中共稱第一條戰線)和政治
戰線(中共稱第二條戰線)上全面對決,國民黨在軍事戰線上由優勢
轉為劣勢,在政治戰線上則一直處於劣勢。關於軍事戰線,此處不論,
僅將政治戰線中中共的聲勢及其孤立國民黨、爭取第三勢力的情況作
一敘述。

美國是國民黨在外交上的最大支柱。在美國調停國共糾紛期間,
國共雙方皆欲從中獲利,故對美國的干政均盡量忍讓。及調解失敗,
國民黨希望美國繼續在軍事上給予支持,俾擊敗中共;中共的對策,
則是煽動反美風潮,將美國勢力逐出中國,使國民黨在外交上陷於孤
立。一九四六年十二月二十四日晚,傳言在北京大學先修班就讀的女
學生(中共黨員)沈崇在東單被美國軍人強姦,消息傳出,立即引起
各地學界「反美帝」的呼聲,並要求「美軍必須滾出中國」, 運動持
續三個多月❸。此後美軍陸續自中國撤退,美國減少、甚至斷絕了對
國民黨的軍經援助,使一向以外援為最大力量來源的國民黨,在心理
上產生不安全感,信心頓然喪失。

❸ 錢之光,〈抗戰勝利後的中共代表團南京辦事處和上海辦事處〉,《近代
史研究》,1985年第六期,頁25–59。

❸ 前引汪學文文,頁184–185;前引郝秋陽、田春發文,頁19。

中共的反美運動是與反蔣運動並行的，在一九四七年三、四月間反美運動減緩之後，群眾運動仍轉向對內的反內戰、反饑餓、反迫害運動。一九四七年五月二日，國民黨公布〈中共地下鬥爭路線綱領〉，據分析，「民主同盟及其化身民主建國會、民主促進會、三民主義同志聯合會等團體，其組織已為中共所實際控制，其行動亦係循中共意志而行。」五月十八日，國民政府頒布〈維持社會秩序臨時辦法〉，規定學生不得越級請願，陳述意見代表不得超過十人，學生罷課遊行應予解散。此事使群眾運動更為激化，同情中共的民主小黨派立場更為鮮明。五月二十日，在中共及民盟策動下，以南京中央大學為首，各地學生在南京結隊遊行，口號為「反饑餓、反內戰」（五月十日中大學生以物價猛漲，要求調整副食費，五月十六日行政院宣布調整大學生副食費，但未能抑止此全國性的反饑餓運動）， 警憲出動鎮壓，造成十九人重傷、九十多人輕傷、二十八人被捕。約在同時，工人運動、農民運動也在各地興起。中共的第二條戰線組織很多，在地下黨的組織方面，有各種工作委員會，如學生運動委員會、工人運動委員會、文化工作委員會等；在群眾組織方面，有學生聯合會、大學教師聯合會、中學教師聯合會、小學教師聯合會、婦女聯合會等；因此各種運動很容易透過組織發動起來。加上一些民主小黨派公開助陣，常能造成聲勢。此期間，國民政府對各地反政府的運動嚴厲取締。是年七月，國民政府下令「戡亂總動員」。 十月二十七日，宣布民盟為「中共之附庸」、「參加叛亂」， 明令解散。十一月六日，民盟總部通告停止一切政治活動。在這種情形下，原來號稱中立、實際同情中共的民主小黨派，不得不放棄中立的旗幟，一邊倒向中共。一九四八年一月一日，中國國民黨革命委員會（民革）在香港成立，公開宣布要推翻蔣介石政權。一月五日至十九日，民盟在香港召開三中全會，宣言與中共攜

手合作。當時國民黨正在進行行憲選舉，政學界一度出現新的第三勢力，如一九四八年三月成立的「中國社會經濟研究會」， 主張「規定私人占地的最高限額」，「政權的轉移應視選舉的結果而定」。但隨著中共的軍事勝利，新的第三勢力也逐漸倒向中共一邊。一九四八年四月三十日，中共發表宣言，號召新政協，建立新中國。另一方面，國民黨於一九四六年十二月完成制憲後，宣布於一九四七年十二月行憲。在行憲前後的選舉中，都有青年黨和民社黨參加；國民黨在選舉中大勝。一九四八年四月，國民大會選舉總統，蔣介石當選，副總統李宗仁當選，並於五月二十日就職。憲政政府成立後，由於國共軍事對抗的關係，無法進入憲政常軌。一九四八年八月以後，國府（行憲以後，國民政府改為中華民國政府，因仍由國民黨執政，簡稱「國府」） 對中共地下黨員及同情中共人士大加逮捕，於是許多身份暴露的黨員撤退到中共佔領區，同時倒向中共的民主小黨派和無黨無派人士亦紛紛進入中共佔領區，開始籌備新政協。一九四九年一月二十二日，李濟琛、沈鈞儒、馬敘倫、郭沫若、譚平山、彭澤民、章伯鈞等五十五人，以各民主黨派和無黨無派代表的身份， 發表書面意見，公開接受中共的領導；中共在一九四九年九月在北平召開第一屆中國人民政治協商會議❺，將第三勢力的人士納入。

---

❺　前引艾多文，頁9–10；前引郝秋陽、田春發文，頁19–20；前引筱虹文，頁74–75；前引沙健孫文，頁76–80；前引汪學文文，頁179, 185–187；葉志麟，〈解放戰爭時期第二條戰線的鬥爭經驗〉，《杭州師院學報：社科版》，1985年第二期，頁7–12；王宗榮，〈國民黨的行憲國大與總統副總統選舉〉，《民國檔案》，1991年第四期，頁100–105。

第三節　國民黨執政初期的民主困境

一、前　言

中國國民黨創黨於一八九四年，迄今已有一百零四年的歷史；正式成為執政黨在一九二八年，迄今已有七十年的歷史。本節所謂中國國民黨執政初期，指一九二八至一九四九年的二十一年。

中國國民黨在本質上是革命政黨，使命感極強。惟在一百零四年歷史中，由於政治環境時有變遷，有時亦不得不屈從民主的潮流。一八九四至一九〇五年的興中會時期，革命剛創始，孫中山在公開的談話中，較傾向於美國的制度，主張革命成功之後，實行共和，民選總統❶。一九〇五年同盟會成立後，正式訂下建國程序，分為三期：第一期行軍法之治，第二期行約法之治，第三期行憲法之治。孫中山此時雖未提出「建國之黨即治國之黨」，尚未想到會有別的黨派與「建國之黨」競爭政權。一九一一至一九一二年間革命初成功，孫中山在南京建立臨時政府，時在北京的清內閣總理袁世凱欲以逼清帝退位換取臨時大總統的位置，而與同盟會爭政權的政黨也先後建立。南京臨時政府制定了臨時約法，主要目的在約束即將接任臨時大總統的袁世凱，並非要實行同盟會當初所構想的約法之治。

孫中山讓位給袁世凱後，同盟會成為在野黨（因袁世凱無黨籍，當時沒有執政黨），不得已改祕密為公開，以民主政黨的姿態，與各黨競爭政權。為了擴大黨的基礎，並把同盟會改組為國民黨。國民黨的名義維持兩年（從一九一二年八月到一九一四年七月），只有第一

---

❶　葉夏聲，《國父民初革命紀略》，頁18–19。

年（一九一二年八月到一九一三年七月）走議會政治路線，第二年開始前夕，除少數議員尚以議會為鬥爭場所外，大部分國民黨員均投入武力的反袁革命。一九一四年七月，孫中山一方面把國民黨改組為中華革命黨，並把同盟會時期的革命建國三程序改為軍政時期、訓政時期和憲政時期。另一方面則倡行革命民權，把中華革命黨的黨員分為三種，凡於革命軍未起義之前進黨者，名曰首義黨員；凡於革命起義之後、革命政府成立以前進黨者，名曰協助黨員；凡於革命政府成立後進黨者，名曰普通黨員。革命時期內（即軍政、訓政時期內），首義黨員悉隸元勳公民，得一切參政執政之優先權利；協助黨員得隸為有功公民，能得選舉及被選舉之權利；普通黨員得隸為先進公民，享有選舉權利。凡非黨員，在革命時期內，不得有公民資格，必待憲法頒布之後，始能從憲法獲得之。憲法頒布之後，國民一律平等㊿。此一獨佔政權的觀念，對日後中國國民黨的發展產生極大的影響。

一九一六年六月袁世凱死後，政權落入北洋軍人之手。中華革命黨人以及未參加中華革命黨的舊國民黨人、舊同盟會人，部分投入議會政治，部分則從事革命的組織與宣傳的工作。一九一九年中華革命黨改組為中國國民黨，時雖在五四運動之後，中國國民黨注入的革命新血無多，黨的活動仍徘徊在議會政治與暴力革命之間。直到一九二四年，中國國民黨實行聯俄容共政策，才擺脫議會政治的路線，決定以武力打倒軍閥，統一全國，並重新標舉軍政、訓政、憲政的建國程序。

一九二五年七月，中國國民黨在廣州建立國民政府，獲得部分省區的執政權，並開始實行黨治。不僅政府官員悉由中國國民黨員出任，即司法亦必須黨化，反對司法獨立。北伐完成後，中國國民黨制定各

㊿　鄒魯，《中國國民黨史稿》，頁166–167。

種訓政法規，規定「中國國民黨領導人民行使政權」，「人民則須擁護中國國民黨，誓行三民主義」⑱，不為他黨競爭政權預留地步。

中國國民黨此種獨佔政權的本質，一方面起於其革命性，一方面起於其使命感。對其執政初期中國民主政治的發展，有決定性的破壞力。其時中國主要有三個與中國國民黨爭勝的政黨，一為中國共產黨，一為中國青年黨，一為中國國家社會黨（後改為中國民主社會黨）。這三個政黨在本質上也不是民主的，但都以民主為號召，向中國國民黨爭政權，民青兩黨以分得部分政權為滿足，中共以最後奪取政權為目的；加上戰亂連年，人民的經濟條件和教育條件不足；中國民主政治的發展遇到困境，是必然的。

二、　由使命感到全民付託的執政理念

中國國民黨以革命黨起家，革命黨在完成革命後，有的變為民主政黨，有的繼續維持革命的本質，有的則視政治環境而稍加因應，中國國民黨是屬於最後一個類型。

中國國民黨在同盟會時期訂下軍法、約法、憲法三時期的革命建國程序，在中華革命黨時期訂下軍政、訓政、憲政三時期的革命建國程序，此程序是國民黨總理孫中山訂立的。孫中山自始不贊成在中國立刻實行英美式的政黨政治。除一九一二至一九一三年間，國民黨在宋教仁的實際領導下欲以英美式的政黨政治以與袁世凱角逐政治權力以外，在孫中山領導的同盟會時期、中華革命黨時期、和中國國民黨時期，都傾向於一黨專政，建國之黨即治國之黨，不將政權授與別人。一九一七年蘇俄革命成功，使孫中山以黨治國的信念益堅。一九二三至一九二四年改組中國國民黨，使一黨專政的理論成為定制⑲。

⑱　張玉法，《中國現代政治史論》，頁182–183。

　　訓政的實施，對中國國民黨非常重要；一方面可以宣傳三民主義，一方面可以發展黨的基層組織。國民黨在訓政的過程中，透過組織與宣傳，指導地方自治的進行，協助辦理地方建設。如是，在憲政開始、實行選舉、還政於民的時候，才能繼續受選民的付託，繼續執政。

　　從革命建國三程序的性質看來，軍政時期及訓政時期，為中國國民黨的「自我使命」時期，革命一黨負之，訓政一黨擔之，均不容他黨置喙，甚至不允許有另外的黨存在。憲政時期為中國國民黨受「全民付託」時期，當時的中國國民黨，沒有與他黨平等競爭政權的理念。這可由訓政的基本綱領中看得出來。

　　所謂訓政的基本綱領，是指一九二四年孫中山所發表的〈建國大綱〉二十五條，和一九三一年國民會議所通過的〈中華民國訓政時期約法〉八十九條。建國大綱第一條規定：「國民政府本革命之三民主義、五權憲法，以建設中華民國。」第六條規定：「在軍政時期，……宣傳主義，以開化全國之人心。」第八條規定：「在訓政時期，……其人民曾受四權使用之訓練，而完畢其國民之義務、誓行革命主義者，得選舉縣官，以執行一縣之法律，始成為一完全自治之縣。」第十四條規定：「每縣地方自治政府成立之後，得選國民代表一員，參預中央政事。」第十六條規定：「凡一省全數之縣皆達完全自治者，則為憲政開始時期。」第二十三條規定：「凡全國有過半數省份達至憲政開始時期，……則開國民大會，決定憲法而頒布之。」第二十五條規定：「憲法頒布之日，即為憲政告成之時，而全國國民則依憲法行全國大選舉，國民政府則於選舉完畢之後三個月解職，而授政於民選之政府，是為建國之大功告成。」

　　從建國大綱的程序看來，軍政時期宣揚主義，訓政時期國民必須

───────────────

⑮　陳之邁，《中國政府》第一冊，頁24。

「誓行革命主義」，如是之國民選出之國民代表，必「誓行革命之主義」；國民代表大會決定之憲法，必本訓政目的所標舉的以三民主義和五權之治為主要內容的憲法；而全國國民依憲法行全國大選舉，亦無他黨的人可以膺選。如是，雖然建國告成，黨治結束，民治開始，實不過由一黨以使命感執政過渡到受全民付託而執政。

中華民國憲法以三民主義和五權之治為主要內容，建國大綱中已有構想，第二十二條規定：「憲法草案當本於建國大綱及訓政、憲政兩時期之成績，由立法院議訂，隨時宣傳於民眾，以備到時採擇施行。」建國大綱對憲法的基本構想是均權制度和五權制度。關於均權制度，第十七條規定：「在此時期（按指憲政開始到憲政完成），中央與省之權限採均權制度，凡事務有全國一致之性質者，劃歸中央；有因地制宜之性質者劃歸地方，不偏於中央集權，或地方分權。」關於五權制度，第十九條規定：「在憲政開始時期，中央政府當完成設立五院，以試行五權之治，其序列如下：曰行政院，曰立法院，曰司法院，曰考試院，曰監察院。」憲法架構由中國國民黨，甚至孫中山一人規範，並沒有多黨聯合制憲的理念。

另一方面，如前所述，北伐完成後，國民黨中央執行委員會於一九二八年十月三日議決〈訓政綱領〉，規定在訓政期間，中國國民黨領導人民行使政權，國民政府總攬行政、立法、司法、考試、監察五項治權。一九二九年三月二十一日國民黨第三次全國代表大會通過以其總理所著三民主義、五權憲法、建國方略、建國大綱、地方自治開始實行法為訓政時期中華民國最高根本法案，同時確定訓政時期黨、政府及人民行使政權之分際及方略案，規定黨與政府積極訓練人民行使四項政權（選舉、罷免、創制、複決），人民則須擁護中國國民黨，誓行三民主義，努力地方自治，俟憲政開始後，由中國國民黨最高權

力機關召集國民大會決定憲法而頒布之❿。

　　一九四六年中國國民黨召集制憲國民大會時，中共攻擊為「一黨包辦的國大」， 當時因環境不同，已有民社黨、青年黨及無黨無派的人參與，不能算是「一黨包辦」，但中國國民黨的最初構想，確是「一黨包辦」的。

三、訓政的挫折與轉向

　　儘管中國國民黨的最初設計是獨佔政權，但無論訓政時期還是行憲以後，都遇到很大的挫折，主要的原因，在五四時期以後，中國政治已多元發展：其一、自由主義派相信人民有依照個人自由意志參政的權利，反對一黨專政，雖然自一九一〇年代後期以後俄共的一黨專政成為一種典範、一九三〇年代初期以後德意等國法西斯的一黨專政成為另一種典範。在一九三五年，當國民黨未能在預定的時間結束訓政的時候，胡適發表了〈政制改革的大路〉一文，文中說：「改革政制的基本前提是放棄黨治，而放棄黨治的正當方法是提早頒布憲法、實施憲政。」又說：「拋棄黨治，公開政權，這不是說國民黨立即下野。我的意思是說，國民黨將來的政權應建立在一個新的又更鞏固的基礎上。那個新基礎就是用憲法做基礎，在憲政之下，接受人民的命令，執掌政權。」❻胡適所謂「在憲政之下，接受人民的命令」，與國民黨所設計的憲政，截然不同。胡適不過是自由派的一個代表，在自由派看來，一黨的民主決不是民主。

　　其二、在五四後期誕生的中國共產黨，以實行共產主義為目標，自始與國民黨爭政權，他們有時用武力，有時用權謀，不僅不讓國民

---

❿　董霖，《戰前之中國憲政制度》，頁59–60。

❻　《獨立評論》一六三號，1935年8月11日。

黨一黨壟斷政權，而且隨時欲以非民主的手段，取國民黨而代之。他
們在取得政權以前，常與其他爭自由、爭民主的人士，結成聯合陣線，
以爭自由、爭民主為口號，聲勢非常浩大。在這種情形下，國民黨欲
以一黨訓政、或一黨行憲，都感到形格勢禁。

其三、在五四後期誕生的中國青年黨以實行國家主義為目標，在
一九三〇年代初期誕生的國家社會黨以實行國家社會主義為目標，它
們也不讓國民黨一黨壟斷政權。它們的主義裡面，並沒有真正的民主、
自由，但像中共一樣為了與國民黨爭政權，時以民主、自由為口號。
其他如職業教育派（黃炎培為代表）等，雖不以實行民主、自由為目
標，也向國民黨爭取自由、民主。

在這種情形下，國民黨無論欲以自由、民主籠絡所有的黨派，還
是以自由、民主籠絡青年黨、國社黨，以對抗中共，都不得不放棄一
黨民主的形式，而准許別的黨派參政。但所謂參政，仍是以國民黨執
政為前提，既非與國民黨共同執政，更不允許他黨與國民黨競爭政權，
這是在國民黨執政初期，政治不能真正民主的重要原因。

國民黨在訓政期間開放黨禁，不合孫中山的訓政觀念。但為情勢
所逼，不得不開放黨禁。所謂情勢所逼，從訓政本身來說，開始於一
九二九年的訓政，部分由於政局不穩，部分由於經費、人才不足，推
行並不順利。一九三五年十月國民黨五次全國代表大會通過之〈中央
黨部應置地方自治促成計劃委員會案〉中說：「迄今訓政將告結束，
而事實上全國一千九百餘縣中，欲求一達到建國大綱自治之程度成為
一完全自治之縣者，蓋杳不可得，更遑論完全自治之省！夫如是則訓
政如何能結束、憲政如何能開始耶？」❶❷儘管因為當時內亂外患頻仍，
有人認為軍政尚未結束，不該開始訓政，且認為六年訓政時間太短，

❶❷　李時友，〈中國國民黨訓政的經過與檢討〉，《東方雜誌》四十四卷二號。

非訓二、三十年不能成功❸；但其他黨派如何能耐心等待國民黨訓政成功？訓政既然不能按照預定的計劃完成，預定在一九三五年以前完成的地方自治，也於一九三四年二月制定改進方案，放緩腳步❹。在這種情形下，國民黨以外的政治勢力乃企圖起而競爭政權，初雖受到嚴厲的鎮壓，但開放黨禁的時機很快到來。

　　國民黨以外的政治勢力之所以逐漸被包容，與日本對華侵略、國民黨需團結國人抗日有關。九一八事變後，國民黨以外人士為謀共同救國，要求設立議政機關，國民政府未加理會。一二八事變後，國民政府為團結各方，於一九三二年四月在洛陽召開國難會議，各界富有資望者有四百三十人受邀，但只一百四十餘人參加。會議七日，通過各案中，除禦侮、救災、綏靖等事項外，有促請政府如期結束訓政及先成立民意機構之決議。一九三二年十二月國民黨四屆三中全會議決於一九三五年三月召開國民大會，制定憲法，並於一九三三年先成立國民參政會。嗣因積極籌辦國民大會，成立國民參政會之議取消❺。一九三六年西安事變後，國共合作抗日的形勢漸形成，一九三七年四月十三日及二十一日，國家社會黨代表張君勱、中國青年黨代表左舜生分別致函國民政府軍事委員會委員長蔣介石，願擁護國民政府，同心同德，共濟時艱❻。是年七七事變爆發，中共於七月二十二日發表共赴國難宣言，願改紅軍為「國民革命軍」，受國民政府軍事委員會統轄。八月二十二日，蔣委員長任命共軍領袖朱德、彭德懷為國民革

❸　許持平，〈憲政可以開始了嗎〉，《獨立評論》一七六號，1935年11月10日。

❹　董霖，《戰前之中國憲政制度》，頁156–157。

❺　同上，頁105–106。

❻　馮子超，《中國抗戰史》，頁151–157。

命軍第八路軍正副總指揮，並命開赴前線抗日 ❼。黨禁可謂正式解除。

中國國民黨在訓政過程中開放黨禁，是訓政的重大挫折，是民主的一大起步；中國國民黨在訓政過程中組織國民參政會，則是訓政的另一重大挫折，是民主的另一起步。如前所述，國民參政會原欲在戰前成立，因籌備召集國民大會，遷延未果。七七事變爆發後，國民大會召集不可期，國民黨於一九三八年三月在武昌召集臨時全國代表大會，決定成立國民參政會，為戰時最高民意機構。第一屆國民參政會，參政員二百名，屬於國民黨籍者約八十名，屬各黨派者約五十名，無黨派者約七十名。國民黨雖然人數最多，但未超過半數，頗可實驗民主政治。但至第三屆以後（一九四二年十月召開第三屆第一次會議），名額增加四十名，增加者多為國民黨黨員，於是國民黨可佔國民參政會的多數 ❽，其他黨派的制衡力量減弱。

開放黨禁和成立國民參政會，是國民黨訓政中的兩大挫折，使國民黨原來構想的一黨專政不能維繫。不過，國民黨開放黨禁和成立國民參政會，目的只在結合全國力量，共同抗日。各黨須接受國民黨的主義與國民黨的領導，參加抗戰建國工作，並不含有共同執政的意思。因此，各黨代表在國民參政會中作有限度的建言是可以的，國民黨對他黨勢力的擴張還是採取嚴格限制的措施。一九三九年後，由於共軍不斷擴張勢力，並襲擊國軍，使國民政府不得不將中共的勢力加以圍堵與監視。一九三九年三月，國民政府計劃實行「異黨活動制限規定」，旋祕密頒布〈處理異黨實施辦法〉，乃對中共的活動大加限制。一九四一年一月，受中共控制的新四軍一部在皖南與國軍第四十師發生衝突，第三戰區司令長官顧祝同乃下令將該部新四軍包圍解決，此後中

---

❼ 吳一心，《中國之抗戰》，頁39–40，44。

❽ 曾琦，〈五年來朝野協力之回顧〉，胡春惠編，《民國憲政運動》頁974。

共的國民參政員，包括周恩來、董必武、吳玉章等，即拒絕出席國民
參政會。中共雖仍在重慶、成都、西安等地設辦事處，並在戰時首都
重慶辦《新華日報》，開辦書店，發行書刊，但國共間已處在極端的
敵對狀態[169]。

中共以武力擴張勢力，受到國民黨的鎮壓，理所當然。其他不以
武力擴張勢力的黨派，受到的限制亦嚴。以創辦國社黨的張君勱來說，
一九三三年創黨之初，在上海辦《新路》雜誌，因批評政府，被上海
警備司令楊虎逮捕幽禁，由其弟妹多方設法，不久獲釋，於是停辦《新
路》，攜眷赴德講學。抗戰末期返國，因政治嫌疑，在渝被軟禁於汪
山，達三年有餘，抗戰勝利後始被釋[170]。

前述種種顯示：國民黨在實行訓政期間，原擬一黨專政，受抗日
戰爭的影響，為團結國人抗日，不得不容納各黨派人士。各黨派人士
既被容納，乃思發展其政治勢力，此非國民黨的訓政觀念所可容，乃
又百般鎮壓或限制，在這種情形下，特別是在軍事第一的戰時，民主
的發展是困難的。另一方面，不滿的情緒則凝結為暴力。這是中共勢
力日盛的重要原因。

四、憲政的挫折與轉向

中國國民黨在完成北伐以後，原欲經過六年的訓政，然後召集國
民大會，制定憲法，透過一個短時期的憲政安排，然後行憲。此六年
訓政時間，對憲政和行憲都非常重要，因為中國國民黨的憲政和行憲，
是以三民主義和五權憲法為最高指導原則，這在中國政治中，是一套
新的理論建構。中國人民前此對行憲的了解與經驗，不管是清末君主

---

[169]　張玉法，《中國現代史》，頁620–622。

[170]　蔣与田，《中國近代史轉捩點》，頁107。

立憲還是民初的民主立憲，大都是西方式的，不符合中國國民黨的一套政治理念，欲將中國國民黨的一套政治理念普及於全國，必須有一段訓政時期，教育人民。但如前所述，國民黨既未能在六年之內完成訓政，使訓政延長二十年之久；且未能按照訓政綱領，按部就班實行訓政。由於在訓政期間開放黨禁、成立國民參政會⑰，使預計中的憲政和行憲，都受黨外勢力的左右。

　　另外，與建國大綱中訓政和憲政的構想都不合的，是在訓政初期實行五院制度，因為依照建國大綱第十九條的規定，五院制度的設立應在憲政開始時期。尤有甚者，不僅在訓政時期實行五權制度，且此五權制度隨權力的轉移而任意改變。一九二八年十月三日，中國國民黨制定國民政府組織法，採五院制。規定國民政府設主席一人、委員十二至十六人，國務由國府委員組織國務會議處理，法律與命令之發布，由主席會同五院院長署名行之；國民政府設行政、立法、司法、考試、監察五院，院長、副院長由中央執行委員會就國府委員中選任；各院彼此獨立，凡院與院間不能解決事項，由國務會議議決之。此五院制度，並非五權主義，乃是一權主義，因國務會議可以支配五院的一切決定。十月八日，國民黨中常會選國府委員十六人，以蔣介石為

---

⑰　軍政時期是「以黨建國」時期，訓政時期是「以黨治國」時期。以黨治國即所謂黨治，即由一黨統治、由一黨獨裁之意，以別於普通獨裁政治的一人獨裁。一黨獨裁的制度是政治取決於一黨全體黨員，以別於民主制度的政治取決於全體公民。一黨獨裁可以不問黨外人民的意見，黨的決議事實上或形式上就等於法律。見王世杰，《比較憲法》（下），頁205。黨治時期由一黨獨佔政權，不僅不許他黨過問政治，而且不許他黨合法存在。國民黨在訓政時期開放黨禁、成立國民參政會，可以說是在內外形勢的逼迫下，改變了訓政的道路。

主席。一九三〇年十一月，國民政府組織法修改，規定行政院會議改
稱國務會議，原來之國務會議改稱國民政府會議，國務不復由國府委
員合議執行，行政院長地位提高；另一方面規定公布法律由國民政府
主席署名，以立法院長之副署行之；發布命令由國民政府主席署名，
以主管院院長之副署行之，五院院長僅對主管事項負責，主席職權加
重。此法公布之日，行政院院長改由國府主席蔣介石兼任。無論權在
國府主席，抑權在行政院院長，由於政權集中於蔣介石之手，曾引發
黨內的派系鬥爭，一九三〇年九、十月有中原大戰，一九三一年五月
有兩廣獨立。九一八事變後，寧粵雙方商議合作，粵方要求減低國民
政府權力，國民黨中央乃對國民政府組織法加以修訂，規定國府主席
不負實際政治責任，行政院院長總攬行政大權，但行政院院長須秉持
國民黨中央之命，並沒有獨立的職權。嗣後選林森為國府主席，孫科
為行政院院長。孫科任行政院院長不及一月，改由汪兆銘繼任，至一
九三五年十二月由蔣介石繼任。一九四三年以後，蔣介石復任國府主
席，並兼行政院院長。同時國民政府組織法又加修改，規定國民政府
主席由中央執行委員會選舉，對中執會負責，五院院長對主席負責；
五院院長由主席於國民政府委員中提請中執會選任❼。

　　國民黨在訓政時期就違反建國大綱的規定試行五院制度，無非在
給孫中山所擬議中的五權憲法走出一條可行的路。不過，國民黨在訓
政時期所試行的五權制度，和憲政時期所訂的五權憲法，均與孫中山
的憲法構想有很大的距離。

　　孫中山對憲法的主張有二：㈠以直接民權匡救代議制度的偏失：
人民除有間接民權（選舉權）外，尚有直接民權（創制、複決、罷免），
以為制裁政府的手段。對直接民權的行使，縣可由人民直接行使，全

---

❼　張玉法，《中國現代政治史論》，頁199-200，202，204-205，206-207。

國則委託於民選的國民大會。㈡中央政府五院皆對國民大會負責：⑴全國各縣各選代表一人組織國民大會，司憲法之修改，及制裁公僕之失職。關於憲法制定機構，孫中山未詳說，似由制憲國民大會制憲，行憲國民大會修憲。行憲國民大會不僅有修憲權，依據建國大綱，且對中央法律有創制和複決權。關於制裁公僕之失職，一方面可以裁決監察院的彈劾案，另一方面，據建國大綱，對中央政府官員，且有選舉權、罷免權。⑵行政院的總統，由各縣人民投票產生，對國民大會負責，並受監察院的監督。⑶立法院的委員，由各縣人民投票產生，對國民大會負責。⑷司法、考試、監察三院院長，由總統得立法院的同意而委任，皆對國民大會負責，不對總統及立法院負責。各院人員失職，由監察院向國民大會彈劾之，而監察院人員失職，則國民大會自行彈劾而罷免之。考試制度的適用，不僅以任官為限，被選為議員資格的取得，亦必經過考試，所謂以考試制度救選舉制度之窮❸。此即孫中山所構想的五權憲法。

訓政時期雖設五院，距五權憲法的構想尚遠：其一、訓政時期沒有國民大會的設立，沒有機構能代國民大會受全國選民委託行使直接民權、司憲法之修改、對中央法律實行創制和複決、對中央政府官員實行選舉和罷免、制裁公僕之失職、裁決監察院的彈劾案，也沒有機構能代國民大會使總統、立法委員、司法院院長、考試院院長、監察院院長對其負責，也沒有機構能代國民大會接受監察院的彈劾案、或直接彈劾監察院失職人員。其二、沒有由各縣人民投票產生的行政院總統，只有由國民黨中央執行委員會選舉產生的國民政府主席。其三、沒有由各縣人民投票產生的立法委員，只有由立法院院長提請國民政府任命的立法委員。其四、司法、考試、監察三院院長，不是由總統

❸ 王世杰，《比較憲法》（下），頁175–177。

得立法院同意而委任，而並行政、立法院院長皆係由中央執行委員會就國府委員中選任（依照一九二八年十月制定的國民政府組織法）。

　　儘管訓政時期所實行的五院制度與孫中山的五權憲法的構想相差甚遠，一九三六年五月五日立法院所制定公布的憲法草案，則較接近孫中山的五權憲法構想。此被稱為「五五憲草」的文件規定總統對國民大會負責，立法、司法、考試、監察各院亦對國民大會負責。國民大會之職權凡六：㈠選舉總統、副總統，和立法院院長及副院長、立法委員，監察院院長及副院長、監察委員。㈡罷免總統、副總統，和立法院院長及副院長、立法委員，監察院院長及副院長、監察委員。㈢創制法律。㈣複決法律。㈤修改法律。㈥憲法所賦予之其他職權。總統物色人選組織行政院，立法院本身無提案立法之權，法案須由行政院提出。總統得召集五院院長會議，解決各院事端。看來五院為總統之僚屬，權在國民大會。但另一方面，國民大會每三年集會一次，集會時間為一個月，對國家大政亦無暇過問。總統實負國家大政的總責。薩孟武認為五五憲草有一黨專政和總統獨裁的性質❼，這也許就是國民黨擬議中的憲政和行憲藍圖。

　　但此憲草公布後，由於西安事變及抗日戰爭全面爆發等關係，制憲國民大會遷延十年始召開；而在此十年間，由於開放黨禁、召開國民參政會及政治協商會議，黨外人士大大修改了五五憲草的內容。首先，國民參政會中的憲政期成會於一九四〇年三月建議修改五五憲草，主張設立國民大會議政會（由國民大會選舉議政員一百五十至二百人），作為國民大會的常設機構，執行有類英國議會的立法權，使總統徒居元首之名。此一建議，雖至一九四四年十月為國民參政會參政員和國民黨中央委員合組的「憲政實施協進會」打消❽，但到一九四

---

❼　薩孟武，〈中華民國憲法草案的特質〉，《東方雜誌》三十三卷十二號。

六年一月召開多黨派的政治協商會議時，黨外人士再度將五五憲草向民主的方向修訂。

政治協商會議議決的憲法修改原則，約有七點：㈠在未實行總統普選制以前，總統由縣級、省級及中央議會合組選舉機關選舉之。㈡各級法官須超出於黨派之外，考試委員超出於黨派之外。㈢行政院對立法院負責，立法院對行政院全體不信任時，行政院長或辭職，或提請總統解散立法院。㈣省為地方自治單位，省長民選，省得制定省憲，但不得與國憲牴觸。㈤關於人民自由如用法律規定，須出之於保障自由之精神，非以限制為目的。㈥全國陸海空軍需超出個人、地方及黨派關係之外。㈦憲法修正權，屬於立法、監察兩院聯席會議，修改之條文，應交選舉總統之機關複決 ❻。

國民黨中央對政協憲草把國民大會變成無形組織、提高立法院及監察院的職權、以及主張地方分權制，表示反對。政治協商會議閉幕後，國民黨籍委員在各黨聯合所組的「憲法草案審議委員會」中力主修訂政協憲草，結果有三點達成協議：㈠國民大會為有形組織，行使四權。㈡取消立法院對行政院的不信任權，及行政院對立法院的解散權。㈢取消省憲，改為「省得制定省自治法」。但黨外代表仍堅持兩點：㈠立法院對總統任命行政院長的同意權，㈡監察院對總統任用高級法官及考官的同意權 ❼。上述立憲原則，均寫入一九四六年十二月二十五日制憲國民大會所通過的中華民國憲法中。

中華民國憲法，看來已完全擺脫了五五憲草的架構。如前所述，

---

❻　陳新鎔，《國民政府制憲之史實與成就》，頁8–16。

❻　董霖，《戰前之中國憲政制度》，頁35–37。

❼　王世杰，《比較憲法》（下）增訂手稿（藏中央研究院近代史研究所院史室）。

〈五五憲草〉有一黨專政和總統獨裁的性質，中華民國憲法是否已將此種性質完全消除？仍值檢討。其一、關於一黨專政，中華民國憲法中並未提及，但中華民國憲法第一條「中華民國基於三民主義，為民有民治民享之民主共和國」，與五五憲草第一條「中華民國為三民主義共和國」意義略同。由於三民主義為國民黨所欲實行的主義，載在憲法之中，除非另有以實行三民主義為職志的政黨出現，無論共產黨、青年黨、民主社會黨，均無實行此憲法的可能。僅此一條，即可作為國民黨一黨專政的論據。其二、關於總統獨裁，五五憲草規定「總統對國民大會負責」，「國民大會每三年由總統召集一次，會期一月」，「行政院長……對總統負其責任」；總統獨裁色彩濃厚。中華民國憲法未規定總統對國民大會負責，國民大會除選總統外，僅有召集臨時會的規定。由於「行政院……對立法院負責」，頗有內閣制的色彩。但由於一九四八年四月十八日通過「動員戡亂時期臨時條款」，五月十日由國民政府公布：「總統在動員戡亂時期，為避免國家或人民遭遇緊急危難，或應付財政經濟上重大變故，得經行政院會議之決議，為緊急處分，不受憲法第三十九條或四十三條所規定程序之限制。前項緊急處分，立法院得依憲法第五十七條第二款規定之程序變更或廢止之。」此一臨時條款，到一九六○年三月十一日加以修訂，增加「動員戡亂時期，總統副總統得連選連任，不受憲法第四十七條連任一次之限制。」一九六六年二月十二日再加修訂，增加：「動員戡亂時期，本憲政體制授權總統得設置動員戡亂機構，決定動員戡亂有關大政方針，並處理戰地政務。」一九六六年三月二十二日再加修訂，增加：「總統為適應動員戡亂需要，得調整中央政府之行政機構、人事機構及其組織。」一九七二年又加修訂，增加：「動員戡亂時期，總統得依下列規定，訂頒辦法，充實中央民意代表機構，不受憲法第二十六條、

第六十四條及第九十一條之限制……。」**⑱**

　　由於臨時條款中規定總統不受憲法某某條的限制太多，加上一九三四年制定，一九四八年五月及一九四九年一月兩度修訂戒嚴法，以及國家總動員法、非常時期人民選舉法、出版法等等**⑲**，使原來相當民主的憲法變為相當專制的憲法，使原來足以發展民主的廣大空間，變為動輒得咎的狹小空間，這是國民黨在行憲之初不能發展民主的重要原因。

五、結　論

　　中國國民黨在本質上是革命政黨，從它的使命來說，一八九四年至一九一二年以推翻滿清為職志，一九一三年至一九一六年以推翻袁世凱政權為職志，一九一七年至一九二八年以推翻北洋軍閥政權為職志，一九二七年至一九三六年和一九四一年至一九四九年以消滅中共為職志，一九四九年迄今以抗拒中共政權為職志，其間一九三七年至一九四五年以打倒日本帝國主義為職志，國民黨稱這些打倒敵人的任務為革命。在國民黨的歷史中，打倒滿清及北洋軍閥被稱為第一期革命任務，打倒日本侵略被稱為第二期革命任務，抗拒中共在李登輝任國民黨黨主席以前被稱為第三期革命任務。由此可以證明中國國民黨為革命的政黨。

　　另外一方面，中國國民黨的訓政時期約法由一黨制定，訓政時期的有關文件規定全國國民應服從中國國民黨的領導。行憲所依據的中華民國憲法雖由中國國民黨聯合中國民主社會黨和中國青年黨制成，

---

⑱　陶百川編，《最新六法全書》（臺北：三民書局，民國70年9月），頁18。

⑲　參考胡佛，〈憲政結構的流變與重整〉，《國立臺灣大學法學論叢》，十六卷第二期（民國76年6月）。

但中國國民黨的主義載入憲法，不能違反。由此可以證明，中國國民黨由訓政到憲政的設計，最初都是國民黨一黨專政或國民黨一黨獨大政治。

中國國民黨的原始性格，在軍政時期為革命黨，在訓政、憲政、行憲時期為國民黨一黨執政。但在國民黨的歷史中，偶有民主性格的出現，這是受環境的壓力造成的。民國建立之初，政權在滿清舊官僚袁世凱和北洋軍人之手，適中華民國臨時約法保障結社自由，國民黨乃時時欲以政黨政治的手段，爭取政權，但未成功。政權最後仍以武力革命的手段獲得，此即一九二八年的北伐完成。北伐完成後，國民黨原欲一黨訓政，由於日本對中國侵略日亟，國民黨欲先以武力消除中共而不能，欲以政治壓制其他小黨亦無效，不得已容納各黨共同抗日。但各黨在抗日期間的地位只是事實的存在，並無法律的保障。抗戰後期迄於一九四九年間，國民黨為制憲、行憲，力求與較溫和的青年黨和民社黨（國社黨）合作，其他反國民黨的政治勢力則受到嚴格的鎮壓。訓政時期組織國民參政會，目的便在促進全民團結，並沒有與各黨共同執政的意思。行憲之初引青年黨及民社黨人入閣，目的在減少一黨專政的色彩，亦沒有與他黨組聯合政府之意。行憲前夕，中共欲聯絡民主同盟人士獲國民政府委員名額三分之一，而擁有否決權，國民政府不應，即為證明。

行憲以後的五十年，初由於中共的威脅未解除，國家處於戒嚴之下，國民黨一直仍扮演革命黨的角色。近年由於中共的軍事威脅稍減，臺灣的經濟繁榮、教育發達、社會安定，加以民主勢力興起，執政黨宣布解除戒嚴、開放黨禁，實是另一種政治環境，迫使國民黨塑造民主性格。

第五章

近五十年臺灣地區的民主政治

　　民主政治是近代世界的潮流。臺灣在一八九五至一九四五年間受日本殖民統治五十年，人民對民主政治的追求，在日治後期已強烈地表現出來。一九四五年臺灣光復，回復中華民國一省的地位。時值執政的中國國民黨正擬結束訓政、實行憲政，臺民望治之心頗高。一九四八年國家行憲，臺省選舉中央民意代表。一九五一年成立臨時省議會，一九五四年第二屆臨時省議會改由民選產生，一九五九年成立第一屆正式省議會。一九六九年開始在臺灣地區實行中央民意代表增補選，一九七二年開始增額中央民意代表選舉。另外一方面，自一九五〇年八月以後，村里長的選舉、鄉鎮長及縣轄市長的選舉、鄉鎮民代表及縣轄市民代表的選舉、縣市長及縣市議員的選舉，都陸續實行❶。臺灣的民主政治，即在此一政治環境下循序發展。

第一節　民權與民主意識的提高

　　一九五〇年至一九九〇年代初期，臺灣地區的民權和民主意識，主要表現在五方面：① 人權保障的呼籲，② 戒嚴法的反對，③ 司法

---

❶　張玉法，《歷史講演集》（臺北，民國80年），頁432–433。

獨立與政黨退出學校、軍隊的要求，④中央民意代表全面改選的爭取，⑤省市長民選的追求。茲分述於下。

一、人權保障的呼籲

一九四七年制定的中華民國憲法，第二章對人民的權利有明確規定，第七條：「中華民國人民，無分男女、宗教、種族、階級、黨派，在法律上一律平等。」第八條：「人民身體之自由應予保障，除現行犯之逮捕由法律另定外，非經司法或警察機關依法定程序不得逮捕拘禁；非由法院依法定程序，不得審問處罰。非依法定程序之逮捕、拘禁、審問、處罰，得拒絕之。人民因犯罪嫌疑被捕拘禁時，其逮捕拘禁機關應將逮捕拘禁原因，以書面告知本人及其本人指定之親友，並至遲於二十四小時內移送該管法院審問。本人或他人亦得聲請該管法院，於二十四小時內向逮捕之機關提審。法院對於前項申請，不得拒絕，並不得先令逮捕拘禁之機關查覆，逮捕拘禁之機關，對於法院之提審，不得拒絕或遲延。人民遭受任何機關非法逮捕拘禁時，其本人或他人得向法院申請追究，法院不得拒絕，並應於二十四小時內，向逮捕拘禁之機關追究，依法處理。」第九條：「人民除現役軍人外，不得受軍法審判。」第十條：「人民有居住及遷徙之自由。」第十一條：「人民有言論、講學、著作及出版之自由。」第十二條：「人民有祕密通訊之自由。」第十三條：「人民有信仰宗教之自由。」第十四條：「人民有集會及結社之自由。」第十五條：「人民之生存權、工作權及財產權，應予保障。」第十六條：「人民有請願、訴願及訴訟之權。」第十七條：「人民有選舉、罷免、創制及複決之權。」第十八條：「人民有應考試、服公職之權。」❷

---

❷　劉振鎧，《中國憲政史話》（臺北，民國49年），附錄頁1-2。

　　憲法對人民自由權利的保障並非不可限制，雖然憲法第二十三條規定「以上各條列舉之自由權利，除為防止妨礙他人自由、避免緊急危難、維持社會秩序、或增進公共利益所必要者外，不得以法律限制之。」❸但遇有第二十三條列舉之情形，國家即可制定法律，限制人民的自由權利。適憲法頒行之日，中日戰爭甫結束，戰爭所帶來的經濟蕭條、社會動亂有增無已；而中共所推動的共產主義革命，亦已成燎原之勢。在這種情形下，國民大會於一九四八年四月二十八日通過〈動員戡亂時期臨時條款〉❹。其後政府依據臨時條款頒布戒嚴法，使國家長期處在戒嚴體制之下，因此人權的維護，受到很大的限制。對人權保障的呼籲，聲音主要來自兩個方向：一為國內政學界及新聞界的呼籲，二為國際的壓力。國際的壓力最初來自聯合國，聯合國對人權的努力，源於一九四一年美國羅斯福總統就任第三屆總統之前向美國國會提出國情咨文中所強調的人民應享有四大自由，即免於匱乏的自由、免於恐懼的自由、發表意見的自由和信仰自由。其後聯合國憲章便明示或暗示，維持世界和平安全與保護人權互為依賴。在聯合國人權委員會的推動下，到一九四八年十月十日便有包括中華民國在內的四十八個國家在巴黎簽字於世界人權宣言上。人權宣言對簽字各國雖然只是道德的約束，沒有法律的效果，但由於人權委員會會對各國違反人權事件發表調查報告❺，使許多國家不得不有所警惕。對臺灣人權狀況監督較嚴的是美國國務院。美國對友邦的人權狀況極為重視，對受其援助的國家，每以改善人權狀況，作為給予援助的條件之一，

---

❸　同上，頁3。

❹　同上，頁24。

❺　李聲庭，〈聯合國對人權的貢獻〉，《文星》九十期（民國54年4月），頁24-26。

特別在一九七七年卡特就任總統以後。卡特的人權外交，使臺灣在人權措施上不得不特別留意。一九七八年美國與中華民國斷交後，美國制定臺灣關係法，仍以臺灣人權狀況的改善，為維持美國與中華民國非官方關係的一種條件。臺灣關係法中有言：「維護和促進所有臺灣人民的人權是美國的目標。」❻

　　除受國際人權外交的壓力外，國內政學界及新聞界亦常呼籲政府保障人權。國內侵害人權事件，受兩方面的影響，一為法律的不良，二為戒嚴法的限制。本目僅檢討因法律不良而妨害的身體自由，因戒嚴法而妨害的其他人權，則留待下一目討論。

　　近四十多年來，由於妨害身體自由的事件不斷發生，政學界及新聞界呼籲保障身體自由的言論甚多，只能舉例略作說明。一九五一年一月，王雲五有文闡明人身權的重要，謂「基本自由之最基本者為人身權。……因為身體如不得法律的保障，任何其他自由，如言論自由、集會結社自由等，均將失其保障。」王雲五認為「人身權之最關重大者，尤其是生命權。」他除反對亂世用重典外，更呼籲「逮捕必須依法，審判必須依法，結案必須迅速，株連必須審慎。」❼一九五八年十一月，有署名「簡暢」者，亦著文申明此義。除引述前引之憲法第八條外，又引刑事訴訟法的規定，謂檢察官為法定偵查機關，司法警察機關僅有協助檢察官偵查犯罪的職權（二○七至二一○條）；謂拘提被告應用由法院推事或檢察官簽發之拘票（七十七條）；謂被告經法院或檢察官訊問後，認為其犯罪嫌疑重大，始得拘押（一○一條）。「但按諸實際情形，司法警察機關執行拘提犯罪嫌疑人，絕少持有檢察官或推事簽發的拘票。逮捕後亦常常超過二十四小時，未將犯罪嫌疑人

---

❻　張玉法，《歷史講演集》（臺北，民國80年），頁435。

❼　王雲五，〈爭取人民〉，《自由中國》四卷一期（民國40年1月），頁5。

移送該管法院審問。」❸

　　一九五八年十二月，《自由中國》出版《世界人權宣言十週年紀念特刊》，對臺灣的人權狀況作全面的檢討。其有關人身權者，題名為〈你要不要做人〉的社論中指出：人民一天二十四小時之內暴露於警察權力之下和特殊權力的掌握之中；種種可大可小可輕可重的帽子和藉口，隨時左右著大家的幸福安危。又指出：凡受刑事控告者，在未經依法公開審判證實前，即已被視為有罪，遭非刑拷打；在被審判時，亦不能享有答辯上所需之一切保障❾。

　　朱文伯在一篇文章中指出：治安人員、警察人員，不依法定程序，進入人民住宅擅自搜查，所在多有。又指出：出入境，不僅要保人，還要經調查，有些人並非役齡男子，也非匪諜或罪犯，只是政府不喜歡他，入境困難，出境也不容易❿。另外，《自由中國》還舉了不少例證，指責治安機關非法捕人、關人，而不重司法機關審判。例證之一是：一九五五年三月四日立委成舍我在立法院中質詢稱：「龔德柏於三十八（1949）年隨政府撤退來臺以後，三十九（1950）年三月八日忽然失蹤。從那時算起，再過三天，就整整滿了五年。……他究竟犯的甚麼罪？關在甚麼地方？誰都不知道，但似乎誰都知道。這五年中，他沒有受審，沒有判罪，沒有槍斃，卻也總沒有回家。」龔德柏於成舍我質詢後一年多被保釋，但究竟所犯何罪？為何坐牢將近七年之久？政府都沒有交待⓫。例證之二是：《自治研究》半月刊編輯孫秋源於一

---

❸　簡暢，〈法治與武斷〉，《自由中國》十七卷十期（民國47年11月），頁17。

❾　《自由中國》十九卷十一期（民國47年12月），頁5。

❿　朱文伯，〈理論與事實——漫談人權保障問題〉，《自由中國》十九卷十一期，頁17。

⓫　王建邦，〈請政府切實保障人權〉，《自由中國》十九卷十一期，頁24。

九五八年十月二十七日深夜被治安人員抓走，直到十一月二十八日，臺北各報才登載一項警備總部發布的消息，說孫秋源是惡性重大的甲級流氓❷。

治安人員對人身的侵害，除非法的侵犯外，尚有惡法的侵害。一九六三年五月開始，李聲庭（陸嘯釗）在《文星》上陸續發表了十多篇的〈惡法錄〉，對刑事訴訟法的證據法薄弱以及以刑求逼供，以供取證的方式，大加批評。刑事訴訟法第二百七十條規定：「被告之自白，非出於強暴、脅迫、利誘、詐欺或其他不正之方法，且與事實相符者，得為證據。」由於可以自白為證據，而法律既不問是屬於審判外之自白抑是屬於審判中之自白，乃於審判之外，以刑訊取得自白。李聲庭認為：如能照英美法律，被告可以拒絕作證證明其有罪；非出於自願的自白不得採為證據，訊求逼供自然可以消除。李又引刑事訴訟法同條的規定：「被告雖經自白，仍應調查其他必要之證據，以察其是否與事實相符。」❸但因刑事訴訟法中有關證據運用的法則很薄弱，除二百七十條規定者外，第二百六十八條：「犯罪事實應依證據認定之。」第二百六十九條：「證據之證明力，由法官自由判斷之。」在這種情形下，李聲庭認為，法官可以「無法無天」的「以供定案」❹。

---

❷ 《自由中國》十九卷十二期，社論〈從憲法保障人民身體之自由說到取締流氓辦法〉。其他濫捕事件甚多，《自由中國》二十二卷十一期（民國49年5月16日）的社論〈警備總部不應根據盛世才挾嫌誣告而濫行捕人〉，又舉出四人。

❸ 陸嘯釗，〈刑訊與自白——惡法錄之三〉，《文星》六十九期（民國52年7月1日），頁55–56。

❹ 陸嘯釗，〈現行刑事證據法則的大毛病——惡法錄之十二〉，《文星》八十二期（民國53年8月1日），頁30–31。

一九五〇和一九六〇年代的人權呼聲，到一九七〇和一九八〇年代由於新興反對勢力的興起，愈演愈壯闊。譬如一九八〇年三月發生的林義雄住宅血案、一九八一年七月發生的陳文成命案、一九八二年五月發生的王迎先命案，不僅報刊大幅報導、質疑，立法委員也在立法院中嚴詞質詢❶。另外一方面，為人權奔走呼籲的人，繼續從批評法律著手，希望政府有關方面對不合理或不合時宜的法律進行檢討。如一九七九年十一月，尤清引述德國海德堡大學授教雷布拉赫(G. Radbrach, 1878–1949)的意見，從「正義性」上批判違反人權的法律，謂正義是要求公平與合理，如果國家的實定法律牴觸正義性，達到不可容忍的地步時，則法的正義性優於法的安定性；並謂如果國家的實定法律完全否定人權，這是絕對的不正當的法律❶。又譬如一九八二年十月費希平在立法院提出質詢，認為報禁不解除、警總查扣書刊、黨禁不開放、軍法審判平民等都本於戒嚴法，他特別舉出三例：柏楊因翻譯大力水手漫畫，被警總軍法官指為侮辱元首，判刑十二年；李慶榮在《富堡之聲》著文五篇，被警總指為「為匪宣傳」，被判刑五年；美麗島人士以遊行肇事，被軍法判處重刑。因而指摘戒嚴法違反憲政體制❶。

　　政府有關人員忽視人權，可能是基於國家安全和社會安定的考慮。一九五〇和一九六〇年代，有「寧願錯殺一百，不容有一人漏網」的傳言。但隨著臺海情勢的緩和，以及因經濟繁榮而帶來的社會安定，在輿論和各級議會的監督下，政府逐漸改進了人權措施。在人身保護方

❶　費希平，《理想與期待》（臺北，民國79年），頁310–321。

❶　尤清，〈淺談法治與人權保障〉，《美麗島》一卷四期（民國68年11月），頁40–41。

❶　費希平，《理想與期待》，頁113–114。

面，一九七九年美國國務院對臺灣的人權報告有以下的敘述：⑴「一九五〇年代曾有報導說，某些人突然失蹤，生死不明；任意逮捕，現在已很少。」⑵「侵犯民宅在臺灣已不常見，非暴力的搜查雖然發生，卻不常有，而且都是在有搜索證之下進行的。」⑶「監獄情況最近改善許多，但是有關醫療不足的報告繼續存在。」⑱一九八〇年的報告亦申明：刑求極少見，死刑極少見，軍法審判案例不多，無端侵入住宅搜索極少見，隨意逮捕極少見，監獄狀況已改善⑲。不過，美國國務院對臺灣的人權報告，只是大體而言，就實際的情況來說，侵犯人身權事件，一直到一九八七年解嚴前後，才真正「少見」。

二、戒嚴法的反對（上）：言論自由問題

　　一九四九年五月大陸剿共軍事逆轉，共軍於四月二十日渡長江後分兵三路進向華南，臺灣省政府暨臺灣省警備司令部，基於國防安全需要，宣布自一九四九年五月二十日起，全省戒嚴。其要點為：⑴除基隆、高雄、馬公三港外，其餘各港一律封鎖，基隆、高雄兩港市，每日上午一時起至五時止，為宵禁時間。⑵嚴禁聚眾集會、罷工、罷課及遊行請願等行動；嚴禁以文字標語或其他方法散布謠言。⑶居民無論家居外出，皆需隨身攜帶身份證，以備檢查，否則一律拘捕。⑷造謠惑眾、聚眾暴動、搶劫財物、罷工罷市、鼓動學潮、破壞交通者處死刑。接下來，政府各機構相繼制定許多輔助戒嚴的法規，譬如一九四九年五月二十四日，立法院通過〈懲治叛亂條例〉，對擾亂治安、金融及煽動罷工、罷課、罷市者，均處以重刑。五月二十七日，臺灣省警備司令部訂定〈戒嚴期間防止非法集會、結社、遊行、請願、罷

⑱　見《八十年代》一卷一期（民國68年6月），頁25–26。

⑲　見民國69年2月6日《中國時報》四版。

課、罷工、罷市、罷業等規定實施辦法〉及〈戒嚴期間新聞雜誌圖書管理辦法〉。　此類戒嚴法令，此後隨局勢穩定，時有修訂或廢止，即實行中的法規，在執行上亦時寬時嚴、有寬有嚴，但許多戒嚴法令，一直實行到一九八七年七月十五日臺灣地區開始解嚴後，才陸續廢止或修訂❷。

　　輿論對戒嚴法及有關法規的反應，除前所述的人身保護外，最重要的是反對思想控制，爭取言論自由（包括著作、出版的自由）。　一九五〇年五月一日，殷海光在《自由中國》著文，雖然贊同在反共抗俄的過程中「齊一心志」，但反對「思想統一」，因為反共抗俄是為了「自由民主」，「自由民主」和「統一思想」二者不相容❷。一九五一年六月一日出版的《自由中國》發表社論〈政府不可誘民入罪〉，　對重治「金融罪」有所非議，引起治安機關的不滿。胡適以此辭去發行人之職，以示抗議。行政院院長陳誠為此特致函胡適，表示對胡的諍言當本「有則改之，無則加勉」之衷忱，欣然接受❷。到是年十月一日，《自由中國》發表社論〈言論自由的認識及其基本條件〉，聲明言論自由乃是天賦人權，沒有人應該剝奪任何人說話的權利；凡誠意的實現政治民主者，必須尊重並且維護言論自由❷。

　　此後，《自由中國》發表爭取言論自由的文稿約有三方面：一為發

---

❷　張玉法，〈從戒嚴到解嚴的一萬三千九百三十五天〉，《自立晚報》，民國76年7月20日。

❷　殷海光，〈關於「統一思想」底問題〉，《自由中國》二卷九期（民國39年5月1日），頁7-8。

❷　胡適辭發行人函，見《自由中國》五卷五期（民國40年9月1日），　陳誠致胡適函，見該刊五卷六期（民國40年9月16日）。

❷　見該刊五卷七期。

表社論或專論，從學理上說明；二為對查禁出版品事件加以評論；三
為對出版法的批判。《自由中國》專為言論自由所發表的社論或專論，
重要者有：

① 一九五四年八月十六日社論〈對文化界清潔運動的兩項意
見〉： 批評是年七、八月間中國文藝協會所發起的「文化界清
潔運動」， 該運動的目的，為「掃除赤色、黑色、黃色三害」。
赤色是宣傳共產，黃色是妨害風化，黑色是內幕雜誌造謠生事、
揭發陰私、敲詐勒索。該社論主張：「對於一切違法出版品，
如所謂赤黃黑三害的制裁，只有依照程序，由法定機關合法檢
舉， 或受害者合法起訴，經法院審判。……不必另採其他步
驟。」❷❹

② 一九五五年二月十六日社論〈有容乃大，無慾則剛〉：對圍
剿《自由中國》的言論表明立場，勸政府「有容乃大」， 勸輿
論界「無慾則剛」❷❺。

③ 一九五五年十二月一日社論〈論言論與新聞的管制〉：引證
一些新聞不能見報、一些事件不准評論的事例，說明「臺灣沒
有言論自由，臺灣沒有新聞自由。」❷❻

④ 一九五七年十二月十六日社論〈我們的新聞自由〉：指陳臺
灣的報刊、廣播等媒體評論千篇一律，對發表獨立意見的《自
由中國》痛加圍剿；建議政府鼓勵批評，並開放報紙登記❷❼。

---

❷❹　見該刊十一卷四期。
❷❺　見該刊十二卷四期。
❷❻　見該刊十三卷十一期。
❷❼　見該刊十七卷十二期。

⑤一九五八年九月十六日社論〈扼殺民營報紙的又一辦法〉、十二月一日社論〈政府不應用經濟方法打擊民營報紙〉：　政府以臺灣紙產增加，將報紙篇幅放寬，因此日報多從對開一張半增加到兩張、晚報多從四開一張增加到對開一張。政府不從開放登記新報紙開始，而從增加報紙篇幅做起，目的在打擊資力薄弱的民營報紙，因官報黨報向臺銀貸款方便、廣告和訂戶都有官方支持，而民營報紙則否❷⑧。

在對查禁出版品的評論方面：①一九五五年六月一日出版的《自由中國》刊載讀者投書，謂最近國民黨黨部及政府當局下令各機關學校圖書室徹底查封禁書，開列中共及附共份子名單千餘人，凡在名單之內的作者所編寫的書籍一律查禁。投書人呼籲轉緩查禁與反共抗俄大業無礙的書籍❷⑨。②一九五七年八月一日出版的《自由中國》轉載香港《祖國周刊》社論〈對盲目檢扣書報的抗議〉，　謂自海外寄來臺灣的書，許多被海關查扣焚燒，造成了臺灣文化的自我封閉❸⓪。③一九五八年一月一日出版的《自由中國》發表社論〈為《自治》半月刊橫遭查扣而抗議〉：　謂一九五七年八月二十五日出版的《自治》半月刊，因刊載臺灣省議會第三屆第一次大會議員們對省政施政的嚴厲質詢而遭查禁。此種任意查扣書刊情形，實為號稱「自由中國」的最大恥辱❸①。④一九五九年四月十六日出版的《自由中國》刊載讀者投書，舉出一九五七至一九五八年間因翻印舊書而惹禍的事，其中之一是經

❷⑧　前文見該刊十九卷六期，後文見該刊十九卷十一期。

❷⑨　見該刊十二卷十一期。

❸⓪　見該刊十七卷三期。

❸①　見該刊十八卷一期。

營啟明書局的沈志明夫婦於一九五八年間翻印馮沅君的《中國文學史》，此書係二十二年前馮在安徽大學的講稿，因中有〈無產階級文學興起〉一節，治安機關認涉嫌「為匪宣傳」，沈氏夫婦因此被扣押偵訊，經旅美四科學家吳大猷、吳健雄、楊振寧、李政道電請當局從寬處理，沈氏夫婦始獲釋**❷**。⑤一九五九年七月一日出版的《自由中國》發表社論〈憑甚麼查扣《自由人》〉，指出六月十日出版的《自由人》(香港)，因刊載左舜生的〈有話總要說〉被查扣，因該文反對修憲使蔣介石得第三次連任總統；六月二十日出版的《自由人》亦被查扣，因刊載不具姓名的〈天理、國法、人情〉一文，該文亦反對蔣介石修憲連任。對《自由人》連續遭受查扣一事，《公論報》於六月十八日和二十五日曾發表兩篇社論提出抨擊，而《徵信新聞》、《聯合報》、《自立晚報》等也都提出嚴正的指摘。《自由中國》在社論中呼籲立刻撤銷警備總部的書刊聯審小組**❸**。各方聲援無效，《自由人》因受到多方打擊，到九月十三日不得不宣布停刊**❹**。

至於對出版法修訂案的批評，主要因為在一九五八年三至六月間，行政院促使立法院修訂出版法，加強行政處分。出版法的修訂案行政院於三月二十八日提出，至六月二十日在立法院通過。對出版品的行政處分包括：①警告，②罰鍰，③禁止出售、散布、進口、或扣押、沒入，④定期停止發行，⑤撤銷登記。出版品之記載，觸犯或煽動他人觸犯內亂罪、外患罪，情節重大，經依法判決確定者，由內政部予以撤銷登記**❺**。在出版法修訂案通過之前，不僅《自由中國》發表

---

❷ 見該刊二十卷八期。

❸ 見該刊二十一卷一期。

❹ 《自由中國》卷二一期八社論〈從《自由人》被扣談到《自由人》停刊〉。

社論抨擊，臺灣的民營報界、臺灣省雜誌事業協會、臺北市新聞通訊協會、臺灣省臨時省議會、高雄市議會，以及部分立監委員，均紛紛抨擊；在香港，一群自由反共人士，包括文化界、大學教授、黨派領袖等四十五人，以左舜生領銜，用中英文發表公開抗議[36]。及出版法修訂案通過，香港《星島日報》於六月二十一日以〈悲自由中國〉為題發表社論，指「自撤出大陸以來，昨日為自由中國最悲慘的一日。」[37]一九五八年六月二十八日新出版法公布實施，仍未開放新報紙的登記，《自由中國》於是年七月十六日發表社論，要求將創辦新報的限制加以解除[38]。

在一九五〇年代，《自由中國》是爭取言論自由的重要喉舌，其他言論機關或個人在這方面亦作了不少努力，如一九五〇年代後期，陶百川在《文星》著文、沈雲龍在《公論報》等著文，均鼓吹新聞自由。一九五八年四、五、六月間，輿論討論出版法修訂問題時，全省各報代表謁見行政院長俞鴻鈞，要求自立法院撤回出版法修正草案，為俞所拒。報業公會向立法院提出請願，立法院拒絕審查。香港文化學術界及黨派領袖等四十五人，由左舜生領銜，對立法院祕密審查的出版法修正草案發表公開抗議。沈雲龍為此，屢於《公論報》著論，除解析各方抗議情形外，並引一九一二年臨時大總統孫中山取消「報律」為例，建議行政院撤回出版法修正案[39]。另一方面，陶百川在《文星》

---

[35]　《自由中國》十九卷一期（民國47年7月1日）社論〈國民黨當局應負的責任和我們的努力〉，頁3。

[36]　《自由中國》十八卷十二期（民國47年6月16日）社論〈國民黨當局還不懸崖勒馬〉，頁5–6。

[37]　同[35]，頁4。

[38]　《自由中國》二十三卷二期，頁6。

所發表的文章中，亦力主維護新聞自由，認為此自由為限制政府為所欲為的緊箍咒❹。一九五八年六月二十一日出版法修正案在立法院獲通過，沈雲龍指係「中華民國建國四十七年來最足以傷損人民自由權利的一件大事」❹。一九五九年五月發生查扣《世界評論》事件，六月又連次發生查扣香港《自由人》事件，沈雲龍均著文予以揭露與抨擊❹。一九六〇年八月，陶百川感於中華民國因無新聞自由，國際新聞學會拒絕中華民國加入，乃著文建議政府解除新聞紙的禁令，讓人民自由辦報❹。餘不備舉。

　　一九六〇年《自由中國》停刊後，鼓吹言論自由的聲音減弱。到一九七〇年代新的反對勢力興起後，鼓吹言論自由的聲浪再起。譬如一九七六年二月，出版才五期的《臺灣政論》被處分停刊一年，費希平在立法院提出質詢，要求保障言論自由❹。又譬如一九七九年七月號《八十年代》發表有關言論自由的文章五篇❹，九月號又發表有關

---

❸　民國47年4月16日《公論報》，〈請效法民初取消「報律」的榜樣〉；民國47年5月28日《公論報》，〈爭取新聞自由應堅定立場〉；民國47年5月31日《公論報》，〈請注意香港自由人士的抗議〉。

❹　陶百川，〈緊箍咒與新聞自由〉，《文星》七期（民國47年5月1日），頁5–6。

❹　民國47年6月21日《公論報》，〈出版法修正案三讀通過〉。

❹　民國48年2月21日《公論報》，〈查扣書刊〉；同報6月18日，〈《自由人》被扣〉；同報6月25日，〈《自由人》再度被扣〉；《民主潮》九卷十三期（民國48年7月1日），〈從《自由人》被扣事件說起〉。

❹　陶百川，〈何不痛快堂皇准辦新報〉，《文星》三十四期（民國49年8月1日），頁8。

❹　費希平，《理想與期待》（臺北，民國79年），頁48。

❹　《八十年代》一卷二期。

言論自由的文章三篇❻；是年九月號《美麗島》更刊載八十年代雜誌社、拓荒者出版社、春風出版社、春風雜誌社、鼓聲雜誌社、禁書作者聯誼會和美麗島雜誌社聯合啟事，對政府一再查禁書刊表示抗議，聲言要為言論自由奮鬥到底❼。再譬如費希平在立法院中對言論自由問題的不斷質詢，除前述者外，一九八〇年九月為李慶榮在《富堡之聲》撰文被判刑五年提出質詢、一九八二年七月為《海潮》與《國是評論》被處分停刊一年提出質詢等❽，均為言論自由呼籲。

　　一九七〇和一九八〇年代，除政論性的雜誌和立監兩院在言論自由方面所表達的急切聲音之外，尚有較溫和的聲音，譬如在一九八〇年代中期復刊的《文星》雜誌，繼續以其較溫和的聲音，提出對言論自由的意見。有的文章認為，言論自由是構成合理性社會的要件，應予維護❾；有的文章認為報紙解禁以後，應建立規範，防止報業壟斷，以塑造公平的自由競爭環境❿。但《文星》復刊之際，國家解除戒嚴，開放黨禁、報禁，言論自由的問題，大體已不復存在。

三、戒嚴法的反對（下）：黨禁問題及其他

　　除新聞自由外，戒嚴法所妨害的另一自由是人民集會、結社的自由，包括政學界最關切的組黨自由在內。早在一九五〇年四月一日，

---

❻　《八十年代》一卷四期。

❼　《美麗島》一卷二期，頁66。

❽　費希平，《理想與期待》，頁304–309，322–323。

❾　陳黎華，〈言論自由——構成合理性社會的要件〉，《文星》一一六號（民國77年2月1日），頁8。

❿　李金銓，〈沒有公平環境，怎麼自由競爭〉，《文星》一〇六期（民國76年4月1日），頁5–8。

主持《自由中國》的雷震即有文為反對黨爭取權利，要求給予反對黨以組織、言論和出版的自由❺。當時臺灣的反對黨只有青年黨和民社黨，但由於力量薄弱，對執政黨沒有制衡的力量。到一九五四年十一月十六日雷震再著文，希望國民黨培植較大的反對黨，其辦法有三：一為由國民黨分化而出，二為由在野黨聯合組織，三為重新組織新黨❺。其後自一九五七年六月至一九六〇年九月停刊前，《自由中國》對反對黨的討論愈來愈多，最後且直接從事組黨運動。茲將鼓吹反對黨的重要論文及報導表列於下：

作　者	題　　目	要　　　　　　　點	發表時間
牟力非	略論反對黨問題的癥結	反對黨的組織和發展不繫於執政黨的幫助，而在於廣大民眾的支持。	1957.2.1❺
朱伴耘	反對黨！反對黨！反對黨！	反對黨是反對執政黨的政策，非反對國家；盼結束反對黨的討論，促成反對黨的成立；民青兩黨應退出友黨地位，聯合其人士組強大反對黨。	1957.4.1❺
朱伴耘	再論反對黨	無強大反對黨，選舉只有投票，沒有選擇；一黨執政太久，會腐化自私；組織反對黨不能靠政府，要自己發動。	1957.9.16❺
傅　正	從責任政治說到反對黨	人民若在同一黨內選舉，所選擇的是人，而非政策；開明的國民黨員可以自國民黨分出，或更結合民青兩黨，另組新黨。	1957.10.1❺

---

❺　雷震，〈反對黨之自由及如何確保〉，《自由中國》二卷七期（民國39年
　　4月1日），頁14–15。

❺　雷震，〈我們五年來工作的重點〉，《自由中國》十一卷十期（民國43年
　　11月16日），頁8。

❺　見該刊十六卷三期。

❺　見該刊十六卷七期。

(社論)	反對黨問題	沒有強大的反對黨不會有健全的政黨政治，民青兩黨缺乏遠大抱負，僅想分享權力，應以政團同盟方式，在自由民主的理念下組黨，以監督政府、實現主張為初步目標，不必急於執政。	1958.2.16 ❺❼
朱伴耘	三論反對黨	組反對黨的目的不是分贓，應結合各種在野人士，由孚重望的人發起組織新黨，以容忍異見，多數決定的辦法，解決內部的歧見。	1958.2.16 ❺❽
朱伴耘	四論反對黨	組新黨的五個原則：一是不標榜主義，只實行民主政治；二是不採領袖制，以防獨裁；三是不設特務組織；四是不以革命口號或利益誘人入黨；五是黨內無階，以免異日與官階比照。	1958.5.1 ❺❾
(社論)	積極展開新黨運動	胡適多次建議成立新黨，《自由中國》一再鼓吹成立新黨，但胡適希望國民黨分為兩黨似不可能，只好結合有共同理想的知識份子而組織。	1958.6.16 ❻⓿
黎　復	反對黨勢在必組	駁斥各種反對組黨的理由，尤反對執政黨以「天下為私」，認為組黨的時機已成熟，應以聯合簽名發布成立宣言的方式組黨。	1958.8.16 ❻❶
朱伴耘	五論反對黨	如無強大反對黨供人民選擇，僅有言論自由亦不能行民主政治。籌組新黨要先解決四大問題：一、使新黨人士出入國境順利，二、新黨黨員受各種法律保障，三、在野黨必須充分享有言論自由，四、在野黨與朝黨平等。	1958.9.1 ❻❷
朱伴耘	六論反對黨	強大反對黨能否組成，其權操諸多數同胞的認識與決定，而不操諸少數人的權力與聲望。	1959.5.16 ❻❸

---

❺❺　見該刊十七卷六期。

❺❻　見該刊十七卷七期。

❺❼　見該刊十八卷四期。

雷　震	我們為什麼迫切需要一個強有力的反對黨	民主政治必須有不同的黨代表不同的意見，為防止國民黨腐化，防止國民黨獨霸選舉，應速組反對黨。	1960.5.16 ⑭

一九五七年至一九六〇年間，《自由中國》從理論上討論反對黨問題三年多，最後決定實施組黨，這引起各方面的「關懷」。《自由中國》一一予以反駁。譬如一九六〇年六月三日，行政院院長陳誠表示：「如果都是落伍政客與地痞流氓，為了私利組織反對黨，當然不行。」又表示：「如果違背國策，違背反共抗俄，政府一定加以取締。」《自由中國》乃於七月一日發表社論，指「政府已經準備拿『匪諜』和『流氓』這兩頂帽子胡亂扣到今天正在籌組新黨的在野人士頭上去。」 ⑮又譬如是年七月二十九日，《中央日報》發表社論，謂新黨若成立，國民黨將不承認。七月三十一日《新生報》、《中央日報》等都有消息披露，謂「匪透過港統戰份子，支持臺灣『新黨』活動，企圖實現其顛覆政府陰謀。」 雷震於八月十六日發表專論，駁斥上述的「謬論和誣衊」，強調組織反對黨的目的在「有效制衡」與「和平交替」⑯。到

---

⑱　同上。

⑲　見該刊十八卷九期。

⑳　見該刊十八卷二十期。

㉑　見該刊十九卷四期。

㉒　見該刊十九卷五期。

㉓　見該刊二十卷十期。

㉔　見該刊二十二卷十期。

㉕　《自由中國》二十三卷一期社論〈與陳兼院長論反對黨〉。

㉖　雷震，〈駁斥黨報官報的謬論和誣衊〉，《自由中國》二十三卷四期，頁7–9。

是年九月一日《自由中國》發表社論〈大江東流擋不住〉，對「國民黨權勢核心策動之下的言論、報刊，不惜違拂常識和心意、拗逆世界民主潮流、對於籌組新黨的民主愛國人士橫加侮辱威脅」表示極大的不滿，聲言「凡屬大多數人合理的共同願望遲早總有實現的一天」[67]。同期《自由中國》並發表雷震、李萬居、高玉樹的「緊急聲明」，謂新黨將於九月底以前宣告成立[68]。但九月四日，《自由中國》發行人雷震因涉嫌叛亂被提起公訴，到十月八日，雷震被判處十年徒刑[69]，組織反對黨的計劃，自然就胎死腹中。

在《自由中國》籌組的反對黨即將成立的時候，引起政府有關方面的疑慮，甚且謂「籌組中的反對黨，沒有博大精深的主義，沒有適切可行的政綱，甚至於是一個由地痞、流氓、失意官僚和政客所雜湊成的集團」，《文星》雜誌著文為籌組中的反對黨助勢，謂「如果執政黨真有國父孫中山先生公天下的胸懷而不以國家為私有，則相反正所以相成，又何必對籌組中的反對黨有過多的疑忌?」[70]但文章發表月餘，《自由中國》主持人被捕，此後就甚少有鼓吹組織反對黨的文章發表。

一九七○年代以後，透過中央民意代表的增補選，反對勢力再起，反對派的報刊偶而轉載《自由中國》中論述反對黨的文章，對於組織反對黨的理論無多發揮。但卻不斷突破禁忌，使反對勢力組織化。另一方面，主張結社自由的立委亦在立法院中不斷要求政府開放黨禁。

---

[67]　見《自由中國》三十三卷五期，頁4-6。

[68]　同上，頁16。

[69]　劉紹唐，《民國大事日誌》第二冊，頁1066，1067。

[70]　凌峻，〈報人、政府、反對黨〉，《文星》二十四期（民國49年8月1日），頁9。

譬如費希平一九七六年二月的質詢、一九七九年十月的質詢、一九八
二年十月的質詢、一九八六年十月的質詢等**❼**，都要求開放黨禁。在
這種情形下，政府在決策上漸傾向走開放黨禁的路，以疏解民力和民
怨。而在一九八六年九月，反對勢力貿然宣布民主進步黨成立，政府
為避免政治衝突，未依戒嚴法加以取締，次年乃有解除戒嚴、開放黨
禁的宣布。

關於集會結社的自由問題，報刊討論較少。一九五九年十一月十
六日出版的《自由中國》有文論人民的集會結社自由，謂我國憲法保
障集會結社自由，刑法中所限制的，也只是意圖或實施「強迫的集會」
和「以犯罪為宗旨的結社」，但近十年來，人民團體各種集會通常都
要事前報請主管機關派員指導，否則就要受到治安人員的干擾；人民
組織任何社團，必須先由發起人報請主管機關核准，否則就是非法組
織。該文最不滿意的是申請結社常不予批准，因此認為中華民國不是
「法治國家」**❼**。

在《自由中國》的時代過去以後，第二波爭取集會結社自由是在
一九七〇年代以後。當時政治及社會均漸開放，集會結社的自由已不
是理論問題，只是礙於戒嚴法，集會結社不得不受限制。不過，在戒
嚴法廢止的前幾年，民間已有一些法外的集會結社，政府並未嚴加取
締，僅依集會遊行法略加規範而已。

除言論自由和集會結社自由外，戒嚴法頒布後，其他方面對人權
的侵害尚多，僅舉軍法審判和金融管制二事加以說明。軍法的無限擴
張，嚴重影響司法權。部分報刊為此不斷提出呼籲，政府亦不斷對軍

❼ 費希平，《理想與期待》，頁48–49，81–83，115–117，190–193。

❼ 朱文伯，〈談談人民的集會結社自由〉，《自由中國》二十一卷十期，頁
6，10。

法與司法的權限加以釐整。一九五一年十月十七日，行政院通過〈臺灣省戒嚴時期軍法及司法機關受理案件劃分暫行辦法〉，規定下列六事應交軍法審判：①內亂罪，②外患罪，③妨害秩序罪，④公共危險罪，⑤搶奪強盜及海盜罪，⑥恐嚇及擄人勒索罪。但與軍事或地方治安無重大關係者，應交由司法機關審判；下列四事應由司法機關審判：①偽造貨幣、有價證券及文書印信各罪，②殺人罪，③妨害自由罪，④毀棄損害罪，但與軍事或地方治安有重大關係者，仍應由軍法機關審判。此一辦法的最大缺點是「重大關係」一語過於籠統❼❸。到一九五二年五月十日行政院將此辦法加以修訂：軍法機關自行審判之案件，以下列五事為限：①軍人犯罪，②犯戡亂時期檢肅匪諜條例、懲治叛亂條例所定之罪，③犯懲治盜匪條例所定之罪，④非軍人勾結軍人犯懲治走私條例所定之罪，⑤犯刑法公共危險、妨害秩序之罪於地方治安有重大危害者。但仍不滿人意，尤以第五款過於籠統❼❹。到一九五四年十月，政府再將軍法審判的範圍縮小：①軍人犯罪，②犯戡亂時期檢肅匪諜條例、懲治叛亂條例所定之罪❼❺。雖然軍法審判的範圍逐漸縮小，但在執行上，妨害人權之處仍多。一九五六年九月監察院月會通過的有關保障人權的提案，可為佐證：「為臺灣省保安司令部對於無軍人身份之人民及官吏，往往輒行逮捕，經長期間之扣押偵訊，然後移付法院，不惟逾越軍法劃分之權限，抑且有損

❼❸　《自由中國》五卷九期（民國40年11月1日）社論，〈軍法與普通司法的劃分〉。

❼❹　《自由中國》六卷十期（民國41年5月1日）短評，〈軍法與司法劃分的進步〉。

❼❺　《自由中國》十一卷九期（民國43年11月1日）社論，〈軍法再進一步的革新〉。

法院檢察處之偵查權，擬請司法委員會調查，以重人權，而崇法治。」❼

金融管制的法令，亦對人權構成威脅。金融管制法所規範的金融罪主要有三：①買賣金融，②套匯，③地下錢莊。這三項罪行一經破獲，都可援用「妨害國家總動員懲罰暫行條例」，由軍法加以審判。一九五一年五月，《自由中國》記者發現有不肖公務員在獲取獎金或懲處投機份子的動機下，故意誘人犯金融罪，乃發表〈政府不可誘民入罪〉的社論❼，引起社會很大的震撼。其後，因開設地下錢莊、買賣金鈔、套匯等獲罪者時有所聞。直到一九八〇年代中期解除戒嚴、實行金融自由化、並放寬外匯管制以後，這方面的問題始獲改善。

四、司法獨立與政黨退出學校、軍隊的要求

司法獨立是憲政的一部分，但有些制度的問題，也有些人為的問題，使司法未能獨立。一九五三年五月，監察委員鄺景福等五十一人在院會中提案，認為現行司法制度，最高法院雖隸屬司法院，但高等法院以下各級法院，則屬行政院的司法行政部，顯與憲法第七十七條的原意不符（按憲法第七十七條：「司法院為國家最高司法機關，掌理民事、刑事、行政訴訟之審判及公務員之懲戒。」），經院會通過，函請大法官解釋。但無下文❼。這是制度的問題。一九五六年八月十六日《自由中國》發表社論謂：「司法如何獨立呢？即：任何其他的權勢（至於執政黨黨部，更不待言），不能干預司法；法官在司法過

---

❼　《自由中國》十五卷七期（民國45年10月1日）社論，〈司法偵查權不容侵越〉。

❼　《自由中國》四卷十一期（民國40年6月1日）社論。

❼　民國49年8月25日《公論報》，〈司法行政部應改隸司法院〉。

程中，唯法是守，不接受任何指示。」[79]一九五七年七月一日《自由中國》再發表社論，一方面指斥「審判失去獨立的精神，司法變成了政治的工具」，另一方面也指斥審判畸重畸輕受金錢左右，「司法界現成了貪污集團」[80]。一九五九年一月十三日《公論報》發表社論，指供職法院的推檢，絕大多數隸執政黨籍，一切唯黨命是從，認為要做到司法獨立，必須實行憲法第八十條[81]。（按憲法第八十條：「法官須超出黨派以外，依據法律獨立審判，不受任何干涉。」）這些是人為的問題。一九五〇年代以後對司法獨立的要求，一直從制度的問題和人為的問題兩方面謀求解決。一九五八年，監察院年會總檢討，希望從制度上做到審判獨立。檢討意見第二十九項謂：「為求審判之獨立，憲法第七十七條規定，法院應屬於司法院。現在最高法院雖屬於司法院，但高等法院及地方法院則尚屬於行政院。本院曾請大法官予以解釋。現聞各方理念漸趨一致，法院改隸，可望實行。允宜早日實現，以符憲法規定。」雷震為此於一九五九年二月一日發表專論，更要求從人為的方面做到司法獨立，他認為干涉司法審判的首位，要數國民黨而非行政院，因此他要求：「所有推事、檢察官一律不准入黨，凡已入黨者，不論屬於國、青、民那一黨，限期脫黨。」[82]

　　制度上的司法獨立要做到審檢分離。掌理高等法院和地方法院的司法行政部改隸司法院，各級法院負責審判。至於檢察機構應隸行政院抑司法院，有不同的意見。一九六〇年八月十五日司法院大法官會議作成解釋，確認高等法院和地方法院應改隸司法院。是月二十五日

---

[79]　《自由中國》十五卷四期社論，〈建立法治〉。

[80]　《自由中國》十七卷一期社論，〈今日的司法〉。

[81]　沈雲龍，〈整頓教育風氣與維護司法獨立〉，民國48年1月13日《公論報》。

[82]　雷震，〈各級法院應不應該隸屬司法院〉，《自由中國》二十卷三期。

《公論報》發表社論，主張掌理檢察的司法行政部，亦應劃歸司法院管轄❽。但政府對此沒有反應。

一九七〇年代以後，司法獨立的呼聲再起。立法院中常有司法獨立問題的質詢，譬如費希平在一九七二年九月的質詢、一九七八年二月的質詢、一九七八年九月的質詢、一九七九年二月的質詢等❽，均要求將行政院司法行政部所隸的高等法院和地方法院劃歸司法院管轄。另一方面，一九七九年一月，時國民黨中常會推動改革草擬方案，擬將高等以下法院改隸司法院❽，輿論方面也繼續催促，譬如是年三月，《中國論壇》舉行座談會，討論「法院改隸問題」。《中國論壇》七卷十二期發表了座談會紀錄，並發表了李鴻禧的〈論司法行政之改隸與司法制度之徹底革新〉。李歸納當時一般的意見是：將高等以下各級法院改隸司法院，原司法行政部所屬檢察、獄政等事務，仍屬行政院，亦即審檢分立，使審判部分歸司法院，偵查及刑事部分歸行政院❽。政府改革的方向，大體亦本於此。一九八〇年一月一日，開始實行審檢分離，高等法院與地方法院改隸司法院，行政院的司法行政部改為法務部，掌理檢察及監獄管理等事務。

至於法官退出政黨問題，前引一九五九年一月沈雲龍假《公論報》、一九五九年二月雷震假《自由中國》，均提出呼籲，但無效果。在政府將高等法院和地方法院劃歸司法院以後，費希平於一九八〇年二月

---

❽　亦有主張審檢均應隸屬司法院者，見民國49年8月25日《公論報》，〈司法行政部應改隸司法院〉。

❽　費希平，《理想與期待》，頁38–39，54，58–59，69–70。

❽　見民國68年1月31日《臺灣時報》社論，〈新年中的一個新希望──司法獨立能夠迅速實現〉。

❽　引文見該期《中國論壇》，頁25。

在立法院提出質詢，要求在修改後的司法院組織中必須規定，司法院上至院長下至書記官，凡是參加政黨者，應一律公開聲明退黨，以達司法獨立的目的[87]。質詢未獲回應。

有關法官退出政黨問題，到一九八七年七月解除戒嚴後，輿論討論漸多，政府亦作了若干調整措施，留待第二節再論述。

關於政黨退出軍隊的問題，在一九五九至一九六〇年間，《自由中國》曾經多次討論。早在一九五七年八月，《自由中國》就曾在一篇社論中指出：「國民黨的特種黨部，在軍隊裡面活動的結果，使黨員士兵與非黨員士兵之間，發生隔膜，離心離德，乃至相互猜忌。」[88]到一九五九年三月十六日，《自由中國》便正式發表〈我們反對軍隊黨化〉的社論，此社論引據憲法一百三十八條：「全國陸、海、空軍，需超出於個人、地域及黨派關係之外，效忠國家，愛護人民。」聲言「國民黨在三軍中的任何活動都是違憲的，應該一概停止。」[89]是年十月十六日的《自由中國》有一篇專論，對國民黨以黨領軍的歷史及內涵作了深入的分析[90]。到一九六〇年夏間，《自由中國》為急切推動成立反對黨，更在多篇文章中表明「國民黨須退出軍隊、警察和學校與司法機關」[91]，表明「軍隊、警察屬於國家，……不受黨的操縱與指揮，……」、「維護司法獨立，司法官應退出黨的組織」、「黨派退出學

---

[87]　費希平，《理想與期待》，頁85。

[88]　《自由中國》十七卷四期（民國46年8月16日）社論，〈我們的軍事〉。

[89]　《自由中國》二十卷六期，頁3。

[90]　曲靈均，〈論國民黨「以黨領軍政策」〉，《自由中國》二十一卷八期，頁9–11。

[91]　雷震，〈我們為什麼迫切需要一個強有力的反對黨〉，《自由中國》二十二卷十期（民國49年5月16日），頁10。

校，二十歲以下的學生不得加入任何政黨」❾❷。

　　關於政黨應該退出學校，在一九五九至一九六〇年間，《自由中國》和《公論報》都屢次發表社論，討論此一問題。一九五九年一月《公論報》的社論題名〈整頓教育風氣與維護司法獨立〉，認為教育問題最嚴重的，是目前仍然沿襲黨化教育的老路，所有學校均在黨團控制之下，力求桎梏學生身心，而把思想定於一尊，作為政治的工具。因為黨團可以干涉學校行政，可以排除異己，其危害是不可勝言的。假使在這方面能夠解除黨團的箝制與束縛，從廢止黨化教育的桎梏入手，然後教育風氣才可以發生重大轉變，而呈現無限的生機❾❸。一九六〇年《自由中國》的社論題名〈學術教育應獨立於政治〉，該文的基本信念是：「每一個人的生命是屬於他自己的，沒有人有權藉著國家的名義加以塑造，然後拿去作一黨的政治資本。」因此也反對「在學校建立黨化的政治組織，控制校內師生的生活，掌握學生的社團生活」；反對「安置祕密或半祕密的安全人員，駐校偵察並監視教師及學生的言論和思想」❾❹。一九六〇年的社論因國立政治大學李聲庭教授不續聘案（因發表批評教育措施文字）而起，除指摘學校安全人員控制師生思想外，更指出「在臺灣大中學校強迫學生習讀一黨黨義」為不合理❾❺。是年《公論報》亦發表社論，舉前數年國立臺灣大學解聘鄭學

---

❾❷　葉時修，〈反對黨不能組織起來嗎〉，《自由中國》二十三卷一期（民國49年7月1日），頁8-9。

❾❸　見民國48年1月13日《公論報》。

❾❹　《自由中國》十八卷十期（民國47年5月16日）社論，頁3-4。此社論由殷海光主稿，民國68年10月《八十年代》一卷五期轉載之。

❾❺　《自由中國》二十三卷三期（民國49年8月1日）社論，〈黨霸教育的真面目〉。

稼、盛成兩教授的案例，指解聘李聲庭為國家最高學府的「黨同伐異」之風❾❻。

　　《自由中國》停刊後，二十多年間，要求政黨退出學校的呼聲減弱。一九七九年十月，《八十年代》轉載了前引一九六〇年《自由中國》的社論，反對政黨干涉學校。一九八二年六月，《八十年代》復發表專文，批評大中學校的軍訓教育教官制度❾❼。一九八七年解除戒嚴後，林玉体有文高唱〈黨化教育可以休矣〉，要求清除國民黨黨團在校園內的活動、教材不受政黨污染、廢除校園內負責思想安全工作的人❾❽。下文即將論述，政府在這方面亦逐漸調整。

五、中央民意代表全面改選的爭取

　　中央民意代表，選於一九四八年行憲之初，一九四九年大陸淪陷，中央民代無法改選，繼續延任，引起各方不滿。一九五八年九月，《自由中國》在一篇專論中，曾提出全面改選的建議，其辦法是：①國大代表四百人，其中二百四十人由留臺大陸同胞中選出，照四十七省市及蒙古等特別區域分配；六十名由海外僑胞選出，以人數多寡分配；一百名由臺灣同胞選出。②立監委員人數未定，大陸籍立監委員照現有在臺各省人數的多寡分配，每省至少二人，至多不超過五人。在臺大陸同胞選出之立監委佔總數百分之六十，海外佔百分之五，臺灣同胞佔百分之三十五❾❾。一九五九年，青年黨主席左舜生認為短期內反

---

❾❻　民國49年8月11日《公論報》社論，〈論政大副教授李聲庭解聘事件〉(沈雲龍)。

❾❼　吳重達，〈教官管得太多了〉，《八十年代》四卷五期 (民國71年6月)，頁76–77。

❾❽　文見《文星》一一〇期 (民國76年8月1日)，頁148–151。

攻無望，在香港著文提出政治改革原則十六點，其中第五點即針對中央民意代表機構，提出具體改革意見：「由現在留臺國大代表互選六十人，立委互選四十人，監委互選三十人，現有臺灣省議會議員互選二十人，全世界凡集中有僑胞萬人以上而又有僑胞正式團體的地區，亦得規定推舉一人至若干人，其總數不超過五十人為限，即以此選出之二百人組織一個臨時最高民意機構。」類此的討論，並不為當時的輿情所容，反對意見甚多⑩。

　　中央民代改選問題真正引起全國性的關注，是在一九七〇和一九八〇年代的事。一九七七年夏，救國團舉辦「國家建設研究會」，會中提出十條建議，其中一條為「提早實施中央民意代表機構的全面改選」。是年十月，陳少廷在《大學雜誌》著文，主張「中央民意代表必須全面改選」。十一月二、三日，華國權在《自立晚報》著文，申明全面改選中央民意代表的道理。十一月六日，卜少夫在《新聞天地》著文，籲請「全體中央民意代表中止他們的職權」、「自動引退，自動請求改選」。另外一方面，青年學生亦熱烈表達他們的意見，譬如臺灣大學的《大學新聞》於十一月八日發表社論，《臺大法言》於十一月十五日發表社論，均主張改選中央民代。十二月七日，臺大法代會更舉行「中央民意代表應否全面改選」辯論會，邀陳少廷和周道濟主辯，陳主全面改選，周則提出六個改革方案。此期間，有三百三十四位大專院校教授發表聲明，有臺灣基督長老教會發表聲明，有全美中國學生反共愛國聯盟開會決議，皆主張中央民代全面改選。全面改選

⑨　朱伴耘，〈五論反對黨〉，《自由中國》十九卷五期（民國47年9月1日），頁12。

⑩　朱一明，〈歷年來改革國會的各種聲音〉，《八十年代》五卷三期（民國71年10月），頁22–23。

的辦法，陳少廷再於一九七二年一月出版的《大學雜誌》著文，主張由國民大會增修憲法臨時條款，在自由地區及海外僑界全面改選中央民代。若國民大會不做，則由大法官會議作成解釋：第一屆中央民意代表任期已滿，授權總統制訂辦法，全面改選中央民意代表。代表國民黨的《中央日報》則於一九七二年一月十二日發表專文，主張「維護法統，遵循憲政體制，擴大增補選。」⑩

　　在輿論的催促下，政府除於一九六九年補選國代十五名、立委十一名外，一九七二年十二月正式實施增補選，當年增補選國代五十三名、立委三十六名，到一九七五年十二月又增補選立委三十七名（因國代六年一任，立委三年一任，故此次只選立委）。一九七八年十二月的中央民代增補選因美國與中華民國斷交停辦，到一九八〇年十二月恢復，選出立委五十七名、國代七十六名，一九八三年又選出立委七十一名、國代六十二名，一九八六年再選出國代八十四名、立委七十三名。儘管政府對中央民代不斷增補選，一般輿論以及新興的反對勢力卻不斷要求全面改選。一九七七至一九七八年間，周道濟提出建立中央民代的退休制度，周天瑞建議總統就退休的中央民代中遴聘諮議。一九七八年一月十五日，何文振在《這一代》發表〈國會改選方案〉，涵蓋了上述兩種意見：一是贊同周道濟曾提出的方案，在臨時條款中訂定中央民代退休制度；二是他個人主張把國會解散，於行政院設「諮詢委員會」，安插中央民代。無論如何，他希望是年三月總

---

⑩　陳少廷，〈再論中央民意代表的改選問題〉，《大學雜誌》四十九期，民國61年1月20日；洪三雄、楊庸一，〈民意何在〉，華國權，〈論國是決於公意〉，均見《大學雜誌》五十期，民國61年2月15日；朱一明，〈歷年來改革國會的各種聲音〉，《八十年代》五卷三期（民國71年10月），頁23。

統改選後，第一個考慮是中央民意代表全面改選。同年，許一文著文，主張將國民大會、立法院和監察院的人事凍結，就現有代表合組一院，有類英國的貴族院，另重新選舉第四國會，名「國是院」，具有上述三個會的職權❿。

一九七八年十二月美國與中華民國斷交後，改革的呼聲益高。一九七九年四月，丘宏達著文，主張縮減各中央民代的人數，國民大會不超過四百人，立法院二百人，監察院一百人。其中半數由總統遴選，半數在自由地區定期普選。一九七九年九月，《美麗島》發表了費希平、黃信介、康寧祥三立委對行政院長孫運璿所提出的質詢，質詢中對「如何加強中央民意機構」所提出的意見，分為近程計劃和遠程計劃，近程計劃是：① 國民大會暫維現制；② 立監兩院必須實行退休制度，以促新陳代謝；③ 增補選立委以一百人為限、監委以五十人為限。遠程計劃是：① 立院委員二百人，自由地區選出一百人，大陸各省市及僑居地保留一百人；② 監院委員一百人，自由地區選出五十人，大陸各省市及僑居地保留五十人。一九七九至一九八〇年間，雷渝齊著文，主張大量增選中央民代，國代至五十三人，立委至九十八人，監委至三十人❽。一九八二年十月，《八十年代》發表〈儘速改造國會結構〉一文，提出的辦法是：① 代表在政府有效控制的範圍內，由公民選舉產生。② 建立退休制度，以安置第一屆中央民意代表，無論政能力者促請其退休，有論政能力者鼓勵其退休，不願退休者以淪陷區代表之身份繼續行使職權。③ 海外遴選辦法應取消❾。一九八七年九

---

❿　何文振，〈國會改選方案〉，《這一代》七期，頁33–37；上引朱一明，〈歷年來改革國會的各種聲音〉，頁24–25。

❽　《美麗島》一卷二期（民國68年9月），頁7–8；上引朱一明文，頁25–26。

❾　《八十年代》五卷三期（民國71年10月），頁28–29。

月，費希平在立法院提出質詢，並發表全面改選中央民意代表的意見，主張中央民代必須定期全面改選；訂定退休優遇制度，鼓勵資深民代退休；廢止僑選民代及婦女保障名額；採兩票制，一票選人，產生百分之六十的代表，一票選黨，產生百分之四十的代表，並於此百分之四十的代表中設大陸地區中央民代；國代不超過三百人，立委不超過二百人，監委不超過一百人 ❶。一九八七年十二月二十五日，民進黨在臺北發動「全面改選國會」群眾示威，造成交通阻塞，南北往來火車一度受阻 ❶。到一九八八年二月三日，國民黨中常會通過充實中央民意代表方案，訂定增額代表總數，鼓勵資深者自願退職，因故不行使職權達一定期間視為自願退職，並停止國代遞補制 ❶。

　　一九八九年二月，立法院通過第一屆資深民代自願退職條例，此後雖有少數民代退職，效果並不顯著，是年十二月大選，國會全面改選仍是主要訴求，輿論亦繼續加以抨擊。譬如一九八九年十二月二十八日有論云：

> 「資深中央民意代表退職條例」頒布有年，老代表仍拒不退職；在舉國朝野各界無分黨派，一致要求改選國會，老代表仍負嵎頑抗 ❶。

<hr>

❶　費希平，《理想與期待》，頁209–215。

❶　林嘉誠，〈單行道上的直達車：「國會全面改選」群眾示威的解析〉，《文星》一一五期（民國77年1月1日），頁338。

❶　薛化元主編，《臺灣歷史年表》(臺北，民國79年) 終戰篇Ⅲ (1979–1988)，頁312，314。

❶　民國78年12月28日《自立早報》社論，〈再委婉奉勸資深民代〉。

一九九〇年一月九日有論云：

> 國民黨通過的中央民代退職條例，效果十分有限。國民黨應該
> 了解全民要求國會改選的壓力，在李登輝繼任總統之後，採取
> 威脅利誘雙重策略，逼使老代表全部退職❿。

　　輿論的催促之外，到一九九〇年三月十六日又爆發了學運。四月
二日，李總統約反對黨領袖黃信介會談，李表示要在兩年之內國會全
面改選⓾。四月四日，國民黨中常會達成共識，確定一九九一年底資
深民代全數退職。四月十八日，國民黨中常會通過兩年三階段勸退辦
法。六月二十一日，大法官會議作成解釋，資深民代應於一九九一年
十二月三十一日前終止行使職權⓫。七月二十九日，《中國時報》發表
專論，舉人民離心離德、政治倫理蕩存等理由，希望中央民代在一九
九〇年年底以前即終止行使職權⓬。
　　在這種情形下，政府終於排除萬難，在一九九一年十二月先改選
國民大會，到一九九二年十二月又改選立法院。而透過憲法的修訂，
監察院改為準司法機關，監察委員由總統提名，在一九九三年一月的
國大臨時會中獲通過。完成了中央民代的全面改選工程。

---

❿　民國79年1月9日《首都早報》社論，〈九〇年代的國會改選問題〉。
⓾　民國80年2月24日《自立晚報》，國會全面改選專題報導。
⓫　民國79年4月15日《首都早報》社論，〈二年為期政治支票一定要兌現〉。
⓬　唐光華，〈臺灣：沒有裁判的政治競技場〉，民國79年7月29日《中國時
　　報》。。

六、省市長民選的追求

中華民國憲法第一三一條規定:「省設省政府,置省長一人,省長由人民選舉之。」 民選省長,需本於省自治法,亦如縣長選舉,需本於縣自治法;但省、縣自治法,雖規定由省、縣召集省、縣民代表大會制定,卻需本於中央頒定的省縣自治通則。為了早日施行省縣自治,立法院於一九四八年五月行憲之初,即積極草擬省縣自治通則草案,至七月底完成初稿七章七十七條。嗣因大局逆轉,政府播遷來臺,該草案在立法院一度討論,旋置之高閣。臺灣地區的縣市自治,是依據一九五〇年四月公布的各縣市實施地方自治綱要;省自治,是依據一九五一年八月制定的臨時省議會組織規程 (後改為省議會組織規程)。 省政府則仍沿用訓政時期之委員制,其委員及主席均由行政院呈請總統任命。一九五九年十二月,省議會通過郭雨新議員等一項提案,決定向立法院請願,要求迅即審議省縣自治通則草案,咨請行政院頒行,並建議中央指定臺灣省為實施地區,俾實現臺灣省的完全自治。《公論報》為此發表社論,希望立法院早日制定省縣自治通則,然後依照憲法規定,召開省縣民代表大會,根據省縣自治通則,制定省縣自治法,並正式民選省長❶❸。

郭雨新不僅在省議會提案,要求立法院早日制定省縣自治通則,一九六〇年一月一日更在《自由中國》發表〈民選省長此其時矣〉一文,加以鼓吹。該文中從三方面說明省長民選的理由: ⑴臺灣自一九五〇年實施地方自治,已近十年。縣市級地方自治已經實行,民選縣市議員、民選縣市長。至於省級地方自治,省議會自第二屆已改由普選產生,最近,第三屆省臨時議會,並經中央頒令改為正式省議會。

---

❶❸　沈雲龍,〈「省縣自治通則」應有個交待〉,民國48年12月24日《公論報》。

實應配合正式省議會的成立，實行省長民選。⑵由於實行憲政，國家的總統副總統、國代立監委、省議員、縣市議員及縣市長，皆由選舉產生，只有省長沿襲舊制，使人有憲政體制不完整、民主自治不切實之感。⑶臺灣實行地方自治所依據的法令，在縣市方面為「臺灣省各縣市實施自治綱要」，是經省議會通過、送呈行政院核定公布的；在省議會方面，為行政院所令頒的「臺灣省議會組織規程」，以上兩種法規，係補中央尚未頒訂「省縣自治通則」之窮。郭雨新認為，「省憲自治通則」草案，立法院於一九四九年在廣州時即曾二讀通過十數條，擱置至今已十載，實在大可不必⓮。

郭雨新的提案和文章，以及其他方面的互應意見，似乎沒有引起很大的回響，但由官派省長和省府委員組織省政府，並不令人滿意，省議員且有杯葛性的行動。譬如一九四九年底，政府派吳國楨為主席，當時多半民選、少數遴派的省參議會堅決反對省府改組後的兩位省府委員，一為民政廳長蔣渭川，二為建設廳長彭德，省參議員不惜以總辭及休會抗議，終迫使政府撤換這兩位廳長。又譬如一九七七年發生中壢事件，黨外的省議員與省府發生對抗，到一九七八年六月，終使在位六年的省主席謝東閔下臺，而由林洋港接任省主席。再譬如一九八四年三月，省議會乘省主席李登輝即將升任副總統之際，由黨外議員發起簽署了兩項提案：一是今後中央派任省主席應經議會之同意，二是省主席應建立任期制度。輿論並不以派任省主席應經議會同意為滿足，認為政府早該頒布「省縣自治通則」，由普選產生省長⓯。

憲法規定省長由民選產生，但行憲以後，臺省主席一直由官派產

⓮ 見《自由中國》二十二卷一期，按郭為一、二、三屆省議員。

⓯ 徐長飛，〈國民黨政權的自治遊戲——兼論非法違憲下省主席之權位〉，《八十年代》一期（民國73年4月3日），頁32-37。

生，而省政府的組織，亦無法規作標準。隨著反對勢力的興起，要求省長民選以及制定法律規範省府為眾所注目的問題。一九七八年二月，費希平於立法院提出質詢，指省市長仍由官派為民主政治的一大諷刺⑩。一九八五年五月間，十三位黨外省議員為抗爭省府組織適法問題集體辭職，頗引起朝野的震撼⑪。在這種情形下，到一九八七年以後，執政黨研擬政治改革方案，乃將「地方自治法制化」亦列入考慮⑱。下節即將論述，政府雖未考慮制定省縣自治通則，確已研擬代替法規，俾便實行省市長民選。

第二節　中止動員戡亂與回復
　　　　　憲政體制

政府於一九八七年宣布解嚴，並中止動員戡亂。隨之而來的是相關法律的修訂、相關黨政措施的調整，而為了在臺灣地區全面改選中央民意代表，並規劃省市長民選，憲法也作了適度的修訂。嗣為因應總統民選的要求，憲法又作了修訂。

一、中止動員戡亂與廢除憲法臨時條款

臺灣在一九八○年代後期，解除戒嚴，開放黨禁和報禁。為了使

---

⑩　費希平，《理想與期待》，頁56。

⑪　〈開春政治新課題之一：地方自治法制化〉，民國79年1月1日《中國時報》。

⑱　周應凡，〈省市長直接民選〉，《全民》四十九期（民國76年11月10日），頁6–7。

國家步入憲政常軌，於一九九一年宣布中止動員戡亂，並廢除動員戡亂時期憲法臨時條款。

　　動員戡亂時期臨時條款是一九四八年四月十八日由國民大會制定的，作為憲法的附件。其主要內容是：總統在動員戡亂時期，為避免國家或人民遭遇緊急危難，或應付財政經濟上重大變故，得經行政院之決議，為緊急處分。動員戡亂時期之終止，由總統宣告或由立法院咨請總統宣告之⑲。其後由於事實需要，臨時條款曾作四次修訂。第一次在一九六〇年三月十一日，規定在動員戡亂時期，總統任期不受連任一次之限制。第二次在一九六六年二月七日，使國民大會得制定辦法，於戡亂時期行使創制、複決兩權，閉會期間設置研究機構，研究憲政有關問題。第三次在同年二月十九日，授權總統設置動員戡亂機構，決定大政方針；得應需要調整中央行政及人事機構，並可對中央公職人員訂頒辦法，實施增選或補選。第四次在一九七二年三月十七日，擴大授權總統調整政府行政人事機構組織，訂頒辦法充實中央民意機構⑳。

　　臨時條款的制訂和四次修訂，是總統不依憲法而治的唯一根據，由此衍生了許多動員戡亂時期的法律與條規，使憲法的精神受損傷。因此在解除戒嚴之後，為恢復憲政常軌，必須從廢除臨時條款、中止動員戡亂開始。不過，政治改革牽一髮而動全身，依臨時條款增補選的國民大會和立法院尚在運作，廢除臨時條款，就動搖了中央民意機構的法律基礎。因此，輿論與反對的勢力雖然希望連任的李登輝總統能於一九九〇年五月二十日就職後宣布廢除臨時條款、中止動員戡亂

---

⑲　賈宗復，《中國制憲簡史》（臺北，民國42年），頁145。

⑳　薛化元主編，《臺灣歷史年表》（臺北，民國79年）終戰篇Ⅰ(1945–1965)，頁330，Ⅱ(1966–1978)，頁2，6，168。

時期，但也都考慮到修改臨時條款和修憲或制憲等問題⑫。

　　廢除臨時條款的醞釀不始於一九九〇年，遠者不說，一九八八年十二月二十五日李登輝總統於紀念行憲大會致詞時，提到可對臨時條款加以「斟酌損益」，其後各種政治團體及學界即紛紛對憲政體制的調整發表主張。在諸多主張中，有的建議另制「非常時期臨時條款」（荊知仁）、「臺灣條款」（陳新民）或「臺灣地區行憲適用法」（林時機）以取代「動員戡亂時期臨時條款」；有人建議另制「中華民國非常基準法」（張文英等）、「中華民國第二共和憲法」（黃煌雄）或「臺灣共和國憲法」（部分臺獨人士）以取代「中華民國憲法」。國民黨中央於一九八九年七月成立「中央法律小組」加以研究，堅持「不修憲」、但「研修臨時條款」。到一九九〇年二月七日，國民黨中央通過對二月十九日召開的第八次國民大會的政治任務提示，除總統、副總統的選舉以外，有關修改臨時條款的原則提示如下：①總統任期回歸憲法的規定；②總統依國家情況需要，得有緊急處分權；③總統得依臨時條款授權，設置動員戡亂機構；④總統得依實際需要，調整中央政府機構；⑤總統得頒布辦法，充實中央民意代表機構。除總統任期外，大體維持了臨時條款對總統的授權⑫。

　　國民黨此舉引起了一般輿論及反對黨的極大關切，如一九九〇年三月一日《民眾日報》社論分析：「執政黨方面認為憲法之修改茲事體大，不可輕率為之，是以傾向於修改臨時條款。惟在野黨方面卻認為臨時條款本應予以廢止，……與其修訂憲法，不如另制訂新的憲法

<hr>

⑫　民國79年1月1日《首都早報》社論，〈九十年代臺灣的政治發展〉；羅永光，〈九十年代三願〉，民國79年1月2日《自立晚報》。

⑫　許漢、何新興，〈憲制改造百家爭鳴，歸整共識難題重重〉，民國79年2月19日《中國時報》。

或基本法，以替代現行憲法。」該報的主張為：「目前應該是廢止臨時
條款、回歸憲法之時刻，因此不必再言修訂臨時條款，而應直接修改
憲法。」⑫又譬如是年三月十六日的《首都早報》社論呼籲「廢止臨時
條款，拔本塞源，建立符合民主法治的憲政體制」⑭。另一方面，民
進黨主席黃信介等有鑑於國大第八次會議開議以後通過國代任期自行
延長為九年、每年集會一次行使創制及複決兩權、設立全國及海外代
表制等提案，甚為有違民意，乃於三月十六日直接遞交給李總統一封
信，除籲請總統立即終止動員戡亂時期、廢除臨時條款外，並要求解
散國民大會、實施總統直接民選⑮。是日臺北市有激烈的學生運動，
黃信介的要求也代表學生的意見。李於下午接見黃信介時，當面表示
於兩年內終止動員戡亂時期、廢除臨時條款⑯。

　　一九九〇年五月李登輝繼任總統後，表示要在一年之內終止動員
戡亂時期。但終止動員戡亂時期，程序相當複雜，涉及到臨時條款等
一百四十九種法令的修正或廢止問題。終止動員戡亂之後，臨時條款
也須廢止，但如前所述，增額中央民代係依據臨時條款的規定而產生，
國家安全會議、行政院人事行政局，都是依臨時條款的授權而成立⑰。
在這種情形下，執政黨乃改採修憲的途徑，一面凍結部分憲法條文，
一面將部分臨時條款納入憲法，俾早日宣布動員戡亂時期結束。

---

⑫　題名〈與其修訂臨時條款不如修憲〉。

⑭　題名〈廢止臨時條款此其時矣〉。

⑮　見民國79年3月17日《聯合報》，〈民進黨給李總統的信函〉。

⑯　張信國，〈二年為期政治支票一定要兌現〉，民國79年4月15日《首都早
　　報》。

⑰　民國79年11月2日《聯合報》社論，〈做好終止動員戡亂時期的準備工
　　作〉。

一九九一年四月國是會議後，執政黨成立憲改小組，確定一機關兩階段修憲原則。四月二十二日，國民大會完成第一階段修憲任務，三讀通過〈中華民國憲法增修條文〉，並廢除〈動員戡亂時期臨時條款〉。四月三十日，李總統正式宣告，自五月一日零時起，動員戡亂時期終止，臨時條款廢除，中華民國憲法增修條文正式生效⑫。

從一九八七年七月解嚴，到一九九一年五月終止動員戡亂時期以後，許多戒嚴時期所實行或制定的法律，看來極不合理，甚至違憲，但由於這些法律在未修訂未廢止前繼續執行，嚴重違反人權，數度引起軒然大波。譬如一九八七年八月三十日召集成立「臺灣政治受難者聯誼籌備會」的蔡有全，因會中通過「臺灣應該獨立」案，到十月十二日被收押。民進黨及其他反對派人士組織「『臺灣政治受難事件』救援會」，或利用輿論，或號召群眾，或在國會中質詢，對政府施壓。但由於當時〈懲治叛亂條例〉未廢除，而一九八七年七月新制訂的國安法又規定「不得主張分裂國土」⑫，使司法機關左右為難。又譬如一九八八年五月兩名商人到大陸購買鰻苗，進行直接通商，被臺灣高等法院依「懲治叛亂條例」判重刑，其罪名為「為叛徒徵募財物或供給資產」，亦引起強烈震撼，非議之聲四起⑬。但由於法律上仍認定中共為叛亂組織，法院不得不如是裁量。再譬如早已存在的禁止出入境問題，到一九九一年，仍繼續發生：一月間先後有陳唐山、鄭自才、沈富雄等或被拒入境，或假冒入境被捕；三月間，「美國臺灣人返鄉訪問團」，由於團員中不乏臺獨人士，初有三十多人未能獲得入境簽證。這些人入境發生問題，主要因為國安法第三條中規定：有事實足

---

⑫　民國80年4月23日《中國時報》，〈國大臨時會完成第一階段修憲〉。

⑫　方載，〈解嚴後臺獨仍有罪〉，《全民》四十八期（民國76年10月25日）。

⑬　民國77年5月20日《自立早報》社論，〈莫讓民眾無所適從〉。

認為有妨害國家安全或社會安定之重大嫌疑者，得不許入境⑬。在這種情形下，各種戒嚴時期的法規，或違憲的法規，其廢除或修訂，乃刻不容緩。

二、 相關法規的修訂（上）： 總論

動員戡亂時期結束後，部分不合時宜的法律和一百四十多種與動員戡亂有關的法規（約有四十種）或行政命令（約一百多種）， 必須全面檢討其存廢或加以修正。政府處理的原則有三：一是全部廢除，二是大幅修正，三是局部修正。不合時宜的法律以刑法第一百條最惹人注目，與動員戡亂有關的法規，以國家安全法、人民團體法、選舉罷免法、集會遊行法等，與人民的權利關係最為密切。刑法第一百條對陰謀叛亂的規定模糊，嚴重影響表達意見的自由；國安法中有關入出境的限制、山防海防的管制， 與人民的國內國外的居住和遷徙自由有關；人團法規規定社會團體、職業團體依登記許可成立，政黨（政治團體）則依備案制成立，形成一法兩制，而職業團體又限制一個地區同一性質團體以一個為限，這些均與人民的集會結社自由有關；選罷法對選舉活動的限制太多，與人民的參政權有關；集遊法規定的集會遊行申請程序太繁瑣、警察機關採量權太大，處罰太重，與人民的集會自由有關。凡此均為人民所關注。行政院於一九九〇年成立專案小組，開始處理動員戡亂時期的法規。一九九一年的憲法增修條文第八條特別規定： 動員戡亂時期法規未完成立法修法者，繼續適用至一九九二年六月三十日止⑭。在這種情形下， 行政院與立法院乃積極進

---

⑬ 民國80年3月31日《自立早報》社論，〈黑名單還要繼續「動員戡亂」下去嗎〉。

⑭ 民國80年5月2日《臺灣時報》社論，〈終止動員戡亂時期的政治意義〉；

行各種修法工作。

　　在諸多與動員戡亂有關的法規中，約有近百種屬於總動員法系，因行政院堅持「總動員法不等於動戡法令」，且此法系多屬行政命令，因此未列入立法院的修廢範圍。在一九九一年一月至一九九二年七月，在立法院完成廢止或修正的動戡法規共二十五種，茲表列於下❽。

法　律　名　稱	完成修廢時間	修　正　要　點
（廢止）監所人犯處理條例	1991.1.15	
（修正）罰金罰款提高標準條例	1991.4.19	
（廢止）檢肅匪諜條例	1991.5.24	
（修正）公職人員選舉罷免法	1991.7.16	開放曾犯內亂、外患罪者參選
（修正）妨害兵役條例	1992.3.19	
（修正）國有財產法	1992.3.19	
（修正）娛樂稅法	1992.3.19	
（修正）助產士法	1992.4.10	刪除曾犯內亂、外患罪者不得為助產士
（廢止）國產茶酒類稅條例	1992.4.10	
（修正）營養師法	1992.4.21	
（修正）戶籍法	1992.6.23	刪除本籍登記制
（修正）貪污治罪條例	1992.6.30	廢除死刑及不得假釋
（修正）現行法規所訂貨幣單位算計新臺幣暫行條例	1992.6.30	
（修正）軍人婚姻條例	1992.6.30	廢除服義務役者不得結婚的規定
（修正）房屋稅條例	1992.7.3	
（修正）竊盜犯贓物犯保安處分條例	1992.7.3	

　　民國80年5月3日《聯合報》社論，〈動員戡亂時期法規的修正原則〉。

❽　見民國81年7月16日、18日《中國時報》有關新聞。

（修正）肅清煙毒條例	1992.7.3	將「唯一死刑」均改為死刑或無期徒刑
（修正）在臺公司大陸地區股東權行使條例	1992.7.3	
（修正）醫師法	1992.7.3	刪除曾犯內亂、外患罪者不得為醫師
（修正）軍公教遺族就學費用優待條例	1992.7.3	
（修正）人民團體法	1992.7.3	政黨解散改由憲法法庭處理
（修正）國家安全法	1992.7.7	放寬異議人士返臺限制
（修正）檢肅流氓條例	1992.7.14	
（修正）集會遊行法	1992.7.14	刪除不得違背憲法的規定
（修正）懲治走私條例	1992.7.15	廢除公務員及軍人包庇走私之死刑

除上表所列者外，另有國防部組織法、國防部參謀本部組織法、少年事件處理法三案，立法院決議不修正。三案內有關動戡條文，到一九九二年七月三十一日後自動失效。

三、相關法規的修訂（中）：刑法一百條

在修法的過程中，有些屬於冠以「動員戡亂時期」的法律，有些雖未冠以「動戡」，但屬於不合時宜的嚴刑峻法。在不屬於動戡的法律中，最為人民所關切的為〈懲治叛亂條例〉以及刑法第一百條的修廢問題，因為這兩項法律的懲治叛亂罪，涉及到中共與臺獨運動的定位，只有加以廢除或修訂，始可能與中共政權和平往來，也可保障從事臺獨人士的政治自由。

〈懲治叛亂條例〉和刑法第一百條的修廢問題所以引起關切，是

因為叛亂罪的標準含混。立法院於一九九一年五月十八日通過廢止一九四九年五月二十四日制定的〈懲治叛亂條例〉後，輿論的重點即集中在刑法第一百條的修廢問題上[134]。刑法第一百條制定於一九三五年，〈懲治叛亂條例〉制定於一九四九年，立法的主要目的是對叛亂罪重其刑罰，〈懲治叛亂條例〉更規定叛亂罪由軍法審判[135]。

　　刑法第一百條的條文是：意圖破壞國體、竊據國土，或以非法之方法變更國憲、顛覆政府，而著手實行者，處七年以上有期徒刑，首謀者處無期徒刑。預備或陰謀犯前項之罪者，處六月以上、五年以下有期徒刑。一九九一年五至九月間對此一條文的討論，約有兩方面的意見，一為修訂，一為廢止。主張廢止者，可以律師許文斌、民進黨籍立委陳水扁為代表。許文斌主張廢除刑法第一百條，只保留第一〇一條暴動內亂罪的有關規定。若有意圖破壞國體、竊據國土、或以非法之方法變更國憲、顛覆政府，而以暴動以外之方法實行者，可視其情節，援用刑法中的妨害公務罪章、妨害投票罪章、妨害秩序罪章、公共危險罪章、以及妨害軍機治罪條例、要塞堡壘地帶法、人民團體法、集會遊行法、選舉罷免法等處罰條文，予以論罪[136]。陳水扁認為：內亂罪易流為政治工具，不能概括地以「著手實行」之「意圖」行為認定，而需有明確之要件；另外，普通內亂罪缺乏「明顯而可能的危險」，應無存在之必要[137]。

　　對刑法第一百條主張修訂者，多為執政黨黨員及政府有關機構，茲表列於下[138]：

[134]　民國80年5月19日《民眾日報》社論，〈民主化本土化的潮流不可逆〉。

[135]　許文斌，〈刑法第一百條修廢問題平議〉，民國80年7月12日《自立晚報》。

[136]　同上。

[137]　民國80年9月6日《中國時報》，〈刑法一百條各種修正版本〉。

提出者	修正內涵	理由
國民黨立委趙少康	意圖破壞國體、割裂國土、變更國憲、撤廢政府,而以強暴、脅迫或其他非法之方法著手實行者,處七年以上有期徒刑,首謀者處無期徒刑。預備犯前項之罪者,處六月以上、五年以下有期徒刑。	原條文語意不明,範圍過廣,常與言論自由相牴觸,且有羅織入罪情事。
國民黨立委黃主文	以強暴、脅迫方法著手實行,違反民主共和國憲法秩序之行為者,處五年以上有期徒刑,首謀者處無期徒刑,或七年以上有期徒刑。	參照德國刑法規定。
國民黨立委王天競	意圖以非法之方法,破壞民主共和國體,直接使用武力割據國家領域,推翻合法政府,或以武力脅迫變更國家憲法,而著手實行者,處七年以上有期徒刑。預備或陰謀犯前項之罪者,處六月以上、五年以下有期徒刑。	合併一百條及一百零一條之條文。
律師許文斌	意圖破壞國體、竊據國土、或以非法之方法變更國憲、顛覆政府,而聚眾著手實行者,處七年以上有期徒刑。首謀者處無期徒刑。犯前項之罪,情節較輕者,得酌量減輕其刑。預備犯第一項之罪者,處六月以上、五年以下有期徒刑。	若刑法一百條不廢除,可作以上之修改。
行政院法制小組	刪除陰謀犯,餘保留原條文。	原為內亂罪與政治犯、思想犯之爭議。
法務部	意圖破壞國體、破壞國土、或以非法之方法變更國憲、顛覆政府,而以組織、聚眾、強暴、脅迫、利誘或他法著手實行者,處七年以上有期徒刑,首謀者處無期徒刑。預備犯前項之罪者,處六月以上、五年以下有期徒刑。	以強暴、脅迫、聚眾、組織、利誘或他法之具體行動,才能構成要件;刪除陰謀犯,排除「單純言論」處罰。

⑱ 同上;同前引許文斌文;民國80年9月19日《中央日報》,〈現行及修正草案的內亂罪構成要件比較表〉。

　　執政黨對刑法第一百條自始採取只修不廢的原則，謂其目的在防止中共來臺掛旗開張，而民進黨及其他反對派的人士堅持只廢不修，實際的目的在保障臺獨結社權⑱。由於民進黨及其他反對派人士組成「一〇〇行動聯盟」，到處抗爭，且發出最後通牒，執政黨組織超黨派的研修小組⑲。但由民進黨立委主導的立法院司法委員會在一九九一年十月七日審查刑法第一百條、一百零一條及一百零二條修廢案時，在執政黨黨政高層首長會議決定放棄動員杯葛的情況下，司法委員會表決通過廢止刑法第一百條，並配合修正刑法第一百零一及一百零二條，確定以武力、暴動或暴力行為始構成內亂罪。修正完成的刑法第一百零一條是：「以武力暴動或暴動之方法，著手實行竊據國土、顛覆政府或變更民主共和國之憲法秩序者，處無期徒刑或七年以上有期徒刑。首謀者處死刑或無期徒刑。預備犯前項之罪者，處一年以上、七年以下有期徒刑。」修正完成的第一百零二條是：「犯前條之罪而自首者，減輕或免除其刑。」⑳

　　執政黨不欲接受此一修正案，行政院副院長施啟揚召集刑法一百條研修小組，幾經黨內協調後，提出執政黨版的刑法一百條修正案，此修正案，最後於一九九二年五月十五日的立法院院會中三讀通過，並通過維持刑法一百零一條與一百零二條的原條文。修正通過的刑法一百條條文是：「意圖破壞國體、竊據國土，或以非法之方法變更國憲，顛覆政府，而以強暴或脅迫著手實行者，處七年以上有期徒刑；首謀者處無期徒刑。預備犯前項之罪者，處六月以上、五年以下有期徒刑。」㉑

---

⑱　民國80年9月29日《自立晚報》，〈法律為表政治為裡，統獨大攻防〉。
⑲　民國80年9月30日《聯合報》社論，〈以理性探討代替政治拔河〉。
⑳　民國80年10月8日《中國時報》，〈立院司委會廢止刑法一〇〇條〉。

〈懲治叛亂條例〉廢止和刑法一百條修訂後，影響最大的有兩方面：一是對中共政權及中共黨人的重新定位，此有助於兩岸人民的來往及經濟、文化交流；一是對臺獨組織和臺獨人士的重新定位，此有助於出入境自由權的維護。有關這兩方面的問題，在〈懲治叛亂條例〉廢止和刑法一百條修訂以前，朝野各方已作了不少努力。譬如一九九一年七月二日行政院大陸委員會專案會議決定簡化大陸人士來臺參觀訪問旅行證申請書，刪除有關出生年月日一欄「民國、民前」字樣，申請人填寫西元或民國均可，不強求大陸人士換算為中華民國紀元，同時簡化來臺保證書，並刪除「脫離共產黨」宣告書。此案對大陸學術、文化、體育、演藝、大眾傳播人士，以及海外學人、留學生和民運人士申請來臺極有幫助❸。又譬如一九九一年十一月二十八日，立法院通過建議：政府有關單位對擁有中華民國國籍者，不得限制其入境❹。在〈懲治叛亂條例〉廢止和刑法一百條修訂後，立法院復於一九九二年七月十六日通過〈臺灣地區與大陸地區人民關係條例〉，該條例第七十七條規定：「大陸地區人民在臺灣地區以外之地區，犯內亂罪、外患罪，經許可進入臺灣地區，而於申請時據實申報者，免予追訴、處罰。其進入臺灣地區參加主管機關核准舉辦之會議或活動，經專案許可免予申報者，亦同。」❺此一條例的通過，使大陸人民來臺，不致因原有之內亂外患罪，而觸犯刑章。

---

❷ 民國81年5月16日《聯合報》一版。

❸ 民國80年7月3日《中國時報》，陸委會決簡化大陸人士申請來臺旅行證申請書。

❹ 民國80年11月29日《中國時報》，立法院決議。

❺ 民國81年7月17日《中國時報》有關新聞及同日《中央日報》載〈臺灣地區與大陸地區人民關係條例〉。

四、相關法規的修訂（下）：重要「動戡」法規

關於動戡法規的修訂，如前所述，重要的有國家安全法、選舉罷免法、集會遊行法、人民團體法、總動員法等。國安法於一九八七年七月公布實施，是因應解嚴而制定的。戒嚴法的最初目的是防止中共侵略滲透，其後也用以防止臺獨活動的蔓延，國安法亦以防制這兩方面對國家的危害為立法目標，譬如不得違背憲法、不得主張分離意識、不得主張共產主義等。因此國安法在立院討論之際，有人認為解嚴沒有誠意，直指國安法中的「不得主張分離意識」，目的為約束民進黨人的臺獨傾向 ⑭⑥。另一方面國安法施行細則第十二條也對大陸同胞入境力加限制：「離開淪陷區未在自由地區連續住滿五年，或已住滿五年未取得當地居留權或在臺灣地區無直系血親，不准入境。」此一規定，極端妨礙與大陸進行學術、文化、體育的交流活動 ⑭⑦。到一九九一年五月終止動員戡亂後，特別是刑法一百條修訂後（一九九二年五月），為對大陸人士來臺及臺獨人士活動放寬，乃於一九九二年七月七日修訂國安法，以符實際需要。

選罷法是為因應愈來愈多的選舉，於一九八〇年五月六日由立法院制定、五月十四日公布實施的，全名〈動員戡亂時期公職人員選舉罷免法〉。這是一九五〇年臺灣實行地方自治以後，第一次由立法院所制定的選舉法規。這個法規的制定，在「美麗島高雄事件」（一九七九年十二月十日）之後，持國家安全和社會安定的觀點，立法不週全，且對選舉活動的限制過嚴，輿論提出不少建議，舉其要者如：①

---

⑭⑥ 公孫策，〈解嚴應表現誠意〉，《新新聞周刊》二期（1987年3月23–29日），頁17。

⑭⑦ 民國77年3月14日《中國時報》社論，〈解開國安法的一項死結〉。

禁止軍公教人員濫用職權為候選人安排演說集會或提供其他機會與便利。②禁止公務員利用職權檢查信件、竊聽電話或收受其他情報，偏助某候選人或打擊某候選人。③開放公共設施為私辦政見會之場所。④禁止新聞雜誌、廣播、電視等大眾傳播，為虛偽或歪曲之報導，妨害選舉之公正。⑤公私辦政見會不分前後期舉行⑭。在各方壓力下，選罷法先後於一九八三年、一九八九年稍作修訂，到一九九一年終止動員戡亂後，政府始作大幅修訂，修訂案於一九九一年七月十六日經立法院三讀通過，要點為：①原條文規定「曾犯內亂、外患罪，經判刑確定者」不得登記為候選人，修改為「動員戡亂時期終止後，曾犯內亂、外患罪，經依刑法判刑確定者」不得登記為候選人。②新增全國不分區及僑選代表依各政黨得票率分配，但得票不超過５％者不計（執政黨原案係依席數多寡分配）。③自辦政見發表會，由候選人於選舉活動期間內舉辦，每日不得超過八場，每場以兩小時為限（原規定自辦政見會在先，公辦政見會在後，自辦政見會每日不超過六場），候選人並得購買電視時段作競選宣傳（原規定不可）。④選舉人必須居於選區六個月以上（原可以本籍參選）。⑤中央選舉委員會委員具同一黨籍者由現行之不得超過二分之一以上改為不得超過五分之二以上，省市及縣市選委會仍維持二分之一以上。此次選罷法的修訂，對選票不超過百分之五的小黨不分配席次，對此小黨捐助不免稅，是對小黨的重大打擊，論者指為國民黨與民進黨聯合壟斷的結果⑭。

集會遊行法原條文限制頗多，如將不少地區列為管制區、室外集

---

⑭ 李鴻禧，〈制定選舉罷免法之憲政的意義〉，《新中華月刊》（臺北）一期（民國69年6月），頁3-8；黃煌雄，〈選罷法之平議〉，《暖流》一卷一期（民國69年8月），頁9-16。

⑭ 民國80年7月17日、18日《中國時報》有關新聞。

會遊行一律採取許可制、集會遊行不得主張共產主義與分裂國土等。解嚴前後，反對人士想突破集遊法的限制，在多次集會遊行時違反規定，因而判刑者不下百人**⑩**。在這種情形下，集遊法的修訂乃成為必要。一九九二年七月十四日，立法院將集遊法加以修訂，刪除集會遊行不得違背憲法等規定。

　　人民團體法，原制定於一九四二年二月十日，到一九八九年一月二十七日加以修訂，規定人民團體之組織與活動，不得違背憲法或主張共產主義，或主張分裂國土，並將政黨列入政治團體，與職業團體和社會團體等同**⑮**。反對人士對人團法最不滿的地方約有兩點：一為言論自由的限制，二為將政黨視同社團，由內政部管理。一九九二年七月三日修訂的人團法，對這兩方面有些改進，廢除了不得違背憲法的規定，同時政黨的解散改由司法院大法官會議所組成的憲法法庭處理。

　　國家總動員法，行政院認為不屬於動戡法令，但其妨害人民權益不亞於戒嚴法，論者認為戒嚴法是軍事獨裁之源，總動員法為行政獨裁之源。譬如國家總動員法第七條規定：「本法實施後，政府於必要時，得對國家總動員物資之生產、販賣、使用、修改、儲藏、消費、遷移或轉讓，加以指導、管理、節制或禁止。」動員法中未將該項之管制命令內容明文規定，而委由政府於必要時發布。如是若行政院任意發布命令，幾乎可囊括這方面的全部立法權。因此在一九八七年醞釀解除戒嚴前夕，論者即鼓吹將國家總動員法與戒嚴法一起廢除**⑩**。

⑩　林嘉誠，〈論集遊法與人團法的修正原則〉，民國81年6月21日《臺灣時報》。

⑮　內政部社會司編印，《動員戡亂時期人民團體法》，民國78年1月。

⑩　唐建國，〈法律事實變更就是法律變更——請「國家總動員法」與戒嚴

此後興論續對總動員法予以指摘，如一九九〇年二月二十四日《中國時報》記者引證政治大學教授法治斌的指摘：一九五一年十二月八日行政院頒布〈戡亂時期依國家總動員法頒發法規命令辦法〉中規定政府可制定法律限制人民部份權利，而不受憲法規定之約束，是公然違憲的條文。在這種情形下，到一九九三年一月，行政院不得不函法務部通令各級檢察署，不再適用〈國家總動員法〉、〈妨害國家總動員懲罰暫行條例〉、〈動員時期電信（子）器材管制辦法〉、〈非常時期農礦工商管理條例〉、〈戰時交通電業設備及器材防護條例〉等法令[153]。

其他有關法規及行政命令，修訂或廢除者尚多，如〈物力調查實施辦法〉與〈經濟部委託或授權省（市）政府及其廳（局）辦理事務暫行辦法〉依新法源由行政部門修訂，〈淪陷區工商企業總機構在臺灣原設分散機構管理辦法〉與〈工業動員法〉兩項行政命令則加以廢除[154]。餘不備舉。

五、相關黨政措施的調整

執政黨自一九二四年改組後，仿效俄共制度，實行黨政軍合一，政黨亦控制學校、司法、軍隊及各公私機構。一九四八年行憲後，體制原望逐漸改變，但因剿共戰爭失利，次年開始實施戒嚴，以黨領政、領軍、領學校、甚至領司法的程度，較前更加嚴厲。在一九五〇年代，《自由中國》雜誌曾本憲政立場，呼籲執政黨退出學校、退出司法、退出軍隊，但無實效。一九六〇年《自由中國》停刊，此後二十多年間，這方面的意見不多見。一九八七年宣布解除戒嚴、開放黨禁後，

　　法一併廢止〉，《文星》一〇四期（民國76年2月1日），頁56–61。

[153]　民國82年1月31日《中國時報》6版有關新聞。

[154]　民國80年5月1日《中國時報》有關消息。

輿論界舊話重提，而執政黨衡量情勢，始陸續在這些方面加以調整。

　　要求政黨退出學校，是基於教育獨立的理念。此一理念，早在民國初年北京大學校長蔡元培就曾經提出。在此一理念的影響下，部分大學實行「教授治校」，國民黨在一九二○年代中期且曾實行大學區制，使教育完全脫離行政系統。一九二八年以後，在國民黨的訓政下，「黨化教育」、「黨化知識」成為追求的目標。此一目標，到一九四○年代中期以後，雖國家行憲而少有改變。輿論要求改革的呼聲微弱，且無效果。一九八七年解嚴以後輿論界所宣揚的教育獨立有三方面的意見：一是李遠哲在解嚴前一年就提出的「教授治校」，此一意見並無新意，無論是民國初年在大陸，還是近年在臺灣，許多大學都已實行不同程度的「教授治校」。以臺灣大學為例，各系的系務會議由全體教員參加，決定各系的系務與各系教員的聘請和升等；各院院務會議有教授選出的代表參加，協助院長處理院務；校務會議有相當數量的教授代表，他們並互選產生校務發展規劃委員會、教師聘任審查會、經費稽核委員會、校產清理委員會、宿舍分配委員會等。但李遠哲的意見，並不是要教授全面執行學校的行政工作或事務工作，而是主持學校行政的校長、院長和系主任的產生，要透過教授意見反應的程序，甚至加上職工、學生和校友的意見，使全校都認定是理想的領導人才出任這些職務。第二種意見是鑑於執政黨在學校設立黨部，並以學校各級主管兼任黨部主管，造成黨教不分，乃主張黨部遷出學校，學校主管不再兼任黨部工作。第三種意見是鑑於軍訓教官在學校中權力甚大，總管學生課外生活、監督學生作息，甚至插手系務、院務、校務，乃主張教官退出學校。所以有這類意見提出，主因「大學經過長期的政治控制，已經高度的政治化，幾乎沒有學術的獨立自主。」[155]

---

[155] 何言，〈從教授治校到學術獨立〉，《新新聞周刊》，1987年4月13日–4月

　　上述三種意見，除教官係為配合軍訓課程、其角色尚難定位外，在黨部退出學校和教授治校兩方面，都已有所調整。就黨部退出學校而論，臺灣大學的「孔知忠辦公室」，在一九八七年三、四月間移往校園之外❺，當時尚未解除戒嚴。就教授治校而論，除陸續有大學實行系主任和院長的選舉以外，到一九九三年初，臺灣大學和臺灣師範大學都成立了校長選舉委員會，決定由選舉的方式，產生校長，再報由教育部聘請。

　　關於政黨退出軍隊，在民國初年有軍隊不准入黨的禁令。一九二四年國民黨成立黃埔軍校，正式建立黨軍，此後黨與軍隊即結為一體。一九四八年行憲前後，反對黨運動「軍隊國家化」，黨對軍的控制一度鬆動。一九五〇年四月，蔣經國出任國防部總政治部主任，次年一月成立政工幹校，隨後進行全面政工改制，加強軍隊的國民黨化。軍中的黨務，由政工負責，軍中的黨員定期開小組會議，目的是「為黨國培養新生力量，為革命培養新生力量」。其後間有輿論要求軍隊國家化，沒有效果。在一九八七年解嚴前後，輿論再度要求軍隊國家化，一面反對執政黨介入軍隊，一面告誡民進黨或其他在野黨不要吸收軍人入黨。在這種情形下，執政黨乃逐漸淡化國民黨在軍中的角色。譬如在一九八七年二、三月間開始，入伍的黨員即不移轉黨籍資料到軍中，而正式的小組會議，也以其他活動取代。另一方面，凡是預備役軍人屬國民黨籍者，其黨籍資料亦留在原居地的民眾服務站（地方黨部），不進入軍中❺。

　　不過，直到一九九二年止，執政黨與軍隊的關係仍未釐清。譬如

　　　19日，頁45–46。

❺　江雪晴，〈國民黨退出軍隊〉，《新新聞周刊》，1987年4月27日–5月3日。

❺　同上；民國77年3月10日《自立早報》社論，〈政黨不可染指國軍〉。

是年三月國民黨召開三中全會，不少高級將領與會；又譬如是年十二月的立委選舉，軍中黨部的配票作業曾引起國民黨內部的紛爭等❶。

　　至於政黨退出司法，一九八七年解嚴前後的討論，約有三個層面：第一、政黨不干涉司法審判，據當時了解，這方面已能做到。第二、司法人員一律退出政黨，此有違憲法所保障的「人民有信仰之自由」，不便實行。第三、黨的組織退出司法，司法人員兼任黨的職務，不論其為中常委、中評委、中央委員或地區性委員等，一律解除❶。關於此點，一九九二年四月司法院曾組織專案小組加以研商，並發函給各級法院，規定「法官不得參加政黨活動」，行政院法務部繼之亦發函通知所屬檢察官退出政黨活動。所謂政黨活動，範圍包括黨員大會、黨員代表大會、各級黨部委員會、小組會議、為黨吸收黨員、為黨的候選人助選拉票、為黨籌募經費、為黨內初選投票或參加幹部評鑑等。法官退出政黨活動，最顯著的例證是一九九三年一月，新任最高法院院長王甲乙向國民黨中央辭中央委員一職❶。

　　從前述的相關黨政措施的調整，可以看出的趨勢是：公務員、軍人、警察、法官等，可以是黨員，但各公務機關、軍隊、警察單位和司法單位，將不再設黨部，而將黨員全部隸屬各地方黨部❶。

六、中央民意代表的全面改選

　　中央民意代表的全面改選，包括國民大會和立法院，原由省市議

---

❶　民國81年1月2日《自由時報》，八十一年國防總體檢系列一。

❶　張屏峰，〈政黨退出司法〉，《新新聞周刊》，1987年3月30日－4月5日。

❶　民國81年4月17日《聯合報》社論，〈法官與檢察官退出政黨活動的意義〉；民國82年2月1日《自由時報》第4頁有關消息。

❶　前引江雪晴文。

會選舉產生的監察委員，則改由總統提名、國民大會同意後任命。原
有三個中央民意機構，於一九九一年十二月到一九九三年一月間改組
完成。先述國民大會的全面改選。

　依照一九九一年四月二十二日制定、五月一日公布實施的中華民
國憲法增修條文，第二屆國代於年底選舉產生，代表總名額三百二十
七人，其中自由地區每直轄市、縣市各二人，但其人口逾十萬人者，
每增加十萬人增一人；自由地區平地山胞及山地山胞各三人；由選舉
產生。僑選二十人與全國不分區八十人採政黨比例方式選出⓰。由於
第二屆國代的主要任務是憲法改造，是年十二月的選舉活動，各黨派
的主要訴求是憲改的主張，茲將四個主要政黨的憲改主張列表比較於
下⓱：

四個政黨憲政改造主張

政　　黨	憲法修改方式	總統選舉方式	中央政府體制	五權體制的改變方式	大陸政策	統獨爭論	中央與地方政府關係
國民黨	修改現行憲法	尊重民意決定，但傾向委任直選	現制改良的「混合制」	五權架構不變	依國統綱領三階段的目標逐步達成統一	反對臺獨，強調統一，堅持「中華民國」	凍結憲法相關條文，授權立院制定省縣自治法，省長民選

<hr>

⓰　民國80年4月23日《中國時報》消息，〈國大臨時會完成第一階段修憲〉
　　及〈憲法增修條文全文〉。

⓱　民國80年12月19日《中時晚報》七版。

民進黨	透過公民投票制定新憲法	人民直選	總統制	行政、立法、司法三權分立，廢考試院、監察院	基於住民自決的原則，透過協商建構兩岸和平安定關係	基於國民主權原理，建立主權獨立的「臺灣共和國」	省級虛級化，院轄市長經民選產生，無省長民選問題
社民黨	最小幅度修憲，最大幅度改革	由立法委員及縣市議員組成之國大選舉	虛位元首的內閣制	改革五院制	授權立法院立法規範兩岸公私關係，兩岸簽訂和平協定	兩岸共同創建「中華聯邦共和國」	省級虛級化，無省長民選問題
民主非政黨聯盟	用修憲手段達到制憲目的	總統直選	未定	行政、立法、司法三權分立	全面交流	超越統獨	省級虛級化

　　是年十二月二十一日投票，計選舉人一千三百萬餘，投開票數八百九十餘萬，投票率為68.32%[164]。國民黨獲二百五十四席，得票率71.17%；民進黨獲六十六席，得票率23.94%；社民黨無人當選，得票率2.18%；非政黨聯盟三席，得票率2.27%，其他二席，得票率0.44%[165]。

　　二屆國代共選出三百二十五席，加上八十席原有的增額國代，再扣除兩位當選二屆國代的增額國代，代表名額共四百零三人。國民黨在選舉中區域代表獲得一百七十九席，全國不分區代表六十六席，僑選代表十五席，加上六十四位增額代表，共三百一十八席，已遠超過主導修憲所需的四分之三席次。民進黨區域代表得四十一席，全國不分區二十席，僑選五席，加上九位增額國代，共七十五席，距離杯葛

[164]　民國80年12月22日《中國時報》十六版有關新聞。
[165]　同上一版有關新聞。

修憲所需的一百零一席，尚有一段距離。在這種情形下，執政黨可全面主導修憲❻。

　　國民大會代表全面改選並開始運作後，政府即從事立法院全面改選工作。依據一九九一年四月二十二日制定、五月一日公布實施的中華民國憲法增修條文，第二屆立法委員於一九九三年一月底以前選出，其選舉方法自由地區每省、直轄市各二人，但其人口逾二十萬人者，每增加十萬人增一人，逾一百萬人者，每增加二十萬人增一人；自由地區平地山胞及山地山胞各三人；僑居國外國民六人，全國不分區三十人。其產生方式除僑居外國國民及全國不分區名額採政黨比例方式產生外，餘由選舉產生❼。第二屆立委的選舉在一九九二年十二月進行，候選人的政見，民進黨此次不直接訴求臺獨，只強調本土化、一中一臺及反對「一個中國」，國民黨堅持「一個中國」，反對一中一臺；民進黨和國民黨均強調反金權、反賄選，但由於國民黨的候選人來自財團的較多，聲勢不如民進黨大。選舉結果，國民黨當選七十三人，民進黨當選三十七人，社民黨當選一人❽；加上僑選代表和全國不分區代表，國民黨共贏得九十六席，民進黨五十席，中華社民黨一席，無黨籍十四席❾。

　　依照一九九一年四月二十二日修訂、五月一日正式公布的憲法增修條文，第二屆監察委員應於一九九三年一月三十一日以前選出。選出之辦法原規定自由地區臺灣省二十五人，自由地區每直轄市各十人，僑居國外國民二人，全國不分區五人❿。但到一九九二年五月第二階

---

❻　同上。

❼　民國80年4月23日《中國時報》，〈憲法增修條文全文〉。

❽　見民國81年12月20日《中國時報》二版有關新聞。

❾　民國81年12月20日《中央日報》一版。

段憲法修訂時，方法變更，規定監察院設監察委員二十九人，由總統提名、經國民大會同意任命之❶。李登輝總統據此，於一九九二年十二月二十九日向國民大會提出二屆監委提名建議名單二十九人❶，包括監察院院長陳履安、副院長鄭水枝。一九九三年一月國民大會臨時會經審查後於十六日進行投票，通過二十五人，否決四人，陳、鄭任正副院長❶。另一方面，第一屆監委則已於一九九三年一月五日召開最後一次院會後結束❶。

七、省市長民選的規劃及實施

　　一九四七年制定的中華民國憲法，原規定省長民選，但需依據省縣自治通則，制定省自治法，於省自治法中規定之。至於院轄市的自治，僅規定以法律定之，未規定市長民選❶。一九四八年行憲之始，國共內戰激烈，接著大陸淪陷，中華民國政府遷臺，由於國家實際統有的土地與臺灣省重疊，政府便陸續制定零星的規章，實行縣市及以下的自治，包括縣市長民選，省則只實行省議員民選，省長一直由官派。省縣自治通則一度在一九四九、一九五〇年間在立法院完成二讀，即告擱置❶。主要的考慮，當時尚無院轄市的設置，如省長民選，省

---

❶　民國80年4月23日《中國時報》，憲法增修條文全文。

❶　條文內容見民國81年5月28日《中央日報》。

❶　民國81年12月31日《中國時報》，二屆監委提名建議名單分析。

❶　民國82年1月17日《聯合報》有關消息。

❶　民國82年1月6日《中國時報》六版。

❶　賈宗復，《中國制憲史》（臺北，民國42年），頁138-139。

❶　民國79年1月1日《中國時報》，〈開導政治新課題之一：地方自治法制化〉。

長即為臺灣最具民意基礎的統治者，對總統的統治權造成無可抗拒的挑戰。

一九七〇、一九八〇年代以後，政治改革的呼聲日高，人民對民主的渴望日殷。執政黨在諸多民主改革的措施中，逐漸重視省市首長的民意基礎問題，於是對地方自治法制化不斷進行研究。一九八八年二月十日，國民黨中常會通過一種地方自治法制化的方案，決定省主席的產生，由行政院長提名，經省議會的同意後任命，但對臺北市和高雄市兩院轄市，則表示將另案研究。在地方自治法治化案在國民黨中常會定案前後，報刊不斷有社論或評論發表意見。如《聯合報》的社論，主張院轄市長開放民選，至於省長，在動員戡亂時期宜經過兩個過渡階段，第一個過渡階段即執政黨定案的，由省議會同意後任用；第二個過渡階段，可改由各政黨提名，在省議會中實行選舉；到第三個階段才實行直接民選。《自立晚報》的評論則主張省長及院轄市長皆由民選，並促早日完成省自治法及院轄市自治法**⓱**。一九八八年三月十一日，立法委員康寧祥率同民進黨北、高兩市與臺灣省議會黨團代表等拜會行政院長俞國華，要求省市長開放民選**⓲**。

在輿論與民意代表的催促下，到一九九〇年政府籌劃憲政改革時，即決定規劃省市長民選。行政院長郝柏村於是年十月二十三日在立法院答覆質詢時指出，政府不準備制定省縣自治通則，而以臺灣省地方自治條例和直轄市自治條例來代替，省長民選在臺灣省地方自治條例完成立法以後**⓳**。內政部長吳伯雄於一九九二年十一月二十九日指出，

⓱ 民國77年2月11日《聯合報》社論；民國77年2月14日《自立晚報》，每日短評。

⓲ 民國77年3月12日《自立晚報》，自立短評。

⓳ 民國79年10月24日《中國時報》有關新聞。

省市長民選可在一九九四年底舉行❿。但實行省市長民選，需三項自治法案由立法院通過，一為行政區劃法，二為省縣自治法，三為直轄市自治法；吳伯雄認為若省市長民選在一九九四年底舉行，需上述三項自治法規在一九九三年六月底前完成立法❿。

當時規劃的行政區劃法，仍將臺灣地區劃為一省二市；高雄縣併入高雄市，臺北縣和基隆市併入臺北市。地方自治法的法案，需先通過行政區劃法，將行政區調整後，再依省縣自治法和直轄市自治法進行省市長民選。為了配合省市長在一九九四年底舉行，政府決定，在一九九三年底改選的縣市長及省市議員，適度延任一年左右，但除臺北縣、高雄縣、基隆市的縣市長以外，其他的縣市長如期改選❿。

一九九三年二月二十五日連戰任行政院長後，仍按前述內政部原來的規劃，按部就班的實施。時間表是：⑴一九九三年六月通過省縣自治法、直轄市自治法和行政區劃法，⑵一九九三年底前調整「一省二市」的行政區劃，⑶一九九四年底或一九九五年底初選舉省市長。民進黨對三項自治法規基本上不反對，國民黨部分地方黨工慮政治資源流失，則不贊同北高兩縣及基隆市併入大都市❿。

此後，省市長民選積極規劃，於一九九四年十二月即付諸實施。

關於省市長民選，依據一九九四年七月二十九日公布的〈省縣自治法〉和〈直轄市自治法〉，省政府置省長一人，綜理省政，並指導監督所轄縣（市）自治，由省民依法選舉之，任期四年，連選得連任一次；市政府置市長一人，綜理市政，由市民依法選舉之，任期四年，

❿　民國81年11月30日《中國時報》有關新聞。

❿　民國82年2月9日《中國時報》有關新聞。

❿　民國82年2月13日《中國時報》有關新聞。

❿　民國82年3月2日《中國時報》一版、四版有關新聞。

連選得連任一次❶。該二法於公布後付諸實施。是年十二月三日，臺
灣省長、臺北市長、高雄市長選舉進行投票，有一千三百九十二萬餘
選民。茲將省市長選舉各政黨的得票率表列於下：

	選民數	投票率	國民黨得票率	民進黨得票率	新　黨得票率	其他候選人得票率
臺灣省	11,184,258	76.15	56.22	38.72	4.31	0.75
臺北市	1,816,986	78.53	25.89	43.67	30.17	0.27
高雄市	926,318	80.58	52.05	39.29	3.45	2.80

臺灣省長的選舉，由國民黨的宋楚瑜、民進黨的陳定南、新黨的朱高
正，以及無黨籍的蔡正治和吳梓競選，結果宋楚瑜獲勝；臺北市長的
選舉，由國民黨的黃大洲、民進黨的陳水扁、新黨的趙少康，以及無
黨籍的紀榮治競選，結果陳水扁獲勝；高雄市長的選舉，由國民黨的
吳敦義、民進黨的張俊雄、新黨的湯阿根，以及無黨籍的施鐘响和鄭
德耀競選，結果吳敦義獲勝❶。其後到一九九八年十二月，臺北、高
雄二市市長改選，國民黨的馬英九和民進黨的謝長廷分別獲勝；由於
國、進兩黨正合作從事省政之廢除，省長選舉停辦。

八、總統由人民直選產生

　　一九四七年的中華民國憲法規定總統由國民大會選舉產生，其後
自一九四八年五月就任的第一屆總統到一九九六年五月任期屆滿的第
八屆總統，均係由國民大會選舉產生。一九九一年四月二十二日修訂

---

❶　二法全文，均見《立法院公報》八十三卷五十四期。

❶　選舉情況及結果，見民國83年12月3-4日《聯合報》等。

的憲法，總統尚維持由國民大會選舉產生，但是年十二月選舉第二屆國大代表時，民進黨宣揚將來修憲，使總統由人民直選產生，國民黨當時主張委任直選。一九九二年第二屆國大開幕後，人民直選總統的呼聲日高，國民黨漸附和之，到一九九四年七月二十八日第二屆國大第四次臨時會第三十二次大會，通過新的憲法修訂案。依據此次修訂的憲法第二條：「總統、副總統由中華民國自由地區全體人民直接選舉之，自中華民國八十五年（1996）第九任總統、副總統選舉實施。……總統、副總統之任期，自第九任總統、副總統起為四年，連選得連任一次。」[186]

第九任總統、副總統於1996年3月23日由中華民國自由地區全體選民直接選舉。選民人數為一四、三一三、二八八人，投票率為76.04%。總統、副總統候選人，國民黨推出李登輝、連戰，民進黨推出彭明敏、謝長廷，另有自國民黨分裂而出的兩組候選人，即林洋港、郝柏村，以及陳履安、王清峰。選舉結果，李登輝、連戰得票率為53.99%，彭明敏、謝長廷為21.13%，林洋港、郝柏村為14.90%，陳履安、王清峰為9.98%[187]。李登輝、連戰獲勝。

第三節　政黨政治的形成

五十年來，臺灣地區能從一黨領政逐漸形成政黨政治，根基於中央民意代表的增補選和全面改選，以及政治反對勢力的成長和反對黨

---

[186] 所引1994年7月28日通過之憲法增修條文第二條，見《立法院公報》三十八卷五十四期，頁32。

[187] 中央選舉委員會編，《第九任總統副總統暨第三屆國民大會代表選舉實錄》（臺北，民國86年），頁982–987，1011。

的組成。而反對勢力和反對黨在歷次選舉中逐漸得勢，乃根基於臺灣社會新勢力的興起，而執政的國民黨限於歷史的傳承與使命，無法及時脫胎換骨，因此未能完全滿足社會需要。下面分為五方面，說明政黨政治的形成：一、在臺執政五十年的中國國民黨，二、由反對勢力匯集而成的民主進步黨，三、公職人員選舉中的政黨競爭，四、國民大會中的政黨運作，五、立法院中的政黨運作。

一、在臺執政五十年的中國國民黨

國民黨有一百零四年的歷史。一八九四年孫中山組織興中會，到一九〇五年又擴大為同盟會，目的在推翻滿清，建立民國。一九一一年武昌革命爆發，接著中華民國建立。由於民國的建立，借用了滿清舊官僚、舊軍人的勢力，民國建立之初，政權一直在滿清舊官僚和舊軍人之手。一九一二年同盟會改組為國民黨，欲以政黨政治的方法與以袁世凱為首的舊官僚爭政權，受到袁世凱的鎮壓。一九一四年國民黨改組為中華革命黨，會同各派力量以武力反袁。一九一六年袁死後，政權又落入袁所培植的各派將領手中。中華革命黨為了在國內發展，避去「革命」之名，一九一九年改組為中國國民黨，到一九二四年更吸收新的革命勢力所形成的中國共產黨，共同致力於打倒軍閥和打倒帝國主義的統一工作。一九二七年，國共兩黨在北伐途中決裂，次年國民黨大體完成統一中國的任務，正式成為中國的執政黨。一九二九年開始實行一黨訓政，初不容反對黨存在。到一九三七年為團結國人共同抗日，始允許一九二一年成立的中國共產黨、一九二三年成立的中國青年黨和一九三四年成立的中國國家社會黨合法的活動，然限制極嚴。抗日戰爭勝利後，國民黨實施憲政，當時臺灣在經歷日本統治五十年之後回歸中國，亦選舉中央民意代表。一九四七年行憲，中央

政府採五院制，立法院由民選產生，監察院由各省市議會產生，行政、司法、考試三院為行政機構。另加國民大會專司總統副總統選舉及憲法修訂。國民大會與立監兩院，被視為三個民意機構。國民大會代表、立監兩院委員，國民黨籍均佔絕大多數，總統選舉亦由國民黨籍的蔣介石當選。國民黨自是成為行憲後的執政黨。當國民黨行憲之際，中共已從事武力奪權，一九四九年佔據中國大陸另建政權。中華民國政府撤退來臺，仍維持五院和國民大會的制度。由於大陸淪陷，國民大會及立監兩院不能改選，國民大會雖例行每六年選舉總統一次，多由國民黨籍候選人一人獨選，並獲勝利。因此國民黨在臺灣地區，一直為執政黨。

執政的國民黨，從一九四九年迄今四十九年間，亦多變化。大體說來，從一九四九年十二月國民黨中央遷臺，到一九五二年十月召開七全大會，是國民黨進行改造和在臺灣重建政治秩序的時期。一九五〇年三月由於代總統李宗仁逃美，已退職的蔣介石總統復行視事，重新建立以黨領政的制度，並實行三七五減租、公地放領，以進行社會改造。在軍事上以「反攻大陸」為目標，以防止中共進犯金馬臺澎為實務。從一九五二年十月七大結束，到一九五七年十月召開八全大會，由於中美共同防禦條約的簽訂，臺灣的安全感增加。在社會改革上，進一步實施耕者有其田；在軍事上，仍以確保臺灣、反攻復國為目標；在經濟上，自一九五三年開始實行第一期經建計劃；在政治上，繼續強化黨治。蔣介石於一九五四年連任總統⑱。從一九五七年十月國民黨八大經一九六三年十一月九大，到一九六九年三月十大，國民黨除強化以黨領政、鞏固領導中心、繼續推行第二、三期經建計劃外，為

⑱　參考宋春、于文藻主編，《中國國民黨臺灣四十年》（長春，1990），頁4-7。

加強「反攻復國」的準備，以「六大自由」和「三大保證」向大陸同胞號召，並對中國大陸進行試探性的攻擊，一度引起臺海之間的炮戰及海空衝突。由於向大陸試探性的攻擊無所成，漸傾向於「革新保臺」。其間一九六〇年蔣介石三次連任總統，一九六六年四次連任總統[189]。十大召開時，黨員人數約九十二萬人，其中臺籍佔39％，青年佔39％，高中以上程度佔56％，農工佔23％，工商佔9％，婦女佔9％；已建立省級黨部十八個，縣級黨部八十個[190]。從一九六九年三月十大到一九七六年十一月十一大，雖仍標榜「反攻復國」，實則「革新保臺」。蔣介石於一九七二年五次連任總統，起用蔣經國為行政院院長，在黨政方面進行大規模的改造：① 推行本土化政策，大量起用臺籍人士。② 增選中央民意代表，吸收社會精英。③ 推行黨政分工，貫徹任期制和退休制。在經濟上則推行十大建設。一九七五年四月蔣介石去世，副總統嚴家淦繼為總統，由蔣經國繼任國民黨主席[191]。從一九七六年十一月十一大經一九八一年三月十二大，到一九八八年七月十三大，國民黨繼續推行本土化政策，十二大時臺籍人士在中常會中佔三分之一，十三大時，臺籍人士在中央委員會中約佔五分之二，在中常會中超過半數。在外交上，美國與中華民國於一九七八年斷交，並於次年終止協防條約。在政治上，續增補選中央民意代表。一九八七年解除戒嚴，開放黨禁。在兩岸關係上，於十二大中提出「以三民主義統一中國」政策，此期間，蔣經國於一九七八年被選為總統，一九八四年連任總統。一九八八年一月蔣經國去世，副總統李登輝繼任總統，並代黨主

---

[189] 同上，頁7–8；劉健清等主編，《中國國民黨史》（上海，1992），頁 712–715。

[190] 同上，劉書，頁739。

[191] 同前引宋書，頁8–9。

席。到一九八八年七月，李登輝的主席地位，在十三大中得到確認●。

　　五十年間，國民黨在臺灣地區的最大變化有三：一為民主化，二為本土化，三為鬆弛化。所謂民主化，是指決策程序的民主和人選制度的民主。國民黨原為革命政黨，由於一直未能將中國完全統一，達到革命的目標，故一直維持革命政黨的屬性。儘管直到一九八八年七月十三全大會時，國民黨仍將其屬性定為「革命民主政黨」，其革命的屬性已愈來愈低。一九八七年解除戒嚴、開放黨禁後，國民黨已與各反對黨立於平等的地位，在選舉中競爭政權。一九九一年十二月國民大會全面改選、一九九二年十二月立法院全面改選，反對黨的席位大增，對執政黨構成威脅。至於黨內民主，在一九八九、一九九〇年以後，各級民意代表和縣市長的選舉，已普遍以黨內初選制度作為提名作業的參考●。國民黨主席李登輝在一九九三年二月九日接見黨籍立委黨團時表示，將來中央委員、中常委、甚至黨主席，都可以票選的方式產生。《中央日報》為此對主席的意見加以申論，希望十四全大會能順利修改黨章，確立黨為「民主政黨」，並由黨代表選舉產生中央委員、中央常委及黨主席●。

　　所謂本土化，涵義有二：一為在施政方針上，逐漸放棄以反攻復國或三民主義統一中國的目標，而確認「臺灣優先」、「統治權不及大陸」的現狀。雖然到一九八八年七月十三全大會時所修訂的憲章，仍標榜「負有完成國民革命之使命，致力於實踐三民主義、光復大陸國土、復興民族文化、堅守民主陣容，建設中華民國為民主、均富、統

● 同前引宋書，頁10–14；同前引劉書，頁772–787。

● 黃德福，〈國民黨結構與功能的調適與觀察〉，民國79年11月13日《臺灣時報》二版。

● 見民國82年2月10日《中央日報》二版有關消息。

一的三民主義民主共和國」 ⑬，一九九一年且成立國家統一委員會，
並訂出國家統一的近程、中程、遠程目標，在民進黨「臺灣共和國」
理念的牽制下，國民黨到一九九三年一、二月間就公開承認所謂一個
中國就是「一個在臺灣的中華民國」。 影響所及，有人將中國歷史、
文化視為外來，有人宣稱自己不是中國人、不是華人。本土化的另一
涵義是各種黨政機關的重要幹部，臺灣籍人士日漸增多。如前所述，
國民黨中常委由三分之一到超過二分之一。這種情形反映在臺灣省府
委員廳處長的籍貫結構尤為明顯。一九四七年五月至一九四九年十二
月魏道明（外省籍）、 陳誠（外省籍）任省主席時期，臺籍委員廳處
長佔21％。一九四九年十二月至一九五七年八月吳國楨（外省籍）、俞
鴻鈞（外省籍）、 嚴家淦（外省籍）任省主席時期，佔31－33％。一
九五七年八月至一九七二年六月周至柔（外省籍）、 黃杰（外省籍）、
陳大慶（外省籍）任省主席時期，佔20-38％。一九七二年六月以後，
臺籍的謝東閔、林洋港、李登輝、邱創煥、連戰先後任省主席，臺籍
委員廳處長的比例直線上升，分別為59％、70％、76％、82％、87
％⑯。

　　國民黨的民主化和本土化產生一個重大的影響,即黨內派系浮現。
從蔣經國去世以後，黨內主要派系為由省籍差異和統獨之爭而衍生的
所謂主流派、非主流派。大體說來，主流派以臺籍人士主導，擁護李
登輝總統，在立法院以「集思會」的委員為代表，在政治理念上傾向
於「臺灣優先」,「一個中國」的情結淡泊。非主流派由外省籍人士主
導，本省籍人士富大陸情結者亦加入，初以司法院院長林洋港、國家
安全會議祕書長蔣緯國為中心，一度競爭總統、副總統之提名，其後

⑬　見民國77年7月12日《臺灣日報》十二版，中國國民黨黨章全文。

⑯　民國79年7月30日《自由時報》一版有關消息。

的所謂非主流派，以林洋港和先後任行政院院長的李煥和郝柏村為中心，在立法院中以「新國民黨連線」的委員為代表，在政治理念上代表國民黨的正統，「一個中國」的情結濃厚。一九九二年十二月立法院全面改選，由於提名問題和政治理念的差異，兩派競爭激烈。非主流派堅持一個中國政策，宣揚「反臺獨」、「反一中一臺」，支持郝內閣、維護「李郝體制」。主流派的激進人士，宣揚「愛臺灣」、「臺灣優先」、「國民黨臺灣化」、擁李反郝，甚至標明反郝是「為了維護臺灣人總統李登輝」❿。其後，郝柏村下台，林洋港與郝柏村搭檔競選總統失敗，非主流派消散。

二、反對黨的演變與成長

一九四九年政府遷臺，隨政府來臺的反對黨只有青年黨和民社黨。青年黨由曾琦、李璜等人於一九二三年創於法國巴黎，信奉國家主義。一九四六年十一月參加制憲國民大會，擁護國民黨所推行的憲政體制。民社黨的前身為張君勱於一九三四年所創辦的國家社會黨，一九四六年與民主憲政黨合併，改稱民主社會黨，信奉國家社會主義。亦於一九四六年十一月參加制憲國大，擁護國民黨所推行的憲政體制。民青兩黨到臺灣後，內部矛盾重重，陷於分裂❿，無法扮演反對黨的角色。另外一方面，有關方面，也盡量限制其發展。一九五○年代，有些人懷疑民青兩黨的政治活動，一九五八年一份國民黨地方黨部的報告中說：「民青兩黨議員，以中國地方自治研究會名義為號召，羅致失意政客，參加配合匪的政策，用合法掩護非法，與香港『第三勢力』勾

---

❿　民國81年12月3日《中國時報》四版，〈執政黨內流派以迂迴策略凸顯各自立場〉。

❿　茅家琦主編，《臺灣三十年》（鄭州，1988），頁21。

結，其目的在反黨、反政府。」[199]

但兩黨有心人士，仍時以反對黨立場為念，譬如一九五七年民社黨召開二全大會時，發表宣言，反對修改憲法，並抨擊選舉不公[200]。而如前節所述，旅居香港的青年黨領袖左舜生，常以修憲、言論自由等問題，結合海外知識份子，向政府抗議。

一九五○至一九六○年間，胡適、雷震等所辦的《自由中國》雜誌，為推動民主政治，一直鼓吹建立反對黨。一九五○年一月一日，《自由中國》發表了蔣廷黻在美國所擬的〈中國自由黨組織綱要草案〉。組織此黨的目的似乎在遏止並推翻中共統治，在黨的宗旨及目標中標舉反對一黨專政、保障思想信仰自由、反對政府干涉教育等[201]，對國民黨亦有警示作用。一九五四年胡適自美返臺參加國民大會，曾向執政的國民黨總裁蔣介石建議，將國民黨一分為二，以奠定兩黨政治的基礎；蔣則提議由民青兩黨結成較大的反對黨，以監督政府。二議皆未實現，胡適乃轉而支持雷震組織新黨。一九六○年，《自由中國》發表了七篇的系列文章，鼓吹組織反對黨。是年五月十八日，《自由中國》雜誌社的同仁聯合民青兩黨和臺籍人士，在民社黨總部召開座談會，即日起成立「地方選舉改進座談會」。六月十五日，該會發表聲明，宣布「立即籌組一個新的政黨」。六月二十日，宣布李萬居、高玉樹、雷震三人為新黨發言人；雷震、李萬居、吳三連、郭雨新、

[199] 《自由中國》十九卷十二期（民國47年12月16日），短評欄，〈國民黨眼中的共產黨同路人〉。

[200] 《自由中國》二十一卷五期（民國48年9月1日），〈中國民主社會黨第二屆全國黨員代表大會宣言〉。

[201] 《自由中國》二卷一期（民國39年1月1日），〈中國自由黨組織綱要草案〉。

齊世英、郭國基等十七人為召集委員。由李萬居任黨主席，雷震任黨祕書長，並決定九月底正式成立新黨，新黨定名為「中國民主黨」[202]。但到九月四日，《自由中國》雜誌社的一批人，包括雷震在內，因牽連匪諜案被捕，雷震嗣被判刑十年，其新黨運動因此夭折。

雷震被判刑後，民氣大挫，十年之間，似未再有新黨運動。一九七一年，雷震出獄，適中華民國退出聯合國，國家遭受重大挫折，民間紛紛提出建言。一九七二年一月十日，雷震著〈救亡圖存獻議〉，促請蔣介石總統等變法圖存，改制自保，將中華民國改為「中華臺灣民主國」[203]。此雖與新黨運動無關，可為日後民進黨「臺獨黨綱」的一種源流。

一九八〇年代出現的民進黨，實由黨外運動發展而來（黨外指國民黨以外）。黨外運動除前述以《自由中國》為中心的活動以外，實以黨外人士參加選舉和黨外人士創辦雜誌為主要途徑。黨外人士參加選舉始於一九五〇年代，一九五四年的臺北市長選舉，黨外的高玉樹擊敗國民黨提名的王民寧，另一黨外的黃順興，於一九五七年當選臺東縣議員。一九六四年的縣市長選舉，黨外人士當選更多，如基隆市長林番王、臺北市長高玉樹、臺南市長葉廷珪、高雄縣長余登發、臺東縣長黃順興等。此後，在各種選舉中，黨外勢力不斷昇高。一九七七年十一月的地方選舉，黨外勢力獲得30%以上的選票，二十個縣市長中，黨外佔四個；七十七席省議員中，黨外佔二十一個。另一方面，從一九六九年開始，定期舉行中央民意代表增補選，黨外人士亦不斷被選入中央民意機構。受一九七七年地方選舉的鼓勵，一九七八年的中央民代增補選，黨外人士組成「臺灣黨外人士助選團」，除助選外，

[202]　茅家琦主編，《臺灣三十年》，頁107–109。

[203]　雷震，〈救亡圖存獻議〉，《雷震全集》（臺北，民國78年）。

並為黨外人士提出共同政見，包括中央民意代表全面改選、省市長直接民選、軍隊國家化、司法獨立、禁止黨工控制學校、言論出版自由、開放黨禁報禁、開放國外觀光旅行、解除戒嚴令等。競選期間，美國與中華民國斷交，選舉停止。到一九八○年恢復後，黨外勢力的議席繼續增加。為黨外勢力造勢的，除選舉活動以外，便是黨外雜誌的言論。早期的黨外雜誌，《自由中國》（一九五○年至一九六○年）反對的聲音很強，繼起的《文星》（一九五七年至一九六五年）則很弱。一九六八年創刊的《大學雜誌》，到一九七一年開始的幾年，在國會全面改選等方面發表強有力的言論。《臺灣政論》（一九七五年八月創刊，只出五期，十二月停刊）的言論激烈，但不數期即停刊。一九七八年因美國與中華民國斷交，停止雜誌登記。一九七九年五月禁令解除，康寧祥主辦的《八十年代》、黃信介等人主辦的《美麗島》等相繼創刊。一九七○年代以後的黨外雜誌，除在言論上對開放黨禁報禁、取消〈臨時條款〉和〈戒嚴法〉等方面提出要求外，便是在選舉期間為黨外的候選人造勢。但一九七八年因美國與中華民國斷交停辦選舉後，雖次年開放雜誌登記，並無法舒解黨外人士的參政衝動。一九七九年十二月十日，由《美麗島》雜誌在高雄舉辦的人權日大遊行引發衝突，重要黨外人士被逮捕，黨外雜誌被禁，黨外運動一時再陷沈寂❹。

　　一九八○年十二月，因美國與中華民國斷交而停止的選舉恢復，前此黨外運動的領袖人物施明德、黃信介、張俊宏、姚嘉文、林義雄等均在獄中，承襲黨外香火投入此次選舉的有三批人，一批為原來黨外的溫和派，如康寧祥等；一批為在去年為被捕黨外人士辯護的律師們，包括江鵬堅、尤清、陳水扁、蘇貞昌、張俊雄、謝長廷等，一批為被捕黨外人士的家屬，包括姚嘉文的妻子周清玉、張俊宏的妻子許

❹　茅家琦主編，《臺灣三十年》，頁301–311。

榮淑、林義雄的妻子方素敏、黃信介的胞弟黃天福等。選舉結果，康寧祥、許榮淑、黃天福等當選立法委員，周清玉等當選國大代表，尤清當選監察委員；國民黨獲73％的選票，黨外維持著20％的選票。此次選舉後，黨外人士以康寧祥為領袖。一九八一年十二月的地方選舉，康寧祥、尤清等組成「黨外推薦團」，重點支持黨外候選人，並以「民主要制衡，制衡靠黨外」為口號，選舉結果，推薦七名縣市長候選人中三人當選，十五名省議員候選人中八人當選，九名臺北市議員候選人中八名當選，得票率仍在20％左右。一九八二年以康寧祥為代表的「黨外主流派」形成，成員多是在選舉中贏得公職者，他們主張體制改革，走議會路線。但有一批辦黨外雜誌的年輕人，以林世煜、吳乃仁等為代表，屬黨外新生代，他們主張改革體制，走群眾路線，主張打倒國民黨，排拒共產黨，臺灣前途由臺灣居民自決，並對康寧祥展開批判。一九八三年十二月中央民代增補選，黨外成立「黨外人士競選後援會」，康寧祥主張保障現任公職人員的競選資格，新生代人士反對公職人員有特權，主張機會平等，因無法協調，另組「黨外編輯作家聯誼會」，支持自己的候選人，特別是支持美麗島系來對抗康寧祥的主流派。選舉結果，黨外新生代較成功，美麗島系的方素敏、許榮淑、江鵬堅、張俊雄四人當選，而主流派的康寧祥、張德銘、黃煌雄均落選。經這次失敗，黨外公職人士再整合。一九八四年九月，黨外當選人組織「黨外公職人員公共政策研究會」，推外省籍的立委費希平為理事長、外省籍的臺北市議員林正杰為祕書長，成員包括江鵬堅、張俊雄、許榮淑、尤清等三十多人。公政會成立後，政府聲言將依法取締，費希平出面與政府溝通，受到「編聯會」的批評，認為是向國民黨屈服，費希平為此辭職，另選尤清為理事長。後經臺大教授胡佛、楊國樞等出面溝通，「公政會」未被取締。一九八六年初，公

政會在臺灣各地籌備成立分會，政府再度表示關切，在五、六月間，復由國策顧問陶百川以及胡佛等出面溝通，但一連串的政治事件，使朝野的對立升高，溝通破裂。五月十日，警總查封康寧祥主辦的《八十年代》，黨外逕自宣布成立「黨外公政會臺北分會」。五月十九日，鄭南榕發起抗議長期戒嚴的街頭遊行，行動激烈，僅持達十二小時。五月底，法院以誹謗罪判處黨外雜誌《蓬萊島》負責人黃天福、陳水扁等人八個月徒刑。溝通破裂後，以康寧祥為首的「公政會首都分會」於一九八六年六月向總會建議於一九八七年正式成立新黨。七月初，公政會祕密組織「組黨行動規劃小組」，由尤清、謝長廷等九人參加。九月二十八日上午，黨外人士一百多人在圓山大飯店集會討論參加年底中央民意代表選舉問題，在宣布開會後，尤清、謝長廷提出臨時動議，要求變更議程，討論組黨事宜。於是參加會議的一百二十三人都簽名為新黨發起人，公推費希平為召集人，下午二時四十五分召開新黨發起人會議，討論有關組黨籌備事宜，定名為「民主進步黨」。下午五時，準備年底參加立委選舉的朱高正提出乾脆就宣布新黨成立，「今天推薦的候選人，全都成為新黨的候選人。」六時十二分，民主進步黨舉行記者招待會，宣布該黨成立。民進黨成立後，政府為避免政治衝突，並未依法取締。一九八六年十一月十日，民進黨在臺北環亞飯店舉行一大，出席代表一百五十人，代表一千二百名黨員。其政治訴求為立即廢止〈國家總動員法〉、解除戒嚴、開放黨禁、全面改選中央民意代表、省市長直接民選、保障人權、言論自由、軍隊國家化。一九八七年政府開放黨禁，到一九九一年十一月，向內政部登記的合法政黨達六十八個，中以民進黨最激進，民進黨於是年十月將「臺獨主張」列入黨綱[205]。

---

⑳　陳紅民，《臺灣政壇風雲》（南京，1991），頁141–181。

　　在諸多反對黨中，以民進黨勢力最大。民進黨是匯集十餘年來的
各種反對勢力而成。成立最初的幾年，約分為兩大派系，一為泛新潮
流系，一為泛美麗島系。泛美麗島系以美麗島雜誌社成員為中心，並
結合與他們接近的人，在反對運動路線上，比較偏重妥協，並走體制
改革和議會路線。泛新潮流系以新潮流雜誌成員為中心，後擴大為「黨
外編輯作家聯誼會」，在反對運動路線上，比較強調杯葛，走改革體
制和群眾路線，強調「臺灣獨立的正當性與必然性」❻。兩大派系在
歷次的中常委和黨主席選舉上都有激烈的競爭。其後由於「臺獨聯盟」
自美國內移臺灣，而由於黨內成員日增，派系轉趨複雜，到一九九二
年十二月立法委員選舉時，至少有五、六個派系：一為黃信介、張俊
宏等人的美麗島系連線，二為陳水扁、彭百顯等人的正義連線（由泛
美麗島系分出），三為施明德、謝長廷等人的臺灣福利國連線（中間
派系連線），四為林濁水、盧修一等人的新潮流系，五為顏錦福、鄭
余鎮等人的臺獨聯盟，六為正在形成中的新美麗島系。顯示泛新潮流
系和泛美麗島系兩大派系互領風騷的時代已經過去，日後的民進黨進
入各派系合縱連橫的戰國時期❼。

三、公職人員選舉中的政黨競爭

　　自一九四八年行憲以後，公職人員的選舉，最初由執政的國民黨
一手辦理，合法的政黨可以找黨員出來競選，黨員和無黨籍的人亦可
自由參選（執政黨不允黨員自由參選）。選舉事務，包括投票、開票，

---

❻　曹俊漢，〈民進黨與臺灣地區的政治民主化〉，民國79年11月13日《臺灣
　　時報》二版。

❼　民國81年12月28日《自由時報》二版，〈民進黨走向六大勢力合縱連橫
　　「戰國時代」〉。

並不特意安排黨外人士監督。一九五○年臺灣實施地方自治時，候選人的產生，是採取選民簽署的辦法。一九五三年八月修訂省議員及縣市長選舉罷免規程，取消選民簽署，改用候選人申請登記的辦法。一九五四年第二屆地方選舉時，執政黨對黨員競選省議員及縣市長，單獨採取對外不公開的黨內提名，未經黨提名而參選者則開除黨籍。由於自治法規中找不到政黨提名的根據，其他政黨亦只能以個人資格申請登記。一九五四年十一月再度修訂的地方自治法規，亦未採納政黨提名制度。一九五六年十月，青年黨及民社黨負責人聯名致函國民黨當局，提出有關第三屆地方選舉的建議，包括確立政黨提名制度、共同辦理及共同監察選舉等。執政黨原則接受了政黨提名的建議，因此一九五七年四月第三屆地方選舉，即正式開始了政黨提名。屬於政黨提名的，省議員候選人五十八人，內國民黨五十三人，青年黨二人，民社黨三人；縣市長候選人二十四人，內國民黨二十一人，青年黨一人，民社黨二人。另有非政黨提名而以個人資格登記競選的，計省議員七十四人，縣市長二十一人[208]。選舉結果，國民黨在二十一位縣市長中佔二十位（臺南市長葉廷珪為黨外），在六十六席臨時省議員中佔四十四席[209]。就縣市長選舉而論，國民黨於第一屆失掉四席，第二屆失掉二席，第三屆失掉一席，論者謂係國民黨控制選舉成功所致[210]。控制的方式，據指證：一是國民黨候選人利用各種黨的動員大會，提

[208] 沈雲龍，〈有關臺灣省地方選舉的幾個問題〉，《自由中國》十六卷八期（民國46年4月16日），頁13-14。

[209] 傅正，〈對本屆地方選舉的檢討〉，《自由中國》十六卷九期（民國46年5月1日），頁14。

[210] 朱文伯，〈執政黨控制臺灣地方選舉的心理分析〉，《自由中國》十八卷一期，頁21。

早展開競選活動；二是選舉事務所不讓非國民黨人員參加，不使非國民黨人員擔任監察員；三是限制競選言論，譬如在一九六〇年四月第四屆縣市長及省議員選舉時，嘉義縣省議員候選人李火煙的政見「軍隊國家化」、「司法獨立」等都被迫修改**⑪**。餘不備舉。

一九六〇年四月的第四屆縣市長及省議員選舉,省議員七十三人，國民黨當選五十八人，黨外當選者有臺北市郭國基、宜蘭縣郭雨新、嘉義縣許世賢、雲林縣李萬居等十五人，縣市長二十一人，國民黨當選十九人，黨外當選者有基隆市長林番王（民社黨）、 高雄縣長余登發**⑫**。此次選舉前後，由於以《自由中國》為中心的一批反對人士正籌組反對黨，對選舉中種種不合理的情況大加指摘。首先在選舉前，《自由中國》即著文批評國民黨在前此選舉中的壟斷舞弊，指國民黨在投票開票過程中，有代蓋指模冒領選票、藉指導為名強制投票、製造廢票、故意唱錯票等事**⑬**。另一方面，則發表〈在野黨無黨無派人士對於本屆地方選舉向國民黨及政府提出的十五點要求〉， 包括政黨共同辦理選舉、由各黨派代表共同組織全省各級選舉罷免監察機構等**⑭**。選舉結果公布後，一方面發表社論，批評選舉不公，舉出的理由是:(1)國民黨不理會各黨派共同辦理選舉的要求,仍一黨辦理選舉。(2)有冒領選票、製造廢票的情事發生。(3)利用軍公教違法助選。(4)對反對人士的競選百般威脅利誘**⑮**。另一方面也發表其他文章，揭發

---

⑪ 《自由中國》二十三卷一期（民國49年7月1日），〈選舉改進座談會鄭重要求內政部長連震東公開答覆〉。

⑫ 民國49年4月25日《聯合報》一版。

⑬ 李福春、李賜福，〈揭穿國民黨所謂安全措施下的選舉舞弊〉，《自由中國》二十二卷六期（民國49年3月16日），頁11–13。

⑭ 見《自由中國》二十二卷七期（民國49年4月1日），頁30。

國民黨在選舉中的舞弊 ㉑⑥。最後則透過《自由中國》雜誌社所組的「選
舉改進座談會」發表聲明，對國民黨壟斷選舉、違法舞弊的情形加以
揭發，並要求改善 ㉑⑦。

一九六〇年九月《自由中國》停刊後，反對黨運動停止了十年，
此期間地方選舉繼續舉辦，民青兩黨及無黨無派的勢力雖然不大，亦
在選舉中常有斬獲。一九六三年的第三屆省議員選舉，議員七十四名，
國民黨籍六十一名，黨外十三名 ㉑⑧。一九六九年十一月，臺北市第一
屆市議員選舉，議員四十八席，國民黨獲四十二席，黨外獲六席 ㉑⑨。
是年十二月增補選國代及立委，國代十五人全為國民黨籍，立委十一
人則有洪炎秋、黃信介、郭國基三人為黨外 ㉒⓪。

一九七〇年代以後，在蔣經國先後任行政院長和總統期間，政治
漸開放，反對勢力活動的空間日大，執政黨面臨的競爭亦漸激烈。但
在中央民代全面改選（一九九一年至一九九二年）以前，執政黨對選
舉的情勢大體尚能掌握，反對派的新增議席，無論中央選舉或地方選
舉，在數量上一直不大。一九七二年十二月中央民代增額選舉，國代
五十三人，國民黨籍四十三人，黨外有黃天福、張春男、吳豐山、洪

㉑⑤　《自由中國》二十二卷九期（民國49年5月1日），社論。

㉑⑥　如柯一民，〈痛話臺中市選舉〉，《自由中國》二十二卷十期（民國49年
　　　5月16日）；又如石錫勳，〈競選縣市長三次落選感言〉，《自由中國》二
　　　十二卷十一期（民國49年6月1日）。

㉑⑦　《自由中國》二十二卷十二期（民國49年6月15日），〈選舉改進座談會
　　　的聲明〉。

㉑⑧　民國52年4月29日《聯合報》一版。

㉑⑨　民國58年11月16日《聯合報》三版。

㉒⓪　民國58年12月21日《聯合報》一版。

照男等十人；立委三十六人，國民黨籍三十人，黨外有黃順興（青年黨）、張淑真（青年黨）、許世賢、康寧祥等六人。縣市長二十人，全為國民黨籍。省議員七十三人，國民黨籍五十八人，十五人屬黨外。當時選風似有改善，《聯合報》報導選舉新聞，謂執政黨「贏得漂亮」❷。一九七五年十二月增額立委選舉，除僑選十五人外，臺閩地區選出的三十七人，國民黨籍三十人，黨外有張淑真（青）、黃順興（青）、林榮三、許世賢、蔡萬才、康寧祥、楊登洲七人，郭雨新則於此次立委選舉中落選。此次選舉似無重大失誤，檢察長巡察投票，各地區秩序良好，一里長贈送肥皂，應訊說是為鼓勵投票❷。一九七七年十一月的第六屆省議員和第八屆縣市長選舉（另有第九屆縣市議員、第八屆鄉鎮縣轄市長選舉），縣市長二十人，國民黨籍當選者十六人，黨外四人；省議員七十七人，國民黨籍當選者五十六人，黨外四人；省議員七十七人，國民黨籍當選者五十六人，黨外二十一人❷。此次選舉中壢發生糾紛，一監票人協助選民投票，誤將票弄污成廢票，引起群眾圍燒中壢警局事件❷。另有兩人請求複查選票，均由法院處理❷。一九八〇年十二月的增額中央民代選舉，國代七十六人，國民黨籍當選者六十三人，黨外有黃昭仁（民社黨）、周清玉、王兆釧等十三人；立委七十人，國民黨籍當選者五十六人，黨外有黃煌雄、蔡勝邦、張德銘、許榮淑、康寧祥、黃天福等十四人❷。對這次選舉的

❷　民國61年12月25日《聯合報》三版。

❷　民國64年12月21日《聯合報》一版、三版。

❷　民國66年11月21日《聯合報》一版。

❷　見民國66年11月20日《中國時報》、《聯合報》等。

❷　見民國66年11月22日《聯合報》三版。

❷　民國69年12月8日《中央日報》，〈增額選舉立法委員各候選人得票統計〉

評論一般尚好，《自立晚報》記者的評論是：「國代、立委選舉在祥和中完成，各方反應均給予最高評價，公正公平公開的新形象這是政治的進步，選民水準亦大為提高更是可喜的好現象。」❷青年黨立委李公權認為：「選監機關還不夠超然，政見會不宜太多限制。」❷有幾位落選人發表談話，語氣均甚平和，臺南縣國大代表候選人吳豐山感謝親友支持，臺北市立委候選人葉潛昭則強調來日方長❷。

　　一九七〇、一九八〇年代的選舉，黨外候選人的得票率，於一九七七年一度達到百分之三十七左右以後，此後又降，如一九八〇年為百分之十三左右，一九八一年為百分之三十左右❷。此後亦維持在百分之三十左右。另一方面，在中央民意代表全面改選前，黨外當選的席次沒有顯著增加。一九八三年十二月的增額立委選舉，除總統遴選的二十七名僑選立委中國民黨二十一名、青年黨二名、民社黨一名、無黨籍者三名外，在臺閩地區選出者七十一席，國民黨得六十二席，黨外有江鵬堅、方素敏、許榮淑、張俊雄等九席❷。此次選舉黨外的勢力大挫，雖然有人批評新修訂的選罷法限制太多，譬如限制候選人利用大眾傳播工具刊登廣告從事競選活動，又譬如傳單只能在選委會指定的地點張貼❷；也有人批評投票所太多（如臺北市有八百多個），

　　及〈增額選舉國大代表各候選人得票統計〉。

❷　民國69年12月7日《自立晚報》二版。

❷　民國69年12月8日《聯合報》三版。

❷　民國69年12月7日《聯合報》三版。

❷　〈民主的成長〉，《亞洲人》二卷一期（民國70年12月），頁8。

❷　民國72年12月4日《自立晚報》一版；同日《自由時報》八版。

❷　柯守海，〈「明」的是競爭，「暗」的是鬥爭〉，《亞洲人》六卷一期（民國72年12月），頁37。

黨外候選人不能派出足夠的監票員（如臺北市黨外候選人四位，按規定每位只能派五十多位監票員，共只能派二百多人）；但也有的評論認為選舉比往年進步，公信力提高，且絕大多數候選人未歸咎國民黨舞弊[233]。一九八五年十一月的縣市長省市議員選舉，縣市長二十人，國民黨籍當選者十七人，黨外三人；省議員七十七人，國民黨籍當選者六十人，黨外十七人；臺北市議員五十一人，國民黨籍當選者三十八人，黨外十三人；高雄市議員四十二人，國民黨籍當選者三十二人，黨外十人。國民黨的得票率為71.64％，黨外為26.13％。媒體對候選人的報導不公，以及賄選，是這次選舉的缺點[234]。一九八六年十二月的增額中央民代選舉，國代八十三人，國民黨籍當選者六十八人，黨外十五人（包括民社黨一人）；立委七十三人，國民黨籍當選者五十九人，黨外十四人。國民黨的國代、立委得票率分別為68.31％、69.87％，黨外分別為31.69％、30.13％[235]。一九八九年增額立委選舉，總額一百零一席，國民黨佔七十二席，民進黨獲二十一席，無黨籍獲八席；縣市長選舉，總額二十一席，國民黨籍當選者十四席，民進黨六席，無黨籍一席；省議員一百零一席，國民黨籍當選者六十三席，民進黨三十八席。此次選舉，國民黨受挫，國民黨在立委、縣市長、省議員、臺北市議員、高雄市議員選舉中的得票率分別為54.85％、51.02％、54.88％、63.4％和56.5％，民進黨則分別為25.79％、37.56％、21.14％、22.7％和19.7％[236]。主要原因，由於政府在一九八七年開放了黨

---

[233] 吳重信，〈是黨外失敗，不是國民黨成功〉，《暖流》三卷六期（民國72年12月），頁25。

[234] 見民國74年11月17日《中國時報》有關新聞。

[235] 民國75年12月7日《聯合報》一、二版；同日《中國時報》一、二版。

[236] 民國78年12月3日《中國時報》一、二版。

禁，反對勢力活動空間大增，而反對勢力組成民進黨之後，在運作上較能協同一致。

反對勢力以進入中央民意機構為主要目標，其次則爭取縣市長及省議員，到一九八六年民進黨成立後，在基層選舉中，反對黨的勢力亦正式顯現。譬如一九九〇年一月的縣市議員及鄉鎮市長選舉，在三百零九席鄉鎮市長的席次中，國民黨得二百六十三席，民進黨得六席（較上屆增四席），無黨籍得四十席（較上屆增二十五席）；在八百四十二席縣市議員中，國民黨得五百八十八席，民進黨得四十九席（較上屆增十三席），無黨籍得二百零五席（較上屆增一百零五席）。國民黨在鄉鎮市長和縣市議員的得票率分別為71.7％、61.9％；民進黨分別為9.6％、11.3％，無黨籍分別為18.7％、26.8％。此次基層選舉，創臺灣實施地方自治以來的記錄者，為高雄縣議會的選舉，在五十三席中，國民黨以46.2％的總得票率，只獲二十五席，未達半數⑳。

一九九一年十二月第二屆國代的選舉，一九九二年十二月第二屆立委的選舉，由於是第一次全面改選，可以說正式由國民黨和民進黨大對決。上節已述，茲不多論。

四、國會中的政黨運作（上）：國民大會

論述臺灣民主政治發展，僅就政黨運作而論，亦表現於不同的層面。除前面所述的在各種選舉中的政黨運作之外，行政部門的鄉鎮市長、縣市長、省長和總統的施政皆有政黨運作，立法部門的縣市議會、省議會和國會中的人事安排及議案討論，均有政黨運作。此處僅就國會中的政黨運作作一概述，以見一斑。

一般將國民大會、立法院和監察院視為三個國會。這三個國會，

⑳　民國79年1月21日《聯合報》一版。

國民大會和立法院由民選產生，又決定國家的重要人事和法案，為民主政治運作的中心。茲先論述國民大會。

第一屆國大代表總額，在第一次會議（一九四八年）和第二次會議（一九五四年）時，係以法定應行選出之代表總額三千零四十五人為計算標準。第三次會議舉行前，一九六〇年二月十二日大法官會議解釋，憲法所稱國民大會代表總額，以依法選出而能應召集之代表人數為計算標準。據此解釋，第三次會議（一九六〇年）代表總額為一千五百七十六人，第四次（一九六六年）一千四百八十八人，第五次（一九七二年）一千三百七十四人，第六次（一九七八年）一千二百四十八人❽，第七次（一九八四年）一千零六十四人，第八次（一九九〇年）七百五十二人。至於國民大會代表的黨籍結構，茲以一九七七年和一九八一年為例，列比較表❾：

年　　代	國民黨籍		青年黨籍		民社黨籍		社會人士	
	人數	百分比	人數	百分比	人數	百分比	人數	百分比
一九七七年	1091	85.70	63	4.95	38	2.99	81	6.36
一九八一年	1004	86.40	55	4.73	34	2.93	69	5.94

由於執政黨在國民大會的議席超過百分之八十，政黨運作自以執政黨為中心。

國民大會的主要職權為修改憲法及選舉總統副總統。第一屆國大（一九四八至一九九一年）在臺灣延續四十三年，在此四十三年中，選舉總統副總統七次，修改臨時條款四次，修改憲法一次。在選舉總統及修改臨時條款的過程中，執政黨和反對黨代表所表達的意見，此

<hr>

❽　國民大會祕書處編印，《國民大會統計輯要》（臺北，民國70年），頁10。

❾　國民大會祕書處編印，《國民大會統計彙報》（臺北，民國66年），頁26及《國民大會統計輯要》（臺北，民國70年），頁18。

處無法檢討，大體依執政黨主導的方向決定。這可由執政黨歷屆總統副總統當選人的得票率中見之❷⃝：

屆　別	年　　代	職　　銜	姓　名	得票率
第一屆	一九四八	總　　統	蔣介石	88.8
		副總統	李宗仁	51.9
第二屆	一九五四	總　　統	蔣介石	95.6
		副總統	陳　誠	90.3
第三屆	一九六〇	總　　統	蔣介石	98.1
		副總統	陳　誠	91.8
第四屆	一九六六	總　　統	蔣介石	98.6
		副總統	嚴家淦	55.2
第五屆	一九七二	總　　統	蔣介石	99.3
		副總統	嚴家淦	83.8
第六屆	一九七八	總　　統	蔣經國	98.3
		副總統	謝東閔	79.1
第七屆	一九八四	總　　統	蔣經國	90.0
		副總統	李登輝	87.3
第八屆	一九九〇	總　　統	李登輝	96.0
		副總統	李元簇	93.5

　　值得注意的是，部分副總統的得票率偏低，除第一屆李宗仁只得到51.9％的選票外，第四屆的嚴家淦得55.2％。可以看出，執政黨雖在國民大會中居絕對優勢，但由於黨內派系林立，據分析，有所謂CC派、三青團派、兩權派（爭取創制複決權），加上各省區代表的省籍情結，執政黨對黨內的票源亦難完全掌握。

---

❷⃝　見民國79年2月16日《首都早報》；國民大會祕書處編印，《國民大會統計彙報》（臺北，民國67年），頁14；民國79年3月23日《中國時報》有關新聞；民國79年3月22日《中央日報》有關新聞。

　　由於執政黨在國民大會中佔絕對優勢，反對黨甚少參加總統副總統選舉，即參加亦為陪襯性質。如第二屆總統副總統選舉，民社黨主席徐傅霖競選總統，只得四十八票，石志泉競選副總統只得一百零九票，而執政黨的蔣介石、陳誠分別得一千五百零七、一千四百一十七票[241]。

　　民主色彩較濃的是一九九一年第八屆的總統副總統選舉。首先，執政黨內部為總統副總統提名引起主流（支持李登輝、李元簇為正副總統候選人）、非主流（部分國代推林洋港、蔣緯國為正副總統候選人）之爭且不論，反對黨中，民進黨認為由第一屆國會老代表選舉總統、副總統不當，曾於一九九○年二月十一日提名黃華、吳哲朗為第八屆總統副總統候選人，要求民選總統。民進黨祕書長張俊宏也公開表示：執政黨推出的副總統候選人李元簇，沒有個人聲望，形象欠佳，民進黨無法接受李元簇問鼎副總統的事實。但另一方面，作為反對黨的青年黨主席李璜則對國民黨推舉李登輝、李元簇為正副總統候選人，表示贊成與支持[242]，當然李璜也支持由第一屆老國代選舉第八屆總統。

　　儘管第一屆國大由於延續四十三年備受爭議，最後幾年在國家的權力傳承和推動憲政改革上曾作出具體的貢獻。首先，在政治權力轉入臺省人士的過程中，大陸各省代表雖憂慮臺人當權將棄大陸各省於不顧，但在國民大會中佔絕大多數的外省籍代表，仍能有百分之九十六的人支持李登輝出任總統，不能不說是順應潮流。其次，第一屆國代接受執政黨的指示，修改憲法，使第一屆國代、第一屆立委、第一屆監委任期終結，使第二屆國代、第二屆立委、第二屆監委順利產生，這種自掘墳墓的做法，也不能不說是順應潮流。雖然潮流給他們無情

[241]　民國79年2月16日《首都早報》，〈正副總統的人選問題〉。

[242]　民國79年2月12日《中國時報》有關新聞。

的衝擊，他們擋不住，但如果沒有他們的合作，政治改革的成本將難以估計。

　　一九九一年十二月第一屆國代結束，第二屆國代選出。在四百零三個總席次中，國民黨獲三百一十八席（全國不分區六十席，僑選十五席，臺灣地區選出一百七十九席，第一屆增額六十六人中有二人參選獲勝，尚餘六十四人），民進黨獲七十五席（全國不分區二十席，僑選五席，臺灣地區選出四十一席，第一屆增額九席），其他黨及無黨籍十席（臺灣地區選出五席，第一屆增額五席）❷⁴³。

　　第二屆國代於一九九二年十二月二十四日至一九九三年一月間開臨時會，會議開始時，民進黨對二屆立委花蓮選舉弊案提出抗爭，並要求廢除監察院、總統直選❷⁴⁴。一九九三年一月四日，李登輝總統赴會發表國情報告，並聽取國是建言，國代之間又為統獨之爭引發衝突❷⁴⁵。一月十六日，國代就總統提名的監委人選行使同意權，民進黨國代以要求提名人退出政黨、公布財產等不遂退席。二十九位提名人中，有四名被否決，通過的二十五人中，國民黨二十人，民進黨三人，無黨籍二人❷⁴⁶。

　　其後的憲法修改之爭，由於國民黨的堅持，監察院得以保留；由於國民黨的不再堅持，總統改由直接民選。

五、國會中的政黨運作（下）：立法院

　　一九四八年選出的第一屆立法委員七百六十名，次年大部隨政

❷⁴³　民國80年12月22日《中國時報》一、二版。

❷⁴⁴　民國81年12月25日《聯合報》三版及《中時晚報》一版有關新聞。

❷⁴⁵　民國82年1月5日《自由時報》一、二版有關新聞。

❷⁴⁶　民國82年1月17日《自由時報》二版有關新聞。

府遷臺。立委任期三年，到一九五一年五月屆滿，由於不能全面改選，初以延任的方法解決問題，到一九五四年一月，大法官會議作成解釋：第二屆委員未能依法選出召集以前，仍由第一屆委員繼續行使職權[247]。第一屆立法院據此，一直延續到一九九二年才結束。

立法委員的人數，在一九五〇年代，有五百多人，如一九五一年五百五十四人，一九五七年五百二十八人[248]。後以老成凋謝，一九六九年增補選十一人，一九七二年增補選五十一人，一九七五年增補選五十二人，一九八〇年增補選九十七人。截至一九八〇年止，立委總數三百八十八人[249]。

立法委員絕大多數屬國民黨籍，截至一九七九年六月，在全院三百八十二位委員中，國民黨籍者三百五十一位，佔92.15％[250]。在一九五〇、一九六〇、一九七〇年代，扮演反對黨的民社黨、青年黨，未能發揮作用。各委員會的召集人皆屬國民黨籍，法案和人事案的審查和通過，主要是國民黨一黨運作。據一九五七年時的了解，執政黨遇到政策不能為該黨立委同意時，例由中常會負責人出來疏解或逕下命令；如果再不生效，再由該黨總裁出來勸告。經這樣疏解或勸告後，立法院通常將原案加以修訂後予以通過。在這種情形下，立院的議事興趣不高，出席不踴躍，報紙也甚少報導立院議事的新聞[251]。

---

[247] 立法院編，《中華民國立法院大事記》（無出版年代）（一）民國37年份，頁3。

[248] 同上，（一）民國40年份，頁60–63，（二）民國40年份，頁95–98。

[249] 胡志成，〈法統不死只是逐漸凋零〉，《八十年代》五卷三期（民國71年10月），頁27。

[250] 徐若影，〈國會問題的癥結〉，《八十年代》一卷一期（民國68年6月），頁62–63。

　　立法院長的選舉，例由執政黨籍立委當選，早期受內部派系的影響，部分候選人得票率不高，如一九四八年五月第一屆院長選舉，投票者六百一十四人，孫科以90.9％的票當選；副院長選舉，投票者六百一十九人，陳立夫以55.41％的票當選。一九四八年十二月第二屆院長選舉，投票者三百五十一人，童冠賢以55.84％的票當選；副院長選舉，投票者三百四十二人，劉健群以59.06％的票當選。中華民國政府撤退至臺灣後的第一次院長選舉在一九五〇年十二月，為第三屆，投票者四百七十八人，劉健群以76.01％的票當選；副院長選舉，投票者四百六十一人，黃國書以71.58％的票當選。一九五二年三月，劉健群因案去職，選張道藩為院長，五百零一人投票，得票率為70.45％，副院長未改選。一九六一年二月第五屆，投票者四百六十二人，黃國書以71.43％的票當選；副院長選舉，投票者四百六十四人，倪文亞以55.6％的票當選。一九七二年五月第六屆院長選舉，投票者三百九十三人，倪文亞以88.56％的票當選；副院長選舉，投票者三百八十二人，劉闊才以66.35％的票當選❷。

　　一九八〇年代以後，新興的反對勢力進入立法院者逐漸增多，立法院院長副院長選舉的政黨運作漸趨複雜。一九八一年五月的院長選舉，投票者三百六十二人，倪文亞得二百九十二票，獲票率為80.66％；副院長選舉，投票者三百五十二人，劉闊才得三百一十七票，獲票率為90.05％❸。一九八四年三月的院長選舉，投票者三百三十八人，劉

❷　《自由中國》十七卷十一期（民國46年12月1日）社論，〈今天的立法院〉。

❷　彭樹勳編，《中華民國行憲以來之立法院》（臺北，民國75年），頁200-201。

❸　《立法院公報》七十卷三十九期（民國70年5月16日），院會紀錄。

闊才以二百五十七票當選，獲票率為76.04％。此次有新興的黨外勢力
參選副院長，許榮淑得八票，為次高票❷。一九八七年二月院長選舉，
投票者二百九十七人，倪文亞以二百六十四票當選，獲票率88.89％，
許榮淑為次高票，得十四票；副院長選舉，投票人二百九十一人，劉
闊才以二百三十五票當選，獲票率80.76％，另一新興黨外委員吳淑珍
為次高票，得十三票❷。一九九〇年二月院長選舉，投票者二百四十
一人，梁肅戎以一百七十二票獲選，得票率71.37％，民進黨籍委員張
俊雄為次高票，得二十一票；副院長選舉，投票者二百三十五人，劉
松藩以一百六十一票當選，獲票率68.51％，無黨籍委員張博雅為次高
票，得二十九票❷。一九九二年一月院長選舉，投票者一百一十七人，
劉松藩以八十八票當選，獲票率為75.21％，民進黨籍委員邱連輝為次
高票，得十九票；副院長選舉，投票者一百一十六人，沈世雄以六十
票當選，獲票率為 51.72 ％，次高票為國民黨籍的謝深山，得二十九
票❷。

　　立法院中的人事案，院長副院長選舉外，尚有各委員會召集委員
的選舉。由於國民黨籍立委佔絕大多數，早期的召集委員，可以說皆
由國民黨立委擔任。在一九八〇年代增額立委漸多之後，特別是民進
黨成立後，國民黨籍以外的委員被選為召集委員始漸引起注意。譬如
一九九二年十月一日各委員會選舉第九十會期召集委員，民進黨籍有
謝長廷被選為教育委員會召集委員（三人）之一，張俊雄當選為內政

---

❷　《立法院公報》七十三卷二十五期（民國73年3月28日），院會紀錄。

❷　《立法院公報》七十六卷十七期（民國76年2月28日），院會紀錄。

❷　《立法院公報》七十九卷十七期（民國79年2月28日），院會紀錄。

❷　《立法院公報初稿》第八十八會期七十九期（民國81年1月17日），頁
　　38，49。

委員會召集委員（三人）之一，盧修一當選為法制委員會召集委員(三人）之一等❷。

立法院處理的人事案中，重要者尚有行政院院長的同意權。歷來立法院對行政院長行使同意權，僅有一案未通過，肇因於執政黨內部的派系，並非反對黨的杯葛。一九四八年五月，翁文灝以78.37％的票（四百八十九票）獲通過，一九四八年十一月孫科以82.91％的票(二百零九票）獲通過，一九四九年五月居正以49.83％的票（一百五十一票）被否決，六月閻錫山以79.38％的票（二百五十四票）獲通過，一九五○年三月陳誠以78.87％的票（三百零六票）獲通過，一九五四年五月，俞鴻鈞以76.60％的票（三百六十票）獲通過，一九五八年七月陳誠以79.13％的票（三百六十四票）獲通過，一九六三年十二月嚴家淦以82.77％的票（三百六十五票）獲通過，一九七二年五月蔣經國以93.38％的票（三百八十一票）獲通過❷，一九七八年五月孫運璿以92.15％的票（三百二十九票）獲通過，一九八四年五月俞國華以93.03％的票（三百零七票）獲通過，一九八九年五月李煥以86.80％的票(二百一十七票）獲通過，一九九○年五月郝柏村以81.58％的票（一百八十六票）獲通過❷。

立法院法案審查等方面的政黨運作，無法縷述。在新興的反對勢力進入立法院後，反對黨的作用始較顯著。譬如一九七九、一九八○年間執政黨研擬制定選舉罷免法時，無黨籍的立委許世賢、黃順興、康寧祥聯合試擬一份選罷法草案❷，其中部分主張為一九八○年五月

❷　《立法院公報初稿》第九十會期四期（民國81年10月3日），委員會紀錄。

❷　張玉法，《中國現代政治史論》（臺北，民國79年），頁262-268。

❷　民國82年2月22日《中國時報》二版，〈回顧立院對歷任閣揆行使同意權風雲〉。

通過的選罷法所採納（如「設立全國性主管選舉罷免監察之常設機構，由各政黨及無黨派人士共同組成委員會，任何政黨所屬委員不得超過半數」），有些則未被採納（如「提供電視、廣播、報紙給各候選人作政見發表」）。又譬如一九八七、一九八八年間立法院審查集會遊行法，民進黨籍立委朱高正等杯葛審查，並羞辱老立委。執政黨原案將總統府、司法院、立法院、監察院和國民大會列入禁制區，執政黨讓步將立法院、監察院、國民大會不列入禁制區後，民進黨又要求將各級法院也排除；執政黨的原案對集會遊行要先申請，民進黨則堅持報備即可。由於民進黨議席少，其修正動議大部被否決❷。再譬如一九八九年至一九九二年間，每有臺獨案被起訴，民進黨立委即在立院要求廢除刑法第一百條，因該條將主張叛亂視為叛亂。一九八九年十月許信良偷渡返臺被捕，陳水扁於一九九〇年三月十五日向立法院院會提出刑法第一百條廢止案。是年，主張臺獨的黃華被起訴且被判刑十年，民進黨再一波向執政黨施壓。一九九一年五月發生臺獨會案，引起社會反彈，執政黨立即透過黨政協調，迅速在立法院中廢除懲治叛亂條例。是年八月，臺獨人士陳婉真以內亂罪被起訴，民進黨進一步向執政黨施壓，而「一〇〇聯盟」的社會運動，亦使政府難以應付。執政黨終於在一九九二年五月十五日通過修正刑法一百條，將言論叛亂罪廢除❸。

---

❷　許世賢、黃順興、康寧祥，〈臺灣地區公職人員選舉罷免法試擬案〉，《亞洲人》一卷一期（民國69年2月），頁10–18。

❸　郭宏，〈一千人對抗一千九百萬人的戰爭〉，《新新聞周刊》三十五期（民國76年11月）；王唯春，〈一條也不換，兩黨硬碰硬〉，同上四十期（民國76年12月）；孫良綱，〈兩黨大對抗，同志也內鬨〉，同上四十四期（民國77年1月）。

　　前述種種，皆第一屆立法院中政黨運作的概況。一九九二年十二月第二屆立委選出，民進黨議席五十席，約佔全院三分之一，在立法院與執政黨幾乎形成旗鼓相當的形勢。執政黨在立法院中的指揮系統，在中央政策會下轄立法院工作會，設主任一、副主任四、黨團書記長一、副書記長八，另針對十二個委員會又有十二位委員長。民進黨的黨團領導幹部原設有總召集人、副總召集人、幹事長、財務長各一，第二屆立委選舉後，因人數增多，增設副幹事長三❷。

　　第二屆立委選出後，迄至一九九三年二月底，完成三項與人事有關的事情：一為選舉立法院院長副院長，二為選舉各委員會召集人，三為同意行政院院長人選。關於院長副院長選舉，執政黨於一九九三年一月二十八日由黨籍立委假投票選出院長、副院長候選人，參選者院長四人，副院長八人❷。結果由劉松藩、王金平當選正副院長候選人。二月一日，立法院正式選劉、王為正副院長。民進黨一度支持黃信介競選院長，因黃信介尚未當選立委（當時控案在審理中），只好不了了之。各委員會召集人於一九九三年二月二十四日選出，內政邊政、外交僑務、國防、經濟、財政、預算、教育、交通、司法、法制委員會，除法制委員會國（國民黨）一民（民進黨）一外，餘皆國二民一❷。關於行使行政院院長人選同意權，執政黨於一九九三年二月十日決定提名連戰為行政院院長❷。二月二十三日立法院進行投票，

❷　民國81年5月16日《自立早報》，〈民進黨兩年抗爭功不可沒〉。

❷　民國82年1月2日《中國時報》二版有關新聞；民國82年1月18日《中國時報》三版有關新聞。

❷　民國82年1月28日《自由時報》一版和《中國時報》三版。

❷　民國82年2月24日《中國時報》三版。

❷　民國82年2月11日《中國時報》一版。

投票者一百四十三人，同意票一百零九張，獲票率76.22％。值得注意
的是，執政黨籍立委只有一百零二人，證明國民黨以外的立委亦有支
持連戰者 ⑳。

---

⑳　民國82年2月24日《自由時報》一版。

第六章

近五十年大陸地區的民主運動

第一節　中共政權的建構及其轉變

中共於佔領中國大陸大部地區後，於一九四九年十月一日在北京建立政權。中共政權，以黨、政、軍相結合為基本建構，在運用上又有群眾組織。這四種力量，是中共政權生存和發展的基礎。

一、政治組織及轉變

一九四九年十月一日，中共政權在北京成立，名「中華人民共和國」。在政治組織上，中央分為立法、行政（包括司法）兩部門，地方初分為省、專員區、縣、鄉四等級，皆有許多變化。

立法部門在形式上為最高的權力機關，最早的立法機構是「人民政治協商會議」，簡稱「政協」，為中共的統戰組織。第一屆「政協」全體會議開於一九四九年九月二十至三十日，代表五百八十五人，除特邀之各黨派代表七十五人外，其餘五百一十人皆由中共黨、政、軍各單位選派而來。會中通過「人民政治協商會議組織法」、「人民政治協商會議共同綱領」、「中華人民共和國中央人民政府組織法」，並決

定「中華人民共和國」定都北京，採取公元紀年，以「義勇軍進行曲」為國歌（為田漢作的抗日歌曲，一九七八年一度易為捧毛的歌曲，一九八二年十二月又恢復使用此歌），以五星旗為國旗。政協共同綱領共七章六十條，確定中共政權為「人民民主專政」，並「以工農聯盟為基礎，以工人階級為領導」。政協會議組織法共六章二十條，除規定全體會議每三年開會一次外，並有全國委員會和地方委員會的組織❶。

「政協」自一九四九年九月召開第一屆，到一九五四年召開第二屆，一九五六年召開第三屆，一九六四年召開第四屆，一九七八年召開第五屆，一九八三年六月召開第六屆。因為第二屆以後，「全國人民代表大會」已經成立，「政協」不再享有立法權，只作為「團結全國各民族、各民主黨派、各人民團體、國外華僑和其他愛國民主人士」的統戰機構，其重要性大減。在組織上，第一屆「政協」分為「全體會議」、「全國委員會」和「地方委員會」，第二屆以後撤銷了「全體會議」，僅保存「全國委員會」和「地方委員會」。在功能上，第一屆「政協」的「全國委員會」及其「常委會」，對於中共所交各種議案及各項報告，有「通過」權；第二屆將「通過」改為「同意」，第三屆將「同意」改為「擁護」❷。事實上，自一九五七年「鳴放運動」後，中共展開反右派鬥爭，「政協」已變得有名無實。「文革」期間，江青、張春橋等人提出「統一戰線是對資產階級投降」，「政協」被迫停止活動。毛澤東死後，特別是鄧小平當權後，「政協」才又被重視。依照一九八三年第六屆「政協」所改訂的新章程，「政協全國委員會

❶　中國國民黨中央委員會編，《共匪暴政紀要》（臺北，民國50年），頁125–158。

❷　偽政協現況，《中央日報》九版，民國62年11月21日。

由中國共產黨、各民主黨派、無黨派民主人士、人民團體、各少數民族、和各界的代表、臺灣同胞、港澳同胞和歸國僑胞的代表，以及特別邀請的人士組成」，其職能是「對國家的大政方針和群眾生活的重大問題進行政治協商，並通過建議和批評，發揮民主監督作用」❸。參加第六屆「政協」的委員有二千零三十九人，代表的黨派團體除共黨外，有「國民黨革命委員會」、「民主同盟」、「民主促進會」、「民主建國會」、「九三學社」、「農工民主黨」、「致公黨」、「臺灣民主自治同盟」、「工商聯」、「婦女聯合會」、「總工會」等❹。中共黨員在政協委員中佔少數，但主席和大部分副主席皆為中共高層黨員，而各省、市、區的政協主席，也都由中共各級黨委第一書記兼任。

　　繼「政協」以後的立法部門是「全國人民代表大會」，簡稱「人大」。第一屆「人大」於一九五四年九月十五日至二十八日召開第一次會議，出席代表一千二百二十六人。會中通過「憲法」、「國務院組織法」、「人民法院組織法」、「人民檢察院組織法」、「全國人民代表大會組織法」、「各級人民代表大會組織法」和「各級人民代表大會委員會組織法」。選毛澤東為國家主席、劉少奇為人大常委會委員長、董必武為最高人民法院院長、張鼎丞為最高人民檢察院檢察長，決定周恩來為國務院總理❺。自是「憲法」代替了政協共同綱領，「人代會」代「政協」為最高立法機構。

---

❸　郝致誠，〈偽「政協」的新章程和今後的動向〉，《中國大陸》，民國72年2月號。

❹　康富信，〈中共召開六屆「政協」擴大統戰攻勢〉，《聯合報》二版，民國72年6月6日。

❺　黃季寬，〈中共「人大」的權責與歷史〉，《中國大陸》，民國72年5月號，頁61。

　　因為「人大」對「憲法」和各種法律有制定和修正權，對中央行政、立法、司法各部門首長有選舉和罷免權，對施政方針和預算有核可權，中共政權的正常運作必須假「人大」以行。第二屆「人大」於一九五九年四月十八日至二十八日召開第一次會議，到會代表一千一百四十八人，選劉少奇為國家主席、朱德為人大委員長、謝覺哉為最高人民法院院長、張鼎丞為最高人民檢察院檢察長，決定周恩來為國務院總理。第三屆「人大」於一九六四年十二月二十一日至一九六五年一月四日召開第一次會議，到會代表三千零四十人，選劉少奇為國家主席、朱德為人大委員長、楊秀鋒為最高人民法院院長、張鼎丞為最高人民檢察院檢察長，決定周恩來為國務院總理。第四屆「人大」於一九七五年一月十三日至十七日召開第一次會議，到會代表二千八百八十五人，選舉朱德為人大委員長，決定周恩來為國務院總理，並通過「憲法修改草案」。　第三、第四屆「人大」期間，由於發生「文化大革命」（劉少奇於「文革」中失勢後，即不設「國家主席」）及「文革」後「四人幫」垮臺，中共內鬥激烈，「人大」不僅未能按期改選代表，而且各只召開一次會議（按第一、二屆「人大」各開四次會議，第五屆開五次會議）。　第五屆「人大」於一九七八年二月二十六日至三月五日召開第一次會議，到會代表三千四百九十七人，選舉葉劍英為人大委員長、江華為最高人民法院院長、黃火青為最高人民檢察院檢察長，決定華國鋒為國務院總理，鄧小平等為副總理，並通過修改一九七五年的「憲法」。　第五屆第三次會議於一九八○年八月三十日至九月十日召開，決定趙紫陽為國務院總理。第五屆第五次會議於一九八二年十一月二十六日至十二月五日召開，通過「新憲法」❻。第

---

❻　黃季寬，〈中共「人大」的權責與歷史〉，《中國大陸》，民國72年5月號，頁61，62。據中國大陸問題研究中心編《中國大陸實況圖解》（臺北，

六屆「人大」於一九八三年六月六日至二十一日召開第一次會議，到會代表二千九百七十八人，選舉李先念為國家主席、烏蘭夫為副主席、鄧小平為中央軍事委員會主席、彭真為人大委員長、鄭天翔為最高人民法院院長、楊易辰為最高人民檢察院檢察長❼，決定趙紫陽為國務院總理。

「人大」分為全國的、省（市、自治區）的、縣（市）的、和鄉的四級。縣（市）、鄉兩級的「人民代表」由直接選舉產生，省（市、自治區）級人民代表由縣「人大」間接選舉產生，全國「人大」由省「人大」間接選舉產生❽。省以下的「人大」，此處無暇多述。全國性的「人大」，以第六屆為例，代表二千九百七十八人，是由二十九個省、市、自治區和軍隊選舉產生，外加臺灣省代表十三人。名額的分配，農村按每一百零四萬人選代表一人，市鎮按每十三萬人選代表一人。六屆「人大」依職業分，工農代表七百九十一人，佔26.6％；知識份子七百零一人，佔23.5％；幹部六百三十六人，佔21.4％；民主黨派和無黨籍者五百四十三人，佔18.2％；軍隊二百六十七人，佔9％；歸僑四十人，佔1.2％❾。惟候選人名單皆由中共事先安排，並非自由選舉產生。

行政部門的最高權力機關，依照一九四九年九月「政協」所制定

民國69年）頁29，各屆「人大」第一次會議代表人數，第一屆為1,211，第二屆為1,148，第三屆為2,826，第四屆為2,864，第五屆為3,497。

❼　陳伯祥，〈偽「人民代表大會」的功能簡介〉，《中國大陸》，民國72年7月號，頁37，40。

❽　陳力生，〈論中共政權的兩項選舉〉，《聯合報》，民國72年5月10日。

❾　白萬祥，〈偽第六屆「人大」第一次會議初步分析〉，《中國大陸》，民國72年6月號，頁11。

的「中央人民政府組織法」，是「中央人民政府委員會」，由主席一人、副主席六人、委員五十六人組成，「對外代表中華人民共和國，對內領導國家政權」，依據政協共同綱領，行使頒制法律法令、規定施政方針、批准對外訂約、處理和戰問題、批准預決算、頒布大赦特赦令、任免政府主要人員等。下設「政務院」、「人民革命軍事委員會」、「最高人民法院」、「最高人民檢察署」，分別掌管行政、軍事、審判、檢察等事宜。一九五四年九月中共召開「全國人民代表大會」，通過憲法及有關政府方面的組織法後，行政部門（包括司法）的權力分散：其一、中華人民共和國主席：由「人大」選舉產生，任期四年。職權是「對外代表中華人民共和國，接見外國使節」；「統率全國武裝力量，並擔任國防委員會主席」；凡公布法律命令、任免人員（對「國務院總理」和「國防委員會」副主席和委員有提名權），授勳、特赦、宣戰、動員、戒嚴、批准對外締約等，須根據「全國人代會」及其常委會的決定發布命令。其二、國防委員會：由中華人民共和國主席擔任主席，但軍權由中共「中央軍事委員會」掌握。其三、國務院：由政務院改組而成，總理由國家主席提請「人大」任命；國務院對「人大」及其「常委會」負責。其四、最高人民法院：院長由「人大」選舉產生，對「人大」負責。其五、最高人民檢察院：院長由「人大」選舉產生，對「人大」負責❿。這五個行政權力機關，以國家主席及國務總理的地位最為重要。「文革」期間，劉少奇失勢後，不設國家主席。到一九八三年六月，六屆「人大」修改「憲法」重設國家主席，由李先念出任，由烏蘭夫出任副主席。

中共政權的最高行政執行機關，依照一九四九年九月「政協」制

---

❿　陳森文，〈中共的行政組織〉，《第一屆中美中國大陸問題研討會專輯》，頁368-371。

定的「中央人民政府組織法」，　是政務院，係由中央人民政府委員會
任命總理一人、副總理五人、祕書長一人、政務委員十六人組成，對
中央人民政府委員會及中央人民政府主席負責。總理以下設政治法律
委員會、財政經濟委員會、文化教育委員會、人民監察委員會，對下
列三十個部、會、署、行、院，指導監督：(1)內政部，(2)外交部，
(3)公安部，(4)財政部，(5)貿易部，(6)重工業部，(7)燃料工業部，(8)
紡織工業部，(9)食品工業部，(10)輕工業部，(11)鐵道部，(12)郵電部，
(13)交通部，(14)農業部，(15)林墾部，(16)水利部，(17)勞動部，(18)文化
部，(19)教育部，(20)衛生部，(21)司法部，(22)法制委員會，(23)民族事務
委員會，(24)華僑事務委員會，(25)情報總署，(26)海關總署，(27)新聞總
署，(28)出版總署，(29)人民銀行，(30)科學院❶。當時中共政權初建立，
這三十個單位的首長，有十七個屬於共產黨，十三個屬於黨外❷，頗
具有聯合政府的形式。

　　其後，政務院的組織屢加變更，如一九五二年八月七日撤銷情報
總署、新聞總署、貿易部，另成立對外貿易部、商業部、第一機械工
業部、第二機械工業部、建築工程部、地質部、糧食部；十一月十五
日又成立高等教育部、國家計劃委員會、體育運動委員會、掃除文盲

---

❶　《共匪暴政紀要》，頁125–158。

❷　十三個屬於黨外的單位是：(1)輕工業部：黃炎培（「民建」），(2)郵電部：
　　朱學範（「民革」），(3)交通部：章伯鈞（「民盟」），(4)農業部：李書城
　　（無黨），(5)林墾部：梁希（「九三學社」），(6)水利部：傅作義（國軍
　　降將），(7)文化部：沈雁冰（無黨），(8)教育部：馬敘倫（「民促」），(9)
　　衛生部：李德全（「民革」），(10)司法部：史良（「民盟」），(11)科學院：
　　郭沫若（無黨），(12)出版總署：胡愈之（「民盟」），(13)華僑委員會：何
　　香凝（「民革」）。

委員會⓭。到一九五二年底，政務院總理及其下的三個委員會，共監
督指導三十六個單位：

> 政務院總理直接指導者：⑴人事部，⑵外交部，⑶華僑事務
> 委員會。
> 財政經濟委員會指導者：⑴財政部，⑵商業部，⑶對外貿易
> 部，⑷糧食部，⑸重工業部，⑹燃料工業部，⑺第一機械工
> 業部，⑻第二機械工業部，⑼建築工程部，⑽地質部，⑾紡
> 織工業部，⑿輕工業部，⒀鐵道部，⒁交通部，⒂郵電部，
> ⒃農業部，⒄林墾部，⒅水利部，⒆勞動部，⒇人民銀行。
> 文化教育委員會指導者：⑴文化部，⑵教育部，⑶高等教育
> 部，⑷衛生部，⑸科學院,⑹出版總署,⑺體育運動委員會,
> ⑻掃除文盲工作委員會。

另外，「人民監察委員會」負責監察政府機關及公務人員是否履行其職
責。以上各部門，迄一九五四年九月，未再變動⓮。

一九五四年九月，政務院改為國務院，內部組織亦加以調整，如
建築工程部改為建築工業部、林墾部改為林業部，取消食品工業部，
增設國防部、監察部、地方工業部⓯，科學院自國務院劃出。國務院
總理以下設八個辦公室，分別指導監督三十五個部會和二十個直屬機
構。八個辦公室的名稱是政法、文教、重工業、輕工業、財政金融貿
易、交通、農田水利、對私營工商業社會主義改造。一九五八年二月

⓭　《共匪暴政紀要》，頁125–158。

⓮　前引陳森文，〈中共的行政組織〉，頁369。

⓯　《共匪暴政紀要》，頁125–158。

又增設外事辦公室。是年四月，經過「人大」的決議，九個辦公室併為內務、外事、財貿、工業交通、農林、文教六個辦公室。一九六五年一月以後，國務院又加改組，到是年底為止，於總理一人、副總理十六人、祕書長一人以下，設內務、外事、財貿、工交、國防工業、農林、文教七個辦公室，分別指導監督四十個部、九個委員會和二十四個直屬機構⑯。四十個部為外交、國防、內務、公安、財政、糧食、商業、物資管理、對外貿易、第一至第八機械工業、冶金工業、煤炭工業、石油工業、化學工業、建築工程、建築材料工業、地質、紡織工業、第一及第二輕工業、勞動、鐵道、交通、郵電、農業、農墾、林業、水利電力、水產、文化、高等教育、教育、衛生部。九個委員會為國家計劃、國家經濟、國家基本建設、科學技術、對外經濟聯絡、對外文化聯絡、民族事務、華僑事務、體育運動委員會。二十四個直屬機構是國務院總理辦公室、祕書廳、參事室、機關事務管理局、科學事務幹部局、外國專家局、宗教事務局、國家統計局、國家測繪總局、國家檔案局、國家房產管理局、國家海洋局、國家編制委員會、中國人民銀行、中國農民銀行、中國民用航空總局、中國文字改革委員會、中國旅行遊覽事業管理局、中央氣象局、中央工商行政管理局、新華通訊社、廣播事業局、外交出版發行事業局、全國物價委員會⑰。

一九六六年「文革」開始，毛澤東引軍整黨整政，許多軍人進入國務院任部、會首長，部分部、會局且直接由軍接管（如郵電部併入交通部後，另成立電信總局，由中共通訊兵司令部指揮），　直到代表

---

⑯　金麟，〈毛偽「國務院」〉，《中央日報》，大陸透視版，民國63年11月13日。

⑰　陳森文，〈中共的行政組織〉，《第一屆中美中國大陸問題研討會專輯》，頁372。

軍方勢力的林彪被整後，才逐漸恢復建制 ⑱。然內部組織仍變化無常，如一九七四年時有二十七個部會 ⑲，一九八〇年時有四十九個部會 ⑳，一九八二年時有四十一個部會 ㉑，一九八三年時有四十二個部會 ㉒。影響部會增減的因素主要有二：其一、國務院的業務增減，其二、國務院的人事增減。

中央的行政部門除國務院外，有兩個掌管司法的機構，這兩個掌管司法的機構，在一九四九年九月依照「政協」所通過的「中央人民政府組織法」建立時，名為最高人民法院和最高人民檢查署，到一九五四年九月，依照第一屆「人大」所通過的法律，最高人民檢查署改為最高人民檢察院。

至於地方行政組織，依據一九四九年十二月及一九五〇年一月頒布的大行政區、省、市、縣「人民政府組織通則」， 對中國大陸地區國民黨統治時期原有的三十四行省、十二院轄市、一特別行政區，以及西藏、蒙古兩地方，加以調整。除外蒙已獨立、以及西藏地方外，分為六大行政區及一個內蒙自治區，即東北人民政府委員會、華東軍政委員會、西北軍政委員會、中南軍政委員會、西南軍政委員會、綏遠軍政委員會，和內蒙自治區人民政府。華北直屬於政務院的華北政務部，到一九五一年底單獨成立大行政區，名華北行政委員會。到一

---

⑱　〈匪軍力量受到壓抑，偽國務院逐漸復舊〉，《中央日報》九版，大陸透視版，民國62年7月11日。

⑲　金麟，〈毛偽「國務院」〉，《中央日報》，大陸透視版，民國63年11月13日。

⑳　《中國大陸實況圖解》(臺北，民國69年)，頁31。

㉑　陳伯祥，〈中共國務院結構簡析〉，《中國大陸》，民國72年6月號，頁25。

㉒　《中國大陸》，民國72年7月號，頁43–46。

九五四年六月，除內蒙自治區外，各大行政區均撤銷。在各大行政區存在期間，各大行政區政府由政務院報請中央人民政府委員會任命主席一人、副主席及委員若干人組成，其下除行政部門外，設最高人民法院分院及最高人民檢察署分署。省的建置大體依國民黨統治時期之舊，初將遼寧劃為遼東、遼西二省，在河南、山東、河北之間劃平原省，將江蘇、安徽、四川各分為二至四個行政區。一九五二年八月撤銷皖北及皖南人民行政公署，成立安徽省政府；撤銷川東、川南、川西、川北人民行政公署，成立四川省政府。十一月撤銷蘇北、蘇南行政公署，成立江蘇省政府，並撤銷平原省及察哈爾省，將平原省原屬河北省的五縣、山東省的廿九縣、河南省的十五縣歸還建制，察哈爾省分別劃歸山西省、河北省和內蒙自治區。至一九五四年六月，遼東、遼西兩省合併為遼寧省，松江省併入黑龍江省，寧夏省併入甘肅省，綏遠省併入內蒙自治區，瀋陽、旅大、鞍山、撫順、本溪、哈爾濱、長春、武漢、廣州、西安、重慶等十一個中央直轄市改為省轄市（中央直轄市僅保留北京、天津、上海三市）。是年九月，撤銷熱河省，分別併入河北、遼寧和內蒙自治區，同時將西康併入四川。一九五六年六月，撤銷廣西省，設廣西僮族自治區，並設寧夏回族自治區。是年八月成立西藏自治區，九月撤銷新疆省，設新疆維吾爾自治區。迄一九六九年底止，有省廿一（河南、河北、山東、山西、遼寧、吉林、黑龍江、陝西、甘肅、青海、江蘇、浙江、安徽、湖北、湖南、江西、福建、廣東、貴州、四川、雲南）、自治區五（內蒙古、寧夏回族、新疆維吾爾族、廣西僮族、西藏）、直轄市三（北京、天津、上海）。此一建制，直到一九八三年未見改變。省設省人民政府委員會，下設專員公署、縣人民政府委員會、鄉人民政府委員會（人民公社）；自治區設自治區人民政府委員會，下設自治州人民政府委員會、自治縣

（旗）人民政府委員會、鄉人民政府委員會（人民公社）；　直轄市設
直轄市人民政府委員會❷。

二、政黨組織及轉變

　　一九四九年十月中共政權成立時，約有四百五十萬黨員，至一九
五六年六月增至一千零七十三萬，一九六三年五月增至一千八百萬。
黨員的成份，就一九五六年六月份的情形分析，農民佔69.1％，工人
佔14％，知識份子佔11.7％，其他佔5.2％❷。

　　共黨的內部組織，據一九五六年九月中共八全大會(中共政權建立
後的第一次)修訂的「中國共產黨章程」，分為中央、省(市)、縣(市)、
基層四級。在中央方面：⑴全國代表大會：為最高權力機構，代表任
期五年。⑵中央委員會：委員若干人，由全國代表大會選舉，任期五
年，為共黨全代會閉會期間的最高權力機構。中央委員會由委員選舉
產生主席一人，副主席若干人，總書記一人，書記處書記若干人，中
央政治局委員若干人，中央政治局常務委員若干人。中央政治局為中
央委員會閉會期間的最高決策機構，中央政治局常務委員會是中央委
員會閉會期間的最高領導機構。中央書記處是中共中央的辦事機構，
各書記除分別主持黨內各部會及所屬機構外，並分別領導國務院有關
部會。總書記除總管書記處業務外，並負責召集中央委員會、中央政

---

❷　《共匪暴政紀要》，頁125-158；傅華，〈近六十年行政區域劃分的回顧
　　與前瞻〉，《中華民國建國六十週年紀念論文集》，頁44-45；陳森文，〈中
　　共的行政組織〉，《第一屆中美中國大陸問題研討會專輯》，頁369-370，
　　372-374。

❷　孔德亮，〈論匪黨五十年來之演變〉，《匪黨五十年來之演變》，頁11-14。
　　按中共黨員數，近年已增至四千萬。

治局委員會及中央政治局常務委員會。⑶中央監察委員會：由中央委員會選舉產生。⑷中央委員會的直屬機構：包括若干省、自治區和直轄市所設立的東北局、中南局、華東局、西南局、西北局。在省（自治區、直轄市、自治州）級方面有：⑴代表大會：代表任期三年。⑵委員會：由代表大會選舉產生，任期三年。由委員會選舉產生第一書記、書記。⑶監察委員會：由委員會選舉產生。⑷委員會的直屬機構：包括若干縣、自治縣、市所設立的地方委員會。在縣（自治縣、市）級方面有：⑴代表大會：代表任期二年。⑵委員會：由代表大會選舉產生，任期二年。由委員會選舉產生常務委員會、書記和副書記。⑶監察委員會：由委員會選舉產生。⑷直屬機構：包括區委員會在內。在基層方面：每一個工廠、礦山或其他企業，每一個鄉和民族鄉，每一個鎮，每一個農業生產合作社（後改為人民公社），每一個機關、街道、學校，以及人民解放軍中的每一個連隊和其他基層單位，凡是正式黨員三人以上者都成立基層組織。凡黨員超過一百人的基層組織，都可舉行代表大會或黨員大會，並選舉基層黨委會。基層黨委會選舉書記，下轄總支部或支部，總支部或支部下面劃分小組❷。下面再就中共中央的組織與人事略加說明。

　　中共政權建立後所舉行的第一次全國代表大會是第八次全會，於一九五六年九月十五日在北京舉行。出席代表一千零二十六人，候補代表一百零七人。會中修改黨章，並選舉中央委員九十七人，候補委員九十六人。九月二十八日舉行八屆一中全會，選毛澤東為中央委員會主席，劉少奇、周恩來、朱德、陳雲為副主席，鄧小平為總書記，毛澤東等十七人為中央政治局委員，毛澤東、劉少奇、周恩來、朱德、

---

❷ 《共匪暴政紀要》上冊，頁51-69；《中國大陸實況圖解》，頁7；陳伯祥，〈中共國務院結構簡析〉，《中國大陸》，民國72年6月號。

陳雲、鄧小平為中央政治局常務委員，鄧小平等七人為中央書記處書記，王從吾等十七人為中央監察委員，董必武為中央監察委員會書記❷⑥。本屆中央委員會共開過十二次全會，與中央人事變動有關的全會是一九五八年五月二十五日舉行的五中全會，增選林彪為中央副主席暨政治局常委，柯慶施、李井泉、譚震林為政治局委員，李先念為書記處書記❷⑦；一九六二年九月二十四至二十七日舉行的十中全會，增選陸定一、康生、羅瑞卿為書記處書記；一九六六年八月一日至十二日舉行的十一中全會，時毛澤東正發動文化大革命，為了打擊鄧小平所領導的中央書記處，會後發表公報，正式成立文革小組，以取代書記處的地位。文革小組由陳伯達任組長，陶鑄、康生為顧問，江青為第一副組長，王任重、劉志堅、張春橋為副組長，王力、關鋒、戚本禹、穆欣、姚文元、謝長源、劉維真、鄭季翹、楊植霖為組員。一九六八年十月十三日至三十一日舉行十二中全會，會中通過永久開除劉少奇在黨內外一切職務❷⑧。

　　第九次全國代表大會於一九六九年四月一日至二十四日舉行，出席代表一千五百一十二人。會中選出中央委員一百七十人，候補委員一百零九人。中央委員一百七十人中，共軍幹部七十四人，佔百分之四十三強；領導幹部五十七人，佔百分之三十三強；群眾組織代表三十九人，佔百分之二十三弱。四月二十八日開九屆一中全會，選毛澤東為中央委員會主席，林彪為副主席，毛澤東等二十一人為中央政治局委員，毛澤東等五人為中央政治局常務委員❷⑨。「九大」的召開是在

❷⑥　《中共禍國史實年表》，頁298–299。

❷⑦　同上，頁316；齊簡，《毛共政權分裂內幕》，頁166，謂1958年5月開四中全會，1958年7月開五中全會，人事變動仍記在五中全會。

❷⑧　《中共禍國史實年表》，頁349，393，429。

文革派初獲勝利之後，毛澤東因於文革中借軍整黨，「九大」不僅把大批軍人選入中央委員會，且安排林彪為毛澤東的繼承人。其後因為「四人幫」打擊林彪，以及林彪奪權失敗（一九七一年九月）等事件，九屆中委只開了兩次全會（二中全會在一九七〇年八月二十三日至九月六日），到一九七三年八月始召開「十大」，重新安排黨內的人事。

中共「十大」於一九七三年八月二十四日至二十八日祕密舉行，出席代表一千二百四十九人（代表黨員二千八百萬人）。會中選舉中央委員一百九十五人，候補委員一百二十四人。是後十屆一中全會選毛澤東為主席，周恩來、王洪文、康生、葉劍英、李德生為副主席，毛澤東、王洪文、韋國清、葉劍英、劉伯承、江青、朱德、許世友、華國鋒、紀登奎、吳德、汪東興、陳永貴、陳錫聯、李先念、李德生、張春橋、周恩來、姚文元、康生、董必武等二十一人為中央政治局委員，毛澤東、王洪文、葉劍英、朱德、李德生、張春橋、周恩來、康生、董必武九人為中央政治局常務委員。這次中委及候補中委成員，軍隊幹部佔百分之三一‧三，老幹部佔百分之二八‧五，文革派佔百分之四‧二。文革派成為新當權派：其一、中央委員會五個副主席，文革派佔三個，即康生、王洪文、李德生；其二、中央政治局九個常委，文革派佔五個，即毛澤東、康生、王洪文、李德生、張春橋。其三、中央政治局二十一個委員中，文革派佔十二個，即毛澤東、康生、王洪文、張春橋、江青、姚文元、李德生、紀登奎、汪東興、華國鋒、吳德、陳永貴。「十大」中的人事改變，較矚目的有二人，一是王洪文，工廠政治保衛幹部出身，經過上海市委書記的短暫歷程，一躍而為中央政治局委員、常委，以及中央副主席，位僅次毛澤東、周恩來。

❷⁹　《中共禍國史實年表》，頁434-435；項迺光，〈中共九屆中委會人事之分析〉，《第一屆中美中國大陸問題研討會專輯》，頁160。

毛澤東提拔王洪文的目的，是肯定「文革」（無產階級文化大革命），並爭取工人階級的支持。另一是李德生，出身共軍總政治部主任，九屆中委，一躍而為中央政治局常委、中央副主席。毛澤東提拔李德生的目的，在爭取共軍的支持❸。在「文革」中崛起的江青、王洪文、張春橋、姚文元，後來被稱為「四人幫」。

一九七五～一九七六年間，中共高階層領導人物相繼死亡或異動，一九七五年四月周恩來死，鄧小平代為國務院總理；十二月康生死。一九七六年二月華國鋒任國務院總理；四月董必武死，七月朱德死，九月毛澤東死。毛死後，四人幫欲起而奪權，私自調動東北的軍隊入關，事被發覺，華國鋒在元老派李先念、葉劍英等的支持下，先控制衛戍部隊，然後將四人幫逮捕❸。之後（十月七日），中共中央政治局重新安排人事：華國鋒任黨主席、軍委會主席、國務院總理、公安部長，葉劍英任黨副主席、軍委會副主席、國防部長，鄧小平任黨副主席、軍委會副主席、國務院副總理、總參謀長。此一安排，到一九七七年七月召開十屆三中全會加以追認。

一九七七年八月十二日至十八日，中共召開十一全大會，協商投票選出中央委員一百三十二人。接著召開十一屆一中全會，選華國鋒為中央委員會主席，葉劍英、鄧小平、李先念、汪東興為副主席，華

---

❸ 〈匪黨「十大」的特色〉和〈匪黨十屆中央領導分析〉，《中央日報》九版，民國62年9月12日；項迺光，〈匪黨「十大」及其內部鬥爭〉，《中央日報》十五版，民國62年10月10日。

❸ 逮捕四人幫，民國72年9月21日《聯合報》四版載Theodore H. White著《紅色中國》謂進入四人幫的住處中南海；《中國論壇》三卷二期載孟冷〈看華國鋒整肅江青〉謂10月7日在中央政治局的會議中逮捕；《中國論壇》五卷七期載王健民〈從四人幫到五人幫〉則謂在10月6日逮捕。

國鋒等二十六人為政治局委員，華國鋒、葉劍英、鄧小平、李先念、汪東興為政治局常委。此後，鄧小平一派對華國鋒一派（包括汪東興）展開權力爭奪。一九七八年十二月舉行十一屆三中全會，決定於中央委員會設秘書長和副秘書長，以降低中央辦公廳的地位；以胡耀邦為秘書長，胡喬木、姚依林為副秘書長，並撤除汪東興的辦公室主任職務，其職由姚依林兼任。一九八〇年二月召開十一屆五中全會，決定重設書記處，胡耀邦以政治局常委兼總書記，書記有余秋里、姚依林、谷牧、方毅、萬里五人。政治局常委增為七人：華國鋒、葉劍英、鄧小平、李先念、陳雲、胡耀邦、趙紫陽；陳、胡、趙皆屬鄧派❸❷。到一九八一年六月召開十一屆六中全會，安排總書記胡耀邦兼黨主席，鄧小平為中央軍委會主席，以取代華國鋒的職位；黨的副主席為葉劍英、鄧小平、趙紫陽、李先念、陳雲、華國鋒。一九八一年九月，華國鋒辭去國務院總理，由趙紫陽繼其任。

　　一九八二年九月，中共召開十二全大會，會中修改黨章，廢黨主席制，改為總書記制，由總書記負責召集中央委員會、中央政治局委員會、政治局常務委員會，並主持中央書記處的工作。新黨章並規定黨中央除設中央委員會外，設中央顧問委員會、中央紀律檢查委員會，皆由全會選舉產生。由中央委員會選舉產生總書記、政治局委員、政治局常務委員及書記處書記；中央顧問委員會選舉主任、副主任；中央紀律檢查委員會選舉第一書記、書記；另中央軍事委員會仍然保留。中央紀律檢查委員會第一書記、中央顧問委員會主任、中央軍事委員會主席從中央政治局常委中產生。十二大選出中央委員二百一十人，

---

❷　陳力生，〈中共領導體的變革〉，《中國大陸的變局與動向》，頁172–174；康銘淑，〈中共復辟派重設「書記處」安排「接班」〉，《中國時報》二版，民國69年1月28日。

中央顧問委員一百七十二人。之後，中央委員會選胡耀邦為總書記，萬里、習仲勛、王震、韋國清、烏蘭夫、方毅、鄧小平、鄧穎超、葉劍英、李先念、李德生、楊尚崑、楊得志、余秋里、宋任窮、張廷發、陳雲、趙紫陽、胡喬木、胡耀邦、聶榮臻、倪志福、徐向前、彭真、廖承志等二十五人為政治局委員，胡耀邦、葉劍英、鄧小平、趙紫陽、李先念、陳雲為政治局常委，胡耀邦、萬里、習仲勛、余秋里、谷牧、姚依林、鄧力群、楊勇、胡啟立等九人為中央書記處書記❸。另一方面則安排葉劍英為顧問委員會主任，陳雲為紀律檢查委員會第一書記，鄧小平為軍事委員會主席。

　　鄧小平一派在十二大中完全取得優勢：胡耀邦為總書記，輔以胡喬木（政治局委員）、鄧力群（中宣部長）、胡啟立（中央辦公廳主任）；趙紫陽為國務院總理，輔以萬里、姚依林（皆國務院副總理）；鄧小平為軍委會主席（又為政治局常委），輔以楊尚崑（軍委會常務副主席）。「人大」委員長由葉劍英交出，易為彭真❸。

<hr />

❸　康富信，〈中共將全面改組「政治局」〉，《聯合報》二版，民國71年9月8日；齊茂吉，〈鄧小平無法控制全局──對中共新「中委」及「顧委」之分析〉、中共中央委員名單、中共中央顧問委員名單，《中國時報》二版，民國71年9月11日；康富信，〈中共中央人事改組與權力升沉〉，《聯合報》二版，民國71年9月13日；齊茂吉，〈評中共「十二屆一中全會」的人事浮沉〉，《中國時報》二版，民國71年9月13日。

❸　葉洪生，〈葉劍英辭職與鄧小平「垂簾聽政」〉，《聯合報》二版，民國72年3月1日。

三、群眾組織及轉變

中共善於利用群眾,在中共統治下的群眾組織皆是由中共控制的。所謂群眾,主要是指工人、農民、婦女、學生和兒童;群眾組織有工會、貧下中農協會、婦女會、青年團等。中共以運動農工群眾起家,但建立政權後,在黨的嚴密控制下,農工群眾便不再活躍。以「文革」期間為例,當時主要群眾為青年學生,工人的力量雖一度出現,但為保守的力量,有些地方工人且與學生(紅衛兵)發生衝突。農民重視生產和報酬,透過黨與中共政權建立關係,亦如傳統中國農民透過士紳與政府建立關係,美國學者舒爾曼(Franz Schurmann)把中共的地方幹部視為「新士紳」(neo-gentry)❸。但農民對權力鬥爭缺乏興趣,常被黨務人員斥為「單幹風」。

農民雖然很少捲入政治漩渦,但中共政權確把農民作為重要支柱,如辦理貧下中農協會、辦理民兵等,就是利用農民的力量,以推動政令、穩定政權。中共於一九五〇～一九五二年實行「土改」期間,有農民協會的組織;到一九六二年以後,又有貧下中農協會的成立;都是利用農民,打擊其敵人。到一九七三年,「文革派」曾在廣西、陝西、安徽、山東等省,召開貧下中農代表大會,俾普遍建立貧下中農協會,在農民中建立群眾基礎❸。

工人被中共政權視為國家的主體,他們參加政治運動的機會較農民為多,故中共對工人的組織和控制非常注意。早在一九四九年八月

❸　Franz Schurmann, *Ideology and Organization in Communist China*, pp. 577–581.

❸　〈中共要建「貧下中農協會」〉,《聯合報》, 大陸透視版,民國62年9月12日。

中共政權建立以前，中共即決定重新成立「中華全國總工會」，　旋即
於各省、市、縣均設總工會。一九五〇年又廣泛建立各產業工會，如
鐵路總工會、郵電工會、搬運工會、兵工工會、電業工會、紡織工會、
煤礦工會、教育者工會等，都陸續成立。一九五三年五月二日在北京
召開「中國工會第七次全國代表大會」，　除選出執行委員會、主席團
委員及書記處書記外，並要求工人「努力發展生產」、「加強勞動紀
律」❸。「文革」期間，在一九六六年十二月二十七日，為劉少奇所控
制的總工會，為文革派的「全國紅色工人造反者聯合會」接管❸。此
後文革派為鞏固在工人群眾中的基礎，從一九七三年四月以後的七、
八個月中，先後成立了二十八個省市（北京、上海、天津）級的總工
會，「作為黨的工具」和「發揮助手作用」❸。

　　在婦女方面，一九四九年四月，中共在北京成立「全國民主婦女
聯合會」，　參加者有女工、女學生、女教員、女醫務人員、機關女職
員等代表。該會的主要任務是發動婦女從事社會勞動和政治鬥爭。在
政治鬥爭方面，如「土地改革運動」、「鎮壓反革命運動」、「抗美援朝
運動」、「愛國增產運動」、「三反五反運動」等，婦女都廣泛地參加。
在社會勞動方面，如在「大躍進」時期，婦女參加水利修建工作者七
千三百多萬人，參加試驗田工作者一千二百八十一多萬人，參加造林
工作者六千七百三十五多萬人。漁區及牧區的工作，大部分以女代男，
公社的食堂、托兒所等內的工作，大部由婦女擔任❹。

❸　《共匪暴政紀要》下冊，頁725–726；《中共禍國史實年表》，頁263。

❸　《中共禍國史實年表》，頁400。

❸　黎明華，〈毛共偽工會〉，《中央日報》九版，大陸透視，民國62年11月
　　21日。

❹　《共匪暴政紀要》下冊，頁717–724。

在青少年方面，中共於一九四九年五月接受共產集團國家的規定，定六月一日為「國際兒童節」， 並決定讓兒童接受社會主義教育、國際主義教育和勞動教育。一九五五年十月，中共召開「全國少年兒童工作會議」， 決定在各地學校中，全面擴展「少年先鋒隊」的組織，俾在「農業合作化」和「私營工商業改造」運動中，幫助宣傳，並搜集情報。接著又發起「小五年計劃」， 讓兒童栽培植物、飼養動物、幫助農業生產合作社，以配合第一個五年計劃。當時的高小畢業生和初中生都要從事「生產勞動」。 一九六〇年三月，中共又召開「青少年愛國衛生運動誓師大會」， 號召青少年努力參加捕老鼠、捉麻雀、拍蒼蠅、滅蚊子的工作❹。

在學生方面，中共於一九四九年三月在北京召開「全國學生第十屆代表大會」，並成立「全國學生聯合會」，此後一九五二年、一九五五年、一九六〇年，中共又舉行第十五、十六、十七屆學生代表大會，目的在發動學生支持「教育為無產階級政治服務」、「教育與生產勞動結合」的教育方針，並讓學生「努力培養自己成為又紅又專的工人階級知識份子」❷。

在青年方面，中共於一九四九年五月召開「中華全國青年第一次代表大會」，並設立「全國民主青年聯合會」。一九五三年六月又召開「第二次代表大會」，目的在讓青年加強「學習」，提高「政治警覺」，並「積極參加各種建設」❸。會中選廖承志等一百四十人為「全國民主青年聯合會」執行委員，執委會復選廖承志為主席，劉導生、錢三強、吳晗、區棠亮為副主席❹。「全國民主青年聯合會」，實為對青年

❹　《共匪暴政紀要》下冊，頁717–724、731–738。

❷　同上。

❸　同上。

的統戰組織。

真正屬於共黨核心的青年組織為「新民主主義青年團」，此團可以對所有青年組織發號施令。譬如一九五二年十二月六日發布「關於少年兒童隊工作決定和指示」，一九五三年八月二十一日發布關於「少年兒童隊」改名為「少年先鋒隊」的說明，一九五三年十二月二日召開第二次全國少年兒童工作會議，報告「培養社會主義的新人」問題。一九五四年四月二十二日發出「關於組織不能升學的高小和初中畢業生參加勞動生產的指示」。一九五七年五月十五日，「新民主主義青年團」召開第三次全國代表大會，通過新團章，改名為「共產主義青年團」。一九五九年三月四日，「共青團」三屆四中全會通過「關於動員全國青年為實現一九五九年工農生產大躍進而奮鬥的決議」及「關於積極組織青年業餘學習的決議」❹。凡此皆可看出，無論「新民團」還是「共青團」，都是思想灌輸、勞動生產和政治鬥爭的工具。

此外，中共在佔據中國大陸之初，對工商界也曾作有組織的運動。一九五三年十月二十三日，中共在北京召開「中華工商聯合會代表大會」，要求工商界「努力學習，接受改造」。此在中共推行的「私營工商業社會主義改造」運動中，發揮很大的作用。到一九五六年一月，大陸各地的私營工商業都改為「公私合營」，進一步把工商業者「改造成為自食其力的勞動者」❹，大陸上的工商群眾即告消失。

四、軍事組織及轉變

一九四九年九月「人民政治協商會議」所制定的「中央人民政府

❹　《中共禍國史實年表》，頁264。

❹　同上，頁259，266，268，271，306-307，325。

❹　同上，頁268；《共匪暴政紀要》下冊，頁717-724，731-738。

組織法」，　規定「人民革命軍事委員會為國家軍事的最高統轄機關」，
隸屬於「中央人民政府委員會」和中共中央軍事委員會。事實上，當
時軍是由「國家主席」、「黨主席」、　和「中央軍委會主席」毛澤東一
人統領。「人民革命軍事委員會」下設「人民解放軍總部」，統轄第一、
二、三、四野戰軍，野戰軍之下為兵團，兵團之下為軍。一九四九年
年底的軍隊數目約四百萬。一九五四年九月，改「人民革命軍事委員
會」為「國防委員會」，設主席一人、副主席十五人、委員八十一人。
另於國務院設國防部，負責軍政。在人民解放軍總部以下，撤銷野戰
軍、兵團兩級，以軍為戰略單位。在兵種方面，一九四九年成立空軍
司令部，一九五○年成立海軍司令部、砲兵司令部，一九五一年成立
裝甲兵司令部、工程兵司令部，一九五二年成立通信兵司令部，一九
六七年成立第二砲兵司令部，另並有公安軍、防空軍、防化學兵等司
令部。人民解放軍總部的組織，有總參謀部、訓練總監部、總政治部、
總幹部部、武裝力量監察部、總後勤部、總軍械部、總財務部等部門 ❹ 。

　　人民革命軍事委員會取消後，國家軍事的最高統轄機關為中共中
央軍事委員會。中共中央軍事委員會，設主席一人、副主席若干人、
委員若干人。主席一職向由在中共政權中掌實權的人控制，在毛澤東
以迄華國鋒的時代，主席例由黨主席兼領。以「文革」期間的中央軍
事委員會而論，毛澤東任主席，林彪任第一副主席（一九六六年八月
十六日始任），劉伯承、徐向前、陳毅、聶榮臻、葉劍英等為副主席，
粟裕、葉群、蕭勁光、王樹聲、張雲逸、徐海東、謝富治、黃永勝、
邱會作等為常務委員，李德生、張達志等為委員 ❹ 。一九七六年華國

---

❹　《共匪暴政紀要》上冊，頁363-365，371-373；王元，〈共軍演變的過
　　程〉，《中國大陸》，民國72年9月號。

❹　〈毒蚊無首的中共匪軍〉，《中央日報》，大陸透視版，民國62年2月12日。

鋒任黨主席後，繼兼中央軍委會主席，葉劍英、鄧小平任副主席。至一九八一年六月胡耀邦任黨主席後，則由鄧小平任中央軍委會主席。中央軍委會與軍的關係，在一九八二年九月「十二大」通過的新黨章第二十三條中有明白的規定：「中國人民解放軍的黨組織，根據中央委員會的指示進行工作。中國人民解放軍總政治部是中央軍事委員會的政治工作機構，負責管理軍隊中黨的工作和政治工作。軍隊中黨的組織體制和機構，由中央軍事委員會作出規定」[49]。到是年十二月，五屆「人大」的五次會議通過新憲法，設立人民政府中央軍事委員會，將原國家主席統率全國武裝力量的職權移交人民政府中央軍事委員會主席。當一九八三年六月六屆「人大」安排李先念為國家主席時，即以鄧小平兼領人民政府軍委會主席（鄧亦為黨中央軍委會主席），統率全國武裝力量。另國務院下的國防部，仍是一個管軍政的單位。當時人民政府中央軍委會的成員是：主席鄧小平，副主席葉劍英、徐向前、聶榮臻，常務副主席楊尚崑，委員楊得志（總參謀長）、余秋里（總政治部主任）、洪學智（總後勤部長）、張愛萍（國防部長）。九名成員中，有七名是政治局委員[50]。可以看出鄧小平雖倡黨政分離，實際上，黨和政仍是同一批人料理。

　　中共的軍事指揮系統，在黨的中央軍事委員會和政府的軍事委員會以下，有兩種編組，一就地區編組，有各大軍區、省軍區、軍分區，以及縣和人民公社的人民武裝部；一就兵種編組，有海軍、空軍和陸軍的步兵、砲兵、裝甲兵、工程兵等。在軍區方面，一九五○～一九五四年間有華北、西北、東北、西南、中南、華東六大軍區，及西藏、

[49]　齊茂吉，〈評中共新「黨章」〉，《中國時報》二版，民國71年9月9日。

[50]　齊茂吉，〈鄧小平已發動整軍大攻勢〉，《中國時報》二版，民國72年10月12日。

內蒙直轄軍區。六大軍區共轄二十九個一級軍區（相當於省）和三百三十九個軍分區。一九五四年九月，撤銷六大軍區，改為北京、瀋陽、蘭州、武漢、南京、福州、廣州、昆明、成都、濟南十個軍區（亦稱部隊防區）， 以及內蒙、西藏、天津三個直轄軍區。一九六七～一九六八年間，將內蒙軍區改為省級軍區，天津軍區改為天津警備區，皆併入北京軍區，又將西藏軍區改為省級軍區，併入成都軍區，另設烏魯木齊軍區，共十一大軍區❺。各大軍區的轄區如下：(1)北京軍區：北京市、天津市、河北、山西、內蒙。(2)瀋陽軍區：遼寧、吉林、黑龍江。(3)濟南軍區：山東。(4)南京軍區：江蘇、安徽、浙江、上海市。(5)武漢軍區：湖北、河南。(6)福州軍區：福建、江西。(7)廣州軍區：廣東、廣西、湖南。(8)成都軍區：四川、西藏。(9)昆明軍區：雲南、貴州。(10)蘭州軍區：甘肅、陝西、青海、寧夏。(11)烏魯木齊軍區：新疆❺。各大軍區的首長，時有調動，一九八三年三月時的人事狀況如下表❺：

軍 區	司令員	政 委	軍 區	司令員	政 委
瀋陽	李德生	廖漢生	廣　州	尤太忠	王　猛
北京	秦基偉	傅崇碧	昆　明	張銍秀	謝振華
濟南	饒守坤	陳仁洪	成　都	王誠漢	萬海峰
南京	向守志	郭林祥	蘭　州	鄭維山	蕭　華
武漢	周世忠	李成芳	烏魯木齊	蕭全夫	王恩茂
福州	楊成武	傅奎清			

至於各軍區的組織，也常有變更，根據一九八〇年七月的資料，各軍

❺　《中國大陸實況圖解》，頁35；朱文琳，〈文革前後中共軍區人事異動之分析〉，《第一屆中美中國大陸問題研討會專輯》，頁545。

❺　梁景松，〈共軍頭目大調動的剖析〉，《聯合報》三版，民國69年2月23日。

❺　〈中共一級暨省級軍區重要人事調動狀況〉，《中國大陸》，民國72年3月號。

區在司令員、政委以下，設司令、政治、後勤三部。司令部於司令員、政委、參謀長以下設作戰、情報、動員、軍事訓練、裝備計劃、隊列、軍事交通、政治等部，政治部於主任以下設組織、宣傳、保衛、群眾工作、青年工作、文化、聯絡、幹部等部，後勤部於部長以下設司令、政治、財務、軍需、軍械、衛生、車輛管理、油料管理、運輸、營房管理、供應等部❺❹。

　　軍隊有正規軍和民兵兩種。在正規軍方面，一九四九年冬「人民革命軍事委員會」通令統一正規軍建制，強調共軍必須以馬列主義理論為基礎，在毛澤東的建軍思想指導下，通過一定的形式、組織和條令、條例、教令、教範等，提高員兵的軍事技術水準和戰鬥能力，以提高共軍的集中性、統一性、組織性和紀律性。同時於一九四九年十二月和一九五〇年九月先後成立人民空軍司令部和人民海軍司令部。到一九五四年八月，受參加韓戰的影響，陸軍中的步兵、砲兵、裝甲兵、工程兵、鐵道兵和防化學兵，都分別加強或建立。在官等方面，依據一九五五年二月制定的「人民解放軍軍官服役條例」，軍官按業務性質分為八種：指揮軍官、政治軍官、技術軍官、軍需軍官、軍醫軍官、獸醫軍官、軍法軍官、行政軍官。軍官等級分為四種：元帥、將官、校官、尉官。將官有大將、上將、中將、少將四級，校官有大校、上校、中校、少校四級，尉官有大尉、上尉、中尉、少尉四級。軍隊中的職位皆稱員，軍事長官為指揮員或司令員，軍中的政治工作者為指導員（連級）、教導員（營級）和政治委員（團級以上）。表面看來平等，實則指揮系統分明。在訓練方面，一九五八年一月，共軍標舉的訓練方針是「繼續提高現代化軍事技術，學會在原子、化學、彈導等現代條件及其他複雜情況下之諸兵種合同作戰」。一九六〇年

❺❹　《中國大陸實況圖解》，頁35。

公布的建軍原則，要點有三：⑴必須強調加強黨對軍隊的絕對領導，⑵必須堅持軍民一致的原則，發揚群眾路線的傳統，⑶堅持共軍的任務是戰鬥隊、工作隊、社會主義保衛者和建設者❺❺。在武裝方面，原來使用的一九四九年前的舊武器，到韓戰期間，漸為來自蘇俄的新武器取代，舊武器則轉歸地方軍使用。一九六〇年代以後，則漸摹仿蘇俄和美國的武器，進一步更新。一九六〇年代末期，中共空軍有飛機約二千至二千五百架、軍用直昇機約五百至八百架；海軍方面有驅逐艦四艘、潛艇三十餘艘，以及各種砲艇。正規軍的人數約三百萬人，其中空軍和海軍約五、六十萬人，陸軍約二百四、五十萬人。武器和裝備製造的重點是飛機零件、重炮、炮彈、直昇機、槍榴彈等❺❻。自一九七六年四人幫倒臺以後，中共致力於軍事現代化，陸軍以增強戰爭的戰力、改良自動武器為首要；空軍以加強直昇機、提高空中機動能力、並補充全天候戰鬥機、空對空飛彈與地對空飛彈的防空戰力；海軍以增強反潛及攻擊能力為主要目標❺❼，而各型飛彈、衛星偵測技術、化學武器、指揮管制等方面，亦為進一步追求的目標❺❽。實際上，中共在與西方國家交往日增的過程中，軍事上亦漸脫離一九五〇至一九六〇年代的困境，特別在空軍的裝備方面，據一九八二年以後的資

---

❺❺　《共匪暴政紀要》上冊，頁365-369，374-375。軍隊中的職位稱員，見宋宇〈透視中共的民主集中制〉，《自由太平洋》，八十七期（堤岸，1964年3月），頁35。

❺❻　齊簡，《毛共政權分裂內幕》（臺北，1969），〈備戰中的中共匪軍述略〉。

❺❼　郭俊雄，〈共軍近代化面臨重重難題〉，《臺灣日報》二版，民國67年3月30日。

❺❽　卜大中，〈中共軍事現代化的困境〉，《中國時報》二版，民國72年10月17日。

料，戰鬥機的製造，由仿照俄米格十九型所製的殲六型，進一步發展殲七型，而與英國合作製造噴射機引擎，和與法國合作製造直昇機，皆促進中共軍事工業發展❺❾。另一方面，中共的作戰飛機在一九八三年已增至五千三百架，以數量言當時僅次於蘇俄及美國❻⓪。

　　在民兵方面，一九四九年二月通過的「政治協商會議共同綱領」規定「實行民兵制度，保衛地方秩序，建立國家動員基礎」。 一九五五年七月頒布的「兵役法」規定：「民兵應當繼續執行維持地方治安，保護生產建設任務。」民兵分兩類，「基幹民兵」由未服現役年在三十歲以內者（十八歲以上）組成，「普通民兵」由未服現役年在四十歲以內者組成。軍官來自復員軍人和由高等學校培養的預備軍官。毛澤東把民兵視為軍事組織、勞動組織、教育組織和體育組織。實際上，民兵在平時的主要任務是「積極進行生產建設」；在戰時，「不僅能夠積極幫助軍隊運送糧草，救護傷員，充當嚮導，隨軍遠征，而且還能夠封鎖消息，偵察敵情，使敵人變成聾子、瞎子」， 而使共軍「成為千里眼、順風耳，更好地掌握敵情，抓住有利時機，殲滅敵人」； 同時民兵在後方還擔任了保護生產、維護社會治安、鎮壓反革命的任務，使前線部隊無後顧之憂❻❶。

　　中共的正規軍和民兵之間，受權力鬥爭的影響，常互有消長。在韓戰期間，國防部長彭德懷將正規軍採用蘇俄的裝備，積極推動現代化。相對的，民兵制度則逐漸廢弛。韓戰結束後，中共對正規軍大量減裁，另一方面，又於一九五八年把民兵重新建立起來。當時中共在蘇俄核子傘的保護下，對正規軍的裝備並不講求，只裝備民兵鎮壓地

❺❾　〈中共軍事工業發展之概況〉，《中國時報》二版，民國71年7月22日。

❻⓪　蒲叔華，〈中共空軍的派系與問題〉，《聯合報》三版，民國72年8月8日。

❻❶　《共匪暴政紀要》上冊，頁387–391。

方。一九五九年蘇俄對中共的核子保護協定破裂，以後，中共重新正視正規軍的改進，但對民兵並不忽視。嗣國防部長彭德懷因不重視民兵而解職。彭德懷去職後，林彪任國防部長，於全國各地大辦民兵，僅河南一省即達二千萬人，佔河南人口的39％。文革期間，毛澤東利用林彪掌軍的一段時間，在地方上建立了自己的武力，並清除了黨的異己，恢復了一度失去的優勢[62]。

五、中共政權的性質

中共政權的性質，可從四方面分析：其一、政治一元化，黨政軍一體。其二、堅持社會主義路線，消除個人主義。其三、統治權整體化，堅持由黨領導國家、統治經濟、控制社會和文化思想。四、權力運作採「民主集中制」，領導人的產生，形式民主；產生之後，領導人獨裁。

關於政治一元化：中共實行一黨專政，政和軍皆由黨控制。在軍隊方面，指揮權屬於黨，軍隊中的政工即黨工，他們用特務審查制度來掌握士兵和長官的思想和行動。在政方面，一九四九年中共第一屆全國政治協商會議所產生的中央人民政府，除主席和總理屬於黨以外，六個副主席，有三個屬於黨；四個副總理，有二個屬於黨；其餘分配給各黨各派或無黨無派人士。一九五四年第一屆全國人民代表大會所產生的中央人民政府，除主席和總理屬於黨以外，一個副主席和十二個副總理，全部屬於黨，另國務院中的三十八個部長，二十二個（佔58％）屬於黨。一九五八年第二屆人代會所產生的中央人民政府，除主席和總理屬於黨以外，二個副主席有一個屬於黨，十六個副總理全

[62]　Franz Schurmann, *Ideology and Organization in Communist China*, pp. 557-574.

屬於黨，四十個部長，二十六個（佔65％）屬於黨。在民意機構方面，第一次人代會所選出的七十九位常委，共黨佔四十席（50.63％），其他黨派二十五席（31.64％），無黨無派十四席（17.73％）。第二次人代會所選出的六十二個常委，共黨佔三十二席（51％），其他黨派佔二十席（32％），無黨無派佔十席（17％）。中共掌握代表比例的內定原則通常是：基層佔70％以上，縣市佔60％以上，全國佔50％以上。至於選舉，以工廠、街坊、生產隊、機關等為單位劃分選區，候選人名單由區內的中共黨委會提交區內的選舉委員會（由黨委書記、行政首長、黨團幹部、轉業軍人、民主黨派等組成）通過。由選舉委員會公諸選民大會，選委會並審查選民資格，凡地主、富農、反革命份子、右派份子、反動份子等不給予選舉權。一九五四年第一次普選，在十八歲以上的三億三千三百萬選民中，有2.82％的選民資格被剝奪。在一九五八年的第二次普選中，約有10％的選民資格被剝奪。選舉投票之日，選民排隊點名，不准不到，投票率常在98％以上❽。

關於堅持社會主義路線：社會主義是大方向，在毛澤東時代資本主義路線被視為十惡不赦，在鄧小平時代雖然走修正的資本主義路線，仍堅稱是「具有中國特色的社會主義」。無論實行那一種社會主義，中共領導人都要求每一個國家成員服從領導，力避領導以外的個人行為。在此一大方向下，個人很容易觸犯體制和禁忌。因此，在中共統治下，罪人特別多。有資料顯示，歷年在押人犯數，在毛澤東時代，約有一千萬。一九五二年一千萬左右，一九五八年一千一百萬，一九六二年九百五十萬，一九七一年一千一百萬，一九七七年一千萬左右。鄧小平實行改革開放以後，在押人犯減少，一九七八～一九八六年間

---

❽ 宋宇，〈透視中共的民主集中制〉，《自由太平洋》，八十七期（1964年3月），頁35–36。

歷年約在四百至七百萬人之間❻。據國際特赦組織一九九一年的人權報告：中國監獄裡仍關著數千政治犯，大多數遭到監禁的人，既沒有起訴，也沒有審判。政治活躍份子和宗教活躍份子繼續遭受逮捕，在一九九一年有二十六名著名民主運動人士被判刑❻。

堅持黨的一元化領導也是自中共政權成立以後不曾改變的方針。此一方針的特性是：⑴中共獨攬一切政治權力、掌握最終決策權。中共政權雖有人代會、政協等民意機構，黨復有全國代表大會、中央委員會、政治局等組織，中央高層通常由一人領導，或由少數人協同決策；決策之後，始交由民意或黨意機構作形式上的認可。⑵黨政官員控制工作分配、特殊物品和勞務的分配，黨政官員運用此物質的利益，換取人民的政治效忠和服從。⑶以特定的意識型態控制教育、文化、思想，排斥其他的價值、目標和思考模式，對教育、文化事務和傳播媒體絕對壟斷。⑷沒有個人的自由、沒有自由組合的壓力團體、沒有多黨競爭的選舉。⑸通過黨的組織、祕密警察、和街坊組織，對人民實行監控，對妨害政權的人加以逮捕或處刑❻。

民主集中制，使黨的政策由一人或少數人決定，然後向各方面、各層級下達執行命令。以中共的體制而論，中央政治局決定大政方針，國務院依據此方針制定政策。上層領導人，在一九九〇年前後，擁有六十萬黨幹部、四百四十萬政府幹部、若干萬軍隊幹部、一千零八十

---

❻　嚴忱，〈人身的監禁和思想的監禁〉，《中國政情》，三期（巴黎：民主研究所，1992年6月），頁20。

❻　〈國際大赦人權報告中國部分〉，同上，頁11。

❻　丁學良，〈改革十年(1978-1988)對中國大陸民主化的影響〉，中國民主前途研討會，臺北，1989年8月，頁1-3；胡佛，〈民主政治的迷思與實踐〉，同上，頁12。

萬國有企業幹部、一千三百萬教育、科學和衛生部門幹部❻。透過全國三千萬左右的各級和各行幹部，分別貫徹各種政令。

　　前述四方面為中共政權的一般特性，五十年來，由於領導人的更換、國內外環境的改變，實際的情形，前後亦有許多不同。

　　毛澤東當權之初，欲透過兩個階段來完成共產主義革命。第一個階段是「人民民主專政階段」，第二個階段是「社會主義改造階段」。所謂「人民民主專政」，是由工人、農民、小資產階級、民族資產階級四大階級聯盟，組成聯合政府，再「以工農聯盟為基礎，以工人階級為領導」，來限制其他階級的參政權，並剝奪大資產階級的資產。這就是毛澤東的「新民主主義」，實行的時期，從一九四九年到一九五二年。「社會主義改造階段」分為兩個時期，第一個時期始於一九五三年，止於一九五七年，這是中共第一個五年計劃時期。在政治上強調「工農聯盟」，打擊其他階級；在經濟上逐步完成農業、手工業和資本主義工商業的社會主義改造，使農戶和手工業者都參加生產合作社，使資本主義工商業均改為公私合營。第二個時期始於一九五八年，即第二個五年計劃開始之年。適逢天然災害發生，這種重階級鬥爭、不重生產的政策造成經濟危機。一九五八年十二月，毛澤東辭去人民政府主席之職。一九五九年四月，由傾心資本主義路線的劉少奇繼為主席❻。

　　在毛澤東主導中共政權的時代，以打倒資本主義、壓制資本主義

---

❻　Kenneth G. Liberthal, David M. Lampton, *Bureaucracy, Politics, and Decision Making in Past-Mao China* (Berkeley: University of California Press, 1992), p. 96. 見《美國出版之中國研究論著選摘》（紐約：中華新聞文化中心，民國82年3月15日）。

❻　張玉法，《中國現代政治史論》，頁281-282。

復蘇為主要政治目標。一九五〇年代後期，由於社會主義改造政策失敗，引起領導高層的路線之爭。為了緩和衝突和危機，毛澤東讓走資本主義路線的一些人暫時負責國家決策，但無時不思圖反撲。一九六六年，毛澤東發動以打倒走資派為目標的文化大革命，以「抓革命」代替「促生產」。一九七六年毛澤東死，執行文革的四人幫被捕，繼毛澤東為黨主席兼軍委會主席和國務院總理的華國鋒仍然堅持毛的政策，引起黨副主席兼軍委會副主席和國務院副總理鄧小平的不滿。華派倡「凡是論」，凡是毛澤東的作為和思想皆加以肯定；鄧派倡「實踐論」，認為「實踐是檢驗真理的唯一標準」。在鄧派壓力下，華國鋒於一九八〇年九月辭國務院總理，由鄧小平安排趙紫陽繼任；於一九八一年六月辭黨主席及中央軍委會主席，由鄧小平安排胡耀邦接黨主席，鄧自兼軍委會主席❻。鄧派進入權力決策高層前後，即推出改革開放政策，以發展經濟為工作中心，不再強調階級鬥爭。

　　鄧派的真正得勢在一九七八年十二月的十一屆三中全會。會中「實踐論」的原則獲得肯定。此後二十年間，中共實行改革開放。改革開放政策倡自鄧小平，繼起的江澤民亦推行此一政策。近二十年間中共的改革開放政策，重要的約有以下幾方面：

　　㈠改革黨務：廢除主席制，恢復總書記制，一九八二年九月召開的「十二大」，由黨代表選出三個委員會，即中央委員會、中央顧問委員會和中央紀律委員會，分擔原屬主席的職權。總書記僅主管書記處，召集政治局及中央委員會開會❼。

　　㈡改革國務院：一九八二年副總理由十三人減為二人，另設國務委員十人，與國務總理、副總理和祕書長組成國務院常務會議，作為

---

❻　同上，頁302-304。

❼　吳安家，〈中共政權的本質〉，《近代中國》，二十三期，頁168。

國務院日常工作的集體領導機構。國務院各部、各委員會和直屬機構、辦公機構，由九十個裁減合併為五十二個⑪。

㈢改革一般政務：一九八二年五屆人大所通過的新憲法，規定高級官員的固定任期（兩屆，每屆五年），恢復行政上的鄉鎮制度。另外，鄧小平也推行黨政分開制度，黨負責決策，政負責執行，避免一人分在黨政機構兼任職務。

㈣加強社會主義法制：毛澤東時代的中共偏重「抓革命」，人治色彩極濃，不重法治。華國鋒上臺後，受鄧派的影響，開始建立社會主義法制。一九七九年二月人代會常委會通過〈逮捕拘留條例〉，七月人代會通過〈刑法〉、〈刑事訴訟法〉、〈中外合資經營企業法〉等七個法律。其後，各種新法制即透過媒體進行宣傳，並加強司法教育。但中共的法制是以擁護社會主義制度為前提，並未保障司法獨立與法律之前人人平等⑫。

㈤講求經濟和技術的現代化，允許私有制經濟的有限度成長，並在沿海地區建立經濟特區，發展資本主義。

㈥增加國內外學術文化交流：除派遣留學生、並允許外籍學生至中國留學外，大量翻譯並介紹外國書刊，廣播、電傳、電話、電影、電視等資訊大量傳入，中外學生和學者交流增多，國際遊客增多。

㈦將知識份子納入無產階級，以抬高知識份子的社會地位，但言論、出版仍不自由，物質待遇亦未能隨經濟發展相對提高⑬。

中共自實行改革開放後，政治專制依舊，講求市場經濟，除政治

---

⑪ 同上。

⑫ 丘宏達，〈論中共的加強「社會主義法制」〉，《中國論壇》，九卷三期，頁31–34。

⑬ 五、六、七部分，見前引丁學良文，頁6–7, 9–11。

自由以外的社會自由增多，學者名之為「新權威主義」❼❹。與毛澤東時代的「全權主義」有所不同。

第二節　民主運動的開展及其侷限

「民主」在二十世紀是一個被濫用的名詞，各種程度不同的專制政治、威權政治、多數決政治都以「民主」為名。中共政權所欲實行者以「社會主義民主」為終極目標，但從未達成，故政權內部有繼續追求者。社會主義民主，是一種集體主義，忽視個體價值，因此在歷年大陸各地的民主運動中也有人追求個人主義民主(或資本主義民主)者。惟在一九五〇～一九七八年間，中共實行封閉政策，外來資訊極為缺乏，又將個人主義和資本主義視為禁忌，除老一輩政學界人士偶有懷念之情以外，大多數年輕人，或不知個人主義民主為何物，或對個人主義民主卑之而為。

無論社會主義民主，還是個人主義民主，在近五十年的中國大陸和海外留學界，常有一些人採取一連串的宣傳與行動來爭取，因此便不斷出現民主運動。

一、毛澤東時期的民主運動

中共統治下的民主運動，約始於一九五七年。一九四九至一九五六年，以階級鬥爭為主的社會主義革命普遍展開，人民無暇思考民主問題。一九五六年共產集團的匈牙利發生革命，毛澤東為了紓解人民的不滿情緒，並鼓勵知識份子努力發展文藝及科學，提出了「百花齊放，百家爭鳴」的方針。一九五七年二月，毛澤東為配合黨內整風，

---

❼❹　錢海鵬，〈論中國的民主改良〉，《中國政情》，一期，頁14。

又要求知識份子「知無不言，言無不盡」，並謂「言者無罪，聽者足戒」 ❼❺。在毛澤東的鼓勵下，一批在國民黨統治時期即標舉民主、自由的人士，和一批青年學生，即於是年五月開始表達他們的政治意見。在國民黨統治時期即標舉民主、自由的人士，包括章伯鈞、羅隆基、儲安平、章乃器等，所提出來的意見較為具體，主要要求中共開放政權、實行兩院制的國會與反對黨制、對過去鬥爭屠殺的冤獄進行平反，並要求言論自由、建立反對派的報刊。青年學生包括人民大學的林希翎、北京大學的譚天榮等，則批判馬克斯主義，要求民主、自由、人權 ❼❻。

為時一個月的鳴放運動，對中共政權造成嚴重威脅，毛澤東於六月八日發起「反右派鬥爭」，強迫有過反共言論和行動的人公開檢討、低頭認罪。章乃器被撤去糧食部長職務，章伯鈞被撤去交通部長職務，其後迄於一九五八年間，受牽連的人士頗多。作家丁玲、馮雪峰等被揭發「散播資產階級個人思想」；《青年報》編輯劉賓雁被批判常有反黨言論，說他自承「是一個屢教不改的資產階級自由主義份子」 ❼❼；餘不多舉。在這種情形下，要求民主、自由、人權的學運也被壓止。據統計，此次反右派鬥爭，受害的「右派份子」多達五十五萬人，連同農村中的「反社會主義份子」，有幾百萬人受到鬥爭 ❼❽。毛澤東的這次反右派鬥爭，並沒有把右派壓下去。隨著他所推動的社會主義建設總路線失敗、劉少奇繼他為人民政府主席以後，資本主義和自由主義

---

❼❺　張玉法，《中國現代政治史論》，頁286。

❼❻　江振昌，〈大陸民主運動之今昔〉，《東亞季刊》，十二卷四期（民國70年4月），頁51–52。

❼❼　前引張玉法書，頁287。

❼❽　吳安家，〈中共政權的本質〉，《近代中國》，三十三期，頁164。

有復甦的現象，中共黨內外諷刺毛澤東個人獨裁的文學不斷流布，毛澤東欲發動「批判資產階級的反動思想」，受到黨內外的抵制，毛澤東乃藉軍整黨，於一九六六年發起文化大革命。

　　文化大革命雖然在本質上是奪權鬥爭，但因毛澤東所標舉的是打擊走資派的「無產階級文化大革命」，引起一批青年學生企圖貫徹社會主義民主的遐想。在各地紅衛兵運動中，以簡稱「省無聯」的「湖南省無產階級革命派大聯合委員會」所提出的政治主張最具理想性：

　　⑴用暴力打碎資產階級國家機器，創立無產階級政權。

　　⑵實行全面的選舉制，把一切職位交給普選之人擔任。

　　⑶選舉者可以隨時撤換被選舉者。

　　⑷公社委員大多數是工人，或者是公認的工人階級代表。

　　⑸不分職位高低，公務員與工人工資相等。

此一理想，近於無政府主義，可稱為極左的民主運動⓻。

　　毛澤東藉紅衛兵打倒右派，部分紅衛兵高舉打倒官僚政治的旗號，卻不能為領導文革的官僚所容。一九六八年開始將紅衛兵下放，「省無聯」企圖推翻文革派在各地所建的「革命委員會」，亦被鎮壓。在文化大革命中，右派官僚下臺，左派官僚上臺，人民沒有獲得任何民主自由。一九七四年十一月十日廣州街頭出現了「李一哲大字報」，二萬餘言，題名〈關於社會主義的民主與法制〉。它是李正天、陳一陽、王希哲的聯合作品，由王希哲主稿。李一哲感於中共壟斷政治和經濟產生為新階級，當權的幹部無民主的監督和法律的牽制趨向腐化，乃要求實現憲法上所賦予的權利，如言論自由、出版自由、結社自由、張貼大字報的自由等，同時要求大小官吏一律進行普選，以實現真正的社會主義民主。李一哲雖然由紅衛兵的「革命」理想退回到「改良」

⓻　前引江振昌文，頁47，53，54。

主義，仍然不為當權派所容，他們都遭到逮捕⑧。

　　在中共當權派中，國務院總理周恩來較溫和，俯仰於左右派之間，一九七五年四月在病中安排右派的鄧小平為第一副總理。一九七六年一月周死，鄧暫代其職，毛澤東對鄧不放心，二月以華國鋒為總理。華為毛派之人，體毛意旨行事。一九七六年四月五日，時逢周恩來逝世未久，各地群眾趕往天安門致祭，並宣洩對毛澤東專制的不滿，高呼「打倒秦始皇」（指毛澤東）、「打倒慈禧太后」（指江青），並有燒汽車、燒房子、打民兵、打警察、打解放軍的舉動，甚至氣勢洶洶地要降下飄揚在天安門廣場的五星旗。毛澤東指為「反革命」，加以鎮壓，死亡數萬人⑧。

二、鄧小平時期的民主運動

　　此次天安門事件發生後兩日，中共政治局在毛澤東的手諭下通過了「四・七決議」：其一、宣布天安門事件為反革命事件，其二、免除鄧小平一切職務，升華國鋒為第一副主席，仍為國務院總理。是年九月毛死，華國鋒繼為黨主席、軍委會主席，仍為國務院總理。十月，以毛妻江青為首的四人幫在權力鬥爭中失敗被捕，隨之而來的是黨副主席、軍委會副主席、國務院副總理鄧小平向華國鋒發動奪權鬥爭。一九七八年八月以後，河南鄭州、（河北）天津、陝西西安、江蘇南京、浙江杭州、江西南昌等地為四五天安門事件翻案，十一月十五日中共北京市委宣布四五天安門事件為「革命行動」。 為「四五運動」

---

⑧　同上，江振昌文，頁54–55；張讚合，〈論中國大陸的民主運動〉，《近代中國》，三十三期，頁183–184。

⑧　前引張玉法書，頁299–300；張榮恭，〈中國大陸民主運動的歷程、現況與展望〉，《近代中國》，五十七期，頁43。

平反，觸發了大陸各地知識青年爭民主、爭人權的浪潮。主要的形式是張貼大字報、出版刊物、聚會討論、和遊行示威。在張貼大字報方面，最有名的是北京西單民主牆，在長達二百呎的白磚牆上經常保持著七十張以上的大字報，圍觀的人潮川流不息。在出版刊物方面，最著名的是《北京之春》（王軍濤）、《探索》（魏京生）、《四五論壇》（劉青）和《人權聯盟》（任晼町）。在聚會討論方面，許多青年在街頭、公園、廣場舉辦講演會和討論會，一九七八年十一月二十八日北京即有兩個集會，當發言者要求民主與人權時，數以千計的群眾齊聲歡呼。一九七九年一月一日「中國人權同盟」聚眾發表「中國人權宣言」，一月二十五日又舉辦民主討論會，參加者數百人，連續四天。在遊行示威方面，除從事民主運動的人士外，身受假案、冤案、錯案纏身的人士、要求改善生活的農民和退伍軍人，均在北京街頭遊行示威，或赴中共黨部門前靜坐示威。

　　這次民主運動在思想上的表現約有四點：⑴批評毛澤東、文革、以及四人幫餘黨，要求懲治鎮壓四五天安門運動的劊子手。⑵攻擊中共統治專制極權，提出民主、自由、人權的呼聲。依據國立政治大學東亞研究所對一九七八、一九七九兩年三百十一篇北京大字報內容的分析，人權類佔百分之三十三，民主類（包括自由）佔百分之三十一，文革及權力鬥爭類佔百分之二十八，其他佔百分之十八。為了表示對中共政權的不滿，《四五論壇》提出「無產階級民主革命」的第二次革命，《探索》則否定中共的四個堅持，強調民主為第五個現代化。⑶鼓吹社會主義法制，主張法律之前人人平等。⑷具體的政治主張是要求民主權利和言論自由，要求採無記名方式，選舉政治領導人，更規定任期；要求確立行政、立法和司法三權分立制度。

　　這次被定名為「北京之春」、且與一九六八年的「布拉格之春」

(Prague Spring) 相比美的民主運動，有社會主義民主的一面，也有個人主義民主的一面，運動的範圍不限於北京，上海、南京、武漢、長沙、成都、重慶、杭州、廣州、天津、青島、開封、西安、貴陽等地，都有桴鼓相應的活動。在時間上跨越一九七八、一九七九、一九八○三個年度。

這次民主運動原為鄧小平派打擊華國鋒派縱容起來的，適逢美國與中共建交，中共也藉此向美國宣示了自由、民主的假象。但因為要求民主的人，如魏京生，言論激烈，甚至否定馬列主義和中國共產黨領導，中共當權派乃迅速予以鎮壓。一九七九年一月，中共逮捕帶領農民在北京從事反饑餓、反失業運動的傅月華；三月二十九日，北京革命委員會發出六項禁令，限制大字報的內容和群眾遊行活動，並逮捕魏京生。其後迄於十一月間，任畹町、劉青等陸續被捕，王軍濤等受懲戒記過。他們所主辦的民運刊物也先後停刊。魏京生於十月十五日被判刑十五年，一月被捕的傅月華被判二年，十一月十一日被捕的劉青到次年七月被判三年勞改。十二月六日將西單民主牆遷至偏僻的月壇公園。南京、杭州等地的民主運動同遭鎮壓，並派出共軍、輔導員分駐學校，疏導和警告學生。

中共的鎮壓並未能消滅民主運動。一九八○年中共允許大學生參與「人代會」的地方選舉，許多學生再度站出來高唱民主、自由。上海師範學院、復旦大學等都有激烈的競選活動；湖南師範學院（長沙）的選舉活動，由於中文系的梁恒、陶森受到杯葛，學生於十月九日、十三日兩度發動請願，抗議學校干預地方選舉，十五日並有八千人遊行示威；北京大學的選舉活動同樣熱烈，胡平、王軍濤都以高票當選。

約與此同時，在廣州民刊《人民之路》主編何求的聯絡下，大陸各地民刊於九月十五日組成「中華全國民刊協會」，先後參加者有三

十三種民刊，並出版機關刊物《責任》雙月刊，爭取出版自由。

中共當局對於此伏彼起的民主運動採取進一步的鎮壓措施。中共當局原於一九七九年三月三十日，即魏京生被捕的翌日，發布了「堅持四項基本原則」——堅持社會主義道路、堅持無產階級專政、堅持共產黨領導、堅持馬列主義毛澤東思想。到一九八〇年九月七日又修訂憲法，取消「大鳴、大放、大辯論、大字報」四大自由，並封閉月壇民主牆。是年十二月，鄧小平在中共中央工作會議上把民主運動定位為「資產階級民主化」和「反革命」。一九八一年初，連續發布「第七號文件」、「第九號件」，要求「認真對付違反法律和反對四項堅持的非法刊物和非法組織」，並將僅存的一些民運領袖王希哲、徐文立（原《四五論壇》編輯）、何求等逮捕監禁[82]。

經過這次鎮壓之後，大陸各地的民主運動趨於沉寂，雖然在一九八二年八月大陸民刊《小草》在北京復刊，上海的《上海之春》和廣州的《野草》也隨後問世[83]，已不能形成風潮。此時華國鋒已失勢（一

---

[82] 1978-1981年間的民主運動，見前引江振昌文，頁56-57，前引張榮恭文，頁44-45；江振昌，〈近年來大陸民主運動之演變〉，《中國大陸》，民國73年9月號，頁34-35；劉勝驥，〈中國大陸民主運動的回顧與分析〉，《共黨問題研究》，七卷五期，頁67-72；玄默，〈十年來大陸民主運動在中共壓制下的挫折和進展(1978-1988)〉，《匪情研究月刊》，三十一卷十二期，頁17-19；陳雁翔，〈野火燒不盡，春風吹又生〉，《中國大陸》，民國72年5月號，頁45-46；王章陵，〈從北平大字報運動看中共〉，《中國雜誌》，民國68年1月號，頁74-79；連振威，〈大陸民主革命運動的風潮〉，同上，頁84-86；中國大陸問題研究所編，《中國大陸的變局與動向》（民國70年），頁486-488。

[83] 前引江振昌，〈近年來大陸民主運動之演變〉，頁35-36。

九八〇年九月辭國務院總理，一九八一年六月辭黨主席及軍委會主席），鄧小平以軍委會主席的職務掌實權，黨主席為胡耀邦。一九八三年十月中旬，中共召開十二屆二中全會，鄧小平在會上提出「加強思想戰線工作問題」，同月下旬，中央宣傳部長鄧力群即開始了「清除精神污染」運動。當時中共正大力推行經濟上的改革開放政策，外商認為清除精神污染運動是第二次文革，紛紛通知中共停止投資合約的談判、簽訂或執行。在外商壓力下，清除精神污染運動只延續幾個月，到一九八四年一月即告一段落❽。

中共在經濟上實行改革開放、在政治上固守不變，造成國家發展的瓶頸。一九八六年初鄧小平要中共中央書記處研究政治體制改革問題，這年四月和五月，中共舉行了兩次政治體制改革座談會。在座談會當中，民主主義受到官方的肯定。到這年十二月，大陸各地學生又爆發了聲勢浩大的爭民主、爭自由運動。為時一個月，即波及二十多個省市，有一百五十餘所大學和五十萬以上的大學生參加，獲得了「下放」青年和工人的支持❽。

一九八六年十二月五日，安徽合肥科技大學五千名學生在校內抗議校方在人大代表候選人名單上做手腳。八日，合肥市大學生三千餘人在街頭遊行。十二日北京大學出現大字報，聲援科技大學，並鼓勵北大學生上街響應民主運動。在此前後，各地學生的遊行活動：十二月九日，武漢市大學生，二千多人；十四、十五日，深圳大學學生，千餘人；十八日，昆明市大學生；十九至二十四日，上海市大學生，人數最多時七萬人；二十日，西安市大學生千餘人、廣州市中山大學學生三百餘人；二十二日，杭州市大學生；二十二至二十六日，廣州

---

❽　前引玄默文，頁20。

❽　同上，頁20–21。

市大學生，人數最多時一萬人；二十三日，北京市大學生四千人、南京市大學生二千人；二十四日，南京市大學生五千人、天津市南開大學學生千餘人；二十五日，南京市大學生數千人、天津市大學生數千人；二十四、二十九、三十日，北京市大學生。此期間，長沙、成都、濟南、蘇州、貴陽等地，亦有學生遊行示威。他們遊行示威的目的，也許就像北大的一張大字報所說的：「讓我們一起去天安門，為了今日之中國民主去奮鬥，多一個人就多一份力量，千萬不要退縮。民主萬歲！民主無罪！自由萬歲！自由無罪！」同樣也許像上海市一份〈告市民同胞書〉中所說的：「我們不能讓自己的後代在一個沒有自由、沒有民主、沒有人權的桎梏中畸形成長，……不民主、沒人權，是我們落後的根源！」

　　中共公安部隊對學生的示威運動採取因應措施，以北京為例，一九八七年一月一日中午，三千餘名大學生衝破公安部隊的封鎖線，進入天安門廣場示威、靜坐。公安人員逮捕了二十餘人。夜晚，學生們要求釋放被捕的學生，到凌晨學生獲釋後，抗議活動才結束。一月四日，北大學生群集焚燒批判學生運動的《北京日報》（北京市委所辦）。其後，鄧小平對學生運動再加鎮壓，由於期終考試在即，學運乃趨於平息。到一月十六日，胡耀邦以未能及時鎮壓學潮的理由，被罷去總書記的職務，改由趙紫陽繼任。另外，鼓吹民主的天體物理學家、科技大學副校長方勵之，以及散布「資產階級自由化」思想的文藝作家劉賓雁和王若望，被指為應對這次學運的擴大負主要責任，因而將他們開除黨籍❽❻。

---

❽❻　前引玄默文，頁20-22；前引張榮恭文，頁46-48。

三、一九八九年的民主大運動

胡耀邦下臺和懲治幾位「資產階級自由化」知識份子，並未能將民主運動鎮壓下去。由於物價高漲，教職員薪水菲薄，加上官員貪污和特權橫行，學生們仍不時發動示威運動。到一九八八年後期，由於經濟問題嚴重，中共當權派又加強了對意識型態的控制，以追求西方文明為導向的電視連續劇「河殤」，一九八八年夏天在中央電視臺播映兩次，到這年九月即被指為「反社會主義反黨」而被禁映。為了減少中共海外留學生對國內學生運動的支援，原在一九八六、一九八七年每年准許八千學生留美，一九八八年則減為六百人 ❽。

高壓不能解決問題，黨內外一片改革之聲。一九八八年十二月，在紀念十一屆三中全會的座談會上，即有抨擊反精神污染、抨擊反資產階級自由化的聲音。一九八九年二、三月間，中共在西藏實施戒嚴，引起國際人權組織和國內知識份子的聲援。此期間，方勵之在致鄧小平的公開信中要求釋放魏京生等政治犯，三十五位學者、作家連署要求赦免魏京生。四月八日，胡耀邦在政治局會議中強調應給予教育更多的支援時心臟病突發，延至四月十五日死亡。四月十六至二十、二十二、二十七日及五月四日，北京各校學生由於悼念胡耀邦引發的民主遊行，多次徒步前往天安門廣場。五月十三日，有兩千名大學生組成了絕食團。五月十九日以後，遊行人數逐漸超過五十萬人。參加的人由大學生（北京地區大學生的總數只十二萬人）擴及高級知識份子、

---

❽　John F. Copper, Ta-ling Lee, *One Step Forward, One Step Back: Human Rights in the People's Republic of China in 1987–1988* (School of Law, University of Maryland, 1989)，見《美國中國研究論著選摘》，1989年1月25日。

新聞從業人員，再擴及工人、農民、個體戶（商）等。

　　遊行示威群眾的主要訴求是民主、制止官僚貪污，並與領導人對話。但由於學生任意地喊出李鵬下臺、鄧小平退休，使民主運動很快捲入中共內部派系鬥爭的漩渦。四月二十六日，《人民日報》發表社論，譴責學生運動為「動亂」。此社論由軍委會主席鄧小平主導發表。但總書記趙紫陽對學生抗議運動主張採取溫和路線。趙於五月十六日的政治局常委會上提出五項意見，包括：⑴否定四月二十六日《人民日報》社論，由他本人承擔發表社論責任；⑵由「人大」設立機構，審查高幹子弟是否涉嫌「官倒」。　同日，北京地區十所大學校長或副校長聯袂前往中南海面見中共領導，請求當局盡速與學生對話。四月二十九日，中共國務院邀請四十五位北京大專學生對話；四月三十日，北京市委書記陳希同邀請二十九位北京大專學生對話；均未獲協議，示威學生且對邀請名單提出質疑。

　　五月十七日，趙紫陽發表書面談話，肯定學生要求民主與法制、反腐敗、推進改革的愛國熱情。五月十九日，趙紫陽到天安門探視學生，含淚勸學生停止絕食。同日，李鵬在中央和北京市黨政軍幹部大會上，指責有人要否定中國共產黨領導、否定社會主義制度，他揚言反對動亂、揭露「極少數人」的政治陰謀。同日，楊尚崑在同一會議上謂：為了維護首都治安，已從外地調來軍隊。五月二十日，北京宣布戒嚴。此期間，在天安門廣場的學生分為兩派，一派為北京地區大專學生所組的「北京高校自治聯合會」，　一派為外省大專學生所組的「外省高校自治聯合會」，　兩派互爭領導權。而先後主持「北高聯」的吾爾開希、柴玲、封從德，以及主持「外高聯」的連順德等，或感於示威群眾連日疲憊，力主撤退；或不欲就此投降，力主堅持。大多數示威學生和群眾處於進退兩難之境。由於軍隊迫近，即與進入廣場

的軍隊發生衝突。六月四日，軍隊血腥鎮壓了天安門廣場的學生和群眾，方勵之夫婦避入美國駐北京大使館（後轉往美國）。 學生領袖和支持民主運動的知識份子或被捕，或潛逃海外。

這場群眾與軍隊的對抗，據北京市委統計，燒毀軍車三百六十四輛、公共汽車一百零二輛，另有二百零二輛公共汽車被推倒。據北京市委書記陳希同的報告：軍人受傷六千人、死亡數十人，市民及學生受傷三千人、死亡二百七十餘人。實際的數字恐不只於此。

在北京學運進行期間，大陸各地學生及其他群眾也掀起桴鼓相應的活動。四月二十三日，北京各大專學校聯合天津南開大學、江蘇南京大學、上海復旦大學、廣州大學等校學生，宣布成立「全國學生團體聯合會」。 五月二日，將近一萬名上海大學生在街頭遊行，並在上海市委門前靜坐，要求新聞自由、取消對遊行的限制。五月二十三日，廣州發生數十萬人大遊行。六四事件以後，各地學生轉趨激烈，六月五日，武漢、上海、南京、杭州、長沙等地發生學生臥軌抗議事件，瀋陽、長沙等地學生與其他群眾上街遊行，哀悼北京死難學生。六月七日，上海學生及其他群眾截堵火車，被輾死六人、傷數十人，憤怒群眾放火燒毀八節車廂（肇事民眾多人被捕，至六月十五日三人處死刑）。 六月九日，上海五萬多名學生及其他群眾湧入人民廣場追悼北京死難同胞，是日有九名「上海工人自治聯合會」的負責人被逮捕。此期間，貴陽、蘭州、鄭州、成都、哈爾濱等地均傳出武警逮捕示威群眾事件。

其後，各地學運漸息止。六月十三日，中共公安部轉發北京市公安局通緝令，通緝二十一名學運領袖，包括王丹、劉剛、楊濤、封從德、王有才、張伯笠、熊焱、吾爾開希、柴玲、梁擎暾（梁兆二）、周鋒瑣、張銘、熊煒、王治新、張志清、翟偉民、王正雲、鄭旭光、馬

少方、王超華、李祿。六月十四日，中共公安部再下令通緝「工人自治聯合會」領袖韓東方、賀力力、劉強。其後多日，學生領袖周鋒瑣、熊焱、楊濤等被捕，工人自治聯合會領袖劉強、劉煥文等被捕，其他在北京及大陸各地從事民運被捕、被處死者不知凡幾。學生領袖吾爾開希、柴玲、封從德等，知識界民運人士嚴家其等，則潛逃香港，轉往海外。

在北京及大陸各地民主運動進行期間，海外華人社會及海外留學生都起而聲援。香港方面：五月十七日，各界人士在維多利亞公園集會，聲援北京學生的絕食運動；五月二十一日，各界人士一百萬人舉行遊行，要求李鵬下臺。臺灣方面：五月二十二日（是日北京舉行胡耀邦悼念會）前後，民間發起簽名、遊行等活動，支援大陸民主運動；五月二十七日，臺灣文藝界、音樂界合力製作歌曲「歷史的傷口」，送給北京爭取民主自由的學生。六月四日，臺北市各界青年及大專學校學生在中正紀念堂廣場舉行聲援大陸民主運動大會，並發起手牽手、心連心運動，自臺北經桃園、新竹，直至臺中、高雄，沿途有青年及其他群眾，作手牽手、心連心運動，以支援大陸民運。日本方面：五月二十二日前後，關東和關西地區大陸留學生舉行抗議示威。美國方面：五月十九日，紐約華埠居民有聲援北京學生的抗議運動；五月二十一日，紐約、波士頓、賓州等地約有四千名大陸留學生聚集華盛頓，參加示威活動，舊金山有千餘名大陸留學生及支持者在中共領事館前示威。其他南韓、泰國、以及歐洲的荷蘭、法國、英國等地的華人社會及大陸留學生，均有抗議活動，茲不多舉。

外國政府方面：美國、荷蘭、泰國、菲律賓等國對大陸民運均表關切。六四事件發生後，美國、法國、西德、瑞典、意大利、西班牙、荷蘭等國政府或政界人士，同聲譴責。有些國家且為此對中國大陸停

止交流，甚至斷絕貿易，從事經濟制裁。而各國對逃亡海外的民運人士加以收留和照顧，尤為對中國民主運動的直接支持❽。

四、海外華人的民主運動

六四民運人士逃到海外後，增加了海外民運的聲勢。海外民運始於一九八二年。是年十一月十八日，大陸第一位留學加拿大的醫學博士王炳章在紐約發表〈棄醫從運〉宣言，並在紐約創刊《中國之春》。《中國之春》的創刊宗旨，可在創刊號的〈告海外同胞書〉中略見一斑。該文首先將中共政權定位為封建專政：

> 中國共產黨接管政權已有卅三年的歷史了。政治上，是高度中央集權的封建專政。

其次揭露黨內改革派以改革為名，行奪權之實，並對民主人士實行迫害：

> 那些所謂的黨內「改革派」，利用了人民對民主的渴求，達到他們排除異己的奪權目的，隨即對「北京之春」民主運動實行殘酷鎮壓；對關心國是、苦諫良言的魏京生、王希哲等民運先鋒，進行法西斯的迫害。

---

❽ 前述天安門事件前後史事，參考〈大陸民主運動大事記(1989.4.15–7.4)〉，《近代中國》，七十二期，頁140–162；劉勝驥，〈當前大陸民主運動之評估〉，同上，頁123–132；劉闊常，〈中共天安門屠殺暴行及大陸民主運動之展望〉，同上，七十四期，頁243–245；呂士朋，〈天安門事件剖析〉，《臺灣省戰略會訊》，二十五期（民國78年8月），頁29–38。

最後標舉救中國的良方為民主、法治、自由、人權：

> 要徹底解決中國的苦難，只有實行民主、法治，只有提倡自由
> 與人權。

《中國之春》發起時，編輯部有十二人，於世界各地設聯絡站。其後編輯部的人陸續增加，但也有學成歸國、在國內從事民運者。一九八三年十二月二十七日，《中國之春》在紐約召開第一屆大會，來自美加和世界各地聯絡站代表五十三人參加。會中決定將組織易名為「中國民主團結聯盟」，選王炳章、汪岷為正副主席，以《中國之春》為機關刊物。其後在世界各地建立分部和支部，成員二千餘人。

「中國民主團結聯盟」，簡稱「民聯」，為「非暴力性的民主組織政治團體」，其政治目標為「根本變革中國現存社會制度，實現民主、法治、自由、人權及中國之現代化」；「堅持民主政治原則，尊重任何黨派和主義存在的權利，但堅決反對毛式社會法西斯專政」。對國內的主要工作是：要求北京當局建立獨立自主司法制度，提倡民主自由選舉制度，保證人民有真正言論結社自由，爭取民辦刊物在國內合法發行，透過一切手段將《中國之春》雜誌傳送進入大陸。為了獨立進行大陸民運，「民聯」與臺灣保持一定的距離。

一九八六年三月，中國民聯在華盛頓召開第二屆大會，王炳章連任主席，歐洲分部的柯力思為副主席。此期間，隨著盟員學成歸國，廣州、上海、北京、浙江、湖南、雲南、貴州等地都有了中國民聯的據點。一九八六年十二月的上海學潮，根據中共的指控：中國民聯回國盟員楊巍在事件中起了作用。楊巍服務於中國科學院上海生物化學研究所，在上海學潮期間，遍訪人民廣場、復旦大學、交通大學、同

濟大學、上海醫科大學，收集學潮資料，祕密託人投寄中國民聯總部，並以「民聯」、《中國之春》的名義，在復旦大學張貼標語。楊巍以此被判刑二年。另外，民聯回國盟員陳軍，在北京開設文藝酒吧，一九八九年元旦邀請方勵之和一批自由派的學者參加新年酒會。方勵之發表演講，建議中共釋放魏京生等政治犯，此事得到北島、嚴家其、王若水等的響應，陳軍另外闢了「八九年特赦辦公室」，發動群眾簽名，請求「人大常委會」特赦政治犯。中共當局為此將陳軍的文藝酒吧和特赦辦公室關掉，並遞解陳軍出境（陳有美國綠卡，妻為英人）。

一九八九年夏間北京民運達到高潮之際，民聯發生內訌。三屆大會時，胡平當選主席，改任常委的王炳章被控財務不清。此後，王炳章另成立「中國民主黨」。一九八九年六月民聯在洛杉磯召開第四屆大會，續選胡平為主席。胡平曾派盟員劉曉波帶著民聯捐款，去北京支援學生運動。但由於胡、王兩派內鬥，民聯並未能在一九八九年的北京學運中扮演重要角色❽。一九九一年六月一日，民聯在多倫多召開第五屆大會，選普林斯頓大學經濟系博士候選人于大海為主席❾。

在六四事件前後，海外的中國民運有了新的結合。首先，一九八九年三月十二日，一群在美國學成或正在肄業的留學生十餘人在紐約宣告成立「中國人權組織」，這是應是年年初方勵之等上書中共當局要求特赦魏京生等政治犯而成立的。「中國人權組織」的主席吳牟人是紐約大學博士候選人，其他參與人包括超導體博士盧建平（曾是方勵之的學生）、物理學博士程真（曾與方勵之在北京天文臺共事）、生

---

❽ 前述海外民運，參考劉勝驥，〈大陸留學生的海外民主運動〉，《復興崗學報》，四十四期（民國79年12月），頁127–133。

❾ 蔡詠梅，〈民聯民陣的聯合問題〉，《開放雜誌》五十四期（1991年6月），頁56–57。

物學博士傅新元、物理學博士唐三元、文學博士韓冀寧等。該組織除了為提名方勵之爭取諾貝爾和平獎而努力外，標舉五項工作：(1)收集和調查中國大陸人權狀況材料，(2)舉行各種有關中國人權狀況聽證會，(3)定期或不定期出版中國大陸及大陸留學生人權資料，(4)募款幫助大陸上人權受害人及其家屬，(5)協助海外學人保護自身人權，包括延長護照、選擇居留地、自由進出中國大陸。

其次，如前所述，王炳章自「中國民聯」分裂而出，另創「中國民主黨」。中國民主黨於一九八九年四月二日成立於紐約，有一〇八位大陸留學生和海外華僑參加。成立了一個十一人的臨時執行委員會，推鄭為民為主席。鄭係北京大學畢業，哈爾濱師大化學碩士，當時正攻讀紐約大學化學博士。中國民主黨的政治主張是：主權在民；確認民主自由是人類生存的基本權利，不可剝奪；主張在中國實行民主政治、分權制衡、多黨競爭；明言保障私有制；實行軍隊國家化；言論、出版、結社自由；建立均富社會；提倡多元文化；健全社會福利制度。在中國民主黨創黨大會上，最觸目的表現是王炳章安排五位留美的中國共產黨員退黨，並加入中國民主黨。

再次，在支援一九八九年北京學運期間，美國各地大陸留學生有不同的集合和組織，他們在六四以後，決心成立一個聯合組織。結果由美加地區四十多所大學的留學生，每校推選代表二人，於一九八九年七月二十八日在芝加哥開會。會中決定成立「全美中國學生學者自治聯合會」，簡稱「全美學自聯」，選史丹佛大學社會系博士生劉永川為主席。「全美學自聯」的工作目標包括：(1)建立保護基金，救援因政見不同而受迫害的人士，特別是受難學生學者，搜集一九八九年民運受害名單，設法營救並設法幫助其家庭解決經濟困難。(2)建立社會科學基金，鼓勵對中國大陸政治、經濟體制研究，通過舉辦講座、討

論會等形式，探討中國實現民主的途徑。(3)出版期刊，普及民主知識，傳播民主思想。(4)進行國會遊說，促進美國國會通過符合中國人、特別是符合中國學生利益的立法。「全美學自聯」成立之初，非常活躍，曾團結美國學界、僑界，舉辦「六四百日祭」、「十一華盛頓中國民主大遊行」，並舉行兩次有民運人士和學者參加的大型民主討論會❸。

　　在大陸留美學生籌組「全美學自聯」前後，參加天安門民運或支持天安門民運人士於六四遭到鎮壓後逃亡海外。以巴黎為中心的嚴家其、蘇曉康、吾爾開希、蘇紹智、萬潤南、劉賓雁、陳一諮、李祿等，於一九八九年九月二十日組織「民主中國陣線」，簡稱「民陣」，選嚴家其為主席、吾爾開希為副主席、萬潤南為秘書長。陳一諮、劉賓雁、蘇紹智等，後在美國另組「未來中國社」。「民陣」曾於法國革命兩百週年紀念大會時遊行示威，並展開活動。「民陣」呼籲有良知的中國人，不分黨派、不分團體、不分信仰、不分職業、不分地域，在自由、民主、法治、人權的旗幟下聯合起來，共同推進中國的民主化❷。其後，「民陣」在世界各地成立分部和支部，成員千餘人。譬如是年十二月十六日在日本東京成立分部，到者約二百多人，包括吾爾開希和萬潤南❸。

　　其他大陸海外留學生，或創辦刊物，或有小組織，推動中國民主運動者尚多，如蘇曉康等辦有《民主中國》、劉賓雁等辦有《新聞自

---

❸　同上，頁141–146。

❷　前引劉闊常文，頁245；范可正，〈由大陸民主運動看中共的未來〉，《近代中國》七十二期，頁138–139；〈陣前易帥：民陣人事風波〉，《開放雜誌》四十三期（1990年7月），頁51–54。

❸　黃中放，〈民陣日本分部成立〉，《開放雜誌》三十七期，（1990年1月），頁50。

由導報》、李三元等辦有「六四之聲」廣播電臺等，不一一介紹。

　　海外的民運組織初以「民聯」和「民陣」聲勢最大，但由於經費不足和內部人事傾軋，一直無法持續發展。為了整合海外民運組織，「民聯」、「民陣」和中國民主運動海外委員會召集海外民運團體於一九九〇年一月二十九日至三十日在華盛頓開聯席會議，參加者另有全北美學自聯、「六四」之聲廣播電臺、新聞自由導報、中國自由民主黨建黨協調小組、中國民主黨、中國國際團結委員會、華盛頓大學「六四」基金會等組織的代表，以及熱心民運的人士。會後，「民聯」和「民陣」發表聯合公報，宣布兩個團體的協議，內容包括：① 民聯和民陣作為中國海外民主運動兩支主要力量，應當迅速走向聯合，為結束中共在大陸的一黨專政的共同目標而努力奮鬥；② 民聯和民陣應當在條件成熟時努力於組織上的合併，並推動有共同意願的其他民運團體一起合併❹。一九九〇年九月，民陣二大在舊金山舉行，大會通過與民聯聯合的議案；一九九一年六月，民聯在多倫多召開五大，大會通過了研究與民陣合併的議案。其後雙方成立聯合共同工作小組，展開具體的安排❺。一九九二年一月二十四至二十六日，民聯和民陣的主席、副主席、理事、監事在舊金山開聯席會議，決定於是年十月八日在華盛頓召開合併大會，並達成七項協議，包括：① 建議新組織的名稱為中國民主黨、中國民主聯合陣線或民主中國聯合陣線。② 雙方各派代表七十五名❻。嗣以籌備不及，合併大會於一九九三年一月二

❹　李目，〈民陣民聯策劃組新黨〉，《開放雜誌》三十八期（1990年2月），頁78。

❺　楊漫克，〈大陸歸來看民運〉，《開放雜誌》五十九期（1991年11月），頁62。

❻　宦國蒼，〈民陣問題一籮筐〉，《九十年代月刊》二六六期（1992年3月），

十八日至三十一日在華盛頓召開，決定成立「中國民主聯合陣線」，民
聯聯委會主任徐邦泰當選主席。主席一職原欲推新自大陸獲釋至美的
王若望，前民聯主席胡平亦擬競選，因徐邦泰運作過甚，引起不滿，
王若望、胡平退出競選，合併會議造成了民陣和民聯的進一步分裂❾。
其後海外民運人士繼續整合，然攻訐之風時起。一九九七年十一月魏
京生被釋抵美後，輿論界譽之為「中國民主之父」，引起海外民運領
袖的不滿，早於一九七四年即曾以張貼「李一哲大字報」獲罪的王希
哲即對魏加以詆諷，到一九九八年十二月，王更以中國民運組織人士
的名義，對魏加以抨擊。

　　民聯成立時，六四事件尚未發生，海外大陸留學界反共氣氛不濃，
一般人對民聯避之唯恐不及。六四以後，海外民運興起，競以反共為
尚，但以流派繁雜、爭權奪利，一般人對民運人士亦避之唯恐不及。
雖然如此，海外民運仍為中國民主政治的重要推動力，關心國是的人，
仍不斷參加，或給予支持，使海外民運能屢仆屢起。部分是受了海外
民運的影響，或由海外民運人士返國策動，大陸各地不斷出現民主的
火花，此即為中國民主前途之所寄。

五、大陸民主運動的再起伏

　　一九八六年開始，鄧小平有意推動政治體制的改革，由於民間望
治之心切，激起一波又一波的民主運動，危及中共政權，乃有一九八
九年的六四大鎮壓。六四以後，中共一面將民運領袖逮捕下獄，或加

　　頁82；集文，〈民陣、民聯協議合併〉，《九十年代月刊》二六六期（1992
　　年3月），頁83。

❾　楊漫克，〈兩派再次交鋒〉，《開放雜誌》七十四期（1993年2月），頁
　　94-95。

安撫，或放逐海外，以避免再生動亂；一面提高民主小黨派的地位，以製造民主假象。

中共在六四事件後逮捕民運人士一千多人，並通緝在逃的二十一名學生領袖。其後，隨著中共政局的穩定，和國際的不斷施壓，部分被捕的民運人士陸續獲釋。沒有證據參加民運，或參加民運情節輕微者，共七百八十四人，在一九九〇年一月和五月先行釋放。在六四週年平安度過之後，中共於七月又釋放九十七人。此九十七人被釋放的理由是：認罪態度良好，主動交待問題，表示願意悔改，且有投案自首者。這年下半年，美、英、澳、加等國持續要求中共釋放被拘押的民運份子，美國以中共侵害人權，且考慮是否延長對中共貿易的最惠國待遇。在這種情形下，中共又釋放一批民運人士，並允許方勵之夫婦赴美。一九九一年一、二月，中共大審民運人士，除獲釋者外，約有二十名民運人士被判刑二至五年，其中王丹（北大歷史系學生）被判刑四年。一九九二年二月，中共又公布民運人士受審情形，除獲釋者外，有九名被判刑二至五年。一九九三年二月，王丹等提前獲釋❾❽。除「八九」民運人士外，在一九七九年因辦《探索》鼓吹民主被判刑十五年的魏京生，到一九九三年九月可能中共為爭取公元二千年奧運主辦權，假釋出獄。次年可能因其與抵北京訪問的美國助理國務卿夏塔克會面，再度被判刑十四年。一九九七年十一月江澤民訪美歸來後，始以「保外就醫」的名義，讓魏京生前往美國❾❾。

在鎮壓和安撫民運人士的過程中，中共對民主小黨派也加以籠絡。

❾❽　劉勝驥，〈論中共對「八九」民運人士的處理〉，《中國大陸研究》三十六卷七期（民國82年7月），頁24–25。

❾❾　〈中共釋放魏京生〉，《共黨問題研究》二十四卷一期（民國87年1月），頁102。

民主小黨派原與中共合作良好，但在「八九」民運中卻支持大學生的
抗議行動。江澤民自一九八九年六月在十三屆四中全會中被選為總書
記後，乃特別強調「中國共產黨領導的多黨合作和政治協商制度」。其
後迄於一九九七年五月的八年間，中共與民主小黨派中央級的協商會、
座談會、通報會、談心會共舉行了一百次。民主小黨派和無黨無派的
人士在各級政府任官者，迄至一九九八年三月止，國家副主席一人，
最高人民法院副院長一人，最高人民檢察院檢察長一人，國務院副主
任、副部長、直屬局副局長共二十一人，副省長、自治區副主席、直
轄市副市長共二十二人，在地市級、縣市級和市轄區級政府和司法機
關任職者八千餘人。民主小黨派中，「民盟」有盟員十三萬餘人，省
級組織三十個、市縣級組織三三四個、基層組織七、四七七個；九三
學社有成員八萬八千多人，省級組織三十個、市級組織二一六個、基
層組織三、四三七個；致公黨有黨員一萬五千多人，省級組織十六個、
中央直屬組織二個。此外，「民革」有成員四萬多人，「民建」五萬多
人，「民進」約五萬人，農工黨約五萬人，「臺盟」不詳。雖然如此，
與中共五千八百萬黨員相較，勢力還是很微弱⓿。

　　中共籠絡民主小黨派並鎮壓和安撫民運人士僅能緩和民運於一
時，民運的火花仍然隨時迸發。一九九三年上半年，全國發生群眾性
上訴、請願、遊行、罷工、罷課、罷市等事件四千九百二十一起，參
加人員二十八萬人。是年十一月，一批民運人士聚集西安，簽署〈和
平憲章〉，確立「以理性和非暴力的手段」，向有關機構上書，推動民
主運動。中共於十二月下旬在北京召開「全國政法工作會議」，會議
中的報告資料宣稱：一九九三年七月中旬，美、英、法等國在法國召

⓿　魯競，〈中共與「民主黨派」的關係狀況分析〉，《中共研究》三十二卷
　　三期（1993年3月），頁79-80。

開了第三次「國際安全首腦會議」，決定支持外國民運份子；並宣稱：國內堅持資產階級自由化的人和被釋放的少數非法組織的頭頭，預謀成立反對黨。「全國政法工作會議」因此決定：凡參加上書或策劃非民運人士上書的組織者，由公安部門找去談話，加以警告，同時加強對民運活躍分子魏京生、王丹等的監視。雖然如此，在一九九四～一九九五年，民運人士仍紛紛上書中共中央、人大常委會，要求對他們所推行的民主運動加以寬容，魏京生、王丹等且為海外民運刊物撰稿，討論民運的基本策略❶。

大陸民運的火花閃爍到一九九八年有新的光芒。首先，在一九九八年一月，一個題名「中國需要新的轉變——民主派的綱領性意見」的文件，透過不同的管道，送到中共各中央委員、候補中央委員、中央政治局常委和委員手中，並也盡可能地送到知名人士、政府官員和大公司主管手中。文件的內容包括起動民主進程、加大經濟自由、承認多元文化、調整對外政策、修正統一方針五部分。在起動民主進程部分，主張各級人大代表普選，將人大改革為現代議會；主張實行新聞出版自由；主張政黨政權體制分離。文件由原中共福州計劃委員會副主任方覺署名，但方覺本人強調，他只是執筆者之一，文件代表著中國一批中層和高層官員，年齡大都在四十多到五十多歲。這份文件在中共內部造成震撼，在一月十四日美國、法國、臺灣的報紙刊登有關消息的當天，方覺在北京的所住即有便衣人員巡視❷。

❶　〈中共恐懼民主運動再起〉（社論），《中國大陸研究》三十七卷六期（民國83年6月），頁1-2；魯競，〈江澤民主政後中共鎮壓大陸民運狀況分析〉，《中共研究》三十四卷四期（1996年4月），頁63-64。

❷　羅冰，〈京官「民主綱領」的震撼、〉、〈中國需要新的轉變——民主派的綱領性意見（詳細摘要）〉，《爭鳴》第二四四期（1998年2月），頁6-7；

其次，在是年六月至九月間，大陸各地掀起籌組「中國民主黨」
運動，時機是在美國總統柯林頓訪華及以後數月。六月二十五日，柯
林頓訪華當日，「八九」民運學生領袖之一的王有才（曾為北大物理
系研究生）等宣布成立中國民主黨浙江籌備委員會。七月十日中共逮
捕王有才等十三人，大陸民運人士上書江澤民等要求放人，美國及海
外華人亦加聲援，王有才等獲釋。其間，聯合國人權事務高級專員魯
賓遜夫人訪問中國，中共外長錢其琛答應，中國將在七月份簽署〈公
民和政治權利國際公約〉，該公約規定人人有發表自由之權利、人人
有自由結社之權利。九月二日，國務院批准了民政部、公安部關於中
華人民共和國公民在境內申請註冊政治團體的通知，此事鼓舞了大陸
各地的組黨潮。九月十日，山東民運人士向民政部門申請註冊成立中
國民主黨山東籌委會；次日，湖北民運人士向民政部門申請註冊成立
中國民主黨湖北籌委會。兩省的民政官員告知申請註冊有四項條件：
(1)交五萬元註冊費，(2)寫明黨的辦公場所，(3)寫明黨的重要成員履
歷，(4)列出五十名成員名單。九月十四日，遼寧、吉林、黑龍江三省
民運人士，相繼申請成立中國民主黨支部。此外，北京、上海、浙江、
湖南、江蘇等地的民運人士，亦籌劃「中國民主黨」的組黨事宜。另
尚有「中國民主正義黨」、「中國社會黨」等申請註冊。但到九月十六
日魯賓遜夫人離開中國大陸以後，中共即對組黨運動加以鎮壓。九月
十七日，北京市警察拘留中國民主黨北京籌委會成員任畹町，警告不
得組黨後釋放；同日，上海市警察將中國民主黨上海籌委會成員姚震
憲拘留，警告不得組黨後釋放。此外，吉林省民運人士唐文儁，因籌
組中國民主黨在北京被捕，送往長春羈押；中國民主黨山東籌委會成

魏京生、劉青〈要支持中共黨內民主派〉，《開放雜誌》一三六期（1998
年4月），頁50–51。

員劉連軍亦被捕●。其後，中共續捕在各地從事組黨活動的民運人士，並於十二月二十一、二日，將在北京從事活動的徐文立、在浙江從事活動的王有才、在湖北從事活動的秦永敏判處十一至十三年的徒刑●。大陸民主運動，至是又受挫折。

● 陳力生，〈大陸民主運動邁進組黨階段〉，《中國大陸研究》四十一卷九期（民國87年9月），頁1–2；凌霄，〈民主——中共統治者擋不住的潮流〉，《中共研究》三十二卷十期（1998年10月），頁20–21；金鐘，〈體制內外的雙重壓力——從大陸民間組黨潮看中共政改形勢〉，《開放雜誌》，一四二期（1998年10月），頁26–27；羅冰，〈強硬派準備鎮壓民間組黨活動〉，《爭鳴月刊》二五二期（1998年10月），頁6–7。

● 見1998年12月21–22日《世界日報》一版。

第七章

結　論

　　近代中國的民主運動，是在不同的政治體制、不同的政治和國際環境下進行的。有時候有成就，形成民主政治；有時候無成就，停留在運動階段。成敗的因素，除繫於運動的強度、國際政治和國際思潮的順逆、國家政治體制的性質以外，主政者的意願非常重要。

　　在晚清十六、七年，改革派運動君主立憲，有兩個有利的因素：⑴在世界強國中，英、日、德等國皆行君主立憲，當時除專制政體已經過時以外，君主立憲、民主立憲，並無軒輊之分。⑵革命勢力日盛一日，滿清君主如不釋出一部分政權，有被推翻的危險；而改革派在海內外也鼓動風潮，形成強大的勢力。不利因素是中國有「家天下」的傳統，開放政權是破天荒的事；而當時民族主義高漲，滿人開放政權，形同漢人獲得政權，朝中保守派不甘願。但在改革派與革命派的雙重壓力下，清廷接受了日本式的君主立憲。日本式的君主立憲雖然君權甚大，但有民選國會，有政黨競爭，仍然可以實行有限度的民主。儘管由於革命的情勢危迫，君主立憲的制度未能正式建立，但在預備立憲的過程中，部分人民已獲得選舉權，中央與地方已有諮議機構，有志之士已從事政黨活動，而人民權力的保障也較前加強，使中國的民主政治有了緩慢的起步。

在民國初建的十六、七年，國家有民主的法制，由於野心者當國、軍閥亂政，民主政治並沒有徹底實行。除了在一九一四～一九一六年袁世凱企圖恢復帝制、一九二六～一九二八年張作霖實行軍事統治以外，大部分時間都有民選國會、都有經國會同意所組織的內閣、都有政黨活動。此期對民主政治的發展有幾個有利的因素：(1)國家政治體制的設計，大部分時間仿照西方三權分立的制度，是民主的。(2)地方上常有與中央對立的力量，對中央政府可以發揮監督作用。(3)民國初建立，政學界人士民主意識強，不民主的措施受到輿論的批評。對民主發展不利的因素亦有數種：(1)一般人民貧困無知，除了作為野心家的群眾以外，對政治沒有參與的能力與興趣。(2)中央政府和地方政府由大大小小的軍閥控制，當時軍政不分，軍人干政、軍人亂政之事所在多有。(3)民國成立後，中國續受帝國主義國家蹂躪，俄國社會革命成功後對中國表示友好，富理想的青年人對帝國主義國家所實行的個人主義民主發生厭惡、對蘇俄引進的社會主義民主表示嚮往。在諸多因素的影響下，民國初年的民主政治，除一九一二～一九一三年尚有朝氣外，大部時間徒具形式，並無實質。雖然如此，國家領袖的產生，如孫中山、袁世凱、黎元洪、徐世昌、曹錕，皆由國會選舉，不以兵戎爭奪；無論實行總統制、內閣制、臨時執政制，均有內閣組織。政黨雖受金錢作用，除國民黨偶爾興兵以外，大體從事和平競爭。

一九二八年以後在國民黨執政的二十年，依據國民黨的建國程序，是由訓政進入憲政時期。對民主政治的發展有幾項有利因素：(1)國民黨將憲政訂入建國程序，使國家實行憲政成為可以期待之事，人民只需促使國民黨早日實行憲政即可。(2)人民經過訓政，政治意識提高，加以國民黨大力發展教育，民智亦有提高。(3)九　八事變以後，國家面臨日本侵略，全國上下對國事關懷日深，對民主政治有急切的需求。

對民主政治發展不利的因素亦有幾項：⑴當時國民黨的性質為革命政黨，革命政黨對國家有使命感，不輕易開放政權，故在訓政時期要求全國人民服從國民黨領導，在憲政時期要求人民誓行三民主義。⑵中國共產黨大部時間以武力與國民黨爭政權，日本亦有十餘年的時間兵臨中國，國民黨的執政危機四伏，對開放政權不能放心。⑶佔中國人口多數的農工階層，仍然愚貧，繼續作野心家保權和奪權的工具，沒有能力和興趣參與和關心政治。⑷國民黨保權心切，除以兵力制壓共產黨外，亦以特務和警察制壓第三黨派，使反對黨無法發展。雖然如此，國家領導人的更換在訓政時期形式上由黨運作，在憲政時期由國民大會代表選舉，前一方式是和平的，後一方式是民主的。國家初有訓政時期約法，後有憲法，在本質上是法治的。抗日戰爭時期，雖在訓政階段，由於需要團結各黨派抗日，人民的政治自由增多；戰後行憲，雖有憲法臨時條款限制，在中華民國政府撤退至臺灣以前，干涉人民自由的法律無多。惟以國家大部處於戰時，軍令常超於政令之外，許多地區的人民受軍事管制，並無正常的政治生活和社會生活。

　　一九四九年中華民國政府遷至臺灣後，感於中共威脅嚴重，以戒嚴法統治人民，使民主政治的運作長期不能回復憲政體制。然憲政體制已建立，戒嚴法及憲法臨時條款不是常制，只要內外環境改變，民主政治仍有發展的可能。到一九八〇年代，在國際政治的運作下，兩岸皆宣稱以和平方式統一中國，競以改革開放減少國際的冷視和彼此的敵意，中華民國更以自由、民主、均富為號召。時共黨國家紛紛放棄極權體制，中國大陸仍堅持「中國共產黨領導」，臺灣和回歸前後的香港，都大力推動民主化，冀圖中國大陸能夠在政治體制上有所變革。因此，臺灣發展民主政治，在前三十餘年不利的因素多，後十餘年有利的因素多。不利的因素包括：⑴中共的軍事威脅，臺海戰爭不

斷，國家面臨生死存亡的關頭，執政的國民黨聲言將革命事業從頭做起，自不會發展民主政治。(2)鑒於二二八事變的經驗，臺民獨立自主的意願甚高，如推行民主，政權將迅速本土化，對仍圖復國的國民黨領導人來說，將使其復國之志永遠無法達成。(3)追隨中華民國政府來臺的中央官員和民意代表，已為一「生命共同體」，自動釋放政權的可能性甚低。有利的因素包括：(1)臺灣一直堅守「民主陣營」，主要盟邦為民主先進國家，必須以民主爭取盟邦的支持。(2)一九八〇年代以後，國際上有和解的氣氛，兩岸亦暫時走上和平競爭的路。兩岸和平競爭，臺灣很難永遠保持經濟上的優勢，惟一能領先大陸的是發展民主政治。(3)由大陸來臺的第一代逐漸凋零，由於長期與中國大陸的對立和對中國大陸的醜化，新一代對大陸祖國漸不認同，不是思圖移民海外，即在臺灣安身立命。隨著經濟和教育的發展，臺灣社會力的成長，新一代已逐漸融入本土，放棄第一代的優越感，在本土與人公平競爭。在上述有利的條件下，臺灣在前此地方自治的基礎上，使中央民意代表在本土選舉產生、使省市長由官派改為民選、使總統由間接選舉改為直接民選；而更重要的由於刑法一百條的修訂，以及相關法規的訂立，使人民享有言論、出版、集會、結社等自由。對一般人民來說，自由比民主更迫切；臺灣在這兩方面均已獲得初步成就。令人不滿意的是：泛自由化縱容不負責任的個體踐踏法治，泛民主化以多數即真理，演為多數暴力。民主政治應建立在負責任的個體上，臺灣的選民，滿懷族群、宗教、甚至男女等偏見，大大小小的社會領袖，帶著大大小小的人群走，有如部落社會。民主的基礎是脆弱的。

　　儘管近年臺灣的自由和民主有許多缺點，對追求自由民主的大陸人民來說仍然是令人羨慕的。中國大陸發展民主有其先天的不利條件：(1)中共以「無產階級專政」為名，壟斷政權；政權不對全民開放。(2)

中共控制經濟生活和工作分配，使人民沒有爭取自由民主的空間。(3)中共控制教育和媒體，人民沒有充足的資訊，很難了解民主的價值。(4)農工群眾投入生產，有知識能力的人作幹部，挺身爭取自由民主者一直以大專學生為主，而大專學生畢業後又面臨就業分配。中產階級是西方民主政治的推動者，大陸地區有產者少，民主運動的社會基礎不夠。前述不利的條件，近二十年來已有改變。自實行改革開放政策以後，個體戶和公私合營的公司漸多，社會上有產的人增多；國內外學術、資訊交流日多，出國旅遊和至中國旅行的遊客日多，特別是留學生的大量出國，使國內獲得新資訊的管道增多。在這種情形下，一九七〇年代末期到一九八〇年代，民主運動不僅一波接一波，而且有增強的趨勢。近十年來，中共一面嚴防社會動亂，一面嚴懲貪污以舒解社會的不平，加上經濟建設進步、人民生活改善，很少大規模的民主運動發生。但可以預見的，在人民的經濟生活和教育水準提高的過程中，對自由民主的要求必然會不斷發生，雖然發生之後亦未必就有結果。中國大陸民主運動四十年未得結果，除客觀的原因外，民主運動的本身亦值檢討：(1)不同年代有不同年代的民主運動者，沒有首尾一貫的組織和領袖，使民主運動不能產生積累性的成果。(2)民主運動一直停留在知識份子領導知識份子階段，由於知識份子各有自己的意見，加上領導慾作祟，彼此很難合作。這種情形，在六四天安門運動和海外民主運動中，都表露無遺。目前的中國民運，以留學界和僑居地較為活躍。活躍的原因，有的只在表明自己是民運人士，企圖在居留國獲得較好的照顧，從他們活動的幅度看來，未必真心為中國民主盡力。但大部在海外從事民運的人士，仍有很強的活動力，對中國民主的前途抱有熱望；無視各種跟蹤、監視、威逼、利誘，且使留在大陸的親人陷入困境。不過，在中共現行體制下，欲以宣示、遊行、示

威達到民主的目的，仍是很難的。中國民主的實現，有賴高瞻遠矚的領袖，放棄意識型態，放棄永久掌握政權的心態，從政治體制上作基本改革。

　　近代中國的革命運動和自下而上的改革運動，不知虛耗多少生命、人力和物力，而為鎮壓革命和改革的要求，又不知虛耗多少生命、人力和物力。中國在一九四九年以後，擺脫了帝國主義國家的蹂躪，是值得驕傲的。但把前此虛耗在抵抗帝國主義的生命、人力和物力，又虛耗在內部的權力鬥爭上，這是中國的大不幸。民主的目標，無非為中國建立一個和平而公平的權力分配和傳承方式，使中國不再在這方面虛耗生命、人力和物力，進而培育各個人、各個機構、各個企業的自主性，使中國在千巖競秀、萬壑歸宗中，成為世界強國。這本書一方面記錄了近代中國民主政治的成果，一方面記錄了近代中國民主運動的過程，讓二十、二十一世紀之交的中國人，對過去百年的民主歷史作一回顧，並帶著二十世紀的經驗，走入二十一世紀。

徵引書目

一、專　書

一卒，《清末民初中國政黨發展史》，香港：中國政經研究所重印本，
　　1972年。（該書原名《中國政黨史》）

丁文江，《梁任公先生年譜長編初稿》，臺北：世界書局，民國47年。

《十年來中國政治通覽》，《東方雜誌》9卷7號增刊。

中國大陸問題研究中心編，《中國大陸實況圖解》，臺北：中國大陸問
　　題研究中心，民國69年。

中國大陸問題研究所編，《中國大陸的變局與動向》，臺北：中國大陸
　　雜誌社，民國70年。

中國科學院歷史研究所第三所編，《雲南貴州辛亥革命資料》，北京：
　　科學出版社，1959年。

中國國民黨中央委員會編，《共匪暴政紀要》，臺北：中國國民黨中央
　　委員會，民國50年。

中國國民黨中央執行委員會上海執行部編，《中華民國國民政府》，上
　　海，民國14年。

中國國民黨中央組織部調查科編，《中國共產黨之透視》，臺北：文星
　　書店重印本，民國51年。

中國第二歷史檔案館編，《中國民主社會黨》，北京：檔案出版社，1988

年。

中國第二歷史檔案館編，《中國青年黨》，北京：檔案出版社，1988年。

中華民國開國五十年文獻編纂委員會編，《革命之倡導發展》， 臺北：
　　中華民國開國五十年文獻編纂委員會，民國52年。

內政部社會司編，《動員戡亂時期人民團體法》，臺北：內政部社會司，
　　民國78年。

王世杰，《比較憲法》補充手稿，藏中央研究院近代史研究所院史室。

王思誠主編，《中共禍國史實年表》，臺北：中國大陸問題資料研究中
　　心，民國65年。

王恒，《現代中國政治》，廣州：革新評論社，民國15年。

王健民，《中國共產黨史稿》，臺北：作者自印，民國54年。

王爾敏，《晚清政治思想史論》，臺北：華世出版社，民國69年。

包天笑，《上海春秋》，上海：上海古籍出版社重印本，1991年。

立法院編，《中華民國立法院大事記》（一）民國37年份、民國40年份，
　　臺北：立法院，無出版年代。

朱壽朋纂修，《光緒朝東華續錄選輯》，臺北：大通書局，民國73年。

何啟、胡禮垣，《新政真詮》，上海：格致新報館，光緒27年。

佚名輯，《宣統政紀》，臺北：文海出版社重印本，民國75年。

吳一心，《中國之抗戰》，上海：中華書局，民國37年。

吳廷燮，《合肥執政年譜》，臺北：文星書店重印本，民國51年。

吳相湘， 《宋教仁：中國民主憲政的先驅》， 臺北：文星書店，民國
　　53年。

宋春、于文藻主編，《中國國民黨臺灣四十年》，長春：吉林文史出版
　　社，1990年。

岑學呂，《三水梁燕孫先生年譜》，臺北：文星書店重印本，民國51年。

李守孔，《民初之國會》，臺北：中國學術著作獎助委員會，民國53年。

李雲漢，《從容共到清黨》，臺北：中國學術著作獎助委員會，民國55年。

李劍農，《中國近百年政治史》，臺北：臺灣商務印書館重印本，民國51年。

沈亦雲，《亦雲回憶》，臺北：傳記文學出版社，民國57年。

沈雲龍，《徐世昌評傳》，臺北：傳記文學出版社，民國68年。

沈雲龍，《黎元洪評傳》，臺北：中央研究院近代史研究所，民國52年。

汪康年，《汪穰卿遺著》，出版時地不詳。

汪煌輝，《中國憲法史》，上海：世界書局，民國20年。

谷鍾秀，《中華民國開國史》，臺北：文星書店重印本，民國51年。

邱錢牧主編，《中國政黨史》，太原：山西人民出版社，1991年。

胡君復編，《嚴幾道文鈔》，出版地不詳，中國圖書公司，民國16年。

胡春惠編，《民國憲政運動》，臺北：正中書局，民國67年。

茅家琦主編，《臺灣三十年》，鄭州：河南人民出版社，1988年。

唐亞屏編，《第一屆國民大會專輯》，南京：東方出版社，民國37年。

唐寶林，《中國托派史》，臺北：東大圖書公司，民國83年。

孫子和編，《民國政黨史料》，臺北：正中書局，民國70年。

孫亞夫、楊毓滋編，《張君勱先生九秩誕辰紀念冊》，臺北：文海出版社，民國67年。

孫福坤，《共產國際擾亂中國記》，臺北：中央文物供應社，民國42年。

孫曜編，《中華民國史料》，臺北：文海出版社重印本，民國55年。

徐道鄰，《徐樹錚先生文集年譜合刊》，臺北：臺灣商務印書館，民國51年。

海思・穆恩・威廉著，李方晨增訂，《世界通史》，臺北：亞東書局，

　　民國55年。

海馬著，涂序瑄譯，《西洋上古史》，臺北：中華文化出版事業委員會，
　　民國47年。

秦孝儀主編，《國父全集》，臺北：近代中國出版社，民國78年。

勒德洪奉敕撰，《大清德宗景皇帝實錄》，臺北：華聯出版社重印本，
　　民國53年。

國史館編，《中華民國史事紀要》，臺北：國史館，民國60年一。

國民大會祕書處編，《國民大會統計彙報》，臺北：國民大會祕書處，
　　民國66年、民國67年。

國民大會祕書處編，《國民大會統計輯要》，臺北：國民大會祕書處，
　　民國70年。

國民參政會史料編纂委員會編，《國民參政會史料》，臺北：國民參政
　　會在臺歷屆參政員聯誼會，民國51年。

張玉法，《中國現代化的區域研究（1860–1916）──山東省》，臺北：
　　中央研究院近代史研究所，民國71年。

張玉法，《中國現代史》，臺北：東華書局，民國66年。

張玉法，《中國現代政治史論》，臺北：東華書局，民國77年。

張玉法，《民國初年的政黨》，臺北：中央研究院近代史研究所，民國
　　74年。

張玉法，《先秦時代的傳播活動及其對文化與政治的影響》，臺北：嘉
　　新水泥公司文化基金會，民國55年。

張玉法，《清季的立憲團體》，臺北：中央研究院近代史研究所，民國
　　57年。

張玉法，《歷史講演集》，臺北：東大圖書公司，民國80年。

張玉法編，《晚清革命文學》，臺北：新知雜誌社，民國61年。

張朋園，《立憲派與辛亥革命》，臺北：中央研究院近代史研究所，民國58年。

張朋園，《梁啟超與民國政治》，臺北：食貨出版社，民國57年。

張軍民，《中國民主黨派史》，北京：華夏出版社，1989年。

張詒祖編，《張季子九錄》，臺北：文海出版社重印本，民國72年。

曹汝霖，《一生之回憶》，香港：春秋雜誌社，1966年。

遯嗣祖，《國民大會全貌》，南京：時代出版社，民國36年三版。

郭孝成，《中國革命紀事本末》，上海：上海商務印書館，民國元年。

郭廷以，《中華民國史事日誌》，臺北：中央研究院近代史研究所，民國68年。

郭湛波，《近代中國思想史》，香港：龍門書店，1973年。

郭華倫，《中共史論》，臺北：國立政治大學國際關係研究中心，民國64年。

陳之邁，《中國政府》，上海：商務印書館，民國35年。

陳紅民，《臺灣政壇風雲》，南京：江蘇藝文出版社，1992年。

陳茹玄，《增訂中國憲法史》，上海：世界書局，民國36年。

陳登元，《中國土地制度》，臺北：臺灣商務印書館，民國71年。

陳新銘，《國民政府制憲之史實與成就》，臺北：黎明文化事業公司，民國66年。

陳錫璋，《細說北洋》，臺北：傳記文學出版社，民國65年。

陶百川，《最新六法全書》，臺北：三民書局，民國70年。

陶英惠，《蔡元培年譜》（上），臺北：中央研究院近代史研究所，民國65年。

勞乃宣，《韌菴老人自訂年譜》，臺北：文海出版社重印本，民國56年。

彭樹勳編，《中華民國行憲以來之立法院》，臺北：成文出版社，民國

　　75年。

曾華璧，《民初時期的閻錫山》，臺北：國立臺灣大學出版委員會，民
　　國70年。

費希平，《理想與期待》，臺北：流通書報行銷有限公司，民國79年。

《飲冰室文集》，臺北：臺灣中華書局重印本，民國49年。

馮子超，《中國抗戰史》，臺北：文海出版社重印本，民國67年。

黃公偉，《中國近代學術思想變遷史》，臺北：幼獅文化事業公司，民
　　國67年。

黃遠庸，《遠生遺著》，臺北：文海出版社重印本，民國57年。

黃鴻壽，《清史紀事本末》，臺北：三民書局重印本，民國62年。

新緣文學社編，《名家日記》，上海：文藝書局，民國22年。

楊幼炯，《中國政黨史》，臺北：臺灣商務印書館，民國68年。

葉夏聲，《國父民初革命紀略》，臺北：無出版者，民國49年三版。

葉楚傖等編，《宋漁父》，臺北：文星書店重印本，民國52年。

董霖，《戰前之中國憲政制度》，臺北：世界書局，民國57年。

賈宗復，《中國制憲簡史》，臺北：華國出版社，民國42年。

賈逸君，《中華民國政治史》，北平：文化學社，民國18年。

鄒魯，《中國國民黨史稿》，臺北：臺灣商務印書館重印本，民國59年。

齊簡，《毛共政權分裂內幕》，臺北：中國時報，民國58年。

劉珍，《中共史綱》，臺北：自由太平洋文化事業公司，民國54年。

劉振鎧，《中國憲政史話》，臺北，民國49年。

劉荔翁，《民國政史拾遺》，臺北：作者自印，民國43年。

劉健清等主編，《中國國民黨史》，南京：江蘇古籍出版社，1992年。

劉紹唐主編，《民國大事日誌》，臺北：傳記文學出版社，民國62年。

劉壽林，《辛亥以後十七年職官年表》，臺北：文海出版社重印本，民

國63年。

敷文社編，《最近官紳履歷彙編》，臺北：文海出版社重印本，民國59年。

蔣中正，《蘇俄在中國》，臺北：中央文物供應社，民國67年。

蔣勻田，《中國近代史轉捩點》，香港：友聯出版社，1976。

蔡國裕，《中共黨史》第1冊，臺北：國史館，民國77年。

鄭學稼，《中共興亡史》，臺北：中華雜誌社，民國59年–68年。

《憲政初綱》，《東方雜誌》臨時增刊，光緒32年12月。

《獨秀文存》，上海：亞東圖書館，民國16年。

錢端升等，《民國政制史》，長沙：商務印書館，民國28年。

戴君曠，《行憲述要》，臺北：正中書局，民國39年。

薛化元，《臺灣歷史年表》終戰篇，臺北：國家政策研究資料中心，民國79年。

謝振民，《中華民國立法史》，上海：正中書局，民國37年。

謝彬，《民國政黨史》，臺北：文星書店重印本，民國51年。

顏惠慶原著，姚崧齡譯，《顏惠慶自傳》，臺北：傳記文學出版社，民國62年。

顧敦鍒，《中國議會史》，臺中：東海大學，民國51年。

二、論文、期刊文章及文件

一卒，〈中國政黨概觀〉，《孤軍》2卷5、6期。

丁永隆，〈重慶談判和雙十協定的簽訂〉，《社會科學研究》（成都），1985年第1期。

丁金平等，〈一九四六年政治協商會議紀略〉，《四川大學學報》，1980年第4期。

丁學良，〈改革十年（1978–1988）對中國大陸民主化的影響〉，中國
　　民主前途研討會，臺北，1989年8月。

〈十種德性相反相成義〉，張枬、王忍之編，《辛亥革命前十年時論選
　　集》，香港：生活、讀書、新知三聯書店，1962年。

〈大陸民主運動大事記（1989.4.15–7.4）〉，《近代中國》72期，民國
　　78年2月。

〈中共一級暨省級軍區重要人事調動狀況〉，《中國大陸》，民國72年
　　3月號。

〈中國民主社會黨第二屆全國黨員代表大會宣言〉，《自由中國》21卷
　　5期，民國48年9月1日。

〈中國自由黨組織綱要草案〉，《自由中國》2卷1期，民國39年1月1日。

〈中華民國議會史〉，佐藤三郎、井上一葉編，《民初議員列傳》，臺北：
　　天一出版社重印本，民國64年。

尹世洪，〈中華蘇維埃共和國的創立及其偉大歷史意義〉，《江西人大
　　工作》（南昌），1991年10月。

井上一葉，〈中國政黨史〉，佐藤三郎、井上一葉編，《民初議員列傳》，
　　臺北：天一出版社重印本，民國64年。

〈今天的立法院〉（社論），《自由中國》17卷11期，民國46年12月1日。

〈今日的司法〉（社論），《自由中國》17卷1期，民國46年7月1日。

公孫策，〈解嚴應表現誠意〉，《新新聞周刊》2期，1987年3月23日–3
　　月29日。

尤清，〈淺談法治與人權保障〉，《美麗島》1卷4期，民國68年11月。

方惠芳，〈曹錕賄選之研究〉，國立臺灣大學歷史研究所碩士論文，民
　　國71年。

方載，〈解嚴後臺獨仍有罪〉，《全民》48期，民國76年10月25日。

毛知礪，〈梁士詒與民初政局〉，國立政治大學歷史研究所碩士論文，
　　民國69年。

王元，〈共軍演變的過程〉，《中國大陸》，民國72年9月號。

王元年，〈南京國民黨政權建立後各中間黨派對中國出路的探索〉，《遼
　　寧大學學報：哲學社科版》，1990年3月。

王正華，〈國民政府初創時之組織及黨政關係〉，張玉法主編，《中國
　　現代史論集》第7輯，臺北：聯經出版事業公司，民國69年。

王自成、胡新民，〈陝甘寧邊區歷史簡述〉，《歷史檔案》（北京），1987
　　年第1期。

王志民，〈論抗日戰爭時期陝甘寧邊區政權的國體〉，《社會科學》，
　　1989年第6期。

王宗榮，〈國民黨的行憲國大與總統副總統選舉〉，《民國檔案》（南
　　京），1991年第4期。

王建邦，〈請政府切實保障人權〉，《自由中國》19卷11期，民國47年
　　12月1日。

王健民，〈從四人幫到五人幫〉，《中國論壇》5卷7期。

王唯春，〈一條也不換，兩黨硬碰硬〉，《新新聞周刊》40期，民國76
　　年12月14日–12月20日。

王章陵，〈從北平大字報看中共〉，《中國雜誌》（臺北），民國68年1月
　　號。

王萍，〈廣東省的地方自治〉，《中央研究院近代史研究所集刊》第7期，
　　民國67年。

王雲五，〈爭取人民〉，《自由中國》4卷1期，民國40年1月1日。

丘宏達，〈論中共的加強「社會主義法制」〉，《中國論壇》9卷3期。

冬心，〈論政黨變動與民國前途之關係〉，《國民月刊》1卷2號。

〈司法偵察權不容侵越〉（社論），《自由中國》15卷7期，民國45年10月1日。

〈民主的成長〉，《亞洲人》2卷1期，民國70年12月。

〈民國五年大事記〉，《丙辰》第2期，民國6年1月。

玄默，〈十年來大陸民主運動在中共壓制下的挫折和進展（1978-1988）〉，《匪情研究月刊》31卷12期。

白萬祥，〈偽第六屆「人大」第一次會議初步分析〉，《中國大陸》，民國72年6月號。

石錫勳，〈競選縣市長三次落選感言〉，《自由中國》22卷11期，民國49年6月1日。

任學岭，〈淺談陝甘寧邊區的三三制〉，《延安大學學報》，1981年第1期。

〈在野黨無黨無派人士對於本屆地方選舉向國民黨及政府提出的十五點要求〉，《自由中國》22卷7期，民國49年4月1日。

曲青山、田常春，〈論解放戰爭時期的中國民主同盟與中間路線〉，《青海社會科學》，1987年第2期。

曲家源，〈抗戰勝利後中國政局的走向：歷史的選擇過程〉，《河北師範大學學報：社科版》，1991年第2期。

曲靈均，〈論國民黨「以黨領軍政策」〉，《自由中國》21卷8期，民國48年10月16日。

朱一明，〈歷年來改革國會的各種聲音〉，《八十年代》5卷3期，民國71年10月。

朱文光，〈第一次國民大會的經過和感想〉，《東方雜誌》44卷6號。

朱文伯，〈執政黨控制臺灣地方選舉的心理分析〉，《自由中國》18卷1期，民國47年1月1日。

朱文伯，〈理論與事實——漫談人權保障問題〉，《自由中國》19卷11
　　期，民國47年12月1日。

朱文伯，〈談談人民的集會結社自由〉，《自由中國》21卷10期，民國
　　48年11月16日。

朱文琳，〈文革前後中共軍區人事異動之分析〉，《第一屆中美中國大
　　陸問題研討會專輯》，臺北：中華民國國際關係研究所，民國59
　　年。

朱伴耘，〈五論反對黨〉，《自由中國》19卷5期，民國47年9月1日。

江峽、曾成貴，〈論抗戰時期我黨對中間黨派的態度〉，《華中師範大
　　學學報：哲社版》，1988年第2期。

江振昌，〈大陸民主運動之今昔〉，《東亞季刊》12卷4期，民國70年4
　　月。

江振昌，〈近年來大陸民主運動之演變〉，《中國大陸》，民國73年9月
　　號。

江雪晴，〈國民黨退出軍隊〉，《新新聞周刊》7期，1987年4月27日–5
　　月3日。

〈自由黨簡章〉、〈自由黨材料選輯〉，《近代史資料》1957年6期。

艾多，〈試論解放戰爭時期民主黨派的變化發展及其歷史經驗〉，《東北
　　師大學報：社科版》，1989年第6期。

何文振，〈國會改選方案〉，《這一代》（臺北）第7期，民國67年1月。

何言，〈從教授治校到學術獨立〉，《新新聞周刊》5期，1987年4月13
　　日–4月19日。

何思源，〈個人創造〉，《新潮》2卷5期，民國9年9月。

吳安家，〈中共政權的本質〉，《近代中國》23期，民國70年6月。

吳重信，〈是黨外失敗，不是國民黨成功〉，《暖流》3卷6期，民國72

年12月。

吳重達，〈教官管得太多了〉，《八十年代》4卷5期，民國71年6月。

吳景越，〈平等談〉，《新潮》1卷5號，民國8年5月1日。

吳筠，〈中國共產黨與解放戰爭時期的人民民主運動〉，《龍江黨史》，
　　1990年第3期。

呂士朋，〈天安門事件剖析〉，《臺灣省戰略會訊》25期，民國78年8月。

宋宇，〈透視中共的民主集中制〉，《自由太平洋》（堤岸）87期，1964
　　年3月。

〈我們的軍事〉（社論），《自由中國》，民國46年8月16日。

李仲英，〈中國民主同盟與中國共產黨〉，《探索：哲社版》，1981年第
　　5期。

李金銓，〈沒有公平環境，怎麼自由競爭〉，《文星》106期，民國76年
　　4月1日。

李南海，〈安福國會之研究〉，私立東海大學歷史研究所碩士論文，民
　　國70年。

李茂盛、宋捷燕，〈論抗戰時期中間黨派政治態度的歷史轉變〉，《山西
　　師大學報：社科版》，1988年第1期。

李時友，〈中國國民黨訓政的經過與檢討〉，《東方雜誌》44卷2號。

李雲峰，〈陝甘寧邊區民主政治的實施及其特點〉，《西北大學學報：
　　哲社版》，1986年第3期。

李福春、李賜福，〈揭穿國民黨所謂安全措施下的選舉舞弊〉，《自由
　　中國》22卷6期，民國49年3月16日。

李慶西，〈段祺瑞與民初政局〉，國立臺灣師範大學歷史研究所碩士論
　　文，民國66年。

李聲庭，〈聯合國對人權的貢獻〉，《文星》90期，民國54年4月。

李鴻禧，〈制定選舉罷免法之憲政的意義〉，《新中華月刊》（臺北）1期，民國69年6月。

杜光塤，〈行憲後的監察院〉，《東方雜誌》44卷2號。

杜亞泉，〈政黨論〉，《東方雜誌》8卷1號。

沙健孫，〈論全國解放戰爭時期的中間路線〉，《北京大學學報：哲社版》，1987年第2期。

沈雲龍，〈有關臺灣省地方選舉的幾個問題〉，《自由中國》16卷8期，民國46年4月16日。

沈雲龍，〈廣州非常會議的分裂與寧粵滬四全代會的合作〉，張玉法主編，《中國現代史論集》第8輯，臺北：聯經出版事業公司，民國71年。

汪學文，〈中共竊據大陸以前策動學潮之始末〉，《近代中國》32期，民國71年12月。

周應凡，〈省市長直接民選〉，《全民》49期，民國76年11月10日。

孟冷，〈看華國鋒整肅江青〉，《中國論壇》3卷2期。

居正，〈記民國元年同盟會之波折〉，《自由談》2卷11期。

易豪精，〈試論中華蘇維埃共和國的政權建設〉，《近代史研究》，1990年第3期。

林玉体，〈黨化教育可以休矣〉，《文星》110期，民國76年8月1日。

林嘉誠，〈單行道上的直達車：「國會全面改選」群眾示威的解析〉，《文星》115期，民國77年1月1日。

武文斯、李繼民，〈解放戰爭初期的國共談判與中國民主同盟〉，《蒲峪學刊》（黑龍江），1988年第1期。

邵元沖，〈政黨泛論〉，《國民》（月刊）1卷1號，民國2年5月。

姜平、高華，〈救國會派在八年抗戰中的抗日民主運動〉，《南京大學

學報：哲社版》，1985年第4期。

姜愛東，〈中華蘇維埃共和國政治體制初探〉，《北京師範大學學報：社科版》，1987年第4期。

姚光祖，〈清末資政院之研究〉，國立臺灣大學政治學研究所碩士論文，民國66年。

〈建立法治〉（社論），《自由中國》15卷4期，民國45年8月16日。

柯一民，〈痛話臺中市選舉〉，《自由中國》22卷10期，民國49年5月16日。

柯守海，〈「明」的是競爭，「暗」的是鬥爭〉，《亞洲人》6卷1期，民國72年12月。

洪三雄、楊庸一，〈民意何在〉，《大學雜誌》50期，民國61年2月15日。

〈為外人之奴隸與為滿洲政府之奴隸無別〉，張枬、王忍之編，《辛亥革命前十年時論選集》，香港：生活、讀書、新知三聯書店，1962年。

胡佛，〈民主政治的迷思與實踐〉，中國民主前途研討會，臺北，1989年8月。

胡佛，〈憲政結構的流變與重整〉，《國立臺灣大學法學論叢》第16卷第2期，民國76年6月。

胡志成，〈法統不死只是逐漸凋零〉，《八十年代》5卷3期，民國71年10月。

胡映芬，〈評介《尋求富強——嚴復與西方》〉，周陽山、楊肅獻編，《近代中國思想人物論：自由主義》，臺北：時報文化出版公司，民國69年。

〈胡漢民自傳〉，《革命文獻》第3輯。

〈胡適辭發行人函〉，《自由中國》5卷5期，民國49年9月1日。

范可正，〈由大陸民主運動看中共的未來〉，《近代中國》72期，民國
　　78年2月。

〈軍法再進一步的革新〉（社論），《自由中國》11卷9期，民國43年11
　　月1日。

〈軍法與司法劃分的進步〉，《自由中國》6卷10期，民國41年5月1日。

〈軍法與普通司法的劃分〉（社論），《自由中國》5卷9期，民國40年
　　11月1日。

《革命文獻》，1–114輯，民國42–77年。

唐建國，〈法律事實變更就是法律變更——請「國家總動員法」與戒嚴
　　一併廢止〉，《文星》104期，民國76年2月1日。

孫良綱，〈兩黨大對抗，同志也內鬨〉，《新新聞周刊》44期，民國77
　　年1月11日–1月17日。

孫科，〈行憲後之立法院〉，《第一屆國民大會專輯》，南京：東方出版
　　社，民國37年。

孫廣德，〈戊戌前後的民權思想〉，《中國近代的維新運動——變法與立
　　憲研討會》，臺北：中央研究院近代史研究所，民國70年。

徐長飛，〈國民黨政權的自治遊戲——兼論非法違憲下省主席之權
　　位〉，《八十年代》半月刊第1期，民國73年4月。

徐炳憲，〈段祺瑞的三次組閣〉，張玉法編，《中國現代史論集》第5輯，
　　臺北：聯經出版事業公司，民國69年。

徐若影，〈國會問題的癥結〉，《八十年代》1卷1期，民國68年6月。

殷海光，〈自由主義的趨向〉，周陽山、楊肅獻編，《近代中國思想人
　　物論：自由主義》，臺北：時報文化出版公司，民國69年。

殷海光，〈關於「統一思想」底問題〉，《自由中國》2卷9期，民國39
　　年5月1日。

〈陣前易帥：民陣人事風波〉，《開放雜誌》43期，1990年7月。

郝秋陽、田春發，〈解放戰爭時期的民主黨派與學生運動〉，《吉林師
　　範學院學報：哲社版》，1991年第3、4期。

郝致誠，〈偽「政協」的新章程和今後的動向〉，《中國大陸》，民國
　　72年2月號。

〈國內大事記〉，《新青年》2卷5號，民國6年1月1日。

〈國內大事記——政黨之今昔〉，《新青年》2卷3號，民國5年11月1日。

〈國內大事記——段內閣成立〉，《新青年》2卷2號，民國5年10月1日。

〈國民黨眼中的共產黨同路人〉，《自由中國》19卷12期，民國47年12
　　月16日。

〈國民黨當局應負的責任和我們的努力〉（社論），《自由中國》19卷
　　1期，民國47年7月1日。

〈國民黨當局還不懸崖勒馬〉（社論），《自由中國》18卷12期，民國
　　47年6月16日。

〈國際大赦人權報告中國部分〉，《中國政情》3期（巴黎：民主研究
　　所），1992年6月。

張玉法，〈民初政黨的調查分析〉，《中央研究院近代史研究所集刊》
　　第5期，民國65年。

張玉法，〈民初國會中的保守派政黨〉，《中央研究院近代史研究所集
　　刊》第8期，民國68年。

張玉法，〈民初國會中的激進派政黨〉，《國立臺灣師範大學歷史學報》
　　第7期，民國68年。

張玉法，〈民國初年的內閣〉，《復興崗學報》第14期，民國65年。

張玉法，〈民國初年的國會〉，《中央研究院近代史研究所集刊》第13
　　期，民國73年。

張玉法，〈同盟會時代的革命宣傳〉，《國立臺灣師範大學歷史學報》第2期，民國63年。

張玉法，〈近代中國書報錄〉（下），《新聞學研究》第9集，民國61年。（國立政治大學新聞研究所）

張玉法，〈國民黨與進步黨的比較研究〉，《中央研究院近代史研究所集刊》第10期，民國70年。

張玉法，〈興中會時期的革命宣傳〉，《臺北市立女子師範專科學校暑期部學報》，民國63年3月。

張圻福，〈國民黨改組派探析〉，《江海學刊：文史哲版》（南京），1985年第6期。

張明貴譯，〈民主理論的新趨勢〉，《時報雜誌》第23期，民國69年5月11日。

張朋園，〈民主政治的嘗試〉，李恩涵、張朋園等著，《近代中國——知識份子與自強運動》，臺北：食貨出版社，民國61年。

張朋園，〈從民初國會選舉看政治參與〉，《國立臺灣師範大學歷史學報》第7期，民國68年。

張屏峰，〈政黨退出司法〉，《新新聞周刊》3期，1987年3月30日–4月5日。

張榮恭，〈中國大陸民主運動的歷程、現程與展望〉，《近代中國》57期，民國76年2月。

張讚合，〈論中國大陸的民主運動〉，《近代中國》33期，民國72年2月。

〈從《自由人》被扣事件說起〉，《民主潮》9卷13期，民國48年7月1日。

〈從《自由人》被扣談到《自由人》停刊〉（社論），《自由中國》21卷8期，民國48年10月16日。

〈從憲法保障人民身體之自由說到取締流氓辦法〉（社論），《自由中
　　國》19卷12期，民國47年12月16日。

戚世皓，〈官僚資本家的活動──曹汝霖與他的新交通系〉，張玉法
　　編，《中國現代史論集》第2輯，臺北：聯經出版事業公司，民國
　　69年。

梁啟超，〈美國政治略解〉，張枬、王忍之編，《辛亥革命前十年時論
　　選集》，香港：生活、讀書、新知三聯書店，1962年。

梁啟超，〈敬告政黨及政黨員〉，《庸言》1卷7號，民國元年3月1日。

〈現代史料〉，《東方雜誌》44卷6號。

許世賢、黃順興、康寧祥，〈臺灣地區公職人員選舉罷免法試擬案〉，
　　《亞洲人》1卷1期，民國69年2月。

許秀碧，〈民國二年的國會〉，國立政治大學政治研究所碩士論文，民
　　國66年。

許持平，〈憲政可以開始了嗎〉，《獨立評論》176號，1935年11月10日。

連振威，〈大陸民主革命運動的風潮〉，《中國雜誌》，民國68年1月號。

郭文亮，〈國民黨改組派性質新探〉，《湘潭大學學報：社科版》，1990
　　年第1期。

郭宏，〈一千人對抗一千九百萬人的戰爭〉，《新新聞周刊》35期，民
　　國76年11月9日–11月15日。

郭雨新，〈民選省長此期時矣〉，《自由中國》22卷1期，民國49年1月
　　1日。

陳力生，〈中共領導體的變革〉，中國大陸問題研究所編，《中國大陸
　　的變局與動向》，臺北：中國大陸雜誌社，民國70年。

陳少廷，〈再論中央民意代表的改選問題〉，《大學雜誌》49期，民國
　　61年1月20日。

陳玉祥，〈立委選舉糾紛及法定配額〉，《東方雜誌》44卷8號。

陳伯祥，〈中共國務院結構簡析〉，《中國大陸》，民國72年6月號。

陳伯祥，〈偽「人民代表大會」的功能簡介〉，《中國大陸》，民國72年
　　7月號。

陳森文，〈中共的行政組織〉，《第一屆中美中國大陸問題研討會專輯》，
　　臺北：中華民國國際關係研究所，民國59年。

陳雁翔，〈野火燒不盡，春風吹又生〉，《中國大陸》，民國72年5月號。

〈陳誠致胡適函〉，《自由中國》5卷6期，民國40年9月16日。

陳慶，〈重慶會談〉，《近代中國》57期，民國76年2月。

陳黎華，〈言論自由——構成合理性社會的要件〉，《文星》116號，民
　　國77年2月1日。

陳獨秀，〈再質問東方雜誌記者〉，《新青年》6卷2號，民國8年2月15
　　日。

陳獨秀，〈法律與言論自由〉，《新青年》7卷1號，民國8年12月1日。

陳獨秀，〈實行民治的基礎〉，《新青年》7卷1號，民國8年12月1日。

陳獨秀，〈憲法與孔教〉，《新青年》2卷3號，民國5年11月1日。

陳獨秀，〈舊思想與國體問題〉，《新青年》3卷3號，民國6年5月1日。

陸秀貞，〈論自由平等同胞為生人原理〉（寫於1904），李又寧、張玉
　　法合編，《近代中國女權運動史料》，臺北：傳記文學出版社，民
　　國64年。

陸嘯釗，〈刑訊與自白——惡法錄之三〉，《文星》69期，民國52年7月
　　1日。

陸嘯釗，〈現行刑事證據法則的大毛病——惡法錄之十二〉，《文星》
　　82期，民國53年8月1日。

陸徵麒，〈中華民國中央政制沿革志（九）〉，《食貨月刊》復刊5卷10

期。

陶百川，〈緊箍咒與新聞自由〉，《文星》7期，民國47年5月1日。

傅正，〈對本屆地方選舉的檢討〉，《自由中國》16卷9期，民國46年5月1日。

傅華，〈近六十年行政區域劃分的回顧與前瞻〉，張其昀等著，《中華民國建國六十年紀念論文集》，臺北：國防研究院，民國59年。

〈備乘〉，《丙辰》第1期，民國5年12月。

〈備乘〉，《丙辰》第4期。

彭秀珍，〈試述抗戰時期我國中間黨派的政治態度與貢獻〉，《湘潭大學學報：社科版》，1986年第2期。

彭明，〈五四前後的交通系〉，《歷史教學》，1964年2月號。

彭明，〈五四前後的安福系〉，《歷史教學》，1964年3月號。

曾琦，〈五年來朝野協力之回顧〉，胡春惠編，《民國憲政運動》，臺北：正中書局，民國67年。

華宜均，〈從中國傳統文化談民主〉，《綜合月刊》，民國70年12月號。

項迺光，〈中共九屆中委會人事之分析〉，《第一屆中美中國大陸問題研討會專輯》，臺北：中華民國國際關係研究所，民國59年。

黃少群，〈中央革命根據地創建過程述略〉，《歷史教學》，1986年6月。

黃季寬，〈中共「人大」的權責與歷史〉，《中國大陸》，民國72年5月號。

黃煌雄，〈選罷法之平議〉，《暖流》1卷1期，民國69年8月。

楊昌銘，〈貴州光復紀實〉，中華民國開國五十年文獻編纂委員會編，《各省光復》，臺北：中華民國開國五十年文獻編纂委員會，民國51年。

萬鴻喈，〈民社成立與黎袁勾結〉，《辛亥革命回憶錄》（二），臺北：

　　文海出版社重印本，民國65年。

葉志麟，〈解放戰爭時期第二條戰線的鬥爭經驗〉，《杭州師院學學報：
　　社科版》，1985年第2期。

葉時修，〈反對黨不能組織起來嗎〉，《自由中國》23卷1期，民國49年
　　7月1日。

補齋，〈民國十三年間北京政府國務總理更迭與政潮起伏之因果〉，《人
　　文月刊》，5卷9期，民國23年11月。

雷正良，〈中華蘇維埃共和國的行政區劃〉，《地名知識》（太原），1983
　　年第3期。

雷震，〈反對黨之自由及如何確保〉，《自由中國》2卷7期，民國39年
　　4月1日。

雷震，〈各級法院應不應該隸屬司法院〉，《自由中國》20卷3期，民國
　　49年8月1日。

雷震，〈我們五年來工作的重點〉，《自由中國》11卷10期，民國43年
　　11月16日。

雷震，〈我們為什麼迫切需要一個強有力的反對黨〉，《自由中國》22
　　卷10期，民國49年5月16日。

雷震，〈駁斥黨報官報的謬論和誣衊〉，《自由中國》23卷4期，民國49
　　年8月16日。

筱虹，〈試論解放戰爭時期的統戰工作〉，《史學月刊》（鄭州），1992
　　年第1期。

漆琪生，〈中國赤區的土地改革〉，《新中華雜誌》2卷10期，民國23年
　　5月。

〈與陳兼院長論反對黨〉（社論），《自由中國》23卷1期，民國49年7
　　月1日。

劉沛漢，〈中國的托洛茨基主義運動〉，《遼寧師範大學學報：社科版》，
　　1986年第2期。

劉勝驥，〈大陸留學生的海外民主運動〉，《復興崗學報》44期，民國
　　79年12月。

劉勝驥，〈中國大陸民主運動的回顧與分析〉，《共黨問題研究》7卷5
　　期，民國70年5月。

劉勝驥，〈當前大陸民主運動之評估〉，《近代中國》72期，民國78年
　　2月。

劉富本，〈戊戌政變後嚴復對中西文化的看法〉，周陽山、楊肅獻編，
　　《近代中國思想人物論：自由主義》，臺北：時報文化出版公司，
　　民國69年。

劉闊常，〈中共天安門屠殺暴行及大陸民主運動之展望〉，《近代中國》
　　74期，民國78年6月。

劉顯才，〈中國各民主黨派在抗日戰爭中的貢獻〉，《廣西大學學報：
　　哲社版》，1986年第1期。

鄭會欣，〈抗戰後期國統區的民主憲政運動〉，《江西師範大學學報：
　　哲社版》，1986年第2期。

魯振祥，〈第二次國內革命戰爭時期幾種土地主張評述〉，《北京師範
　　大學學報：社科版》，1984年第6期。

魯競，〈江澤民主政後中共鎮壓大陸民運狀況分析〉，《中共研究》34
　　卷4期，1996年4月。

〈黎元洪咨北洋政府內務部文〉，《近代史資料》，1957年第6期。

〈儘速改造國會結構〉，《八十年代》5卷3期，民國71年10月。

〈選舉改進座談會的聲明〉，《自由中國》22卷12期，民國49年6月15
　　日。

〈選舉改進座談會鄭重要求內政部長連震東公開答覆〉，《自由中國》
　　23卷1期，民國49年7月1日。

錢之光，〈抗戰勝利後的中共代表團南京辦事處和上海辦事處〉，《近代
　　史研究》，1985年第6期。

錢海鵬，〈論中國的民主改良〉，《中國政情》1期（巴黎：民主研究
　　所）。

謝蕙風，〈民國初年新聞自由的研究（1912–1928）〉，國立臺灣師範大
　　學歷史研究所碩士論文，民國75年。

轅孫，〈露西亞虛無黨〉，張枬、王忍之編，《辛亥革命前十年時論選
　　集》，香港：生活、讀書、新知三聯書店，1962年。

簡暢，〈法治與武斷〉，《自由中國》19卷10期，民國47年11月16日。

薩孟武，〈中華民國憲法草案的特質〉，《東方雜誌》33卷12號。

羅典榮，〈國民大會存廢問題〉，《東方雜誌》44卷第9號。

嚴忱，〈人身的監禁和思想的監禁〉，《中國政情》3期（巴黎：民主研
　　究所），1992年6月。

〈警備總部不應根據盛世才挾嫌誣告而濫行捕人〉（社論），《自由中
　　國》22卷11期，民國49年5月16日。

〈黨霸教育的真面目〉（社論），《自由中國》23卷3期，民國49年8月
　　1日。

三、報紙文章

〈九〇年代的國會改選問題〉，《首都早報》（社論），民國79年4月15
　　日。

〈九十年代臺灣的政治發展〉，《首都早報》（社論），民國79年1月1日。

卜大中，〈中共軍事現代化的困境〉，《中國時報》，民國72年10月17日。

〈中共要建「貧下中農協會」〉,《聯合報》, 民國62年9月12日。

〈中共軍事工業發展之概況〉,《中國時報》, 民國71年7月22日。

〈以理探討代替政治拔河〉,《聯合報》(社論), 民國80年9月30日。

〈出版法修正案三讀通過〉,《公論報》, 民國47年6月21日。

〈司法行政部應改隸司法院〉,《公論報》, 民國49年8月25日。

〈正副總統的人選問題〉,《首都早報》, 民國79年2月16日。

〈民主化本土化的潮流不可逆〉,《民眾日報》(社論), 民國80年5月
　　19日。

〈民進黨走向六大勢力合縱連橫「戰國時代」〉,《自由時報》, 民國
　　81年12月28日。

〈民進黨兩年抗爭功不可沒〉,《自立早報》, 民國81年5月16日。

〈民進黨給李總統的信函〉,《聯合報》, 民國79年3月17日。

〈立院司委會廢止刑法一〇〇條〉,《中國時報》, 民國80年10月8日。

〈再委婉奉勸資深民代〉,《自立早報》(社論), 民國78年12月28日。

〈刑法一百條各種修正版本〉,《中國時報》, 民國80年9月6日。

〈回顧立院對正任閣揆行使同意權風雲〉,《中國時報》, 民國82年2月
　　22日。

《自由人》再度被扣〉,《公論報》, 民國48年6月25日。

《自由人》被扣〉,《公論報》, 民國48年6月25日。

沈雲龍,〈「省縣自治通則」應有個交待〉,《公論報》, 民國48年12月
　　24日。

沈雲龍,〈論政大副教授李聲庭解聘事件〉,《公論報》, 民國49年8月
　　11日。

沈雲龍,〈整頓教育風氣與維護司法獨立〉,《公論報》, 民國48年1月
　　13日。

林嘉誠，〈論集遊法與人團法的修正原則〉，《台灣時報》，民國81年6
　　月21日。

〈法官與檢察官退出政黨活動的意義〉，《聯合報》（社論），民國81年
　　4月17日。

〈法律為表政治為裡，統獨大攻防〉，《自立晚報》，民國80年9月29日。

〈爭取新聞自由應堅定立場〉，《公論報》，民國47年5月28日。

金麟，〈毛偽「國務院」〉，《中央日報》，民國63年11月13日。

〈政黨不可染指國軍〉，《自立早報》（社論），民國77年3月10日。

〈查扣書刊〉，《公論報》，民國48年2月21日。

〈毒蚊無首的中共匪軍〉，《中央日報》，民國62年2月12日。

〈匪軍力量受到壓抑，偽國務院逐漸復舊〉，《中央日報》，民國62年
　　7月11日。

〈匪黨「十大」的特色〉和〈匪黨十屆中央領導分析〉，《中央日報》，
　　民國62年9月12日。

唐光華，〈臺灣: 沒有裁判的政治競技場〉，《中國時報》，民國79年7
　　月29日。

〈偽政協現況〉，《中央日報》，民國62年11月21日。

〈做好終止動員戡亂時期的準備工作〉，《聯合報》（社論），民國79年
　　11月2日。

〈動員戡亂時期法規的修正原則〉，《聯合報》（社論），民國80年3月
　　31日。

〈國大臨時會完成第一階段修憲〉，《中國時報》，民國80年4月23日。

〈執政黨內流派以迂迴策略凸顯各自立場〉，《中國時報》，民國81年
　　12月3日。

康富信，〈中共召開六屆「政協」擴大統戰攻勢〉，《聯合報》，民國

72年6月6日。

康富信，〈中共將全面改組「政治局」〉，《聯合報》，民國71年9月8日。

康銘淑，〈中共復辟派重設「書記處」安排「接班」〉，《中國時報》，民國69年1月28日。

張玉法，〈民國建立前後的兩次省議會選舉〉，《臺灣時報》，民國66年9月18日2版。

張玉法，〈從戒嚴到解嚴的一萬三千九百三十五天〉，《自立晚報》，民國76年7月20日。

張信國，〈二年為期政治支票一定要兌現〉，《首都早報》，民國79年4月15日。

曹俊漢，〈民進黨與臺灣地區的政治民主化〉，《臺灣時報》，民國79年11月13日。

梁景松，〈共軍頭目大調動的剖析〉，《聯合報》，民國69年2月23日。

〈現行及修正草案的內亂罪構成要件比較表〉，《中央日報》，民國80年9月19日。

〈終止動員戡亂時期的政治意義〉，《臺灣時報》（社論），民國80年5月2日。

〈莫讓民眾無所適從〉，《自立早報》（社論），民國77年5月20日。

許文斌，〈刑法第一百條修廢問題平議〉，《自立晚報》，民國80年7月12日。

許漢、何新興，〈憲政改造百家爭鳴，歸整共識難題重重〉，《中國時報》，民國79年2月19日。

郭俊雄，〈共軍近代化面臨重重難題〉，《台灣日報》，民國67年3月30日。

陳力生，〈論中共政權的兩項選舉〉，《聯合報》，民國72年5月10日。

〈開春政治新課題之一：地方自治法制化〉，《中國時報》，民國79年
　　1月1日。

項迺光，〈匪黨「十大」及其內部鬥爭〉，《中央日報》，民國62年10月
　　10日。

黃德福，〈國民黨結構與功能的調適與觀察〉，《臺灣時報》，民國79年
　　11月13日。

〈黑名單還要繼續「動員戡亂」下去嗎〉，《自立早報》（社論），民國
　　80年3月31日。

〈新年中的一個新希望——司法獨立能夠迅速實現〉，《臺灣時報》（社
　　論），民國68年1月31日。

葉洪生，〈葉劍英辭職與鄧小平「垂簾聽政」〉，《聯合報》，民國72年
　　3月1日。

〈與其修訂臨時條款不如修憲〉，《民眾日報》（社論），民國79年3月
　　1日。

蒲叔華，〈中共空軍的派系與問題〉，《聯合報》，民國72年8月8日。

齊茂吉，〈評中共新「黨章」〉，《中國時報》，民國71年9月9日。

齊茂吉，〈鄧小平已發動整軍大攻勢〉，《中國時報》，民國72年10月12
　　日。

齊茂吉，〈鄧小平無法控制全局——對中共新「中委」及「顧委」之分
　　析〉，《中國時報》，民國71年9月13日。

〈廢止臨時條款此其時矣〉，《首都早報》（社論），民國79年3月16日。

〈請注意香港自由人士的抗議〉，《公論報》，民國47年5月31日。

〈請效法民初取消「報律」的榜樣〉，《公論報》，民國47年4月16日。

黎明華，〈毛共偽工會〉，《中央日報》，民國62年11月21日。

羅永光，〈九十年代三願〉，《自立晚報》，民國79年1月2日。

四、報刊、年鑑

《上海商報》，民國10年11月–12月。

《中央日報》，民國69年12月；79年3月；81年5月、7月、12月；82年
2月。

《中時晚報》，民國80年12月；81年12月。

《中國時報》，民國66年11月；69年2月；74年11月；75年12月；78年
12月；79年1月、2月、3月、10月、11月；80年4月、5月、7月、
11月、12月；81年7月、12月；82年1月、2月、3月。

《中華民報》，民國元年10月。

《中華新報》，民國6年4月、5月。

《內閣官報》，宣統3年8月、9月、10月、12月。

《公論報》，民國48年1月。

《天鐸報》，辛亥11月；民國元年1月、4月、7月。

《台灣日報》，民國77年7月。

《正宗愛國報》，宣統3年9月。

《民立報》，辛亥6月、8月、10月；民國元年1月、2月、3月、4月、
9月。

《申報》，宣統3年5月。

《立法院公報》，70卷39期（民國70年5月16日）；73卷25期（民國73
年3月28日）；76卷17期（民國76年2月28日）；79卷17期（民國79
年2月28日）。

《立法院公報初稿》，第88會期79期（民國81年1月17日）；90會期4期
（民國81年10月3日）。

《世界日報》，民國87年12月。

《自由時報》，民國72年12月；79年7月、81年1月、82年1月、2月。

《自立晚報》，民國69年12月；72年12月；77年3月。

東亞同文會調查編纂部編，《民國八年中國年鑑》，臺北：天一出版社影印本，民國64年。原名《支那年鑑》。

東亞同文會調查編纂部編，《民國十五年中國年鑑》，臺北：天一出版社影印本，民國64年。原名《支那年鑑》。

東亞同文會調查編纂部編，《民國五年中國年鑑》，臺北：天一出版社影印本，民國64年。原名《支那年鑑》。

《政府公報》，民國13年11月。

《政治官報》，光緒34年6月；宣統3年4月、5月、6月。

《首都早報》，民國79年2月。

《時報》，宣統元年11月至民國元年1月；2年11月。

《國風報》，第1年6號（宣統2年3月1日）、15號、21號、26號、30號、32號、33號；2年7號、8號、10號、12號、13號、14號。

《順天時報》，宣統3年7月、8月、9月；民國元年3月。

《聯合報》，民國49年4月；52年4月；58年11月、12月；61年12月；64年12月；66年11月；69年12月；72年9月；75年12月；77年2月；79年1月；81年1月、5月、12月。

五、英、日文資料

Andrew J. Nathan: *Peking Politics*, Berkeley: University of California Press, 1976.

Benjamin I. Schwartz, *Chinese Communism and the Rise of Mao*, Cambridge: Harvard University Press, 1958.

Benjamin I. Schwartz, *In Search of Wealth and Power: Yen Fu and the*

West, Cambridge: Harvard University Press, 1964.

D. J. Manning, *Liberalism*, London: J. M. Dent, 1976.

Encyclopedia Americana (1975), Vol. 17.

Franz Schurmann, *Ideology and Organization in Communist China*, Berkeley: University of California Press, 1968.

Harold M. Vinacke, *Modern Constitutional Development in China*, Princeton University Press, 1920.

Jermyn Chi-Hung Lynn: *Political Parties in China*, Arlington, Va.: University Publications of America, 1975.

John F. Copper, Ta-ling Lee, *One Step Forward, One Step Back: Human Right in the People's Republic of China in 1987–1988*, School of Law, University of Maryland, 1989.

John Stuart Mill, *Autobiography*, Introduction by Harold J. Laski, Oxford University Press, 1955.

Kenneth G. Liberthal, David M. Lampton, *Bureaucracy, Politics, and Decision Making in Past-Mao China*, Berkeley: University of California Press, 1992.

Martin Bernal, "The Tzu-yu tang and Tai Chi T'ao", *Modern Asian Studies*, Vol. I, Part 2, April 1967.

Philip Huang, *Liang Ch'i-Ch'ao and Modern Chinese Liberalism*, Seattle: University of Washington Press, 1972.

The China Year Book, 1914.

The Chinese Recorder and the Missionary Journal, Vol. XLI, No. 11, Nov. 1910.

The New Encyclopaedia Britannica, Micropaedia, 11th edition, Vol.

16.

The New Encyclopaedia Britannica, Micropaedia, 15th edition, Vol. 6.

William L. Tung: *The Political Institutions of Modern China*, The Hague: M. Nijhoff, 1964.

Yu-Fa Chang, "The Nature and Significance of the Revolution of 1911: A Retrospective After 70 Years",《辛亥革命研討會論文集》, 中央研究院近代史研究所, 民國72年。

日本海軍司令部編,《支那ニ於ケル政黨結社》, 明治45年。

日本參謀本部編,《支那政黨史》, 大正5年。

外務省情報部編,《現代支那人名鑑》, 東京: 東亞同文會調查編纂部, 昭和3年。

伊藤武雄,《現代支那社會研究》, 東京: 同人社, 昭和2年。

吉川重藏,《中共總覽》, 時事通訊社, 昭和25年。

池田誠,《中國現代政治史》, 京都: 法律文化社, 1962。

竹內克己,《支那政黨結社史》, 漢口, 大正7年。

佐藤俊三,《支那近世政黨史》, 東京, 1940。

波多野乾一,《中國共產黨史》, 第1卷, 時事通訊社, 昭和36年。

波多野乾一,《中國國民黨通史》, 東京: 大東出版社, 昭和18年。

波多野乾一,《毛澤東》, 東京福地書店, 昭和24年。

波多野乾一、松本倉吉,《支那政黨史稿》, 大阪: 作者自印, 大正7年。

鹿島宗二郎,《毛澤東にすけろ人間學》, 東北經濟往來社, 昭和46年。

朝日新聞社編,《中國共產黨》, 東京, 昭和12年。

關矢充郎,《怪傑袁世凱》, 東京: 實業之日本社, 大正2年。

索　引

一劃

二劃

三劃

六劃

七劃

八劃

十三劃

十四劃

十六劃

十九劃

二十劃

二十一劃

二十二劃

教育叢書書目

中國現代史叢書書目（張玉法主編）

三民大專用書書目——教育

比較國民教育　　　　　　雷國鼎　著　　臺灣師大

中等教育　　　　　　　　司琦　著　　　前政治大學

中國教育史　　　　　　　胡美琦　著　　文化大師大

中國現代教育史　　　　　鄭世興　著　　臺灣師大大

中國大學教育發展史　　　伍振鷟　著　　臺灣師大大

中國職業教育發展史　　　周談輝　著　　臺灣師大大

社會教育新論　　　　　　李建興　著　　臺灣師大大

中國社會教育發展史　　　李建興　著　　臺灣師大

中國國民教育發展史　　　司琦　著　　　前政治大學

中國體育發展史　　　　　吳文忠　著　　臺灣師大

中小學人文及社會學科
　　教育目標研究總報告　教育部人文及社會學科教育指導委員會　主編

中小學人文學科教育
　　目標研究報告　　　　教育部人文及社會學科教育指導委員會　主編

中小學社會學科教育
　　目標研究報告　　　　教育部人文及社會學科教育指導委員會　主編

教育專題研究　第一輯　　教育部人文及社會學科教育指導委員會　主編

教育專題研究　第二輯　　教育部人文及社會學科教育指導委員會　主編

教育專題研究　第三輯　　教育部人文及社會學科教育指導委員會　主編

選文研究
　　──中小學國語文選文
　　之評價與定位問題　　教育部人文及社會學科教育指導委員會　主編

英國小學社會科課程之分析　　張玉成　著　　教育部人指會
　　　　　　　　　　　　教育部人文及社會學科教育指導委員會　主編

如何寫學術論文　　　　　宋楚瑜　著　　　省政府

論文寫作研究（增訂版序）　段家鋒　孫正豐　張世賢　主編　政治大學

美育與文化　　　　　　　黃昆輝　主編　　總統府
　　　　　　　　　　　　陳奎憙　著　　　臺灣師範大學院

師生關係與班級經營　　　王淑俐　著　　　臺北師範大學

輔導原理與實務　　　　　單文經　著　　　臺灣師大
　　　　　　　　　　　　黃德祥　　　　　彰化師大
　　　　　　　　　　　　劉焜輝　主編　　文化大學